村角愛佳
MURAKADO Manaka

なぜ「同意に基づく武力行使」が
正当化されるのか

理論と実行からの探求

京都大学学術出版会

京都からの発信

　京都大学には，戦前の西田哲学に始まり，史学，文学，経済学，民俗学，生態学，人類学から精神医学にまで及ぶ極めて広汎な人文・社会科学の領域で，独創的な研究が展開されてきた長い歴史があります。今日では広く京都学派と呼ばれるこの潮流の特徴は，極めて強烈で独創的な個性と強力な発信力であり，これによって時代に大きなインパクトを与えてきました。

　今，全世界が新型コロナ感染症パンデミックの洗礼を受けていますが，この厄災は人々の健康と生命を脅かしているのみならず，その思考や行動様式にも大きな影響を与えずにはおきません。時代はまさに，新しい人文・社会科学からの指針を求めているといえるのではないでしょうか。世界では，イスラエルの歴史家ユヴァール・ノア・ハラリやドイツの哲学者マルクス・ガブリエルなどの若い思想家達が，この状況に向けて積極的な発信を続けています。

　プリミエ・コレクションは，若い研究者が渾身の思いでまとめた研究や思索の成果を広く発信するための支援を目的として始められたもので，このモノグラフの出版を介して，彼らに文字通り舞台へのデビュー（プリミエ）の機会を提供するものです。

　京都大学は指定国立大学法人の指定に当たって，人文学と社会科学の積極的な社会への発信を大きなミッションの一つに掲げています。このコレクションでデビューした若手研究者から，思想と学術の世界に新しい個性的なスターが生まれ，再び京都から世界に向けてインパクトのある発信がもたらされることを，心から期待しています。

第27代　京都大学総長　湊　長博

目　次

序　章　国際法における国家・人間・武力行使　1

第1節　同意に基づく武力行使をめぐる問題と
　　　　伝統的な国家対国家的視座の限界　4
　Ⅰ．同意に基づく武力行使をめぐる理論的・実践的問題　4
　Ⅱ．理論的問題に対する伝統的な国家対国家的視座からの先行研究　6
　Ⅲ．理論的問題における伝統的な国家対国家的視座の限界と、
　　　実践的問題との非関連性　9
第2節　武力行使禁止原則における人間的視座の必要性　12
　Ⅰ．国際法における人間的視座　12
　Ⅱ．国際法における人間的視座を武力行使禁止原則へ導入する必要性　15
第3節　本書の方法論、構成、用語の定義および射程　18
　Ⅰ．本書の方法論　18
　Ⅰ-1．国連憲章第2条4項と慣習法上の武力行使禁止原則の関係　18
　Ⅰ-2．武力行使の分野における国家実行の評価方法　23
　Ⅱ．本書の構成　26
　Ⅲ．用語の定義および射程　28

第1部　同意に基づく武力行使の理論

第1章　同意に基づく武力行使の既存の正当化理論　35

第1節　学説の議論状況の整理　36
　Ⅰ．違法性阻却説　36
　Ⅱ．武力行使禁止原則不適用説　42
第2節　両説の相違の根底にあるとされている対立　45
　Ⅰ．ILCにおける同意の法的位置付けをめぐる対立　45
　Ⅱ．ILCにおける対立と両説の相違の関連性　49

第2章　同意に基づく武力行使の正当化理論の再構築　55

　第1節　同意の法的性質をめぐる対立の様相　56
　　Ⅰ．同意内在説　56
　　Ⅱ．同意内外区別説　61
　第2節　同意に基づく武力行使の正当化理論における対立の真相　66
　　Ⅰ．武力行使の文脈における議論の錯綜　67
　　Ⅱ．武力行使禁止原則が強行規範であるという問題から回避する試み　69
　　Ⅲ．武力行使禁止原則の国家対国家的視座とその限界　74
　第3節　武力行使禁止原則の2元的理解による正当化理論の再構築　77
　　Ⅰ．武力行使禁止原則の2元的理解の全体像　77
　　Ⅱ．抽象的国家による抽象的国家利益の放棄としての武力行使への同意　79
　　Ⅲ．武力行使禁止原則の2元的理解の基盤　82
　　Ⅳ．*jus ad bellum* に関する他の議論との関連　87

第2部　同意に基づく武力行使の実践

第3章　同意に基づく武力行使の実体的要件　93

　第1節　学説の議論状況の整理　95
　　Ⅰ．内戦不介入説　95
　　Ⅱ．実効的支配説　103
　　Ⅲ．民主的正統性説　105
　　Ⅳ．実効的保護説　107
　第2節　実行の分析　110
　　Ⅰ．内戦に至らない状況における同意に基づく武力行使　111
　　Ⅰ-1．1998年の南アフリカ、ボツワナおよびジンバブエによる
　　　　　レソトでの武力行使　111
　　Ⅰ-2．2006年のオーストラリアおよびニュージーランドによる
　　　　　トンガでの武力行使　113
　　Ⅰ-3．2008年の AU によるコモロでの武力行使　114
　　Ⅰ-4．2011年の GCC によるバーレーンでの武力行使　115

Ⅰ-5．2014年のロシアによるウクライナでの武力行使　118

Ⅰ-6．2017年のECOWASによるガンビアでの武力行使　120

Ⅰ-7．2019年のフランスによるチャドでの武力行使　123

Ⅱ．内戦における同意に基づく武力行使　124

Ⅱ-1．1997年以降のナイジェリアおよびECOWASによる
シエラレオネでの武力行使　124

Ⅱ-2．2002年のフランスおよびECOWASによる
コートジボワールでの武力行使　127

Ⅱ-3．2013年のフランスによるマリでの武力行使　128

Ⅱ-4．2014年の米国主導の連合軍、ロシアおよびイランによる
イラクでの武力行使　131

Ⅱ-5．2014年のウガンダによる南スーダンでの武力行使　133

Ⅱ-6．2015年以降のロシアおよびイランによるシリアでの武力行使　135

Ⅱ-7．2015年以降のサウジアラビア主導の連合軍による
イエメンでの武力行使　139

Ⅱ-8．2020年以降のトルコによるリビアでの武力行使　142

第3節　実行に照らした諸説の評価　146

Ⅰ．内戦不介入説の評価　146

Ⅱ．実効的支配説の評価　149

Ⅲ．民主的正統性説の評価　150

Ⅳ．実効的保護説の評価　151

第4節　武力行使禁止原則の2元的理解に基づく説明　153

Ⅰ．実効的保護説の精緻化　154

Ⅱ．武力行使国による一定の人間的利益の侵害の法的帰結　157

第4章　同意に基づく武力行使の手続的要件　161

第1節　同意を与える主体　163

Ⅰ．同意が国家によって与えられること　164

Ⅱ．同意が政府によって与えられること　166

Ⅲ．同意が政府を代表する者によって与えられること　170

第2節　同意の態様　175

Ⅰ．同意が自由に与えられること　176

Ⅱ．同意が明確に確立されていること　179

第3節　同意を与える時期　185

Ⅰ．同意が事前に与えられること　186

Ⅱ．事前の条約による同意とアドホックな同意　190

Ⅱ-1．理論的側面の分析　190

Ⅱ-2．実行の分析　194

Ⅱ-3．実行に照らした考察　198

Ⅲ．アフリカにおける条約に基づく地域的安全保障システム　199

Ⅲ-1．AU と ECOWAS における条約に基づく
地域的安全保障システムの概要　200

Ⅲ-2．理論的側面の分析　202

Ⅲ-3．実行の分析　206

Ⅲ-4．実行に照らした考察　214

第4節　武力行使禁止原則の2元的理解に基づく説明　215

Ⅰ．駐留程度ではアドホックな同意は必要ないが、撤回は常時可能なのは
いかに説明されるか　217

Ⅱ．駐留を超える程度でもアドホックな同意が必要なく、かつ事前の同意が
撤回不可能になる場合が認められれば、それはいかに説明されるか　218

第5章　自衛権の議論における同意に基づく武力行使の位置付け　221

第1節　集団的自衛権との関係　224

Ⅰ．理論的側面の分析　226

Ⅱ．実行の分析　231

Ⅱ-1．1998年のジンバブエ、アンゴラおよびナミビアによる
コンゴ民主共和国での武力行使　233

Ⅱ-2．2011年の GCC によるバーレーンでの武力行使　235

Ⅱ-3．2013年のフランスによるマリでの武力行使　235

Ⅱ-4．2014年以降の米国主導の連合軍による
イラクおよびシリアでの武力行使　236

Ⅱ-5．2015年以降のサウジアラビア主導の連合軍による

イエメンでの武力行使　238

　　Ⅱ-6．2020年以降のトルコによるリビアでの武力行使　240

　　Ⅲ．実行に照らした考察　241

　　Ⅳ．武力行使禁止原則の2元的理解に基づく説明　243

第2節　非国家主体の武力行為の国家への帰属をめぐる議論との関係　246

　　Ⅰ．理論的側面の分析　248

　　Ⅱ．実行の分析　254

　　Ⅱ-1．1993年の米国によるイラクでの武力行使　255

　　Ⅱ-2．1998年の米国によるスーダンおよびアフガニスタンでの武力行使　256

　　Ⅱ-3．2001年の米国等によるアフガニスタンでの武力行使　258

　　Ⅱ-4．2003年のイスラエルによるシリアでの武力行使　260

　　Ⅱ-5．2006年のイスラエルによるレバノンでの武力行使　261

　　Ⅱ-6．2008年のコロンビアによるエクアドルでの武力行使　262

　　Ⅲ．実行に照らした考察　265

　　Ⅳ．武力行使禁止原則の2元的理解に基づく説明　268

第3節　非国家主体に対する自衛権をめぐる議論との関係　269

　　Ⅰ．理論的側面の分析　272

　　Ⅰ-1．非国家主体に対する自衛権をめぐる議論の分析　272

　　Ⅰ-2．非国家主体に対する自衛権と
　　　　　同意に基づく武力行使の関係をめぐる議論の分析　276

　　Ⅱ．実行の分析　279

　　Ⅱ-1．2004年以降の米国によるパキスタンでの武力行使　279

　　Ⅱ-2．2006年のエチオピアによるソマリアでの武力行使　284

　　Ⅱ-3．2007年以降の米国によるソマリアでの武力行使　286

　　Ⅱ-4．2011年のケニアによるソマリアでの武力行使　288

　　Ⅱ-5．2014年以降の米国主導の連合軍、ロシアおよびイランによる
　　　　　イラクでの武力行使　290

　　Ⅱ-6．2014年以降の米国主導の連合軍によるシリアでの武力行使　290

　　Ⅱ-7．2015年のエジプトによるリビアでの武力行使　292

　　Ⅱ-8．2015年以降の米国によるリビアでの武力行使　295

　　Ⅲ．実行に照らした考察　297

　　Ⅳ．武力行使禁止原則の2元的理解に基づく説明　299

第 4 節　国家の同意と自衛権の関係性──第 5 章の検討結果を踏まえて　301

終　章　理論と実践の狭間で　305

第 1 節　結　　論　306

第 2 節　今後の課題　308

　Ⅰ．*jus ad bellum* に関する他の諸論点の検討　308

　Ⅱ．武力行使禁止原則を含めた国際法一般における人間的視座の理論化　309

あとがき　311

主要参考文献一覧

　Ⅰ．日本語文献　315

　Ⅱ．外国語文献　318

索引　335

『発射不能の銃(The Knotted Gun)』
(ニューヨーク国連本部前にて筆者撮影)

序章　国際法における国家・人間・武力行使

第1節　同意に基づく武力行使をめぐる問題と
　　　　伝統的な国家対国家的視座の限界
第2節　武力行使禁止原則における人間的視座の必要性
第3節　本書の方法論、構成、用語の定義および射程

国際法は伝統的に、「主として独立主権国家間の関係を規律するものと考えられており、人間は、原則として、国家の陰に隠れていて見えない」[1]ものであった。しかし第２次大戦の惨禍を受け、国際法秩序の中で、国家よりも人間を保護することを主眼とした法規範が誕生し発展してきた。「国際法の人間化」[2]とも評されるように、国際法はその国家中心的な志向を和らげ、これまで一般に国際法の上では阻害されてきた人間に目を向けるようになった。この国際法全体の潮流の中で、未だ国家中心的な性格を色濃く示すのは、武力行使・安全保障の分野である。現代国際法においては武力行使の禁止が基本原則の１つとして確立しているが、武力行使禁止原則は、従来、国家による他国に対する武力の行使または武力による威嚇を禁止しているとして、「国家対国家」的に理解されてきた。武力行使禁止原則がそのように「国家対国家」的な構造を有していること自体は間違いなく、だからこそ、2022年２月以降のロシアのウクライナ侵略は、武力行使禁止原則の違反と評価される[3]。また同様の理解から、2023年10月以降のイスラエルによる自治区ガザへの大規模攻撃の武力行使禁止原則上の評価に際しては、パレスチナが国際法上の国家であるかそうでないかによって、またハマスの行為がいずれかの国家に帰属するか否かによって、とるべき法的説明が変化する。

　しかし武力行使禁止原則のそのような「国家対国家」的理解のみでは、理論的にも実践的にも不都合な場合がある。その１つが本書の取り上げる、「領域国の同意に基づく当該領域における他国による武力行使」（以下、同意に基づく武力行使）[4]である。武力行使禁止原則にはいくつかの例外があり、国際連合憲章（以下、憲章）は、国連安全保障理事会（以下、安保理）による軍事的措置（第42条）と、個別国家による個別的・集団的自衛権（第51条）の２つを定めている。これらに加えて、憲章に明文の規定がないが、第３の例外として学説上も実行上も認められているのが、同意に基づく武力行使である。例えば、国家が他国の同意を得て当該他国領土に軍隊を駐留させたり、軍事基地を設置したりする事例や、内戦下にある国家、あるいはテロリストにより一部領域を支配されている国家から、軍

1　芹田健太郎「国際法における人間」芦部信喜ほか（編）『岩波講座基本法学　1―人』（岩波書店、第２次刊行、1985年）249頁。

2　Theodor Meron, *The Humanization of International Law*（Martinus Nijhoff Publishers, 2006）.

3　James A. Green, Christian Henderson and Tom Ruys, "Russia's attack on Ukraine and the *jus ad bellum*," *Journal on the Use of Force and International Law*, Vol. 9, No. 1（2022）, pp. 4-30.

事介入の要請を受けて当該国で武力行使を行う事例がある[5]。武力行使禁止原則が「国家対国家」的に理解されてきたことはすでに述べたが、同意に基づく武力行使という事象についても、この理解のもとで把握され議論されてきた。しかし、武力行使の禁止は強行規範（いかなる逸脱も許されない規範）であるといわれることもあるほど重要な原則であるのに、なぜ一国の同意により武力行使が正当化されるのかという理論的問題や、いかなる場合に正当化されるのかという実践的問題は、そのような「国家対国家」的視座のみでは説明しきれない側面がある。（第1節）

　そこで本書は、武力行使禁止原則を「国家対国家」的視座のみからではなく「人間的視座」からも捉えることが、同意に基づく武力行使をめぐる諸問題を論じるための有用な理論的認識枠組となると主張する。「人間的視座」の詳細は後述するが、一言でいえば、国籍に関わらず人間の利益あるいは価値に着目する視点である。安全保障の分野においてこのように人間に着目する視座が全く新しいかといえば、そういうわけでもない。すでに、「人道的介入」、「保護する責任」、「人間の安全保障」など、人間の利益に着目する議論がなされてきた。しかしながらこれらの議論は、国際法において武力行使の正当化事由あるいは実定法上の概念として受容されたとは言い難く、国家実行の蓄積も不十分である。本書は、人間的利益に着目する点ではこれらの既存の議論と共通するが、国家の同意とい

4　英語では、"intervention by invitation," "military assistance on request," または "use of force based on consent" と呼称される。万国国際法学会（IDI）では、"intervention by invitation" という表現について、領域国の「要請（invitation）」があればもはや「介入（intervention）」ではないので、表現自体が矛盾しており撞着語法であるとして、"military assistance on request" を用いている。IDI, Session of Naples, "Problèmes actuels du recours à la force en droit international Sous-groupe: Intervention sur invitation/ Present Problems of the Use of Force in International Law Sub-group: Intervention by Invitation," (Rapporteur: Gerhard Hafner), *Annuaire de l'Institut de droit international*, Vol. 73（2009）〔hereinafter IDI Session of Naples〕, pp. 309-311. 国際法協会（ILA）で2018年11月に設置された武力行使委員会も、IDI にならって "military assistance on request" と呼称している。ILA, "Proposal for an ILA Committee – Use of Force – Military Assistance on Request" (2018), p. 2, at https://www.ila-hq.org/en_GB/documents/background-information (as of 30 June 2024). 他に、IDI と同じ立場の論者として、Dino Kritsiotis, "Intervention and the Problematisation of Consent," in Dino Kritsiotis, Olivier Corten and Gregory H. Fox (eds.), *Armed Intervention and Consent* (Cambridge University Press, 2023), pp. 53-54, 98. 本書では、いずれも互換的に用いる。

5　Christine Gray, *International Law and the Use of Force* (Oxford University Press, 4th ed., 2018), pp. 75-119.

う、すでに武力行使の正当化事由として認められている事象、そして同意国による一見強力な国家主権の行使とみえる事象を論ずることで、国際法における武力行使・国家・人間の意味を探求するものである。それにより、国家中心的な性格の強い武力行使の分野にどれだけ人間的視座が浸透しているかを、理論的・実践的に示すことができる。（第2節）

　序章では最後に、本書の方法論、構成、用語の定義および射程を説明し、本論に続く。（第3節）

第1節　同意に基づく武力行使をめぐる問題と伝統的な国家対国家的視座の限界

Ⅰ. 同意に基づく武力行使をめぐる理論的・実践的問題

　憲章自体には同意が武力行使を正当化しうるとの規定はないが、同意によって武力行使が正当化されること自体は一般に認められており、多数の実行がある。ローマ法にも、*volenti non fit injuria*、すなわち「同意あれば不法なし」あるいは「欲する者に侵害はない」という意味の法諺があるように[6]、同意によって行為の違法性が否定されることは古くから認められている。伝統的な国際法においても、国家が自身の主権を制限することは主権行使の結果であるとされている[7]。しかし現代国際法においては、武力行使の禁止は国家の独立、国家主権および国際の安全の維持に直接的に関係することから、基本原則の1つとして確立しており、強行規範であるといわれることもある[8]。強行規範はいかなる逸脱も許され

6　学説彙纂第47巻第10章第1法文第5項（ウルピアヌス『告示註解』第56巻より抜粋）。なお、ローマ法における「不法（*injuria*）」は刑法上と民法上の両方の不法行為を意味する。

7　*Case of the S. S. 'Wimbledon': France, Italy, Japan and United Kingdom v. Germany (Judgment), P. C. I. J., Series A* (1923), No. 1, p. 25; *Military and Paramilitary Activities in and Against Nicaragua (Nicaragua v. United States of America), Merits, Judgment, I. C. J. Reports 1986* [hereinafter Nicaragua case], p. 131, para. 259.

8　例えば強行規範概念を実定法上初めて導入した条約法条約の起草過程において、国連国際法委員会（以下、ILC）は、強行規範の網羅的なリストを作成することは望ましくないとしつつ、武力行使禁止原則がそのような性格を有する顕著な例であるとしている。ILC, "Draft Articles on the Law of Treaties with Commentaries," *Yearbook of the International Law Commission*, 1966, Vol. II, U. N. Doc. A/CN. 4/SER. A/1966/Add. 1, 112, pp. 247-248, Commentary to Article 50, paras. 1-4. 他に、第1章注16に挙げる文書および学説も参照。

ない規範であるから、なぜ武力行使が一国の同意により正当化されるのかという理論的問題がある。Wippman も、同意が、それがなければ違法である武力行使をなぜ正当化するのかについての理論的根拠は、完全には明らかでないと述べている[9]。同意に基づく武力行使という事象をめぐっては、後述のように新たな視点からの諸問題が提起されている側面もあるが、このように古くからの論点もある。

武力行使が同意により正当化されうるとして、それがいかなる場合に可能かという実践的問題については、近年新たな視点からの議論がなされている。例えば、いかなる政府が有効に同意を与えうるかという論点に対しては、伝統的には、政府がその領域を実効的に支配していれば有効に同意を与えられるとする実効的支配説[10]が採用されてきたが、民主主義の台頭を受けて、民主的に選出された政府か否かを基準とする民主的正統性説[11]が唱えられるようになった。加えて、2001年9月11日の同時多発テロ事件以降は、対テロ目的等の目的に基づいたアプローチ（purpose-based approach）[12]もなされるようになっている。このような議論がなされている最近の国家実行としては、2013年のフランスによるマリでの武力行使[13]、2014年の米国主導の連合軍、ロシアおよびイランによるイラクでの武力行使[14]、および2015年以降のロシアおよびイランによるシリアでの武力行使[15]がある。さらに、アフリカにおけるアフリカ連合（African Union：以下、AU）や西アフリカ諸国経済共同体（Economic Community of West African States：以下、ECOWAS）による、条約に基づく地域的な安全保障システムの登場によって、地域的国際機関[16]が事前の条約による同意に基づいて加盟国のアドホックな同意なしに介入で

9　David Wippman, "Pro-Democratic Intervention by Invitation," in Gregory H. Fox and Brad R. Roth (eds), *Democratic Governance and International Law* (Cambridge University Press, 2000), p. 295.

10　第3章第1節Ⅱ.「実効的支配説」を参照。

11　第3章第1節Ⅲ.「民主的正統性説」を参照。

12　このアプローチによれば、同意に基づく武力行使が法的に正当化されるには、領域国による有効な同意が与えられるだけでなく、その武力行使の目的が「正当（legitimate）」でなければならない。詳細は、第3章第1節Ⅰ.「内戦不介入説」を参照。

13　第3章第2節Ⅱ-3.「2013年のフランスによるマリでの武力行使」を参照。

14　第3章第2節Ⅱ-4.「2014年の米国主導の連合軍、ロシアおよびイランによるイラクでの武力行使」を参照。

15　第3章第2節Ⅱ-6.「2015年以降のロシアおよびイランによるシリアでの武力行使」を参照。

きるか、という問題も新たに提起されている[17]。*jus ad bellum*（武力行使の規制に関する国際法）上の他の論点との関連では、同意に基づく武力行使と自衛権はいかなる関係にあるのかが問題となる[18]。

　このように近年においては、国家あるいは国際機関が領域国政府の同意を根拠に武力行使を正当化しようとする事例が多数生じており、それに伴って新たな視点からの諸問題が提起されている。同意に基づく武力行使への注目が再び高まっていることは、国際法協会（International Law Association：以下、ILA）や万国国際法学会（Institut de Droit International：以下、IDI）の取り組みからも読み取れる。ILA の武力行使委員会は、同意に基づく武力行使の問題については、人道的介入や非国家主体に対する自衛権の合法性の問題に比べて十分な議論がなされていないとして、この問題を検討するために新たな組織を2018年11月に立ち上げている[19]。IDI においても、2009年から国際法における武力行使の現代的問題としてこの主題が取り上げられ[20]、2011年には「要請に基づく軍事援助に関する決議」が採択された[21]。

Ⅱ．理論的問題に対する伝統的な国家対国家的視座からの先行研究

　このような同意に基づく武力行使の理論的・実践的問題のうち理論的問題に対して、先行研究は武力行使禁止原則の国家対国家的視座に基づいて論じてきた。

16　地域的国際機関は国連の締約国になりえないので、憲章第2条4項そのものには拘束されないが、慣習法には拘束されるため、慣習法上の武力行使禁止原則に従わなければならない。See, Albrecht Randelzhofer and Oliver Dörr, "Article 2 (4)," in Bruno Simma et al. (eds.), *The Charter of the United Nations: A Commentary*, Vol. Ⅰ (Oxford University Press, 3rd ed., 2012), p. 213. para. 30. なお、武力行使禁止原則は一般に慣習法化しているとされている。See, *Nicaragua case, supra* note 7, pp. 99-101, paras. 188-190; ILA, *Final Report on Aggression and the Use of Force* (Sydney, 2018), pp. 2-3.

17　第4章第3節Ⅲ．「アフリカにおける条約に基づく地域的安全保障システム」を参照。

18　第5章「自衛権の議論における同意に基づく武力行使の位置付け」を参照。

19　ILA, *Final Report on Aggression and the Use of Force, supra* note 16, p. 2.

20　IDI Session of Naples, *supra* note 4, pp. 299-447; IDI Session of Rhodes, "Problèmes actuels du recours à la force en droit international Sous-groupe: Intervention sur invitation/Present Problems of the Use of Force in International Law Sub-group: Intervention by Invitation," (Rapporteur: Gerhard Hafner), *Annuaire de l'Institut de droit international*, Vol. 74 (2011), pp. 179-358.

21　IDI Rhodes Resolution on "Military assistance on request" (2011).

例えば Randelzhofer と Dörr は、主権国家は自国領域に対する排他的な権利を有
しており、自国領域で他国が軍事的行為を行うことを許可する権利も有している
ため、他国による自国領域での武力行使に対する同意があれば「国際関係におけ
る」武力行使ではなく、したがって武力行使禁止原則は適用されないと主張す
る[22]。彼らによれば、領域国の有効な同意は武力行使禁止原則の適用を完全に排
除するので、武力行使禁止原則の強行規範性は同意の有効性に影響を与えない[23]。
同様に ILA は2018年の武力行使委員会の報告書において、有効に同意が与えら
ればその武力行使は領域国の「領土保全又は政治的独立」に対するものでも、
憲章の目的に反するものでもないため、憲章第 2 条 4 項違反は最初から生じない
としている[24]。同報告書はこのように述べた上で、しかし同意は国際人道法違反
や国際人権法違反の違法性は阻却できないとする[25]。国際人道法と国際人権法[26]
については国家が同意によって義務違反を免れない一方、武力行使禁止原則の違
反は同意により免れうるということは、武力行使の禁止を国家対国家的に捉えて
いるということになる。

　このように同意があれば武力行使禁止原則は始めから適用されないとする論者
（武力行使禁止原則不適用説）[27]がある一方で、武力行使の違法性が同意により阻却

22　Albrecht Randelzhofer and Oliver Dörr, *supra* note 16, p. 214, para. 33.

23　*Ibid.*

24　ILA, *Final Report on Aggression and the Use of Force*, *supra* note 16, p. 18.

25　*Ibid.*, p. 20.

26　国際人道法と国際人権法は、本章第 2 節 I.「国際法における人間的視座」で論じるよう
　　に、人間（の保護）に着目した法であり、「人間的視座」から理解される。

27　他にも、Seyfullah Hasar, *State Consent to Foreign Military Intervention during Civil Wars*
　　(Martinus Nijhoff, 2022), pp. 34-43; Dino Kritsiotis, *supra* note 4, pp. 54-60; Chiara Redaelli,
　　Intervention in Civil Wars: Effectiveness, Legitimacy, and Human Rights (Hart Publishing,
　　2021), p. 67; Tom Ruys and Luca Ferro, "Weathering the Storm: Legality and Legal
　　Implications of the Saudi-led Military Intervention in Yemen," *International & Comparative
　　Law Quarterly*, Vol. 65, Issue. 1 (2016), p. 79; Albrecht Randelzhofer and Oliver Dörr, *supra*
　　note 16, pp. 214-215, para. 33; Benjamin Nußberger, "Military Strikes in Yemen in 2015:
　　Intervention by Invitation and Self-Defence in the Course of Yemen's 'Model Transitional
　　Process'," *Journal on the Use of Force and International Law*, Vol. 4, Issue. 1 (2017), pp.
　　125-126; David Wippman, "Treaty-Based Intervention: Who Can Say No?," *The University
　　of Chicago Law Review*, Vol. 62, No. 2 (1995), p. 622; David Wippman, "Military Intervention,
　　Regional Organizations and Host-State Consent," *Duke Journal of Comparative and
　　International Law*, Vol. 7 (1996), p. 210; Georg Nolte, "Intervention by Invitation," in *Max
　　Planck Encyclopedia of Public International Law* (Oxford University Press, 2010), online

8 　序　章　国際法における国家・人間・武力行使

されるので武力行使禁止原則の違反が結果的に存在しなくなるとする論者も存在する（違法性阻却説）[28]。後者の違法性阻却説は、武力行使禁止の文脈でも、同意

---

version, para. 16, at http://opil.ouplaw.com/view/10.1093/law:epil/9780199231690/law-9780199231690-e1702?rskey=ncJQlf&result=1&prd=EPIL（as of 30 June 2024); Sondre Torp Helmersen, "The Prohibition of the Use of Force as Jus Cogens: Explaining Apparent Derogations," *Netherlands International Law Review*, Vol. 61 , Issue. 2 (2014), p. 177; Ian Brownlie, *International Law and the Use of Force by States* (Oxford University Press, 1963), p. 317; Isabella Wong, "Authority to consent to the use of force in contemporary international law: the Crimean and Yemeni conflicts," *Journal on the Use of Force and International Law*, Vol. 6, No. 1 (2019), pp. 53-56; Laura Visser, "May the Force Be with You: The Legal Classification of Intervention by Invitation," *Netherlands International Law Review*, Vol. 66, No. 1 (2019), pp. 21-45; Laura Visser, "What's in a Name? The Terminology of Intervention by Invitation," *Zeitschrift für ausländisches öffentliches Recht und Völkerrecht*, Vol. 79, No. 3 (2019), pp. 651-653; Matthias Hartwig, "Who Is the Host? - Invasion by Invitation," *Zeitschrift für ausländisches öffentliches Recht und Völkerrecht*, Vol. 79, No. 3 (2019), p. 703; Max Byrne, "Consent and the Use of Force: An Examination of 'Intervention by Invitation' as a Basis for US Drone Strikes in Pakistan, Somalia and Yemen," *Journal on the Use of Force and International Law*, Vol. 3 (2016), pp. 99-101; Monica Hakimi, "To Condone or Condemn? Regional Enforcement Actions in the Absence of Security Council Authorization," *Vanderbilt Journal of Transnational Law*, Vol. 40 (2007), p. 643; Olivier Corten, *The Law Against War: The Prohibition on the Use of Force in Contemporary International Law* (Hart Publishing, 2nd ed., 2021), pp. 248-250; Théodore Christakis and Karine Bannelier, "*Volenti non fit injuria*? Les effets du consentement à l'intervention militaire," *Annuaire français de droit international*, Vol. 50 (2004), pp. 102-137; Chirstian Henderson, *The Use of Force and International Law* (Cambridge University Press, 2018), pp. 349-350, Russell Buchan and Nicholas Tsagourias, "Intervention by invitation and the scope of state consent," *Journal on the Use of Force and International Law*, Nol. 10, No. 2 (2023), pp. 255-256; Svenja Raube, *Die antizipierte Einladung zur militärischen Gewaltanwendung im Völkerrecht* (Nomos, 2023), pp. 47-51.

28　Ademola Abass, "Consent Precluding State Responsibility: A Critical Analysis," *The International and Comparative Law Quarterly*, Vol. 53, No. 1 (2004), pp. 223-225; Erika de Wet, "The Modern Practice of Intervention by Invitation in Africa and Its Implications for the Prohibition of the Use of Force," *European Journal of International Law*, Vol. 26, Issue. 4 (2015), p. 980; Florian Kriener, "Intervention - Excluding *ab initio* a Breach of Art. 2 (4) UNCh or a Preclusion of Wrongfulness?," *Zeitschrift für ausländisches öffentliches Recht und Völkerrecht*, Vol. 79, No. 3 (2019), pp. 643-646; Gregory H. Fox, "Intervention by Invitation," in Marc Weller (ed.) *The Oxford Handbook of the Use of Force in International Law* (Oxford University Press, 2015), p. 816; Jure Vidmar, "The Use of Force and Defences in the Law of State Responsibility," *Jean Monnet Working Paper 5/15* (2016), pp. 11-12; Natalino Ronzitti, "Use of Force, Jus Cogens and State Consent," in Antonio Cassese (ed.), *The Current Legal Regulation of the Use of Force* (Martinus Nijhoff, 1986), pp. 147-

は違法性阻却事由として機能すると理解する。違法性阻却事由としての同意は国連国際法委員会（International Law Commission：以下、ILC）の国家責任条文の第20条に規定があるが、例えば対世的義務に関して言われるように、国際社会の共通利益が問題となっている場合には、ある国家の同意が他のすべての国家との関係で違法性を阻却することにはならないのであるから[29]、違法性阻却説も国家対国家的視座に立っているといえる。

Ⅲ．理論的問題における伝統的な国家対国家的視座の限界と、実践的問題との非関連性

　このような理論的問題における見解の相違は、一般に同意の法的性質を1次規則（特定の義務を国家に課す規則）に含まれるものとみるか、違法性阻却として2次規則（1次規則に基づく義務の不履行の有無とその法的帰結を決定する規則）とみるかの見解の相違に起因すると言われることがある[30]。そうであるならば、同意に基づく武力行使の理論的問題は「一般国際法における同意の法的性質の問題」に落とし込んで検討されることになろう。しかしそれでもなお強行規範の問題は残る。なぜなら、武力行使禁止原則不適用説であれば、強行規範はいっさいの逸脱を認められない規範であるのに、国家の同意によって逸脱されるということに論理上なるではないかという疑問があるし、違法性阻却説であれば、国家責任条文第26条[31]にあるように、同意は強行規範に基づいて生じる義務と一致しない国の行為の違法性を阻却できないからである。

　理論的問題に対する伝統的な国家対国家的視座からの先行研究は、このように論理上解決されねばならない点を含んでいることに加えて、そこで理論的問題に関してなされている見解の対立は、いかなる場合に武力行使が正当化されるのか

166; Federica I. Paddeu, "Military Assistance on Request and General Reasons Against Force: Consent as a Defence to the Prohibition of Force," *Journal on the Use of Force and International Law*, Vol. 7, Issue. 2（2020）, pp. 227-269.

29　ILC, "Articles on the Responsibility of States for Internationally Wrongful Acts, with Commentaries," *Yearbook of the International Law Commission*, 2001, Vol. II, Part 2, U. N. Doc. A/CN. 4/SER. A/2001/Add. 1, p. 73, Commentary to Article 20, para. 9.

30　第1章第2節「両説の相違の根底にあるとされている対立」を参照。

31　国家責任条文第26条は次のように規定する。
　「この章のいかなる規定も、一般国際法の強行規範に基づいて生ずる義務と一致しない国の行為の違法性を阻却しない。」

という実践的問題の議論に関連していないという不可解な状態にある。例えば、実践的問題の1つである、いかなる政府が同意を与える能力があるかという問題に対しては、当該政府がその領域に実効的支配を確立しているか否かを基準とする見解（実効的支配説）や、自由かつ公正な選挙で選ばれた政府であるか否かを判断基準とする見解（民主的正統性説）があるが、これらのどの見解を採用するかは、理論的問題において武力行使禁止原則不適用説と違法性阻却説のどちらを採用するかとは関連がない。他にも、人権法・人道法の重大な違反を犯している政府は同意する能力を有するか[32]、事前に条約によって与えた同意があればアドホックな同意は不要か[33]、同意に基づく武力行使と非国家主体のかかわる自衛権とはいかなる関係にあるか[34]といった、実践における各論点があるが、いずれも理論的問題とは関連性をもって論じられていない。

　議論の錯綜の原因として考えられるのは、理論的問題における武力行使禁止原則の強行規範性の問題が難問であるが故に敬遠され回避されている一方で、これまでの国家対国家的視座のみでは語られない価値が実践的問題において光を当てられるようになってきたことである。すなわち、理論的問題を議論している論者が総じて依拠している国家対国家的理解のみでは、国際社会の現実を捉えきれないことを示しているように思われる。国家対国家的視座は国家を抽象的実体として捉えており、国家そのものの価値と人間に固有の価値が対立する場合を把握できないのである。その実行上の例として、最近のシリアでの武力行使の事例[35]が挙げられよう。シリアは2011年以降内戦状態にあるが、ロシアは2015年9月以降、シリアのAssad政権の要請に基づいて軍隊や航空機を送り、軍事行動に参加するなどしてAssad政権を支援している[36]。Assad政権は米国にも軍事援助の要請を行なったが、米国はAssad政権が国内で人権法・人道法の重大な違反（拷問、文民への無差別攻撃、性暴力、化学兵器の使用、病院・学校への攻撃など）を行ってい

32　第3章第1節Ⅳ.「実効的保護説」を参照。

33　第4章第3節Ⅱ.「事前の条約による同意とアドホックな同意」を参照。

34　第5章「自衛権の議論における同意に基づく武力行使の位置付け」を参照。

35　第3章第2節Ⅱ-6.「2015年以降のロシアおよびイランによるシリアでの武力行使」、第5章第1節Ⅱ-4.「2014年以降の米国主導の連合軍によるイラクおよびシリアでの武力行使」、第5章第3節Ⅱ-5.「2014年以降の米国主導の連合軍、ロシアおよびイランによるイラクでの武力行使」および第5章第3節Ⅱ-6.「2014年以降の米国主導の連合軍によるシリアでの武力行使」を参照。

36　U. N. Doc. S/PV. 7527, p. 4. Assad政権が国連へあてた書簡（U. N. Doc. S/2015/789）およびロシアが国連へあてた書簡（U. N. Doc. S/2015/792）も参照。

るとして要請には応じず、イラクに所在する「イスラム国」(ISIL)への集団的自衛権として、イラクの要請を根拠にシリアにおいて集団的自衛権を行使した[37]。米国と英国はロシアを Assad 政権の共犯として非難しているが、しかしロシアの軍事介入が武力行使禁止原則に違反した行為であるとの見解は表明していない。学説上は、Assad 政権はなお法律上の政府であり首都を含む主要都市を支配しているから武力行使を要請する能力があるとする評価[38]、Assad 政権は民主的正統性を失っているので、武力行使を要請する能力がもはやないとする評価[39]、Assad 政権は国内で人権法・人道法の重大な違反を行っているので、そのような政府の要請には応じない傾向が出てきているという評価[40]がある。この最後の評価を行う論者は、国家実行において人間的利益に重きが置かれていることを捉えつつも、武力行使禁止原則の内容としてそれを考慮しているのではない。すなわち同意に基づく武力行使の実践的問題(いかなる政府が有効に同意を与えうるか)に取り組む上で、人間的視座に着目しつつも、理論的観点(なぜ武力行使が国家の同意により正当化されるのか)から人間的視座に拠っているのではない。

　このように、なぜ同意により武力行使が正当化されるのかについての説明は理論的に不十分で、いかなる場合に同意により武力行使が正当化されるのかは実践上の評価の分かれるところがある。本書は、その原因が武力行使禁止原則の国家対国家的視座のみからの理解によるものであり、強行規範ともいわれることのある武力行使禁止原則と国家の同意の問題に接近するには、人間的視座からの理解が有用であると主張するものである。

37　Anne Legarwall, "Threats of and Actual Military Strikes Against Syria–2013 and 2017," in Tom Ruys, Olivier Corten and Alexandra Hofer (eds.), *The Use of Force in International Law* (Oxford University Press, 2018), pp. 828–833; Christine Gray, *supra* note 5, p. 107.

38　Karine Bannelier, "Military Interventions Against ISIL in Iraq, Syria and Libya and the Legal Basis of Consent," *Leiden Journal of International Law*, Vol. 29, Issue. 3 (2016), pp. 761–763.

39　Nick Robins-Early, "Russia Says Its Airstrikes In Syria Are Perfectly Legal. Are They?," *The World Post* (1 October 2015), at https://www.huffpost.com/entry/russia-airstrikes-syria-international-law_n_560d6448e4b0dd85030b0c08 (as of 30 June 2024).

40　Chiara Redaelli, *supra* note 27, pp. 156–161; Eliav Lieblich, *International Law and Civil Wars: Intervention and Consent* (Routledge, 2013), pp. 187–188; Claus Kreß, "The Fine Line Between Collective Self-Defense and Intervention by Invitation: Reflections on the Use of Force against 'IS' in Syria," *Just Security* (17 February 2015), at https://www.justsecurity.org/20118/claus-kreb-force-isil-syria/ (as of 30 June 2024).

第2節　武力行使禁止原則における人間的視座の必要性

　本書は、武力行使禁止原則を伝統的な国家対国家的視座と人間的視座から2元的に理解することにより、同意に基づく武力行使の理論的問題および実践的問題を整合的に、そして適切に理解・説明することができるということを論証する。ここで本書のいう人間的視座とは、いわゆる「人間の尊厳」から導かれる、国籍に関わらない人間の利益あるいは価値に着目する視点のことをいう。人間の利益あるいは価値（以下、人間的利益）は国家によって保障されるべきとすれば、国家利益と人間的利益は相対立する概念ではなく、国家利益が人間的利益の必要条件ともなる。しかし実際には国家利益と人間的利益は必ずしも一致するものではなく、国家が人間的利益を実現し得ない場合やかえって脅かす場合など、対立することもあり、両者を区別して理解することには意義がある。そのような人間的視座は国際法一般において存在し（Ⅰ.）、本書は人間的視座を、従来最も国家対国家的に捉えられてきた武力行使禁止原則に導入することによって、同意に基づく武力行使という事象をめぐる諸問題を適切に論じることができると主張するものである（Ⅱ.）。

Ⅰ．国際法における人間的視座

　第1節の冒頭で芹田の一文を引用した。国際法は伝統的に、「主として独立主権国家間の関係を規律するものと考えられており、人間は、原則として、国家の陰に隠れていて見えない」ものであった[41]。確かに伝統的国際法のもとでは、国際法は国家間の法としての性格を強く示し、国家権力に支配される人びとは、その客体として受動的にしか捉えられないものであった[42]。国家が国民の地位や権利・義務を自由に決定することができるという国際法原則に服していたのであり、人権問題は、単なる国内問題として国内管轄事項にとどまっていたのである[43]。国家の正統化根拠はその存在そのものにあるから[44]、国際法は諸国の国内統治のあり方には関与せず、また関与すべきでない、と考えられてきた。

41　芹田健太郎「前掲論文」（注1）249頁。
42　田畑茂二郎『国際化時代の人権問題』（岩波書店、1988年）1‐2頁。
43　芹田健太郎「前掲論文」（注1）274-275頁。

しかし冒頭でも触れたように、第2次大戦以降、国際法秩序の中で、国家よりも人間を保護することを主眼とした法規範が誕生し発展してきた。田畑は、国際法は第2次大戦を契機として、正に転換という名にふさわしいほどの大きな変貌をさまざまな点でみせているが、その中でもとりわけ注目されるのは、これまで一般に国際法の上では阻害されてきた人びとの人権問題が、国際法上の重要な課題として大きく浮上してきたことであるとする[45]。自国民の人権侵害をはじめ、国家が外部からの干渉や批判を受けることなく、自国内で自由に行動できるという主張の妥当性が薄れてきていることは、今や広く認識されている[46]。人道法に関しても、1949年の文民条約を皮切りに、人間の保護をより重視した法規範が発展してきた。国際社会が主権国家の併存分離という構造であることを強調すれば、国際法の目指す利益は諸国の共存にある[47]が、国家よりも人間に着目する国際人権法・人道法の発展、さらには対世的義務および強行規範の実定法化は、必ずしも国家対国家的に語ることができない。例えばWaldockは強行規範を初めて実定法化した条約法会議において、国際社会が統合されていくにつれてますますその関心は個人の地位に向けられるであろうし、それゆえ強行規範は、世界的共同体全体の利益において個人の利益を保護する方向で発展することが期待されるであろう、と述べていた[48]。国家がそれ自体として固有の価値を与えられてきた近代の国家観そして国際法観は、国家主権を相対化するかたちで変容を見ているのである。

このような国際法観の変容を論じた近年の代表的な論者として、Petersが挙げられよう。Petersは、人間性（humanity）こそが国際法の根源にあるのであり、

---

44 ディ・アンチロッチ『国際法の基礎理論』（酒井書店・育英堂、1971年）185頁；Dionisio Anzilotti, *Cours de Droit International I*, (Recueil Sirey, 1929), p. 169; Martti Koskenniemi, *From Apology to Utopia: The Structure of International Legal Argument* (Cambridge University Press, 2005), p. 232.

45 田畑茂二郎『前掲書』（注42）2頁。

46 Tiyanjana Maluwa, "The Contestation of Value- Based Norms: Confirmation or Erosion of International Law?," in Heike Krieger, Georg Nolte and Andreas Zimmermann (eds), *The International Rule of Law: Rise or Decline?* (Oxford University Press, 2019), pp. 330- 331.

47 酒井啓亘・寺谷広司・西村弓・濱本正太郎『国際法』（有斐閣、2011年）6頁（寺谷執筆部分）。

48 *Yearbook of the International Law Commission*, 1966, Vol. I, Part. 1, U. N. Doc. A/CN. SER. A/1964/ADD. 1, p. 40. para. 56 (828th Meeting, statement by Mr Waldock).

主権国家は基本的人権を保護するために存在しその責任を負うものとして人間化（humanized）されているとする[49]。Peters は、このように人間を中核に据えたグローバル立憲主義を論じる[50]。これと近い議論として、Criddle と Fox-Decent は、現代国際法において主権国家の中心的な関心事は人権と人間の安全保障にあるとして、そのような主権国家観、ひいては国際法秩序観を説明するために、人間性の「受認者（fiduciary）としての国家」という概念を提示する[51]。それは、国家は、外国人を含むその管轄下にある人々の利益の管理を委ねられていると説明するモデルである。また Cançado Trindade は、国際法はもはや純粋な国家間の次元を超え、人間そして人類全体の保護と願望の実現に向けた「新しい万民法（jus gentium）」になるべきとして、国際法の人間化（humanization）を唱導する[52]。日本の学界においては、例えば寺谷が、人権法と人道法の断片化の問題に対処するためのものとして、個人権を基軸とした立憲主義、すなわち個人基底的立憲主義を論じている[53]。また最上は、上述の Peters の立場を共有しつつ[54]、独自の批判的国際立憲主義なるものを論じている[55]。

　以上のように人間的利益に着目する視点は国際法一般においてみられるものであり、それは伝統的な国家主権の理解に修正を迫るものである。本書はこの視点を人間的視座と呼び、武力行使禁止原則に導入・敷衍することによって、同意に基づく武力行使という事象をめぐる諸問題を適切に論じることができるようにな

49　Anne Peters, "Humanity as the A and Ω of Sovereignty," *The European Journal of International Law*, Vol. 20, No. 3（2009）, pp. 513-544.

50　Anne Peters, "Membership in the Global Constitutional Community," in Jan Klabbers, Anne Peters and Geir Ulfstein（eds.）, *The Constitutionalization of International Law*（Oxford University Press, 2009）, pp. 153-262.

51　Evan J. Criddle and Evan Fox-Decent, *Fiduciaries of Humanity: How International Law Constitutes Authority*（Oxford University Press, 2016）, pp. 1-43.

52　Antônio Augusto Cançado Trindade, *International Law for Humankind: Toward a New Jus Gentium*（Martinus Nijhoff, 2nd ed., 2013）, pp. 3-4.

53　寺谷広司「断片化問題の応答としての個人基底的立憲主義―国際人権法と国際人道法の関係を中心に」『世界法年報』第28号（2009年）42-76頁。また、同「国際法における人権基底的思考の背景と展開」『国際人権』第27号（2016年）19-28頁も参照。

54　最上敏樹『国際機構論』（岩波書店、2016年）12-13頁。

55　批判的国際立憲主義とは、規範と事実の乖離に対する法的強制メカニズムに焦点を当てるという、目的論的な国際立憲主義であるという。最上敏樹「国際立憲主義批判と批判的国際立憲主義」『世界法年報』第33号（2014年）1-32頁；同「国際立憲主義の新たな地平―ヒエラルキー、ヘテラルキー、脱ヨーロッパ化」『法律時報』第85巻第11号（2013年）6-12頁。

ると主張する。

Ⅱ．国際法における人間的視座を武力行使禁止原則へ導入する必要性

　国連憲章を中心とした安全保障システムは、第2次大戦に典型的に示されたような国家間の武力紛争を想定していた。国際関係法辞典によれば、安全保障とは、国家の領土保全と独立を外国の武力によって脅かされないように保障することと定義される[56]。しかし戦後膨大な犠牲者を数えてきたのは、そのような国際的武力紛争ではなく非国際的武力紛争、すなわち内戦であった。さらにカンボジアやルワンダでのジェノサイドや、同時多発テロ事件をはじめとするテロリズムといった事態も、安全保障における国家対国家的視座が国際社会の現実に不適合であることを示してきた。このような問題意識はすでに国際法学において広く共有されているものであり、中でも人道的介入や「保護する責任（Responsibility to Protect：R2P）」、「人間の安全保障（human security）」概念は、安全保障の分野においても国家よりも人間に焦点を当てるべく論じられてきたものである。しかしこれらの議論は、国際法において武力行使の正当化事由あるいは実定法上の概念として広く受容されたとは言い難く[57]、国家実行の蓄積も不十分である。本書は人間的利益に着目する点、および国家主権の伝統的理解の変容を示す点ではこれらの既存の議論と共通するが、武力行使への同意という、すでに武力行使の正当化事由として認められている事象、そして同意国による一見強力な国家主権の行使とみえる事象の検討から、国家主権・人間・武力行使の意味を探求する点で、既存の議論とは一線を画するものである。換言すれば、本書は、人間的視座との対極にあるようにみえる、国家主権を介した国家の同意を論ずることで、逆説的に国家主権の意味を捉え直すものである。国家実行においても、武力行使の新たな正当化事由としてこれまで議論されてきたものは、先進国が主導・賛同する一方で途上国が反対してきたが、同意に基づく武力行使は途上国も進んで援用してきた正当化事由である。特に冷戦終結後は、アフリカ諸国の同意に基づく他のア

　56　国際法学会（編）『国際関係法辞典』（三省堂、1995年）18頁。

　57　人道的介入の国際法上の適法性を否定する者として、例えば、Kevin Jon Heller, "The Illegality of 'Genuine' Unilateral Humanitarian Intervention," *European Journal of International Law*, Vol. 32 No. 2 (2021), pp. 613-647; Federica I. Paddeu, "Humanitarian Intervention and the Law of State Responsibility," *European Journal of International Law*, Vol. 32, No. 2 (2021), pp. 649-678.

フリカ諸国による軍事介入が頻発するようになったといわれる[58]。このことからもわかるように、同意に基づく武力行使の議論はこれまでの議論とは毛色が異なるものである。

武力行使禁止原則の国家対国家的理解のみでは、同意に基づく武力行使を考えるにおいて理論的・実践的問題があることはすでに論じたが、武力行使禁止原則が伝統的な国家対国家的視座のみからでは理解に限界があること、および人間的視座が必要であることは、ある程度は、国内社会における個人に置き換えて説明することができる。例えば、個人Xが個人Yを自宅に招き入れて、Xの自宅内の個人Zの殺害を幇助させた場合、Xの同意があることからYに不法侵入罪は成立しない（この場合、始めから違法性が存在しない）が、Yの殺人幇助罪は成立を免れない。Xの行為がZに対する正当防衛であり、Yの行為がXの正当防衛の補助であるなら、その範囲内で正当化しうる。この国内刑法モデルで説明すれば、同意に基づく武力行使の既存の正当化理論は、Z（個人）の存在を捨象して、X（国家）とY（国家）の間の問題として捉えているといえる。本書はこのような捉え方に対して、Z（個人）の存在に重点を置くことを武力行使禁止原則でも認めようとするものである。もっとも、武力行使禁止原則において考慮されるZが、個人であるのか集団であるのかは検討の余地がある。

このように人間の存在を武力行使禁止原則に取り込むことは、いかなる場合に同意によって武力行使が正当化されるのかという実践における各論的問題を考えるにあたり有意であるだけでなく、なぜ同意によって武力行使が正当化されるのかという理論的問題の不十分さも克服しうる。なぜなら、理論的問題の不十分さの原因は武力行使禁止原則の強行規範性にあるが、強行規範については、なぜ国家の以前の合意が後の合意により覆されない（逸脱できない）のかが、合意主義によっては説明しきれないことが隘路であるからである。本書も合意主義に立つことに変わりはなく、国家間の意思の合致（すなわち合意）が国際法の拘束力の根拠であると理解する。しかし、本書のいう国家の意思には次のような意味合いが含まれる。すなわち、国家の内部には国家利益とは区別される利益を有する人間がおり、その人間的利益の保護のために存在する国家が表明する意思のことである。このような見方に立ったとき、強行規範の逸脱不可能性とは、国家がその合意によって自己ではなく他者である人間、それもその保護を義務付けられてい

58　Erika de Wet, *supra* note 28, p. 981.

るはずの人間の権利を侵害できないことという意味に解される[59]。これを武力行使の文脈で言い換えれば、国家は一定の[60]人間的利益が侵害されることになる武力を行使することはできないし、そのような武力が他国により自国領域で行使されることに同意できないということになる。

なおこのように強行規範性を人間的利益に見出す考え方は、上に挙げた Cançado Trindade の提唱する「新しい万民法」において、強行規範がこの「新しい万民法」の柱であるとされていることと親和的である[61]。Cançado Trindade によれば、強行規範はまさに人間、そして人類の利益のために存在する[62]。本書はこのような強行規範論の妥当性を示す論証の 1 つともいえるが、しかし Cançado Trindade は武力行使禁止原則を強行規範であると論じつつ[63]、同原則自体については依然国家対国家的に解しているようにみえる[64]。武力行使における人道的な考慮は、国際人権法・人道法の発展によって賄おうとしているようである[65]。武力行使禁止原則を国家対国家的に解しても、それが究極的に人類の利益のためであるとする主張が論理的に破綻しているわけではない。しかしながら、国家の同意に基づく武力行使という事象を考えるとき、武力行使禁止原則を国家対国家的にのみ捉えるその見方には限界があるのであり、本書はこの部分においては Cançado Trindade と理解を異にする。

ただし、人間的利益を武力行使禁止原則に取り込むといっても、本書は国際社会における国家と人間を、国内社会における個人間と同様に完全に対等の関係であると主張するものではない。国家はなお、現在の政治秩序における決定的な単位である。伝統的な国家主権の理解は変容しつつも、今日の国際社会はなおそのような「変容した」国家主権を有する国家間のシステムである。とりわけ安全保障や平和維持といった分野は、「従来国家間の安寧と同視されがちであった」ともいわれるように[66]、国家対国家的性格の強い分野であり、武力行使禁止原則に

59　他者侵害を伴う場合には強行性の論証が容易であるとする論者として、小森光夫『一般国際法秩序の変容』(信山社、2015年) 127-130頁。

60　「一定の」の意味については、第 2 章第 3 節 I.「武力行使禁止原則の 2 元的理解の全体像」を参照。

61　Antônio Augusto Cançado Trindade, *supra* note 52, p. 310.

62　*Ibid.*

63　*Ibid.*, pp. 106-109.

64　*Ibid.*, pp. 93-96.

65　*Ibid.*, pp. 97-100.

どこまで人間的視座が浸透しているかという問題がある。ここに、武力行使禁止原則を国家対国家的視座と人間的視座の両視座から語る必要性がある。

第3節　本書の方法論、構成、用語の定義および射程

　本論に入る前に、本書の採用する方法論（Ⅰ.）、本書の構成（Ⅱ.）、用語の定義および射程（Ⅲ.）を示しておきたい。

Ⅰ．本書の方法論

　前節までで論じてきたように、本書は、国際法において発展してきた人間的視座が武力行使禁止原則に影響を与えそれに浸透していると解釈することによって、同意に基づく武力行使という事象をめぐる諸問題を統一的・整合的に論じることができるということを示すものである。これは強行規範との関係で論理的にそうであるはずだということに加えて、人間的視座に対する国際的な意識の醸成が、武力行使の分野における国家実行においてもある程度看取されることによる。したがって武力行使禁止原則の内容はなぜ、そしてどのように国家実行の影響を受けるのか明確にしておく必要がある。そこで、ここではまず、憲章第2条4項と慣習法上の武力行使禁止原則はいかなる関係にあるのか（Ⅰ-1.）を論じた後に、武力行使の分野における国家実行（行動と主張）がどのような方法で評価されるのか（Ⅰ-2.）を示しておきたい。

Ⅰ-1．国連憲章第2条4項と慣習法上の武力行使禁止原則の関係

　　国連憲章第2条4項
　　すべての加盟国は、その国際関係において、武力による威嚇又は武力の行使を、いかなる国の領土保全又は政治的独立に対するものも、また、国際連合の目的と両立しない他のいかなる方法によるものも慎まなければならない。

66　酒井啓亘「国連憲章第三十九条の機能と安全保障理事会の役割」山手治之・香西茂（編）『現代国際法における人権と平和の保障―21世紀国際社会における人権と平和：国際法の新しい発展をめざして（下）』（東信堂、2003年）257頁。

第3節　本書の方法論、構成、用語の定義および射程 | 19

　一般に憲章と慣習法の関係についてまず確認されなければならないのは、条約と慣習法は国際法において同等の拘束力を有する独立した法源であり、両法源間の対立は、強行規範に関する規則によって解決できる場合を除いて、後法優位の原則と特別法優位の原則によって解決されることである[67]。これを踏まえて、①憲章と憲章制定前の慣習法の関係と、②憲章と憲章制定後の慣習法の関係とに分けて論じる必要がある。

　①憲章と憲章制定前の慣習法の関係については、憲章は憲章制定前の慣習法に対して後法であり特別法であるから、憲章を批准した国家に関しては、憲章制定前の慣習法のうち憲章と両立しないものは適用されない。他方、憲章を批准していない国には既存の慣習法がすべて適用されるかというと、憲章第2条4項の内容が慣習法化しているので、未批准国にもこれが適用されるとするのが一般的である[68]。このことは、武力行使禁止原則の解釈において常に憲章の規定が出発点となることを意味している。しかし必ずしも憲章制定前の慣習法が全く存続していないわけではない。国際司法裁判所（International Court of Justice：以下、ICJ）のニカラグア事件判決で指摘されたように、憲章は武力行使禁止原則のすべてをカバーしているわけではない[69]から、憲章制定前から存続している慣習法で憲章の内容と矛盾しないものは、憲章の規定を解釈する上で重要な補助的役割を果たすのであり[70]、「当事国の関係において適用される国際法の関連規則」（条約法条約第31条3項（c））として考慮される。ILC によれば、この規定による慣習法の参照は、とりわけ条約の規定が不明確であったり、発展した国際法の体系を参照することによってその意味を決定できる場合、あるいは、条約で使用されている用

67　Malcolm N. Shaw, *International Law* (Cambridge University Press, 2003), p. 116.
68　Tom Ruys は、以下の理由から、憲章第2条4項の内容が慣習法化しているとする証拠は圧倒的であるとする。すなわち、第1に、憲章の規定が「一般法規則の基礎を形成すると考えられるような、基本的に規範を生み出す性質」を持っていること（北海大陸棚事件 ICJ 判決）、第2に、憲章第2条6項（この機構は、国際連合加盟国でない国が、国際の平和及び安全の維持に必要な限り、これらの原則に従って行動することを確保しなければならない。）、第3に、諸条約に憲章上の規範が取り入れられていること、第4に、国連非加盟国（であった国家）による憲章の諸原則を認める発言である。Tom Ruys, *'Armed Attack' and Article 51 of the UN Charter: Evolutions in Customary Law and Practice* (Cambridge University Press, 2010), pp. 15-16.
69　*Nicaragua case, supra* note 7, p. 94, para. 176.
70　例えば自衛権の行使要件のうち、必要性要件と均衡性要件は第51条に規定はなく、慣習法上の自衛権の要件から導かれたものである。

語が慣習法において認識された意味を持ち、それゆえに当事者が言及することを意図していたとみなされる場合に、特に関連性があると考えられている[71]。

　続いて、②憲章と憲章制定後の慣習法の関係であるが、まず、条約を解釈する上で「当事国の関係において適用される国際法の関連規則」として考慮されるのは、条約締結時に有効であった国際法の規則に限られるのか、解釈時に有効な国際法の規則も含まれるのか、という問題がある[72]。学説上議論のあるところではあるが、ここでは、条約締約国が後の慣習法の発展を考慮に入れる意図を有していたことが立証されれば、条約締結後に発展した慣習法も考慮に入れることとする[73]。憲章第2条4項に関しては、それは武力行使禁止原則のすべてをカバーしているわけではないのであるから、その解釈のために補充的に憲章制定後に変化した慣習法上の武力行使禁止原則が考慮に入れられることは明らかであると思われる。したがって、憲章第2条4項の規定が不明確である場合は、その解釈のために慣習法上の武力行使禁止原則を参照しなければならないが、それは制定前から存続している慣習法で憲章の内容と矛盾しないものに限られず、憲章制定後に変化したものも考慮される。

　ここまでは憲章の解釈の問題になるが、憲章制定後の慣習法による憲章の修正・改正[74]の可能性についても確認しなければならない。条約の解釈が、人権条

71　ILC, "Report of the Study Group of the International Law Commission Finalized by Martti Koskenniemi," U. N. Doc. A/CN. 4/L. 682, p. 235, para. 467; ILC, "Conclusions of the work of the Study Group on the Fragmentation of International Law: Difficulties arising from the Diversification and Expansion of International Law," U. N. Doc. A/61/10, p. 414, para. 19.

72　Waldock による1964年条約法条約草案第69条1項（c）は「その条約の締結時に効力のあった国際法の一般規則に照らして」としていたが、他の ILC 委員や諸国政府がこの規定が制限的すぎると反論したため、「その条約の締結時に効力のあった」が削除され、今の第31条3項（c）になったという経緯がある（*Yearbook of the International Law Commission*, 1966, Vol. II, U. N. Doc. A/CN. 4/SER. A/1966/Add. 1, p. 222, para. 16）。

73　このことは、例えば、条約が期間を限定して適用されるものとして意図されていない場合や、条約の文言が発展的な用語を使用している場合に特に重要であると考えられている。*The Arbitration regarding the Iron Rhine ("Ijzeren Rijn") Railway between the Kingdom of Belgium and the Kingdom of the Netherlands*, Arbitral Award, *RIAA*, Vol. XXVII, pp. 73-74, paras. 79-82; *Legal Consequences for States of the Continued Presence of South Africa in Namibia (South West Africa) notwithstanding Security Council Resolution 276 (1970), Advisory Opinion, I. C. J. Reports 1971*, p. 31, para. 53.

74　条約法条約の用語では、修正（modification）は多数国間条約の一部の当事者間での規定の変更であり、改正（amendment）は多数国間条約のすべての当事者間での規定の変更である。条約法条約第4部「条約の改正及び修正」を参照。

第 3 節　本書の方法論、構成、用語の定義および射程 ｜ 21

約でよく論じられるような発展的解釈に近づけば近づくほど、条約の解釈と条約
の修正・改正の区別が困難になる。しかし両者は法的には異なる営為である。す
なわち条約の解釈とは、条約で定められている法的権利義務を変更するものでは
ないのに対して、条約の修正・改正はそれらを変更するものあり、また条約の解
釈は遡及的に作用するが、条約の修正・改正は不遡及である。慣習法との関係で
いえば、条約と慣習法が同時に適用可能な場合は解釈の問題になり、条約と慣習
法の内容が異なるのでどちらを適用するかを選択しなければならない場合は、修
正・改正の問題になる。したがってここでは、憲章の内容と矛盾する内容の慣習
法が新たに成立した場合の、両者の関係を検討する。ここで、1964年の条約法条
約草案第68条（ c ）では、「条約において扱われている事項に関する新たな慣習
法規則であって、すべての当事国を拘束するものが、後に出現することによっ
て」、条約の運用が修正される可能性が認められていたことが想起される[75]。こ
の規定は最終的には削除されたが、その理由は新たな慣習法による条約の修正の
可能性そのものを否定するものではなく、その適用上の困難や条約法において条
約と慣習法の関係を扱うことの不適切性を懸念するものであり、したがって同上
の削除をもってその可能性が拒否されたと解するのは不適当であると言われてい
る[76]。同様に、ILC の最終草案第38条（1964年の条約法条約草案では第68条（ b ））で
は、「条約の適用につき後に生じた慣行であって、条約規定を修正する当事国の
合意を確立するもの」によって条約が修正される可能性が認められていたが、こ
れも削除された[77]。学説上は、新たな慣習法ないし後に生じた慣行によって条約
が修正される可能性に言及しつつ、通常、条約にはその正式な修正手続が規定さ

75　*Yearbook of the International Law Commission*, 1964, Vol. II, U. N. Doc. A/CN. 4/SER. A/1964/ADD. 1, p. 198.

76　Michael Akehurst, "The Hierarchy of the Sources of International Law," *British Yearbook of International Law*, Vol. 47, Issue 1 (1975), p. 276; Władysław Czaplinski and Gennadiï Mikhaïlovich Danilenko, "Conflicts of Norms in International Law," *Netherlands Yearbook of International Law*, Vol. 21 (1990), pp. 37-39.

77　新たな慣習法による条約の修正と、後の慣行による条約の修正の区別について、浅田は、新たな慣習法による条約の修正は「必ずしも特定条約の適用上の慣行を基礎とするものではなく、特定条約の適用に限定することなく、条約当事国を含む基本的にすべての国を拘束する慣習法の生成にかかる」のに対して、後の慣行による条約の修正は「当該条約の当事国による当該条約の適用上の慣行にかかる」とする。浅田正彦「国際法における先制的自衛権の位相」浅田正彦（編）『二一世紀国際法の課題：安藤仁介先生古稀記念』（有信堂、2006年）307頁。

22 序　章　国際法における国家・人間・武力行使

れているのでそのような黙示的な修正は例外的なものにとどめるべきだと強調される[78]。さらに、ILC の「条約解釈に関する後の合意及び後の慣行」に関する結論草案の結論 7 「解釈に関連した後の合意と後の慣行のありうる効果」の 3 項は、以下のように規定する。

> 3．条約当事国は、条約の適用における合意または慣行によって条約を解釈することを意図しているのであって、改正または修正することではないと推定される。当事国の後の慣行によって条約を改正または修正することは一般的には認められていない。但し、本結論草案は、条約法条約や慣習国際法上の改正または修正に関する規則の適用を妨げるものではない[79]。

このように、新たな慣習法ないし後に生じた慣行による条約の修正・改正は一般的には排除されるが、例外的に認められる場合もあるということがうかがえる。このことは、上で引用した ILC の「条約解釈に関する後の合意及び後の慣行」に関する結論 7 のコメンタリーからも読み取れる[80]。

では、新たな慣習法ないし後に生じた慣行によって条約が修正・改正される可能性が完全には否定されないとして、それらは憲章第 2 条 4 項の内容をも修正・改正しうるのかという疑問を提起できる。一般に、憲章第 2 条 4 項の定める武力行使禁止原則は強行規範であるといわれているからである（その議論の詳細および本書の立場は後述する）。強行規範が後に成立する強行規範によって変更される可能性は既に条約法条約第53条において認められているが、新たな強行規範が成立したとの立証の負担は大きい。憲章第 2 条 4 項の内容が新たな慣習法ないし後に

78　Gennady M. Danilenko, *Law-Making in the International Community* (Springer, 1993), pp. 162-165; Michael Akehurst, *supra* note 76, pp. 275-276; Władysław Czaplinski and Gennadiĭ Mikhaĭlovich Danilenko, *supra* note 76, p. 40.

79　*Report of the International Law Commission, Seventieth session* (30 April-1 June and 2 July-10 August 2018), Chapter IV, U. N. Doc. A/73/10, p 51. 和訳は、以下論文に倣った。丸山政己「国際組織の『事後の実行』再考─ILC 結論草案を手がかりに」『一橋法学』第17巻第 3 号（2018年）106頁。

80　*Report of the International Law Commission, ibid.*, pp. 58-63, paras. 24-38. 例えばコメンタリーは、諸国や国際裁判所が後の合意という方法によって、条約の解釈にかなり広い裁量を当事国にもたせる準備があることは明らかであるとする。一方でこのような後の合意による条約の修正・改正は一般的には排除されないが、あくまで例外であり、国家や裁判所は、後の合意が実際に条約を修正・改正する効果を持つことを認めることに対して消極的であるとも述べている。

生じた慣行によって修正・改正されるのは、理論上は可能であるが実際には非常に困難である。したがって基本的には、憲章第2条4項と慣習法上の武力行使禁止原則は互いに矛盾せず、慣習法上の武力行使禁止原則が憲章第2条4項を補完する関係にあると考えられる。

　以上、武力行使禁止原則の解釈（および理論上は修正も）においては、憲章第2条4項が出発点となるが、同時に慣習法上の武力行使禁止原則の役割が一定の地位を占めていることを確認した。とりわけ武力行使が国家の同意によって正当化されることについては、憲章第2条4項にもその他の諸規定にも明文で定められていないのであるから、慣習法上の武力行使禁止原則によって憲章第2条4項が補充される必要がある。Dinstein も主張するように、そもそも今日、すべての国家は国連憲章に拘束されているため、国家間で起こりうる解釈紛争は憲章と慣習法に等しく関わることになる[81]。そして両者の内容は相対立するものではなく、基本的に慣習法によって憲章が補完される関係にあると考えられる。

I-2. 武力行使の分野における国家実行の評価方法

　慣習法の認定作業は、その方法論自体論争の絶えないものではあるが、ここでは国家実行と法的信念という慣習法の2つの構成要素の特定によってなされるとする。本書の対象である武力行使の分野における各国の実行および主張は、法的な考慮というよりはむしろ政治的・道徳的な考慮や自国の国益に左右される部分が大きいことには注意しなければならない。したがって以下では、武力行使の分野における国家実行と法的信念の評価にあたって留意すべきことを示しておきたい。

　まず、国家の行動のみに基づくアプローチは、国家の主張・発言にも焦点を当てるアプローチよりもはるかに恣意的な評価になりやすいことが指摘される[82]。なぜなら、武力行使国は自身が合法的に行動していると考えているかどうか、また、合法的に行動しているとすれば、どのような法的根拠に基づいているのかが

81　Yoram Dinstein, *War, Aggression and Self-Defence* (Cambridge University Press, 6th ed., 2017), pp. 104-105, paras. 285-286; Oliver Dörr, "Prohibition of Use of Force," in *Max Planck Encyclopedia of Public International Law* (Oxford University Press, 2019), online version, para. 10, at https://opil.ouplaw.com/display/10.1093/law:epil/9780199231690/law-9780199231690-e427 (as of 30 June 2024).

82　Tom Ruys, *supra* note 68, pp. 29-41.

不明瞭なままとなることが多いからである。ゆえに武力行使国がそれを法的に正当化するためにいかなる主張ができたか、あるいはするべきであったかに関して解釈者の主観が大きく入り込むことになる。また国家の行動のみに基づくアプローチは、第3国の（肯定的、否定的な）反応を軽視する傾向がある[83]。そこで、国家の主張・発言にも焦点を当てるアプローチを採用し、武力行使国の主張と領域国（武力行使が行われた国家）の主張の内容に注目することになるが、武力行使国は自己の行為を正当化するためにあらゆる論理を駆使するし、領域国は、自身が被害国であるというためには、その武力行使国の主張を悉く否定するから、この点は割り引かなければならない[84]。その意味で武力行使国による違法性を認める発言や、領域国による違法性を追及しない態度には注目すべきといえる。加えて、安保理の決議や討議[85]、普遍的・地域的国際機関による評価、第3国の反応も検討しなければならない。ただし第3国の反応は武力行使国や領域国との政治的な関係によって左右されるところがあるので、政治的には批判を行わないように思われる国による法的批判や、政治的には批判を行うように思われる国による法的是認には注目すべきである[86]。国際社会には客観的な判断機関が存在しないのであるから、このように第3国および国際機関による発言内容および具体的な意図・行為を総合的に勘案し、それがどの程度の重みを持っているのか、どのような意味合いを有しているかを精査することが肝要である。

　ここで、武力行使の事例においては、第3国が沈黙する場合が多々見られることが想起される。沈黙を黙認として評価するための明確な基準は存在せず、沈黙

83　*Ibid.*

84　浅田正彦「非国家主体と自衛権—侵略の定義に関する決議第3条（g）項を中心に」坂元茂樹・薬師寺公夫（編）『普遍的国際社会への法の挑戦：芹田健太郎先生古稀記念』（信山社、2013年）837-838頁。

85　近年、同意に基づく武力行使の実践における事実の評価や、武力行使を要請できる政府の判断についての、安保理の役割の重要性を説く論者が現れている。Olivier Corten, "Intervention by Invitation: The Expanding Role of the UN Security Council," in Dino Kritsiotis, Olivier Corten and Gregory H. Fox (eds.), *supra* note 4, pp. 172-178; Gregory H. Fox, "Invitations to Intervene after the Cold War Towards a New Collective Model," in *ibid.*, p. 250. 一方で、安保理の制度的な限界やその政治的機関としての性質から、これに懐疑的な見方もある。例えば Marxsen によれば、安保理は特定の紛争に対して積極的に規範的な枠組みを提供することが全般的に弱いように思われ、むしろ、時に明確で時に曖昧な表現で支持するという、より控えめなアプローチをとっている。Christian Marxsen, "Conclusion: Half-Hearted Multilateralisation of a Unilateral Doctrine," in *ibid.*, p. 330.

86　浅田正彦「前掲論文」（注84）。

から推論を行おうとする場合には、最大限の注意を払わなければならない。沈黙する非法的理由は多々あるのである[87]。このことから、例えば Corten は、沈黙が意味を持つためには、当該国が介入を非難することが期待される状況で沈黙がなければならず、「A国がB国を攻撃した場合にC国の沈黙が意味を持つのは、例えばC国がB国に近い国で攻撃により影響を受ける場合であったり、以前にA国とB国の関係悪化に懸念を表明していた場合に限られる」と述べる[88]。同様にStarski も、沈黙が黙認と認められるためには、当該国が反対することが正当に期待される場合でなければならないとする[89]。そのような期待の特定において考慮される要素には、武力行使国による自身の行為の適法性の主張、主張がなされた状況、沈黙する国の反応する能力、武力行使国および沈黙する国の権利および利益への影響の大きさ、他の国家および国際機関による反応、反応までの時間、問題となる規則の性質などが含まれ、これらを総合的に考慮することが必要であるとする[90]。

　なお武力行使国の主張であれ、領域国（武力行使が行われた国家）の主張であれ、第3国の主張であれ、口頭および書面による発言を考慮するとき、それには具体的には以下のようなものが含まれる。すなわち、様々な国際的な場での発言、ICJ での発言、外交文書、各国議会での公式発言、各国の代表者としての立場で表明された各国の法律顧問の意見、軍事マニュアル、報道等である[91]。

87　Tom Ruys, *supra* note 68, p. 38.

88　Olivier Corten, *supra* note 27, p. 49. また ICJ は種々の場面で、黙認を証明するには「一貫した揺るぎない態度」でなければならず、「明確な（clear）」「確定的な（definit）」「明白な（unequivocal）」行動方針が必要であり、「明確かつ一貫して受け入れていること」を示していなければならないなどと述べたことがある。Marcelo G. Kohen, "The Use of Force by the United States after the end of Cold War, and its impact of International Law," in Max Byers and Georg Nolte (eds), *United States Hegemony and the Foundations of International Law* (Cambridge University Press, 2003), p. 224.

89　Paulina Starski, "Silence within the Process of Normative Change and Evolution of the Prohibition on the Use of Force: Normative Volatility and Legislative Responsibility," *Journal on the Use of Force and International Law*, Vol. 4, Issue. 1 (2017), pp. 14-65.

90　*Ibid.*, pp. 30-45.

91　Tom Ruys, *supra* note 68, pp. 43-44.

Ⅱ．本書の構成

　本書は 2 部構成をとる。

　「同意に基づく武力行使の理論」と題した第 1 部は、第 1 章および第 2 章からなる。

　第 1 章「同意に基づく武力行使の既存の理論」では、武力行使がなぜ同意によって正当化されるのかについて、先行研究の整理と分析を行う。同意が武力行使の違法性を阻却するという違法性阻却説と、同意があればそもそも違法な武力行使ではないとする武力行使禁止原則不適用説の 2 つの見解が存在することを示す。この 2 つの見解の相違は、かつて ILC 国家責任条文第20条（同意）の起草過程においてなされた、違法性阻却事由としての同意は存在するか否かをめぐってなされた対立に由来しているという主張があることから、ILC での議論を整理した上で、同意に基づく武力行使の理論をめぐる 2 つの見解の相違との関連性を検討する。

　第 2 章「同意に基づく武力行使の理論の再構築」では、同意に基づく武力行使の既存の理論の限界を示し、それを克服しうる新しい理論的認識枠組を提唱する。まず、違法性阻却事由としての同意は存在するか否かをめぐる対立を、武力行使の文脈を離れて、法哲学や国内刑法学における議論を参照しながら、より一般的に国際法における同意の法的性質の問題として検討する。そこで明らかになった対立の様相に照らして再度、同意に基づく武力行使の既存の理論を検討することで、その対立の真相と、同意に基づく武力行使の既存の理論の限界を明らかにする。既存の 2 つの理論の対立は、実際は、違法性阻却事由としての同意は存在するか否かをめぐる対立に由来するのではなく、武力行使の文脈に固有のものであることを説明し、その原因が、武力行使禁止原則の強行規範性にあるとする。武力行使禁止原則の強行規範性の問題を克服するには、既存の理論が総じて拠って立つ武力行使禁止原則の国家対国家的理解では不十分であり、人間的視座の導入によって武力行使禁止原則自体を捉え直す必要があると主張する。そこで新しい理論的認識枠組として提示されるのが、国家対国家的視座と人間的視座による、武力行使禁止原則の 2 元的理解である。これによれば、武力行使禁止原則は、「すべての国家は、武力によって、他国の抽象的国家的利益も、一定の人間的利益も侵害してはならない」という内容を有するものと理解される。そして同意に

基づく武力行使は、抽象的国家による抽象的国家利益の放棄により、武力による抽象的国家利益の侵害が正当化されることと理解される。

「同意に基づく武力行使の実践」と題した第2部は、第3章、第4章および第5章からなる。第1部で提示した新しい理論的認識枠組に基づき、各論的問題への回答を提示する。

第3章「同意に基づく武力行使の実体的要件」では、同意に基づく武力行使が正当化されるために課される実体的な要件を検討する。武力行使禁止原則の2元的理解にとっては、「領域国政府からの同意が、抽象的国家利益のみの放棄であり一定の人間的利益の侵害を意図したものではないこと」、および「領域国政府からの同意に基づいて武力行使をする国家が、当該領域国の抽象的国家利益のみを侵害しており一定の人間的利益を侵害するものではないこと」が必要となる。先行研究は同意に基づく武力行使の理論的問題と実践的問題を関連させずに論じており、実践的問題のうち実体的要件については、「領域国が内戦に陥っている場合にも同意に基づき武力行使することは適法か」、「いかなる政府が他国による自国領域での武力行使に同意を与える能力があるのか」として検討してきた。第3章では本書独自の理論的認識枠組から実体的要件を導く前に、まず、そのような先行研究を整理し、国家実行を分析し、国家実行によって最も支えられる見解を導く。その上で、その見解が武力行使禁止原則の2元的理解によって理論的にも支持されることを指摘し、既存の見解を武力行使禁止原則の2元的理解に基づいて精緻化する。すなわち、第3章は、独自の新しい理論的認識枠組である武力行使禁止原則の2元的理解によって、武力行使禁止原則の保護法益を抽象的国家利益と一定の人間的利益の2つに因数分解することで、実体的要件を理論整合的に検討できると主張する。

第4章「同意に基づく武力行使の手続的要件」では、武力行使への同意が有効に与えられるために満たすべき手続的な要件を、同意を与える主体（同意が国家によって与えられること、同意が政府によって与えられること、同意が政府を代表する者によって与えられること）、同意の態様（同意が自由に与えられること、同意が明確に確立されていること）、同意を与える時期（同意が事前に与えられること、事前の条約に基づく同意かアドホックな同意か）のそれぞれにつき検討する。その際、武力行使以外の行為一般に対する同意の手続的要件と比較して、異なる点があるか否かについても考察する。というのは、学説上、武力行使禁止原則の国際法上の重要性から、同意が有効であるために厳格な要件が課される場合があるとの指摘がなさ

れているからである。第4章ではまず、この指摘が正しいかどうかを分析する。そこで武力行使への同意の場合とその他の行為一般への同意の場合との異同を明らかにした上で、次にその異同が本書の武力行使禁止原則の2元的理解から説明されることを主張する。

　第5章「自衛権の議論における同意に基づく武力行使の位置付け」は、本書でのこれまでの議論の応用編である。同意に基づく武力行使の現代的意義を探るため、自衛権の議論において同意に基づく武力行使がいかなる位置付けを与えられているのかを検討する。同意に基づく武力行使と自衛権の関係は、特に集団的自衛権との関係について解明されるべき論点を当初から含んでいるのみならず、非国家主体の台頭によってそれがより複雑になっている。というのは、そもそも集団的自衛権については、その行使要件に被攻撃国の要請があることから、同意に基づく武力行使との相違を確認する必要があるが、これに加えて近年の国家実行においては、領域国の同意と並列して、領域国に所在するテロリストに対する自衛権を援用する事例や、反政府勢力への他国による支援が間接的武力攻撃であるとして、集団的自衛権を援用する事例がしばしば見られる。そこで、第5章では、まず同意に基づく武力行使と集団的自衛権の関係を明らかにした上で、領域国の同意、非国家主体の武力行為の国家への帰属、および非国家主体に対する自衛権の関係性が、本書の提唱する武力行使禁止原則の2元的理解によっていかに描かれるのかを検討する。そこでは、武力行使禁止原則の2元的理解は、武力行使に同意を与える能力のある政府（自国領域内で一定の人間的利益を主体的に侵害していない政府）が領域国に存在するか否か、存在するとして同意を与えることを拒否するか否かに注目するという視点を提供しうる。

　終章では本書のまとめをした上で、今後の課題を示す。

Ⅲ．用語の定義および射程

　本論へ入る前に、本書が用いる用語を定義し、また議論の射程を示しておく必要がある。

　まず同意に基づく武力行使というときの「同意」（consent）には、領域国による「要請」（request）、「許可」（permission）、「授権」（authorization）、「受諾」（acceptance）の意味が含まれる。いずれにしても、正当化しようとしている行為の前に与えられるものである。違法行為の事後に与えられる責任を援用する権利の放棄として

の同意は、検討の対象でない。

「武力行使」については、公式の定義は存在しないが、ここでは以下の6点を指摘しておきたい。第1に、「武力の行使（use of force）」の「力（force）」は、「兵力（ないし軍事力）（armed force）」を意味し、経済的、政治的ないし心理的な力は含まれない[92]。第2に、海上警察活動などのように、国家が自国の執行管轄権に基づいて行う国内法執行のための実力の行使や警察権の行使は、「武力行使」には当たらない。両者をカテゴリカルに分ける基準は一般に存在しないとされ、行為が行われた場所、行為主体、使用される実力の程度、行為対象、措置の目的、国内法上の根拠、条約上の根拠、事案の背景などを総合的に考慮して決定される[93]。第3に、いわゆる「間接的武力行使（indirect force）」、すなわち、武力を行使する他国叛徒への武器の供与、訓練、兵站等も、「武力行使」に含まれる[94]。しかし本書が扱う事例は他国政府の同意に基づく武力行使であり、つまり

---

92 憲章第2条4項は「力（force）」という文言が使われているが、憲章前文では憲章第2条4項と同じ文脈で「兵力（armed force）」という文言が使われている。憲章第44条では「力（force）」も「兵力（armed force）」も使われているが、意味としては両者とも「兵力」である。友好関係宣言でも、同じ文脈で「兵力」に限るかたちで「力（force）」という文言が使われ、不干渉原則に関して「経済的」・「政治的」という文言が含まれている。さらに第2条4項の起草過程において、同項の禁止に「経済的手段による威嚇またはその行使」を含めるという修正案がブラジルより出されたが、そのような提案は否決されたという経緯がある。このように同項の「力（force）」は「兵力」に限られるとするのが一般的である。See, ILA, *Final Report on Aggression and the Use of Force, supra* note 16, p. 4; Albrecht Randelzhofer and Oliver Dörr, *supra* note 16, pp. 208-210, paras. 17-20; Rosalyn Higgins, *Problems and Process: International Law and How We Use It* (Clarendon Press, 1994), p. 248.

93 黒﨑将広・坂元茂樹・西村弓・石垣友明・森肇志・真山全・酒井啓亘『防衛実務国際法』（弘文堂、2021年）188-192頁（西村弓執筆部分）。ただし、例えば軍艦が実際に武力を行使する場合のように、国際関係における軍事活動と、国内法執行のための警察権の行使とを明確に区別するのが困難な場合があり、このことから学説上は、国際法上禁止される「武力行使」は一定以上の重大性（gravity）を備える必要があるとすることで両者を区別しようとする見解がある。See, Olivier Corten, *supra* note 27, pp. 76-85; Mary Ellen O'Connell, "The Prohibition on the Use of Force," in Nigel D. White and Christian Henderson (eds.), *Research Handbook on International Conflict and Security Law: Jus Ad Bellum, Jus in Bello, and Jus Post Bellum* (E. Elgar, 2013), pp. 102-107. しかしこのような見解は国家実行を反映しておらず、国家が緊急状態、対抗措置、遭難を援用してそのような重大性を備えない武力行使を正当化するなどの濫用の危険があるなどとして、反対する見解もある。See, Tom Ruys, "The Meaning of 'Force' and the Boundaries of the *Jus Ad Bellum*: Are 'Minimal' Uses of Force Excluded From UN Charter Article 2 (4)?," *American Journal of International Law*, Vol. 108, No. 2 (2014), pp. 159-210.

94 *Nicaragua case, supra* note 7, pp. 118-119, para. 228.

他国政府のために行われるものである[95]から、他国叛徒のために行われる間接的武力行使は基本的には対象にならない。間接的武力行使が本書と関連するのは、国家が他国叛徒に武器を供与している場合に第3国が当該他国の同意に基づき介入できるとする対抗介入[96]や、他国叛徒への支援が当該他国への武力攻撃に該当する場合[97]などの文脈である。第4に、本書が扱う同意に基づく武力行使は、他国政府のための軍隊の派遣をいうのであって、他国政府のための武器の供与は含まない。文献においては、他国への軍隊の派遣を直接的軍事援助（direct military assistance）、武器の供与を間接的軍事援助（indirect military assistance）として呼び分けることもある。前者の直接的軍事援助を規律するのは武力行使禁止原則であるが、後者の間接的軍事援助は国際法の異なる分野の問題である。同意に基づく武力行使の先行研究の多くは、特に理由を明示せずに、研究対象を直接的軍事援助に限定している。本書では、独自の武力行使禁止原則の理論的認識枠組を提示した後に、なぜ直接的軍事援助のみが武力行使禁止原則の問題とされるのかを説明したい[98]。第5に、自国領域内の外国軍隊の存在のみであっても、武力行使の文脈で捉えられる[99]。侵略の定義に関する決議[100]第3条（e）項が「受入国との合意にもとづきその国の領域内にある軍隊（armed forces）の当該合意において定められている条件に反する使用、又は当該合意の終了後のかかる領域内における当該軍隊の駐留の継続」が侵略行為であるとしていることからも、外国軍隊の存在が武力行使禁止原則違反となりうることは明白である。ICJのコンゴ・ウガンダ事件判決でも、領域国であるコンゴが同意を撤回した後にウガンダ軍が駐留を継続していたことが、武力行使禁止原則違反であるとされた[101]。第6に、近年論じられるようになったサイバーの問題は、本書では「武力行使」には含まない。

「同意に基づく軍事介入（militaly intervention based on consent）」、「要請に基づ

95　同意が政府によって与えられなければならないことについては、第4章第1節Ⅱ.「同意が政府によって与えられること」を参照。

96　第3章第1節Ⅰ.「内戦不介入説」を参照。

97　第5章第1節「集団的自衛権との関係」および第2節「非国家主体の武力行為の国家への帰属をめぐる議論との関係」を参照。

98　第2章第3節Ⅱ.「抽象的国家による抽象的国家利益の放棄としての武力行使への同意」を参照。

99　Tom Ruys, *supra* note 93, p. 189.

100　U. N. Doc. A/RES/3314 (XXIX).

101　*Armed Activities on the Territory of the Congo (Democratic Republic of Congo v Uganda), Judgement, I. C. J. Reports 2005*, pp. 209-212, 280, paras. 92-105, 345 (1).

く軍事援助（militaly assistance based on request）」、「招待による介入（intervention by invitation）」は、同意に基づく武力行使と互換的に用いる[102]。いずれも、領域国の同意に基づいて当該領域において他国または国際機関が武力を行使するという事象であり、指揮系統は武力行使側にある。

　なお本書では随所で同意に基づく武力行使の「正当化」という文言を用いるが、それは同意の法的性質（1次規則上の問題か2次規則の問題か）について予断を下すものではない。

　同意に基づく武力行使が特に問題となっているのは領域国で内戦が生じている場合であるが、本書は、単なる国内の暴動、緊張および騒乱などの内戦に至らない状況も議論の射程に含める。また、内戦（internal war ないし civil war）と非国際的武力紛争（non-international armed conflict：NIAC）は互換的に用い、その定義についてはジュネーブ条約第2追加議定書第1条によるものとする。

　平和維持活動（Peace Keeping Operation：PKO）は主要な紛争当事者の同意が必要であり、政府の同意によってのみ介入する（したがって内戦の場合は反政府勢力の意思に反して介入する）という本書の取り上げる問題とは異なる。よって本書の議論の射程外とする。

　最後に、本書で分析する国家実行は主に冷戦終焉後の事例に絞る。これは、冷戦終焉以前の実行は植民地支配や大国の代理戦争に関連するものが多い一方で、冷戦終焉後には多様な国家や国際機関が関与する実行が蓄積されてきたからである。ただし、冷戦時代の実行が現代の学説に影響を与えている部分もあるため、その範囲で必要な場合は冷戦終焉以前の実行にも言及する。また冷戦終焉後の事例であっても、シリアやウクライナのケースのように冷戦時代の特徴をもつものもあり、これらの評価にあたっては政治的要因を割り引く必要がある。

102　注4で詳述したように、論者によっては、「招待」があれば「介入」ではないとして、「招待による介入（intervention by invitation）」は撞着語法とするものがある。

第1部　同意に基づく武力行使の理論

第1部では同意に基づく武力行使の理論を総論的に論じる。

　第1章では、武力行使がなぜ同意によって正当化されるのかについて、先行研究の整理と分析を行う。同意が武力行使の違法性を阻却するという違法性阻却説と、同意があればそもそも武力行使ではないとする武力行使禁止原則不適用説の2つの見解が対立していることを示す。この見解の対立は、かつてILC国家責任条文第20条（同意）の起草過程においてなされた、違法性阻却事由としての同意は存在するか否かをめぐってなされた対立に由来しているという主張があることから、ILCでの議論を整理した上で、同意に基づく武力行使の理論をめぐる2つの見解の対立との関連性を検討する。

　第2章では、同意に基づく武力行使の既存の理論の限界を示し、それを克服しうる新しい理論的認識枠組を提唱する。既存の2つの正当化理論の対立は、実際は、違法性阻却事由としての同意は存在するか否かをめぐる対立に由来するのではなく、武力行使の文脈に固有のものであることを説明し、その原因が、武力行使禁止原則の強行規範性にあるとする。武力行使禁止原則の強行規範性の問題を克服するには、既存の理論が総じて拠って立つ武力行使禁止原則の国家対国家的理解では不十分であることを論じ、人間的視座の導入によって、武力行使禁止原則自体を捉え直す必要があると主張する。人間的視座は、最も国家中心的に理解されがちな武力行使の分野にも導入される。

「保護と破壊」
（ドイツ連邦軍軍事史博物館にて筆者撮影）

第1章 同意に基づく武力行使の既存の正当化理論

第1節　学説の議論状況の整理
第2節　両説の相違の根底にあるとされている対立

第1節　学説の議論状況の整理

　序章において紹介したように、先行研究は同意が武力行使の違法性を阻却するという立場（違法性阻却説）と、同意があればそもそも武力行使禁止原則によって禁止されている武力行使には当たらないとする立場（武力行使禁止原則不適用説）の主に２つの見解に分かれている。ここでは、違法性阻却説（Ⅰ.）と、武力行使禁止原則不適用説（Ⅱ.）の順で検討する。

Ⅰ．違法性阻却説

　　国家責任条文第20条
　　他の国の特定の行為に対する国の有効な同意は、その行為が当該同意の範囲内にある限り、同意を与える国との関係でその行為の違法性を阻却する。

　国家責任条文第20条は同意を違法性阻却事由[1]の１類型として規定している。違法性阻却説は、同意に基づく武力行使の場合においても、同意は違法性阻却事由として機能し、武力行使の違法性を阻却することになるので当該行為が合法となるとする。この論理に立つ論者として、例えばFoxは、領域国による同意は武力行使の法的根拠となるとし、同意によるそのような正当化は、同意がなければ違法な行為に対する同意が当該行為の違法性を阻却すると規定する国家責任の原則と一致していると述べる[2]。またKrienerは、明確に武力行使禁止原則不適用説を批判して、違法性阻却説をとる。Krienerによれば、憲章第２条４項の「武力行使」は客観的な事態であって、その存在の決定において国家の同意や意図や目的などの要素は入る余地がない[3]。そのような主観的な要素を「武力行使」

1　1963年にILC特別報告者として選任されたRoberto Agoは、違法性阻却事由を以下のように定義した。すなわち、「国際違法行為の主観的要素および客観的要素の双方が充足されているにも拘らず、国際違法行為の存在を妨げる他の事由」である。ILC, Special Rapporteur Roberto Ago, "Eighth report on State Responsibility," *Yearbook of the International Law Commission*, 1979, Vol. II, Part. 1, U. N. Doc. A/CN. 4/SER. A/1979/Add. 1 (Part 1), p. 27, para. 48.

2　Gregory H. Fox, "Intervention by Invitation," in Marc Weller (ed.). *The Oxford Handbook of the Use of Force in International Law* (Oxford University Press, 2015), p. 816.

の存在の決定に組み入れることは、武力行使禁止原則によって国家に課されている義務からの逃げ道を設けることになりかねないので、それらは第2段階で、すなわち、違法性があるか否か、違法性阻却事由が適用されるか否かの判断の段階で考慮されるにすぎない[4]。

　同意を違法性阻却事由として規定したILCは、同意と武力行使禁止原則との関係をいかに捉えていたのであろうか。ここでは、国家責任条文の起草過程において同意に関してなされた議論を検討することによって、同意により武力行使の違法性が阻却される可能性が念頭に置かれていたか否かを確認することにしたい。1963年にILC特別報告者として選任されたAgoは、その第8報告書において、同意（当時は第29条[5]）とは、「国家（または言うまでもないが他の国際法主体）が、当該同意が存在しなければ国際義務違反となる他国の行為に対して与えた場合に、その結果として明らかに、その行為遂行国と同意国との間において、行為遂行国に懸る国際義務の発生を排除し、あるいは少なくとも義務の存在を中断させるという合意を形成するもの」であり、「その結果、その限りにおいて国際義務は当該国に課されない（no longer incumbent on the State）ので、当該行為は何らの国際義務に反するものでなく、すなわちその違法性が阻却される」[6]とした。そして同意により違法性が阻却される例として外国軍隊の侵入を挙げ、それは「通常なら侵略行為とさえされる、国家の主権の重大な侵害」であるが、それが同意または条約に基づいて行われるのであれば完全に合法化されるということは、国家実行や国際判例から明らかであるとする[7]。Agoはそのような国際判例として、1938年のドイツによるオーストリア占領に関するニュルンベルク裁判を挙げ、裁

3　Florian Kriener, "Intervention - Excluding *ab initio* a Breach of Art. 2 (4) UNCh or a Preclusion of Wrongfulness?," *Zeitschrift für ausländisches öffentliches Recht und Völkerrecht*, Vol. 79, No. 3 (2019), p. 644.

4　*Ibid.*, p. 645.

5　Agoの第8報告書では、（旧）第29条は以下のように規定されていた。
　　「第29条（被侵害国の同意）　国際義務にしたがって、ある国家の有する、他の国家に対して要求しうる権利に一致しない行為を、後者の国家が遂行することにつき前者の国家が与えた同意は、当該行為の違法性を阻却する。但し、このような効果は、当該義務が一般国際法の強行規範に基づくものである場合には、生じないものとする。」ILC, Special Rapporteur Roberto Ago, "Eighth report on State Responsibility," *supra* note 1, pp. 38-39.

6　*Ibid.*, pp. 30-31, para. 57.

7　*Ibid.*, p. 31, para. 58.

判所はドイツによる占領の合法性を判断するにあたってまずオーストリアの同意の存在を確認することが必要であるとしていることを指摘する[8]。国家実行の例としては、1946年の英国によるギリシャ駐留、1946年の英国およびフランスによるシリア駐留、1947年の英国によるエジプト駐留、1956年のソ連によるハンガリーへの介入、1957年の英国によるオマーンへの介入、1958年の英国によるヨルダンへの介入、1958年の米国によるレバノンへの介入、1960年および1964年のベルギーによるコンゴへの介入、1964年の米国およびベルギーによるスタンリーヴィル（白領コンゴ）への介入、1968年のソ連によるチェコスロバキアへの介入を挙げ、これらの事例の合法性を巡る国連総会および安保理の議論では、国家による事前の同意が存在していたか、その同意は有効に与えられたか、第3国の権利を侵害していなかったか、という点については意見が分かれたが、一般論として、領域国による同意が当該国への外国軍隊の派遣の違法性を阻却するという論理に関しては反対する者はいなかったと述べる[9]。Ago 以外にも多くの委員が、同意により違法性が阻却される例として、同意に基づく外国軍隊の侵入・駐留を念頭においていた[10]。第1読会で採択された草案[11]のコメンタリーも、上述の

8　*Ibid.*, p. 31, para. 59.

9　*Ibid.*, pp. 31-33, paras. 60-62.

10　Nienga（*Yearbook of the International Law Commission*, 1979, Vol. I, U. N. Doc. A/CN. 4/SER. A/1979, pp. 35-36, para. 21）; Jagota（*ibid.*, pp. 36-37, paras. 24-29）; Sucharitkul（*ibid.*, p. 45, para. 9）; Ushakov（*ibid.*, p. 46, para. 17）; Thiam（*ibid.*, p. 37, para. 31）; Addo（*ibid.*, pp. 149-150, para. 32）. ただし Addo は、（旧）第29条は強行規範との関係で問題が生じるので削除すべきとしていた。

11　第1読で採択された草案においては、（旧）第29条は2項構成とされ、以下のように規定された。

第29条（同意）

1. ある国家に対し他の国家の有する義務に一致しない、後者の国家による特定の行為の遂行に対して前者の国家が有効に与えた同意は、当該行為がこのような同意の範囲内に依然としてとどまる限りにおいて、前者の国家との関係で、当該行為の違法性を阻却する。

2. 第1項は、当該義務が一般国際法の強行規範より生ずるものである場合には、適用されない。この条文草案の適用上、一般国際法の強行規範とは、いかなる逸脱をも許されない規範として、また、後に成立する同一の性質を有する一般国際法の規範によってのみ変更することのできる規範として、国により構成されている国際社会全体が受け入れ、かつ、認める規範をいう。

Yearbook of the International Law Commission, 1979, Vol. II, Part. 2, U. N. Doc. A/34/10, pp. 93, 109.

Ago の説明をそのまま採用している[12]。

　最終的に採択された国家責任条文第20条のコメンタリーでは、いかなる者が領域国政府を代表して有効に同意を与えうるかという問題の例として、「地方当局による同意は当該領域国内に外国軍隊を派遣することを合法化するか、そのような同意は中央政府のみによって与えられるか」という問題を挙げており[13]、同条の起草過程において、同意に基づいて外国軍隊を派遣する可能性が念頭に置かれていたことが窺える。同コメンタリーは同様の文脈で、外国領域内での軍事基地の設置についても述べており[14]、さらに、同意は同意された範囲においてのみ当該行為の違法性を阻却するとして「外国軍隊の一定期間の駐留への同意は、その期間後の駐留の違法性を阻却しない」としている[15]。したがって第20条のコメンタリーからも、外国軍隊の派遣・駐留、軍事基地の設立への同意が、違法性阻却事由としての同意の一例として考えられていたことが読み取れる。このことは違法性阻却説の論拠の1つとなろう。

　しかし、問題は、武力行使禁止原則が強行規範であると主張されることがある点との関係である。武力行使禁止原則のどの範囲が強行規範であるかについては一致した見解がみられないが、同原則の一部あるいは全部が強行規範であることは多くの文書で確認でき、学説においても広く認められている[16]。国家責任条文第26条で定められているように、強行規範に基づいて生じる義務に一致しない行為へ同意が与えられてもその違法性は阻却されないため、武力行使の禁止が強行規範であるとすると、同意は、武力行使の違法性を阻却することはできないということになる。違法性阻却説はこの点をいかに解決することができるのかが問題となる。

　ところが、違法性阻却説に立つ論者も、また ILC も、違法性阻却事由としての同意、武力行使禁止原則、そして強行規範の関係をいかに解しているか必ずしも明確でない。違法性阻却説に立つ論者のうち、Abass は、「拷問、奴隷、ジェノサイドの禁止は同意によってもその違法性は阻却されないが、武力行使禁止は必ずこのカテゴリーに入るとは限らない」とし、「武力行使禁止原則が強行規範

12　*Ibid.*, pp. 109-111, paras. 2-7.

13　ILC, "Articles on the Responsibility of States for Internationally Wrongful Acts, with Commentaries," *Yearbook of the International Law Commission*, 2001, Vol. II, Part 2, U. N. Doc. A/CN. 4/SER. A/2001/Add. 1, p. 73, Commentary to Article 20, para. 5.

14　*Ibid.*, para. 6.

15　*Ibid.*, para. 9.

を含んでいるなら、同原則のすべての義務が強行規範というわけではない」と述べている[17]。つまり Abass は、武力行使の禁止の一部のみに強行規範の性質を認めることでこの問題を解決しようとしているが、これ以上の言及はなく、具体的に武力行使禁止原則のうちの何が強行規範であって、同意によっても違法性が阻却されないのかは論じていない。かろうじて Paddeu は武力行使禁止原則全体が強行規範なのではなく、侵略が強行規範であるとする[18]。しかし侵略がいかに定義されるかについては論じていない。詳しくは後述する（第 2 章第 2 節 II）が、この点が違法性阻却説の弱点である。

　ILC において、このような違法性阻却事由としての同意、武力行使禁止原則、そして強行規範の関係の問題を指摘していた委員はわずかである。例えば第 1 読会において、Vallet は、国家は強行規範違反の行為に同意を与えることができないことには賛成するが、その強行規範の内容を考えなければならないとして、次のように述べていた。

　　強行規範違反の明白な例の 1 つは違法な武力行使であり、そのコンセプトは憲章第 2 条 4 項に具現化されている。ある国家の軍隊が他国領土内に侵入し

16　例えば、ILC, "Draft Articles on the Law of Treaties with Commentaries," *Yearbook of the International Law Commission*, 1966, Vol. II, U. N. Doc. A/CN. 4/SER. A/1966/Add. 1, 112, pp. 247-248, Commentary to Article 50, paras. 1-4; ILC, "Report of the Study Group of the International Law Commission Finalized by Martti Koskenniemi," U. N. Doc. A/CN. 4/L. 682, p. 189, para. 374 and fn. 52; Albrecht Randelzhofer and Oliver Dörr, "Article 2 (4)," in Bruno Simma et al. (eds.), *The Charter of the United Nations: A Commentary*, Vol. I (Oxford University Press, 3rd ed., 2012), p. 203, para. 1; Christine Gray, *International Law and the Use of Force* (Oxford University Press, 4th ed., 2018), p. 32; Robert Kolb, *Peremptory International law - Jus cogens: A General Inventory* (Hart Publishing, 2015), pp. 73-75; James A. Green, "Questioning the Peremptory Status of the Prohibition of the Use of Force," *Michigan Journal of International Law*, Vol. 32, Issue. 2 (2011), pp. 215-257; João Ernesto Christófolo, *Solving Antinomies between Peremptory Norms in Public International Law* (Schulthess, éditions romandes, 2016), pp. 161-177; Natalino Ronzitti, "Use of Force, Jus Cogens and State Consent," in Antonio Cassese (ed.), *The Current Legal Regulation of the Use of Force* (Martinus Nijhoff, 1986), p. 150; 松井芳郎『武力行使禁止原則の歴史と現状』（日本評論社、2018年）37頁。

17　Ademola Abass, "Consent Precluding State Responsibility: A Critical Analysis," *The International and Comparative Law Quarterly*, Vol. 53, No. 1 (2004), p. 225.

18　Federica Paddeu, "Military Assistance on Request and General Reasons Against Force: Consent as a Defence to the Prohibition of Force," *Journal on the Use of Force and International Law*, Vol. 7, Issue. 2 (2020), pp. 264-265.

た場合に、その行為が強行規範違反であるか否かは、必ず状況によって判断されなければならず、その判断においては領域国の同意の問題も考慮される。しかし（旧）第29条に規定された例外（強行規範に基づいて生じる義務に一致しない行為への同意の場合）によれば、問題となっている義務が一般国際法の強行規範から生じたものである場合、当該行為は違法のままである。そのような状況において国家の同意の有無が常に無関係（同意があっても武力行使は常に違法）であるとみなされるのは疑問である[19]。（括弧内は筆者）

第2読会では、国家責任条文の起草に当たった最後の特別報告者 Crawford が、後述するように（旧）第29条の削除を主張していたが、その理由の1つが同意と強行規範との関係の問題であった。Crawford はその第2報告書で、強行規範の中には「内在的な（intrinsic）」同意の要素を含むものがあり、例えば武力行使禁止原則は領域国が同意を与えた場合には適用されない場合があるとした[20]。したがって（旧）第29条を残すのであれば、武力行使禁止原則という1次規則に埋め込まれた同意（武力行使を正当化する同意）と、同原則を完全に置き換えまたは排除することを意図した同意（武力行使を正当化しない同意）とを区別する必要があるとした[21]。同様に Simma も、武力行使禁止原則は強行規範であるが、国家が他国軍隊の自国への侵入に同意を与えれば同項の逸脱（derogation）になることを誰もが認識していると述べた上で、（旧）第29条を残すのであれば委員会はかなり困難な問題に直面することとなるとして、同条を削除すべきであると主張した[22]。このような主張があったにも拘らず、結局この問題について十分な議論がなされないまま、違法性阻却事由としての同意に関する規定も強行規範に関する規定も条文化された。2018年に ILC の特別報告者 Tladi によって提出された一般国際法の強行規範に関する第3報告書では、国家責任条文第20条の同意は第21条の自衛と同様、違法性阻却事由というよりも、武力行使の禁止という強行規範の範囲に関するものであると述べている[23]。

19　*Yearbook of the International Law Commission*, 1979, Vol. I, *supra* note 10, p. 38, para. 38.

20　ILC, Special Rapporteur James Crawford, "Second report on State Responsibility," *Yearbook of the International Law Commission*, 1999, Vol. II, Part. 1, U. N. Doc. A/CN. 4/ SER. A/1999/Add. 1, p. 63, para. 242.

21　*Ibid.*

22　*Yearbook of the International Law Commission*, 1999, Vol. I, U. N. Doc. A/CN. 4/SER. A/1999, pp. 147-148, paras. 13-15.

このように、国家責任条文第20条を武力行使の文脈でも適用可能とする違法性阻却説は、強行規範との関係において理論的に不明確さを残している。この点が、次に述べる武力行使禁止原則不適用説により批判されるところである。

Ⅱ．武力行使禁止原則不適用説

違法性阻却説に対し、多くの論者は武力行使禁止原則不適用説をとる。すなわち、領域国による同意があれば、「国際関係における」武力行使ではない、または「領土保全又は政治的独立」に対する武力行使ではないため、憲章第2条4項によって禁止されている武力行使には当たらないとする。武力行使禁止原則不適用説によれば、同意は1次規則に組み込まれているため違法性はそもそも生じず、武力行使禁止原則ははじめから適用されない。よって同意と強行規範違反との関係も論じる必要がなくなる。

武力行使禁止原則不適用説の論者として、例えば Wippman は、ILC は、同意とは国家が当該同意が存在しなければ国際義務違反となる他国の行為に対して与えた場合に、当該義務の存在を中断させるという合意を形成するものとしたが、強行規範違反の行為は同意によっても正当化されえないので、同意の存在または不存在はそもそも当該義務の定義に含まれているとした方が論理的であるとする[24]。したがって憲章第2条4項に含まれる武力行使禁止原則は、強制的な武力行使を禁止しているものと解すべきであり、すなわち国家の同意なしになされる武力の行使を禁止しているものと解するべきであるとする。また Randelzhofer と Dörr は、主権国家は自国領域に対する排他的な権利を有しており、自国領域で他国が軍事的行為を行うことを許可する権利も有しているため、他国による自国領域での武力行使に対する同意があれば国際関係における武力行使ではなく、したがって武力行使禁止原則は適用されないと主張する[25]。Hasar もこのRandelzhofer と Dörr らの主張を支持し、同意を2次規則と見なすこと、つまり、

---

23 ILC, Special Rapporteur Dire Tladi, "Third Report on Peremptory Norms of General International Law (*jus cogens*)," U. N. Doc. A/CN. 4/714, p. 31, para 81.

24 David Wippman, "Treaty-Based Intervention: Who Can Say No?," *The University of Chicago Law Review*, Vol. 62, No. 2 (1995), p. 622; David Wippman, "Military Intervention, Regional Organizations and Host-State Consent," *Duke Journal of Comparative and International Law*, Vol. 7 (1996), p. 210.

25 Albrecht Randelzhofer and Oliver Dörr, *supra* note 16, p. 214, para. 33.

同意に基づく武力行使を一応の（*prima facie*）違法と見なすことは、自国の国内問題を規律する国の独立を侵害することになると考えることも可能であるとまで述べる[26]。他の根拠として、侵略の定義に関する決議第3条（e）項に規定される「受入国との合意にもとづきその国の領域内にある軍隊の当該合意において定められている条件に反する使用、又は当該合意の終了後のかかる領域内における当該軍隊の駐留の継続」の反対解釈により、同意があれば領域国での他国軍隊の駐留はそもそも違法でないとする者も存在する[27]。さらに、ICJのニカラグア事件判決の傍論で「国家の政府による要請に基づく介入（intervention）は許容されうる（allowable）」[28]と述べられていることを挙げる論者もいる[29]。しかしながら、これは武力行使禁止原則不適用説をとる根拠にはならないのではないかと思われる。同パラグラフの冒頭では、「ニカラグアでのコントラの活動との関係における米国の行為は一見したところ（*prima facie*）介入である」と結論した上で、次に、「裁判所は、それでもなおそれらが正当化される（be justified）かどうかを検討しなければならない」としている[30]。そして一国の政府による同意に基づく武力行使は許容でき、叛徒による同意に基づく武力行使は合法でない旨を述べているのである。つまり、ICJは武力行使の一応の存在を認めた上で、それを法的に正当化するための根拠である要請ないし同意の存在について検討しているのであるから、むしろ違法性阻却説に立っているように読める[31]。

26　Seyfullah Hasar, *State Consent to Foreign Military Intervention during Civil Wars* (Martinus Nijhoff, 2022), p. 38.

27　Eliav Lieblich, *International Law and Civil Wars: Intervention and Consent* (Routledge, 2013), p. 123, Max Byrne, "Consent and the Use of Force: An Examination of 'Intervention by Invitation' as a Basis for US Drone Strikes in Pakistan, Somalia and Yemen," *Journal on the Use of Force and International Law*, Vol. 3 (2016), p. 100.

28　*Military and Paramilitary Activities in and Against Nicaragua (Nicaragua v. United States of America), Merits, Judgment, I. C. J. Reports 1986* [hereinafter Nicaragua case], p. 126, para. 246.

29　例えば、Benjamin Nußberger, "Military Strikes in Yemen in 2015: Intervention by Invitation and Self-Defence in the Course of Yemen's 'Model Transitional Process'," *Journal on the Use of Force and International Law*, Vol. 4, Issue. 1 (2017), p. 126; Georg Nolte, "Intervention by Invitation," in *Max Planck Encyclopedia of Public International Law* (Oxford University Press, 2010), online version, para. 15, at http://opil.ouplaw.com/view/10.1093/law:epil/9780199231690/law-9780199231690-e1702?rskey=ncJQlf&result=1&prd=EPIL (as of 30 June 2024).

30　*Nicaragua case, supra* note 28, p. 126, para. 246.

IDI では直接この議論はなされていないが、報告者の Hafner は2011年の最終報告書で、違法性阻却説は、強行規範との関係と、憲章第103条（「憲章に基づく義務と他のいずれかの国際協定に基く義務とが抵触するときは、この憲章に基く義務が優先する」）との関係が問題になるため適切でないとして、武力行使禁止原則不適用説をとる[32]。Hafner が違法性阻却事由は強行規範に反する行為の違法性を阻却できないという点を指摘しているのは、違法性阻却説を批判する他の論者と同様である。憲章第103条との関係については、Hafner は、他の国際協定に基づく義務は憲章第２条４項に優先されえないと述べている。これは、同意を武力行使国と領域国との合意ないし協定ととらえた場合に、第103条によれば同意よりも憲章第２条４項が優先するということになるので、同意によって憲章第２条４項違反の違法性は阻却されないということである。

　他方で ILA は、序章でも紹介したように、2018年の武力行使委員会の報告書において、有効に同意が与えられればその武力行使は領域国の「領土保全又は政治的独立」に対するものでも、憲章の目的に反するものでもないため、憲章第２条４項違反は最初から生じないとしており[33]、武力行使禁止原則不適用説に立っていると思われる。しかし同報告書では同時に、同意は *jus ad bellum* の違反を阻却しうる（may preclude）が、国際人道法や国際人権法の違反は阻却できないとも述べられており[34]、違法性の「阻却（preclude）」という文言を用いていることには疑問が残る。

31　Fox も、ICJ ニカラグア判決で述べられた見解は、違法性阻却事由としての国家責任法における同意の一般的な役割と間違いなく一致するとする。Gregory H. Fox, "Invitations to Intervene after the Cold War Towards a New Collective Model," in Dino Kritsiotis, Olivier Corten and Gregory H. Fox (eds.), *Armed Intervention and Consent* (Cambridge University Press, 2023), p. 193.

32　IDI Session of Rhodes, "Problèmes actuels du recours à la force en droit international Sous-groupe: Intervention sur invitation/ Present Problems of the Use of Force in International Law Sub-group: Intervention by Invitation," (Rapporteur: Gerhard Hafner), *Annuaire de l'Institut de droit international*, Vol. 74 (2011), pp. 236-239, paras. 110-122. ただし、Emmanuel Roucounas (*ibid.*, p. 272) のように同意は違法性阻却事由として機能すると解する委員も存在した。

33　ILA, *Final Report on Aggression and the Use of Force* (Sydney, 2018), p. 18.

34　*Ibid.*, p. 20.

第2節　両説の相違の根底にあるとされている対立

　以上のように、武力行使禁止原則不適用説は同意があればそもそも武力行使禁止原則の違反が生じないとするが、違法性阻却説は同意が武力行使禁止原則の違法性を阻却するとする。すなわち、同意は1次規則に組み込まれているとする武力行使禁止原則不適用説に対し、違法性阻却説は同意は2次規則の問題であるとする立場である。ここで、国家責任条文の作成における ILC での議論で、同意を違法性阻却事由として位置づけることに対して見解の対立があったことが想起される。同意は違法性阻却事由か否か、同意を2次規則として規定すべきか否かを巡ってかつて ILC でなされた議論は、同意に基づく武力行使の正当化根拠に関する違法性阻却説と武力行使禁止原則不適用説の相違の根底にあるのだろうか。ここではまず、第1読会、第2読会における議論と総会第6委員会における各国の見解を概観し、国家責任条文の起草過程でなされた議論を振り返る（Ⅰ.）。次に、そこで生じた見解の対立が、同意に基づく武力行使の正当化に関する理論の相違に関連しているのかいないのかを検証する（Ⅱ.）。

Ⅰ. ILC における同意の法的位置付けをめぐる対立

　同意を違法性阻却事由として位置づけることに対して ILC で提起された異論は、簡潔に述べれば、国家は強行規範に反しない限り合意によって自由に権利義務を設定できるため、同意は国家を従前の義務から解放することとなり義務違反そのものが発生しない、したがって同意は1次規則に組み込まれているのであって違法性阻却事由ではない、という主張である。例えば第1読会において Ushakov は「同意は規範を修正するのであり、それによってもとの義務は消滅する。同意が行為の違法性を阻却するのではなく、むしろその行為自体が違法ではなくなるのである」と述べ、同意を違法性阻却事由とすることに繰り返し反論していた[35]。しかし当時の特別報告者であった Ago は、同意は規範の一時的な不適用という限定的な効果しか有さず、1次規則を修正するのではないとする[36]。Ago によれ

35　*Yearbook of the International Law Commission*, 1999, Vol. I, *supra* note 22, pp. 33-34, para. 3; *ibid.*, p. 46, paras. 17-18; *ibid.*, p. 53, paras. 15, 20.

36　*Ibid.*, p. 50, para. 2.

ば、同意は違法性阻却事由でないとする論者は、違法性阻却のメカニズムを正しく理解しておらず、同意は違法性阻却事由であるとすることによって、原則合法な行為と原則違法な行為を明確に区別するべきであるとする[37]。すなわち（旧）第29条の対象となる行為は後者の行為であり、同意の存在により、「例外的に合法となる違法行為」[38]である。第1読会ではAgoの見解に立つ委員が多数であったようである[39]。

　第1読会を経て作成された草案に対し、総会第6委員会において（旧）第29条を含めることに異議を示した諸国はごくわずかである。スウェーデンは規定が一般的で実践においては意義がないと批判し[40]、イギリスは濫用される可能性があると述べた[41]が、同意は1次規則上の要素であるので違法性阻却事由でないという理由で（旧）第29条を削除すべきと述べたものは存在しなかった。

　この問題について、第2読会では第1読会よりも活発に議論が行われた。そこでは、同意は1次規則に組み込まれているとする委員と、違法性阻却事由であるとする委員とに二分された。特別報告者であるCrawfordは、前者の立場であり、他国民間航空機による領空飛行への同意の場合を例に挙げて、次のように説明した。

　　国際法のもとでは、民間航空機が同意なしに他国の領空を飛行することはできないということが十分に確立されている。同意のない場合、当該国家は（中略）その飛行を防ぐための措置を講じる権利がある。本草案は、この場合における同意は違法性阻却事由であって、つまり領空飛行は潜在的に違法行為であるとみなしているようである。それは本当に正しいか。1次規則は、航空機は同意なしに他国の領空を飛行することはできないとして、適切に定式化されている。つまり、同意要件は特定の1次規則上の義務に統合されて

37　ILC, Special Rapporteur Roberto Ago, "Eighth report on State Responsibility," *supra* note 1, pp. 34-35, para. 67.

38　*Ibid.*

39　Jagota（*Yearbook of the International Law Commission*, 1979, Vol. I, *supra* note 10, pp. 36-37, paras. 24-29); Tiam（*ibid.*, p. 37, para. 30); Schwebel（*ibid.*, p. 37, para. 33); Tsuruoka（*ibid.*, p. 39, para. 1); Vallat（*ibid.*, pp. 39-40, paras. 5-10); Tabibi（*ibid.*, p. 40, paras. 11-13); Quentin-Baxter（*ibid.*, pp. 42-43, paras. 21-29); Jagota（*ibid.*, p. 43, para. 30); Pinto（*ibid.*, pp. 44-45, paras. 1-5); Sucharitkul（*ibid.*, p. 45, paras. 6-10).

40　U. N. Doc. A/C. 6/34/SR. 43, para. 45.

41　U. N. Doc. A/C. 6/34/SR. 47, para. 12.

いるのである。同意が得られた場合、義務違反の問題は発生しない。これは単に1次規則の適用に関する問題である[42]。(括弧内筆者)

Crawfordによれば、同意は他の違法性阻却事由とは異なり、単に当該行為を当初から合法化する。同意は事前に与えられなければならず、かつ有効に同意を与えることのできる主体に関する規則など、その有効性の判断基準が場合によって異なるのであれば、一般的なルールを定めるよりも、個々の1次規則の問題として捉えるべきであるとする[43]。すなわち、あらゆる義務は、同意がなければ義務違反になる行為に事前に同意を与えることを許可している義務と、そうでない義務のどちらかであり、前者であれば同意が有効に与えられる限りにおいて違法性を阻却するか否かという問題は生じず、後者であれば同意を与えることはできない[44]。Crawfordは、同意を違法性阻却事由とすると、義務の内容と2次規則の運用を混同することになるとして、(旧)第29条の削除を提案した[45]。Crawfordはさらに、同条を残すのであれば同意と強行規範の関係の問題に直面することとなると述べた[46]。Dugardはこれに賛同し、国内刑法において同意に与えられている法的性質の多様性を指摘した上で、委員会はこの国内法の不明確性をとるかCrawfordが提唱した明確な理論をとるかの選択に迫られているとした[47]。他の多くの委員もこの立場を支持し、同条の削除を主張した[48]。

---

42 *Yearbook of the International Law Commission*, 1999, Vol. I, *supra* note 22, p. 138, para. 12.

43 *Ibid.*, p. 139, para. 14; ILC, Special Rapporteur James Crawford, "Second report on State Responsibility," *supra* note 20, pp. 61-62, para. 238; James Crawford, "Circumstances Precluding Wrongfulness," in James Crawford, *State Responsibility: The General Part* (Cambridge University Press, 2013), pp. 287-288.

44 ILC, Special Rapporteur James Crawford, "Second report on State Responsibility," *supra* note 20, p. 62, para. 240.

45 *Ibid.*, p. 62, para. 241.

46 *Ibid.*, pp. 62-63, para. 242. なお、責任を援用する権利の喪失となる事後の同意は、当該義務がどちらの場合であっても与えられうる。

47 *Yearbook of the International Law Commission*, 1999, Vol. I, *supra* note 22, pp. 151-152, paras. 47-51.

48 Crowfordに賛成し(旧)第29条の削除を支持した委員として、Rosenstock(*ibid.*, p. 143, para. 48); Kateka(*ibid.*, p. 144, para. 57); Melescanu(*ibid.*, p. 145, para. 62); Goco(*ibid.*, p. 145, para. 66); Simma(*ibid.*, pp. 147-148, paras. 13-15); Economides(*ibid.*, p. 148, paras. 21, 27); Kamto(*ibid.*, p. 148, para. 28); Addo(*ibid.*, pp. 149-150, para. 32).

このような理由から第 2 読会において（旧）第29条を削除すべきであると主張した委員に対し、同意を違法性阻却事由として規定すべきとする委員は、同意は違法性阻却事由であるとする国家実行があること、すべての 1 次規則が同意の与えられる可能性の有無について明確であるとは限らないこと、同意が濫用されないために同意に関する規則を明記すべきことなどを理由とした[49]。例えば Pellet は、同意は 1 次規則に組み込まれるという主張は法の現実の状況を反映していないとして、（旧）第29条の規定は残すべきとした[50]。Pellet によれば、同意が与えられるという可能性を排除している、または排除していない 1 次規則がある一方で、国家がある実定法を適用しないという同意を与えればその違法性が阻却されるという一般的な規則（2 次規則）がある。さらに Pellet は、理論上の問題よりも実行に着目することを優先させるべきであり、有効に与えられた同意は違法性阻却事由であるとする一貫した国家実行があるとする[51]。

このように第 2 読会では、同意は一般に違法性阻却事由とする委員も、同意の与えられる可能性が 1 次規則に既に含まれているものもあることは認めていたのであり、見解の対立は、2 次規則である違法阻却事由としての同意があるか否かをめぐってであった。なお、第 2 読会では違法性阻却事由としての同意があるか否かにつき意見が二分した一方で[52]、（旧）第29条を残しても削除しても現状は変わらないであろうとする委員も存在した[53]。

---

49 Crowford に反対し（旧）第29条を支持した委員として、Gaja (*ibid.*, p. 144, paras. 53-56); Hafner (*ibid.*, p. 145, para. 59); Sreenivasa Rao (*ibid.*, p. 145, para. 65); Tomka (*ibid.*, pp. 146-147, paras. 5-10); Elaraby (*ibid.*, p. 148, paras. 16-19); He (*ibid.*, p. 149, para. 29); Lukashuk (*ibid.*, p. 149, para. 30); Brownle (*ibid.*, p. 149, para. 31); Pellet (*ibid.*, p. 150, para. 33); Sreenivasa Rao (*ibid.*, p. 150, para. 36); Pambou-Tchivounda (*ibid.*, pp. 152-153, paras. 52-57).

50 *Ibid.*, p. 150, para. 33.

51 *Ibid.*

52 （旧）第29条の削除を主張した委員は、同意は違法性阻却事由でない他の理由として、もし同条を残すのであれば、「有効に」与えられた同意とはなにかという問題 (ILC, Special Rapporteur James Crawford, "Second report on State Responsibility," *supra* note 20, p. 62, para. 240 (a)) や、有効に同意を与えられうる主体をいかに判断するかという問題 (*Yearbook of the International Law Commission*, 1999, Vol. I, *supra* note 22, pp. 151-152, paras. 47-51) など、（旧）第29条の適用上の問題が生じることを理由としていた。これに対して（旧）第29条を支持した委員の中で、Pellet とは異なる点を主張した委員として、Gaja が挙げられる。Gaja は、他国の領域内での軍事基地の設置や調査の遂行に関しては条約によって同意が与えられることが多く、その場合はそれぞれの条約によって規律されるので同条は適用されないが、そのような一般的な条約が締結されずに領域国が特定の活動に例外的に同意を与

以上のような議論を経て、ILC では、(旧) 第29条を削除するか否かにつき意見が一致せず、最終的に規定することが決定された[54]。同意は違法性を阻却するのではないという反対意見にも拘らず ILC が同条を規定として残したのは、有効な同意が与えられたという口実で同意の濫用があまりに広く行われてきたため、同意に関する規則を明確に規定し制限を設けるべきであるという実用的な理由と、同条の削除は同意原則という重要な原則の破棄と解釈されかねないという懸念からであった[55]。今日でも Crawford らの見解を支持する論者[56]や、同条と強行規範との関係の問題が不明確なままにされたことを批判する論者[57]が存在する。

一方、諸国は総会第 6 委員会において、違法性阻却事由に同意を含めることに賛同した。特にドイツは Crawford らの見解には納得できないと述べ、(旧) 第29条の維持を積極的に主張した[58]。イタリア[59]、スペイン[60]、オーストリア[61]等の諸国も、違法性阻却事由としての同意の存在が否定できないことや同条の実際上の必要性から、同条を維持することが賢明であるとした[62]。

Ⅱ．ILC における対立と両説の相違の関連性

さて、かつて ILC でなされた議論は、同意に基づく武力行使の正当化根拠に

える場合があり、その場合は同条が適用され、違法性が阻却されるとするとし、(旧) 第29条の有用性を主張した（*ibid.*, p. 144, paras. 53-54）。

53　*Ibid.*, p. 149, para. 30.

54　*Ibid.*, p. 151, paras. 45-46.

55　*Yearbook of the International Law Commission*, 1999, Vol. II, Part. 2, U. N. Doc. A/CN. 4/SER. A/1999/Add. l, pp. 74-75, paras. 293-302.

56　Théodore Christakis, "Les circonstances excluant l'illicéité: une illusion optique?," in *Droit de pouvoir du droit, Mélanges offerts à Jean Salmon* (Bruylant, 2007), pp. 244-251.

57　Affef Ben Mansou, "Circumstances Precluding Wrongfulness in the ILC Articles on State Responsibility: Consent," in James Crawford, Alain Pellet and Simon Olleson (eds.), *The Law of International Responsibility* (Oxford University Press, 2010), p. 447.

58　U. N. Doc. A/C. 6/54/SR. 23, para. 4.

59　U. N. Doc. A/C. 6/54/SR. 24, para. 24.

60　U. N. Doc. A/C. 6/54/SR. 21, para. 18.

61　U. N. Doc. A/C. 6/54/SR. 22, para. 12.

62　他、(旧) 第29条を維持することを主張した諸国として、ロシア（U. N. Doc. A/C. 6/54/ SR. 23, para. 70）；メキシコ（U. N. Doc. A/C. 6/54/SR. 23, para. 16）；インド（U. N. Doc. A/C. 6/54/SR. 23, para. 33）；スロバキア（U. N. Doc. A/C. 6/54/SR. 22, para. 52）；チュニジア（U. N. Doc. A/C. 6/54/SR. 25, para. 28）。

関する違法性阻却説と武力行使禁止原則不適用説の相違の根底にあるのだろうか。武力行使禁止原則不適用説の論者が、同意は違法性阻却事由でないとする立場（第1読会のUshakovや第2読会のCrawfordらの立場）に立っているか否かを確認することにしよう。

　確かに、武力行使禁止原則不適用説に立つ論者の中には、一般に同意は違法性阻却事由でないとする者も存在する。例えば、Cortenは、CrawfordがILCにおいて同意は違法性阻却事由ではなく1次規則であるから違法性阻却事由のリストから除くべきとした意見を支持して、同意があれば違法な武力行使は始めから生じないので、同意は違法性阻却事由でも武力行使禁止原則の例外でもなく、同原則の違反であると判断されることを排除する、または同原則の適用を排除するのである、と述べる[63]。同様にVisserも、CrawfordがILCで述べた意見を引用し、同意は1次規則に組み込まれているので国家責任条文第20条は必要なく、特に武力行使に関しては同意と強行規範との関係が問題となるので違法性阻却事由とすべきでないとする[64]。他にBannelierとChristakiも、Agoが同意を違法性阻却事由としたアプローチを批判し、同意は他の違法性阻却事由とは異なり「予防的（préventive）」に機能するのであって、同意が有効に与えられれば違法性は生じないとする。同意に基づく武力行使においては国家が他国に対して武力を行使しているのではなく、2国が共同して武力を行使しているため「国際関係において」武力が行使されていない[65]。したがってこの問題は、国家責任の問題すなわち2次規則の問題ではなく、1次規則の問題であると主張する[66]。

　このように、ILCで国家責任条文第20条の削除を求めた委員と同様に、一般に

63　Olivier Corten, *The Law Against War: The Prohibition on the Use of Force in Contemporary International Law* (Hart Publishing, 2nd ed., 2021), p. 250. 同様の見解に立つ他の論者として、Seyfullah Hasar, *supra* note 26, pp. 34-38; Dino Kritsiotis, "Intervention and the Problematisation of Consent," in Dino Kritsiotis, Olivier Corten and Gregory H. Fox (eds.), *supra* note 31, pp. 54-60.

64　Laura Visser, "May the Force Be with You: The Legal Classification of Intervention by Invitation," *Netherlands International Law Review*, Vol. 66, No. 1 (2019), pp. 37-38. Isabella Wong も同様の見解である。Isabella Wong, "Authority to consent to the use of force in contemporary international law: the Crimean and Yemeni conflicts," *Journal on the Use of Force and International Law*, Vol. 6, No. 1 (2019), pp. 55-56.

65　Théodore Christakis and Karine Bannelier, "*Volenti non fit injuria*? Les effets du consentement à l'intervention militaire," *Annuaire français de droit international*, Vol. 50 (2004), pp. 104-113.

同意は違法性阻却事由でないとする武力行使禁止原則不適用説の論者が存在する一方で、大半の論者は、同意と違法性阻却事由との関係一般についていかなる見解に立っているのかを述べていない[67]。さらに複雑なことには、違法性阻却事由としての同意の存在を一般的に認めるが、武力行使との関係では同意は違法性阻却事由ではないと主張する論者も存在する。例えば Kolb は、国家責任法では同意は強行規範違反の行為を正当化することはできないため、同意に基づく武力行使は強行規範との関係で奇妙にみえるかもしれないが、武力行使に関する特別な1次規則があるのであって、したがってここでは強行規範からの逸脱を意味する無効な同意が問題なのではなく、そのような強行規範の範囲を定義する1次規則の問題であるとする[68]。なぜ武力行使との関係では同意は違法性阻却事由ではなく1次規則に組み込まれるのかを十分に説明したものは管見の限りでは見当たらないが、この立場の論者は、違法性阻却事由としての同意が存在することを認めつつ、武力行使禁止原則には1次規則上に同意が与えられる可能性が当初から含まれているという理解である。つまり、武力行使禁止原則は、Pellet のいう同意が与えられるという可能性を排除していない1次規則であるということになる。武力行使禁止原則不適用説を採りつつ、同意と違法性阻却事由の関係一般についていかなる見解に立っているのかを述べていない論者の中には、意識して議論していないが、このように規範によって同意の法的性質（1次規則の問題か2次規則の問題か）に違いがあることを暗黙のうちに認めている者も存在するかもしれない。

　以上の考察からは、同意に基づく武力行使の正当化根拠に関する武力行使禁止原則不適用説の中でも、かつて ILC でなされた、同意は違法性阻却事由ではないとする主張（Crawford らの主張）に由来するものと、由来しないものが混在し

66　Karine Bannelier and Théodore Christakis, "Under the UN Security Council's Watchful Eyes: Military Intervention by Invitation in the Malian Conflict," *Leiden Journal of International Law*, Vol. 26, Issue. 4 (2013), p. 860.

67　例えば、Albrecht Randelzhofer and Oliver Dörr, *supra* note 16, pp. 214-215, para. 33; Benjamin Nußberger, *supra* note 29, pp. 125-126; Georg Nolte, *supra* note 29, paras. 15-16; Matthias Hartwig, "Who Is the Host? – Invasion by Invitation," *Zeitschrift für ausländisches öffentliches Recht und Völkerrecht*, Vol. 79, No. 3 (2019), p. 703; Monica Hakimi, To Condone or Condemn? Regional Enforcement Actions in the Absence of Security Council Authorization," *Vanderbilt Journal of Transnational Law*, Vol. 40 (2007), p. 643.

68　Robert Kolb, *supra* note 16, pp. 73-75. See also, Max Byrne, *supra* note 27, pp. 99-10. 同様の立場として、Svenja Raube, *Die antizipierte Einladung zur militärischen Gewaltanwendung im Völkerrecht* (Nomos, 2023), pp. 49-51.

ていると結論付けられる。由来するものについては、違法性阻却事由としての同意が存在するか否かは、上述の通りILCでも一致が見られなかった問題であるため、同意は違法性阻却事由でないとする武力行使禁止原則不適用説の論者と違法性阻却説の論者との間で対立が生じることは当然ともいえる。一方で、由来しないものについていえば、武力行使の場合は同意が違法性阻却事由でないとする論拠は十分説得的なものが提示されていない。しかしILCにおいても、Pelletを始め、違法性阻却事由としての同意の存在を認めつつ1次規則に組み込まれる同意もあるとする委員が存在したように、両方の同意があるという理解それ自体はありうる。

　したがって、違法性阻却説と武力行使禁止原則不適用説という2つの既存の正当化理論を、同意の法的性質をめぐる議論との関係で分析すれば、次の3説が存在するといえる。すなわち、違法性阻却説（A説）、武力行使禁止原則不適用説のうち、そもそも一般に同意は違法性阻却事由ではなく1次規則に組み込まれているとする説（B説）、武力行使禁止原則不適用説のうち、一般に違法性阻却事由としての同意はあるが武力行使との関係では同意は1次規則の問題であるとする説（C説）である。A説とB説の対立については、かつて違法性阻却事由としての同意の有無に関してILCでみられた見解の対立が、そのまま武力行使の文脈に引き継がれていると見ることができる。C説については、1次規則上の同意と2次規則としての同意があるとする理解自体はありうるとしても、C説の論者がなぜ武力行使の文脈では同意は1次規則の問題であるとするのかは明白でない。

　この分類を表に示せば、【表1】のようになる。以下、ILCにおける同意の法的位置付けをめぐる議論でなされた、同意には1次規則の要素であるものと違法性阻却事由としてのものがあるとする主張（A説の立場）を同意内外区別説と呼び、同意は1次規則の要素であるものしか存在しないとする主張（B説の立場）を同意内在説と呼ぶこととする。

第2節　両説の相違の根底にあるとされている対立 | 53

【表1】同意に基づく武力行使の既存の正当化理論の3分類

	A説	B説	C説
同意に基づく武力行使の既存の正当化理論	違法性阻却説	武力行使禁止原則不適用説	
同意の法的位置付け	一般に違法性阻却事由としての同意はある	一般に同意はすべて1次規則の問題であり、違法性阻却事由としての同意はない	一般に違法性阻却事由としての同意はあるが、武力行使との関係では同意は1次規則の問題
同意の法的位置付けをめぐる議論との関連性	あり：同意内外区別説	あり：同意内在説	？

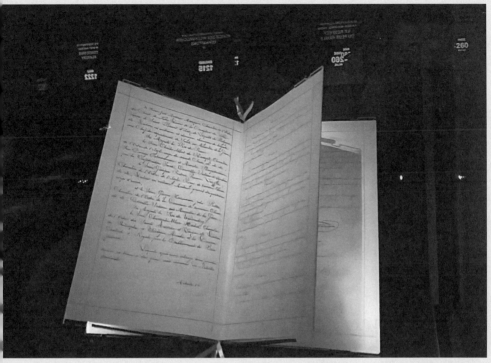

1864年のジュネーブ条約の原本
(ジュネーブの国際赤十字博物館にて筆者撮影)

第2章 同意に基づく武力行使の正当化理論の再構築

第1節 同意の法的性質をめぐる対立の様相
第2節 同意に基づく武力行使の正当化理論における対立の真相
第3節 武力行使禁止原則の2元的理解による
    正当化理論の再構築

本章では、前章で整理した同意に基づく武力行使の既存の理論の限界を示した上で、その理論内在的問題を解決し、かつ個別に論じられている実践上の各論的問題を説明・把握しうる、新しい理論的認識枠組を提示する。そのためにまず、同意に基づく武力行使の既存の正当化理論のうち、A説とB説の相違の根底（にあると主張されているもの）に着目する。すなわち同意の法的性質をめぐる対立はいかなる対立なのか、1次規則上の要素か2次規則の問題かがなぜ争点となるのかにつき、理論的検討を加える（第1節）。そこで明らかにされた対立の様相に照らして、再度、同意に基づく武力行使の既存の理論を検討する。A説とB説の相違の根底にあるのは、1次規則上の要素か2次規則の問題かという同意の法的性質をめぐる対立というよりも、実際は武力行使禁止原則の強行規範性の問題から生じていることを明らかにし、それによりC説の誕生理由をも解き明かす（第2節）。その上で、この武力行使禁止原則の強行規範性の問題をめぐる対立を解決するには、伝統的な国家対国家的視座では不十分であり、人間的視座が必要であることを主張する。この両視座から武力行使禁止原則の理解自体を捉え直すことにより、同意に基づく武力行使の既存の理論にとって代わる新しい理論枠組を提示する（第3節）。

第1節　同意の法的性質をめぐる対立の様相

一旦武力行使の文脈を離れて、国際法一般における同意の法的性質をみてみよう。これは、同意には1次規則の要素であるものと違法性阻却事由としてのものがあるとする主張（同意内外区別説：A説の立場）と、同意は1次規則の要素であるものしか存在しないとする主張（同意内在説：B説の立場）との対立の検討である。したがってここで取り上げるのは、【表2】に示すように、太枠で囲まれた部分の対立である。以下では、国内法学および法哲学の分野で研究の蓄積がある原則例外論、証明責任の分配、規則の保護法益の性質および規範的含意の違いの観点から、同意内在説（Ⅰ.）と同意内外区別説（Ⅱ.）をそれぞれ検討する。

Ⅰ．同意内在説

さて、原則には例外があるが、両者がいかなる関係にあるかは、国内法学者および法哲学者の間ではよくなされてきた議論である。原則と例外の関係をとらえ

第1節　同意の法的性質をめぐる対立の様相 | 57

【表2】 第2章第1節での検討対象：A説とB説の対立点

	A説	B説	C説
同意に基づく武力行使の既存の正当化理論	違法性阻却説	武力行使禁止原則不適用説	
同意の法的位置付け	一般に違法性阻却事由としての同意はある	一般に同意はすべて1次規則の問題であり、違法性阻却事由としての同意はない	一般に違法性阻却事由としての同意はあるが、武力行使との関係では同意は1次規則の問題
同意の法的位置付けをめぐる議論との関連性	あり：同意内外区別説	あり：同意内在説	？

る方法には、以下の2つがあるとされる。

①原則と例外の区別を維持するアプローチ。

②原則と例外の区別を排除し、例外を原則に組み込む統合的アプローチ（以下、統合説 "incorporationism"）。「XならばY」という原則と、X1という例外を、「XでありかつX1でなければY」と再構成する。

②の統合説の論者として、例えばWilliamsは、殺人罪が成立するには殺人罪の構成要件該当性を満たすことに加えて正当防衛でないことも証明しなければならないから、「人を殺したものはXXの刑を科す」という原則と「正当防衛の場合を除く」という例外を区別する必要はないとする[1]。Williamsによれば、原則は、例外を除いて定式化された場合は部分的にのみ真であり、例外は規則の一部であるので、完全な規則は例外を含めて定式化されねばならない[2]。すなわち、「人を殺したもので、それが正当防衛でない場合は、XXの刑を科す」という定式が正しいということになる。またSchauerは、必ずしも統合説をとるべきとする論者ではないが、原則と例外の区別は「欺瞞的（deceiving）である」[3]と述べて、原則と例外の区別を本来は必要ないものとして捉える点では統合説に立っている。

1　Glanville L. Williams, "The Logic of 'Exceptions'," *Cambridge Law Journal*, Vol. 47, Issue. 2 (1988), pp. 278-279.

2　*Ibid.*

Schauer によれば、例外が必要であるのは、規則の起草者が適用範囲から除外したいものを表す既存の言語やフレーズ、ないし当該社会における概念がない場合であり、例外は規則が掲げる目的を達成するために原則のみでは言語化し切れない情報を補足するために備えられるにすぎないとする[4]。よって、原則のようにみえるものと例外のようにみえるものの間には特別なものは何もないのであり、例外のようにみえるものが例外として原則の外部に定式化されようが、原則の内部に含まれようが、規則の内容自体は変わらない[5]。

　したがって、同意内在説は、同意に関する統合説といえよう。ここで注意が必要なのは、第 1 章で分析したように、同意内在説を唱える論者は同意に関してのみ統合説を採用すべきだと主張している点である。国家責任条文の文脈でいえば、同意は、自衛、対抗措置、不可抗力、遭難、緊急避難といった他の違法性阻却事由とは異なり、1 次規則の要素に含まれると解すべきだというのである。国家責任条文の起草過程における Gaja の以下の意見は、この点に対する批判であると理解できる。

　　同意は 1 次規則に含まれる否定的要素（存在しないことを証明しなければならない要素）であるというその 1 次規則的性格からこの結論が導き出されたのであれば、自衛や対抗措置などの他の抗弁についても、この結論が導かれないだろうか[6]。（括弧内筆者）

さらに Gaja は後の論文で以下のようにも述べている。

　　国家の責任に関する特定の条文について、2 次規則ではなく 1 次規則であると考えられる規則であるので省略すべきであるという趣旨の批判は、確かな根拠に基づいていない。1 次規則、2 次規則のいずれに分類されようとも、これらはすべて国家が責任を負うか否かを決定するのに貢献する規則である[7]。

3　Frederick Schauer, "Exceptions," *University of Chicago Law Review*, Vol. 58, Issue. 3, p. 891.

4　*Ibid.*, pp. 874–875.

5　*Ibid.*, p. 891. なお、その他の統合説論者として以下の論者も参照。Julius Stone, "Burden of Proof and the Judicial Process," *Law Quarterly Review*, Vol. 60 (1944), p. 280.

6　*Yearbook of the International Law Commission*, 1999, Vol. I, U. N. Doc. A/CN. 4/SER. A/1999, p. 144, para. 54.

7　Giorgio Gaja, "Primary and Secondary Rules in International Law of State Responsibility," *Rivista di diritto internazionale*, Vol. 97, No. 4 (2014), pp. 990–991.

同意内在説は、なぜ同意を他の違法性阻却事由と区別し、同意は1次規則に組み込まれるとするのであろうか。ここでは、これらの論者が提示する2つの理由について順に検討する。第1の理由は、「同意は行為の事前あるいは遅くとも行為時に与えられなければならないので、問題の行為が発生した時点では当該行為は違法とみなすことはできない」という点である。第2の理由は、「国家は強行規範に反しない範囲で合意によって自由に権利義務を設定できるので、同意があれば義務違反そのものが発生しない」という点である。

　第1の理由については、第1章でも挙げたB説の論者であるBannelierとChristakisが詳細に説明している。

> 他の違法性阻却事由と同意を根本的に区別するのは、他の事由では、2次規則が介入する時点で違法行為はすでに存在し、（ILCが提唱する「違法性阻却」の理論を受け入れる場合は）その違法性を阻却する、あるいは、（緊急避難や遭難などの特定の状況では責任阻却の効果のみが可能であると考える場合は）責任を阻却するということである。一方、同意に関する第20条は、一種の「予防的」役割を果たす。AgoとILCは、「同意」を事前に提示しなければならないという事実を主張しており、この問題を責任を援用する権利の放棄の問題（2001年に採択された草案の第45条）と非常に明確に区別している。したがって、同意が有効に与えられている場合、その行為が発生したときに違法と認定することは不可能である！　同意に基づいて介入する国は、単に国際法に違反せず、有効な同意を与えた国は被害国ではない。
>
> 事実が生ずる瞬間に違法性が存在しないことは、我々から客観的な尺度（この尺度により我々は目の前で起こっている現象を性格づけることができる）を奪うという奇妙な効果があるのである[8]。

すなわち、同意以外の違法性阻却事由においては、その違法性阻却事由を援用する側の[9]違法行為が援用時には既に存在しているが、同意は事前に与えられなけ

8　Théodore Christakis and Karine Bannelier, "*Volenti non fit injuria*? Les effets du consentement à l'intervention militaire," *Annuaire français de droit international*, Vol. 50 (2004), pp. 107-108.

9　違法性阻却事由を援用する側ではなく、その相手方、すなわち違法性阻却事由がなければ違法な行為の被害者となる側の違法行為が存在するのは、自衛と対抗措置のみである。

ればならないので、同意を得て行われた行為はそもそも違法とみなすことはできないという。しかし、同意が与えられる時期だけをもって区別するのは、正確性に欠けるように思われる。というのも、ILC によれば、違法性阻却事由の援用を引き起こす状況の発生が、違法性阻却の対象となる行為の前になければならないというのは、他の違法性阻却事由にも通じて言えることである[10]。自衛権を援用するには相手側からの武力攻撃が必要であるし、対抗措置であれば相手側によるなんらかの違法行為が必要である。同様に、不可抗力、遭難および緊急事態においても、それらを援用可能にする状況が、違法性阻却の対象となる行為の時点でそれぞれ存在していなければならない。このように、同意を援用するには行為の前に相手国から同意が与えられなければならないというのは、同意を他の違法性阻却事由と区別し1次規則上の要素とする根拠としては適切でない。同意と他の違法性阻却事由とを分つものがあるとすれば、それは時期ではなく性質であり、同意のみが意思表示行為であって国家間での合意の形成を可能にすること、ではないだろうか。

　この意味で第2の理由、すなわち、「国家は強行規範に反しない範囲で合意によって自由に権利義務を設定できるので、同意があれば義務違反そのものが発生しない」という理由は、より説得的であるように思われる。Crawford は ILC で以下のように述べている。

　　義務が完全な用語で適切に定式化されている（すなわち、同意に関するいかなる条件もない）にも拘らず、国家の同意によって行為の違法性が阻却されるという事例を想定することは可能か。もしそうであれば、（旧）第29条には妥当な、しかし制限された適用範囲が認められるかもしれない。しかし特別報告者はそのような事例を想定できない[11]。（2つ目の括弧内は筆者）

国際義務は強行規範から生じる義務を除いて絶対的なものでないので、それ以外の国際義務においては、同意は1次規則上の要素として黙示的に読み込まれているはずであるというこの主張は、もっともなもののように聞こえる。しかしなが

10　Paddeu も同様の指摘をしている。Federica Paddeu, *Justification and Excuse in International Law: Concept and Theory of General Defences* (Cambridge University Press, 2018), pp. 158–160.

11　ILC, Special Rapporteur James Crawford, "Second report on State Responsibility," *Yearbook of the International Law Commission*, 1999, Vol. II, Part. 1, U. N. Doc. A/CN. 4/SER. A/1999/Add. 1, p. 62, para. 240.

ら、1次規則の要素である同意と違法性阻却事由としての同意があるとする側（同意内外区別説の側）としては、国家は強行規範に反しない範囲で合意によって自由に権利義務を設定できるとして、なお1次規則上の要素である同意と違法性阻却事由としての同意の区別が存在するのである。第1章第2節Ⅰ．で紹介したように、Pellet が、同意が与えられるという可能性を排除している1次規則と、排除していない1次規則がある一方で、国家が同意を与えればその違法性が阻却されるという一般的な規則（2次規則）があると述べていたことを想起されたい。つまり彼らにとっては、この2つ目の理由は違法性阻却事由としての同意はないという帰結を導くものではないのである[12]。

　では、統合説をとらずに原則と例外の区別を維持する論者、すなわち、同意内外区別説に立ち、1次規則の要素である同意と違法性阻却事由としての同意を区別する論者は、なぜそのような区別をしているのだろうか。統合説に立つ Stone 自身も、原則と例外の区別が「意味上の区別を表していなくても、法的な目的のためには有効な区別であり続けるかもしれない」と述べている[13]。

Ⅱ．同意内外区別説

　同意内外区別説がなぜ1次規則の要素である同意と違法性阻却事由としての同意を区別するのかについては、証明責任の分配の違いと、規則の保護法益の性質および規範的含意の違いが存在することが挙げられる。以下、順に検討する。

　第1に、証明責任の分配の違いであるが、同意が1次規則上の要素である場合、原告は自身の主張のために同意の不存在を証明する必要があり、逆に、同意が2次規則である場合、被告が同意の存在を証明しなければならないということになる。国際裁判においては一般に「証明責任は原告が負う（*onus probandi actori incumbit*）」が当てはまると理解されている[14]一方で、なんらかの義務違反を例外的に正当化する事由がある場合は、その事由の成立要件を根拠づける事実については、正当化事由を援用する側が証明責任を負うとされることが多い[15]からである。このことは、以下のように国家責任条文第5章（違法性阻却事由）のコメンタ

12　Federica Paddeu, *supra* note 10, pp. 163-165.
13　Julius Stone, *supra* note 5, p. 281.
14　中島啓『国際裁判の証拠法論』（信山社、2016年）160頁。
15　同上、169頁。

リーでも述べられている。

> 国家の責任をめぐる2国間の紛争では、責任を証明する負担は原則として原告国にある。しかし、国際義務に抵触する行為が国家に帰属する場合であって、当該国が第5章の事由に依拠してその責任を回避しようとする場合には、立場が変わり、当該行為の正当化または免責を求める国家が証明責任を負う[16]。

　しかし、証明責任の分配の違いというのは、同意が1次規則上の要素であるか2次規則であるかの性質づけの結果として生じるものであって、問題となっている同意が1次規則上の要素であるか2次規則であるかを性質づけるものではないことには注意が必要だろう[17]。さらに、国際裁判所が証明責任を明示的に課すことに消極的であることを考えると、証明責任の観点がどれほど示唆を与えうるものなのかは定かでない[18]。例えばICJのコンゴ・ウガンダ事件では、コンゴ民主共和国は、コンゴが自国の領土にウガンダ軍が駐留することに同意したことを証明するのは、ウガンダの責任であると主張し[19]、一方ウガンダは、コンゴが同意の存在を否定する証拠を提出していないと指摘した[20]。このように当事者間で同意の存在の証明責任につき争いがあったにも拘らず、判決は証明責任について明確に述べなかった。

　第2に、規則の保護法益の性質および規範的含意の違いである。この種の議論が最も進んでいるのは国内刑法学である[21]。国内刑法上の「被害者の同意（または承諾）」は、国家責任法における国家の同意と類似の制度といえ、被害者が自

16　ILC, "Articles on the Responsibility of States for Internationally Wrongful Acts, with Commentaries," *Yearbook of the International Law Commission*, 2001, Vol. II, Part 2, U. N. Doc. A/CN. 4/SER. A/2001/Add. 1 [hereinafter, ARSIWA], p. 72, para. 8.

17　Federica Paddeu, *supra* note 10, p. 168.

18　Luis Duarte d'Almeida は、誰が証明責任を負うかについては裁判所ごとに異なる見解を有していることから、ある事由が offence か defence かの一貫した見解もないとする。Luis Duarte d'Almeida, "Defences in the Law of State Responsibility: A View from Jurisprudence," in Lorand Bartels and Federica Paddeu (eds.), *Exceptions in International Law* (Oxford University Press, 2020), p. 202.

19　*Armed Activities on the Territory of the Congo, (Democratic Republic of Congo v Uganda)*, Reply of the Democratic Republic of the Congo (29 May 2002), p. 256, para. 3.206.

20　*Armed Activities on the Territory of the Congo, (Democratic Republic of Congo v Uganda)*, Rejoinder of Uganda (6 December 2002), p. 128, para. 307.

己の法益を放棄し、その侵害に同意ないし承諾を与えることである[22]。日本の現行刑法を例にすれば[23]、自由・財産に対する罪である住居侵入罪（第130条）、不同意性交罪（第177条1項・2項）、窃盗罪（第235条）の場合は同意は構成要件該当性阻却事由であり、身体に対する罪である傷害罪（第204条）の場合は同意は違法性阻却事由である[24]とするのが判例・通説の立場である[25]。前者の自由・財産に

21　被害者の同意は、国内法では刑法で活発に議論がなされてきたが、民法上の不法行為法でも問題となりうる。しかし民法上は、被害者の同意は一律に違法性阻却事由としての地位が与えられているようである。例えば日本民法は違法性阻却事由として正当防衛（第720条1項）と緊急避難（第720条2項）を規定しており、被害者の同意はこれらと共に、解釈上の違法性阻却事由として認められている。しかし刑法のように不法行為の類型ごとに同意の地位が変わるというような議論はなく、同意が違法行為阻却として認められるか否かはそれぞれの事例で被侵害利益の種類や同意の事情などを考慮して慎重に判断される。同意が公序良俗（第90条）に反するものであるときには、違法性阻却の効果は認められない。自由・財産の侵害の場合とは異なり、生命・身体に対する侵害については、同意による免責は認められがたいとされている。近江幸治『事務管理・不当利得・不法行為』（成文堂、2018年）97頁；川合健『債権各論』（有斐閣、2010年）438頁；水辺芳郎『債権各論』（三省堂、2006年）351頁を参照。フランス民法でも、被害者の同意は違法性阻却事由の1つとされており、保護法益に応じて次の3つに区別されている。第1に有体物の侵害への同意であり、原則として違法性が阻却される。第2に、身体の侵害への同意であり、医療行為等を除き原則として違法性は阻却されない。第3に精神的利益（人格権）の侵害への同意の場合であり、違法性が阻却されることがある。Geneviève Viney, Patrice Jourdainm et Suzanne Carval, *Les Conditions de la Responsabilité* (Librairie Générale de Droit et de Jurisprudence, 2013), pp. 678-682.

22　前田雅英『刑法総論講義』（東京大学出版会、2019年）79頁。

23　日本の現行刑法は、違法性阻却事由として、正当行為（第35条）、正当防衛（第36条）、緊急避難（第37条）を定めているが、被害者の同意についてはそのような一般的な規定がなく、いくつかの犯罪構成要件に個別的な規定を置いている。

24　他に、被害者の同意が関係する場合として、一般に、同意の有無が犯罪の成立に問題とならない場合と、同意がある場合とない場合が分けて規定され、同意があれば軽い方の罪が成立する場合が挙げられる。前者は、16歳未満の者に対するわいせつ行為（第176条3項）、16歳未満の者に対する性交等（第177条3項）が含まれる。後者は、生命に対する罪である殺人罪（第199条）と同意殺人罪（第202条）、同意堕胎罪（第213条）・業務上堕胎罪（第214条）と不同意堕胎罪（第215条1項）がこれにあたる。法は、生命という法益に関する自損行為である自殺行為を禁じていないが、他人の自殺に関与・協力したり、同意を得て殺すことは他人の法益の侵害として禁止している。これは、生命の場合は、生命が自己決定の基盤であり、すべての価値の基礎であることから、法益主体の意思に反しても刑法で保護するというパターナリズムの考えによるものである。秋葉悦子「生命に対する罪と被害者の承諾」『現代刑事法』第6巻第3号（2004年）42-46頁を参照。

25　前田雅英「前掲書」（注22）79-81頁。ただし最近は、傷害罪への被害者の同意も構成要件該当性阻却事由であるとする説が有力に主張されている。このような主張は、結果無価値論

対する罪は、同意があれば法益侵害そのものが消滅すると説明される[26]。すなわち、これらの犯罪行為が正当化されるというよりは、むしろ既に当該行為が存在しなくなるとする。例として、訪問者が住居権者から住居の立ち入りに同意を得れば、住居侵入罪にいう「侵入」は認められないことや、ある者が他人の財物取得につき所有権者の同意を得れば、窃盗罪にいう「窃取」が認められないことが挙げられる[27]。自由・財産に対する罪においては、行為が同意者の意思に合致するとき、そこにはおよそ法益侵害は認められないばかりか、その種の行為を他人に行わせること自体が、当該自由ないし財産権の行使に他ならないのである[28]。一方で後者の身体に対する罪は、同意が与えられても身体が構成要件上侵害されるという点に変更はなく、ただ違法性が阻却されるに過ぎないとされる[29]。このような同意の法的位置付けの区別は、元来（西）ドイツにおいて Geerds が同意を構成要件該当性阻却の効果をもつものと違法性阻却の効果をもつものとに分けて論じたことに端を発する[30]。よってドイツ刑法においても、構成要件該当性を阻却する同意（「合意（Einverständnis）」）と違法性を阻却する同意（「（狭義の）同意（Einwilligung）」）を明確に区別するという見解が伝統的に主張されている[31]。他に

を一貫させ、個人の自己決定権の尊重する見解であり、同意がある限り法益侵害はないとする。例えば、小林憲太郎「被害者の同意の体系的位置づけ」『立教大学』第84号（2012年）18-30頁を参照。さらに、傷害罪の被害者の同意を違法性阻却事由とする立場の中でも、行為無価値論的アプローチと、結果無価値論的アプローチとで見解が分かれている。前者が判例通説の立場であり、総合判断説とも呼ばれ、同意傷害行為は原則として違法であって、同意の目的、行為の手段、生じた結果の重大さを総合的に考慮した上で、例外的に違法性が阻却される場合があるとする見解である。後者は、被害者が自由に法益を放棄している以上、原則として同意傷害は適法であるが、生命に危険が及ぶような重大な傷害は、例外的に違法であるとする。井田良「被害者の同意をめぐる諸問題」『法学教室』第345号（2009年）64-74頁；丸山雅夫「生命・身体に対する犯罪と被害者の同意」『南山法学』第37巻第3・4号（2014年）1-27頁を参照。

26　山口厚『刑法総論』（有斐閣、2016年）162頁。

27　同上。

28　井田良「前掲論文」（注25）66頁。

29　山口厚『前掲書』（注26）162頁。

30　須之内克彦『刑法における被害者の同意』（成文堂、2004年）27-31頁。

31　Michael Bohlander, *Principles of German Criminal Law*（Hart Publishing, 1980）, pp. 82-88; 比較刑法研究会「同意—比較研究ノート（6）—」『刑事法ジャーナル』No. 49（2016年）144-145頁。なお、このような区別をせずに被害者の同意はすべて構成要件該当性阻却事由とすべきであるとする見解もあるが、少数である。ドイツ刑法研究会「ロクシン『被害者の承諾』」『帝京法学』第21巻第2号（2000年）100-102頁を参照。

第1節　同意の法的性質をめぐる対立の様相 | 65

も、オランダ刑法[32]、ニュージーランド刑法[33]、トルコ刑法[34]、フランス刑法[35]、スウェーデン刑法[36]などにおいて、同様のアプローチがとられている。

　このように各国刑法において身体に対する罪の被害者の同意が自由・財産に対する罪のそれとは異なった地位が与えられている理由としては、規則の保護法益の性質の違いや規範的含意の違いがある。前者は、身体という法益は生命に次いで価値の高い法益であり自由や財産とは異なった法益であることから、パターナリズムの考えにより個人の自己決定権が制限されるという説明である[37]。一方後者は、「理由に基づく説明（reason-based account）」や、「理由に基づくアプローチ（reason-based approach）」と呼ばれることもある[38]が、社会においては他人の身体を尊重すべき一般的な理由が存在するのであり、自傷と（同意に基づく）他害は区別されるべきであるという説明である[39]。

　以上のような規則の保護法益の性質の違いや規範的含意の違いに基づく国内刑法学のアプローチを、国際法学において認めることは不可能ではなかろう。とりわけ強行規範に関しては、その保護法益の高次性が認められる。もっとも、国内刑法においても、ある犯罪との関連での同意が構成要件阻却事由なのか違法性阻却事由なのか評価が分かれるものもあり、しかもその原因が法を超えた道徳や価値観の違いに起因することに鑑みれば[40]、まして国際社会において保護法益の性質の違いや規範的含意の違いがアプリオリに定まるとは期待できない。しかしこのような実際の判断可能性を別にして、少なくとも理論的には、証明責任と規則

32　Alan Reed, Michael Bohlander, Nicola Wake and Emma Smith（eds）, *Consent: Domestic and Comparative Perspectives*（Routledge, 2020）, pp. 305-306.

33　*Ibid.*, pp. 326-327.

34　*Ibid.*, pp. 367-368.

35　*Ibid.*, p. 386.

36　*Ibid.*, p. 420.

37　佐伯仁志「被害者の同意とその周辺（1）」『法学教室』第295号（2005年）110頁。なお、被害者が同意していたとしても身体の損傷という事実が存在することも理由として挙げられることがあるが、被害者の同意があったとしても具体的な身体の損傷という事実が存在するというのは、構成要件該当性阻却事由としての同意の場合も同じであるという批判が向けられている。井田良「前掲論文」（注25）66頁；小林憲太郎「前掲論文」（注25）354-352頁；ドイツ刑法研究会「前掲論文」（注31）107-109頁。

38　Luís Duarte d'Almeida, *supra* note 18, p. 193.

39　須之内克彦『前掲書』（注30）70-73頁。

40　例えば暴行と同意、強制性交罪と同意の関係における同意の法的位置付けには見解の対立がある。

の保護法益の性質および規範的含意の違いを国際法において認めることが必ずしも不可能でないとすれば、国際法においても、1次規則上の要素としての同意と違法性阻却事由としての同意との、両方の同意がありうるとの理解が適切であろう。同意内在説はこの点を考慮していないといえる。いずれにせよ、本書の目的において検討すべきは、同意に基づく武力行使の文脈におけるA説とB説の対立の原因が、本当にこの証明責任の分配と規則の保護法益の性質および規範的含意の違いへの着目の有無にあるのかどうかである。

第2節　同意に基づく武力行使の正当化理論における対立の真相

　同意に基づく武力行使の既存の正当化理論のうち、A説（同意内外区別説）とB説（同意内在説）の論者の説明によれば、A説とB説の見解の対立は、かつてILCにおける議論でみられたような、国際法一般における同意の法的位置付けの区別をするかしないかにあった。そしてそのような国際法一般における同意の法的位置付けの区別をするかしないかは、前節で論じたように、証明責任と規則の保護法益の性質および規範的含意の違いに着目するかどうかにある。本節の目的は、同意に基づく武力行使の文脈におけるA説とB説の対立の原因が、本当にこの証明責任の分配と規則の保護法益の性質および規範的含意の違いへの着目の有無にあるのかどうかを問い、同意に基づく武力行使の正当化理論における対立の真相を明らかにすることである。

　ここではまず、武力行使への同意の法的性質をめぐる対立（A説とB説の対立）は、実際には証明責任の分配や規則の保護法益の性質および規範的含意の違いに関連がないことを示す（I.）。対立が生じているのは、武力行使禁止原則の強行規範性の問題を回避しようとするがためであるものの、しかしながら両説とも回避しきれていないことを指摘する（II.）。それによってC説が生まれた理由をも解き明かす。さらに、このような理論の不十分さは武力行使禁止原則が伝統的な国家対国家的視座で理解されていることによるものであり、この視座のみで武力行使禁止原則を捉えている限り、同意に基づく武力行使の正当化理論は理論的に不十分で実践的にも有意でないことを論ずる（III.）。

Ⅰ. 武力行使の文脈における議論の錯綜

　まず証明責任の分配の問題からみてみよう。武力行使禁止原則の存在する現代国際法においては、一般に、武力行使をする国に行為の合法性について重い証明責任が課される[41]。国家の固有の権利とされている自衛権の行使に際してさえそうであり[42]、同意に基づく武力行使に関しても、同意を得た側（武力行使側）に証明責任があるといわれる[43]。したがって証明責任の分配の観点からみれば、武力行使への同意は違法性阻却事由としての同意であると判断できる。しかしながらA説の論者のうち、同意は違法性阻却事由であると主張することの根拠として、証明責任が武力行使側に課されることを挙げる者はいない。むしろ証明責任の分配を根拠にすべきでないというA説の論者さえ存在する。例えばPaddeu は、「国際法においては、国際裁判所や仲裁裁判所が証明責任を明示的に配分することを躊躇することが多く、このアプローチがどれほど有用かは明確ではない」として、証明責任の分配により同意の法的性質を見極めるという方法は採用しないと明示的に述べている[44]。

　では規則の保護法益の性質および規範的含意の問題に関してはどうだろうか。A説は武力行使禁止原則が高次の価値を保護しているので同意は違法性阻却と主張しており、それに対してB説は同原則の保護法益の高次性に意識的ではない、ということなのだろうか。あるいはA説は国際社会には一般に他国に対する武力行使を行ってはならない理由があるので同意は違法性阻却と主張しており、それに対してB説はそのような規範的含意に意識的ではない、ということなのだろうか。しかしこれに対しても否定せざるをえない。B説はむしろ、武力行使禁止原則の重要性を意識しているからこそ主張されていると推測できる。なぜならB説

41　最上敏樹『国際立憲主義の時代』（岩波書店、2007年）83頁。

42　同上；*Case Concerning Oil Platforms (Islamic Republic of Iran v. United States of America), Merits, Judgment, I. C. J. Reports 2003*, p. 189, para. 57.

43　Rein Mullerson, "Intervention by Invitation," in Lori Fisler Damrosch and David J. Scheffer (eds), *Law and Force in the New International Order* (Westview Press, 1991), p. 133.

44　Federica Paddeu, "Military Assistance on Request and General Reasons Against Force: Consent as a Defence to the Prohibition of Force," *Journal on the Use of Force and International Law*, Vol. 7, Issue. 2 (2020), p. 234.

の論者は、第１章で論じたように、武力行使禁止原則は全体として強行規範であるというところに論拠を置いているからである。しかし武力行使禁止原則の保護法益の高次性に意識的になるのであれば、むしろ違法性阻却説をとる方が整合的である。

この規則の保護法益の性質および規範的含意の観点からは、Ｃ説の非整合性も指摘できる。Ｃ説は、一般に１次規則上の要素としての同意と違法性阻却事由としての同意があるとした上で、武力行使との関連では同意は１次規則上の要素であるとする。その理由として、武力行使禁止原則の強行規範性を挙げる。しかし、国内刑法において身体の法益の高次性から傷害への同意が違法性阻却事由とされるように、武力行使禁止原則の保護法益の高次性を考慮するのであれば、武力行使への同意は違法性阻却事由と判断するのが整合的であろう。

以上の考察が正しいとすれば、武力行使の文脈におけるＡ説とＢ説の対立の根底にあるのは、証明責任の分配や規則の保護法益の性質および規範的含意が関連するような、同意の法的位置付けをめぐる対立とはいえない。したがって、武力行使の文脈においてＡ説（同意内外区別説）対Ｂ説（同意内在説）という対立図式は成り立たないのであり、Ａ説（違法性阻却説）対Ｂ・Ｃ説（武力行使禁止原則不適用説）と捉えるべきである。この対立は、一部の論者の主張するような同意の法的位置付けをめぐる対立に由来するのではなく、武力行使禁止原則の文脈に特有のものである。

【表３】同意に基づく武力行使の既存の正当化理論の２分類

	Ａ説	Ｂ説	Ｃ説
同意に基づく武力行使の既存の正当化理論	違法性阻却説	武力行使禁止原則不適用説	
同意の法的位置付け	一般に違法性阻却事由としての同意はある	一般に同意はすべて１次規則の問題であり、違法性阻却事由としての同意はない	一般に違法性阻却事由としての同意はあるが、武力行使との関係では同意は１次規則の問題
ILCにおける同意の法的位置付けをめぐる議論との関連性	あり：同意内外区別説	あり：同意内在説	？

ゆえに【表3】に示すように、同意に基づく武力行使の既存の正当化理論は、3分類ではなく2分類が正しい。

Ⅱ. 武力行使禁止原則が強行規範であるという問題から回避する試み

A説とB説の対立の根底には同意の法的位置付けをめぐる対立があると言われるが実際はそうではなかったり、C説が整合的でなかったりなど、武力行使の文脈における議論が錯綜している原因は、武力行使禁止原則が強行規範であるとも言われること[45]にある。すなわち違法性阻却説（A説）も武力行使禁止原則不適用説（B・C説）も、強行規範が国家の同意により逸脱されるという帰結を招かないように理論を構築しているのである。以下では順に、違法性阻却説と武力行使禁止原則不適用説が、どのように武力行使禁止原則の強行規範性の問題を回避しようとしているのかを分析し、両説とも実際は回避しきれていないことを指摘する。

まず違法性阻却説からみていこう。第1章で論じたように、違法性阻却説に立つ論者は、同意と武力行使禁止原則の強行規範性の関係について必ずしも説明しているわけではない。しかし中にはAbassのように、武力行使禁止原則全体が強行規範であるというわけではない旨を述べる論者や、Paddeuのように、侵略が強行規範であり、侵略に至らない武力行使は同意により違法性が阻却されうるとの論理構成を明確にしている論者もある。問題はそのような論者も、肝心の侵略の定義をしていない、あるいはどのような武力行使が強行規範に違反することになるのかを論じていないことである。侵略の定義は一般に困難であると言われている[46]が、侵略かどうかは武力行使の重大性や烈度によって必ずしも識別可能なものではないことは指摘されねばならない。その証左として、例えば侵略の定義に関する決議[47]第3条（e）項は、「受入国との合意にもとづきその国の領域内にある軍隊の当該合意において定められている条件に反する使用、又は当該合意の終了後のかかる領域内における当該軍隊の駐留の継続」は侵略行為とされると

45　第1章注16に挙げた文書および論考を参照。

46　森肇志『自衛権の基層　国連憲章に至る歴史的展開』（東京大学出版会、2009年）115-130頁。

47　U. N. Doc. A/RES/3314 (XXIX). もっとも本決議は、安保理が憲章第39条の「侵略行為」の認定をする際の指針とするために作成・採択されたものであるが、国連総会でコンセンサス採択されていることから、諸国の法的信念を一定程度は反映していると評価できる。

規定している。軍隊の駐留でも「侵略」とみなされる可能性があり、合意がなければ侵略である行為が合意により正当化されているのであれば、侵略の禁止が強行規範といえるのだろうか。武力行使禁止原則不適用説の中にはこの第3条（e）項を根拠に、同意は強行規範の定義の中に組み込まれていることを主張する者もある[48]。確かに、自国軍隊を他国に駐留させるための地位協定は多数締結されており、それらは一般に強行規範の違反を同意（合意）により正当化したとは言われない。

　一方で、「侵略」は最も重大な形態の武力行使[49]であることは古くから認識されており、侵略とみなされるのは一定の重大性が必要だとする論者が存在する[50]。侵略の定義に関する決議の前文第5項でも、「侵略は武力行使の最も深刻で危険な形態」でなければならないと述べられている。この文言は、ローマ規程のカンパラ改正規定を採択した検討会議決議6の附則3として採択された「了解（Understandings）」の第6項においても繰り返されている[51]。この観点から、侵略の定義に関する決議第3条（e）項の起草過程においても、軍隊の駐留は十分な重大性を含まないので侵略とすべきでないという反対意見が僅かながらあった[52]。しかし、同規定は稀にみる（unusual）侵略の形態を定めているのであって、軍隊がその合意に反するかたちで使用される場合や、合意の終了または領域国による終了の要請にも拘らず軍隊が続けて駐留する場合は侵略を構成しうるという趣旨の規定であるとして残された[53]。同項に対しては学説の中でも、合意のどの程度の違反が必要なのか、領域国における軍隊の駐留の継続は武力による威嚇や使用

48　Olivier Corten, *The Law Against War: The Prohibition on the Use of Force in Contemporary International Law* (Hart Publishing, 2nd ed., 2021), p. 249.

49　なお、憲章第39条の「侵略行為」と憲章第51条の「武力攻撃」との異同については憲章上も明らかではないとされている。See, ILA, *Final Report on Aggression and the Use of Force* (Sydney, 2018), p. 27.

50　*Armed Activities on the Territory of the Congo (Democratic Republic of Congo v Uganda)*, Separate opinion of Judge Simma, *I. C. J. Reports, 2005*, p. 171, para. 2; Lauri Hannikainen, *Peremptory Norms (Jus Cogens) in International Law: Historical Development, Criteria, Present Status* (Finnish Lawyers' Publishing Company, 1998), p. 334.

51　RC/Res. 6, Annex III, "Understandings regarding the amendments to the Rome Statute," No. 6.

52　U. N. Doc. A/8019, p. 44, para. 119, p. 64, Annex II, "Report of the Working Group," para. 19.

53　*Ibid.*, p. 44, paras. 120-121; U. N. Doc. A/8719, Appendix A, "Summary of the report of the established by the Working Group," p. 15.

の表明などを伴って行われなければならないのか否かが不明確だとする批判[54]や、軍隊の駐留が侵略とみなされるためには敵対的な意図が必要であるとする意見がある[55]。このようにみれば、軍隊の駐留が「侵略」であるとされるのは、駐留国が敵対的な意思をもって合意に明白に違反した場合や、武力による威嚇や使用の表明を伴って駐留が継続された場合などのように、例外的なケースであると解するのが適当かもしれない[56]。それでも軍隊の駐留が侵略とされる可能性を残した侵略の定義に関する決議第3条（e）項は軽視できず、侵略が強行規範であるとするPaddeuが、議論の射程から外国における軍事基地の設置や共同軍事訓練などといった同意に基づく武力行使（consensual force）を予め除外している[57]のは、軍隊の駐留であっても侵略と認定される可能性があるという論理的矛盾を回避するためであると推測される。またこれに関して武力行使禁止原則不適用説からは、Paddeuは侵略が強行規範であり同意により逸脱不可能とするが、それは論点を移動させたに過ぎないと批判されている[58]。この批判は的を射ている。さらに違法性阻却説の論理に致命的といえるのは、同意に基づく武力行使の実際の事例は、もはや軍隊の駐留レベルを超えているものも多いということである。侵略が強行

---

[54] Thomas Bruha, "The General Assembly's Definition of the Act of Aggression," in Claus Kreß and Stefan Barriga (eds.), *The Crime of Aggression: A Commentary* (Cambridge University Press, 2017), p. 163.

[55] Claus Kreß, "The State Conduct Element," in Claus Kreß and Stefan Barriga (eds.), *ibid.*, p. 445.

[56] このような侵略の定義に関する決議第3条（e）項の不確定性については、同決議第2条にいう「他の関連状況」に照らした判断において考慮されるといえる。というのは、同決議の「各規定は、他の規定との関連において解釈されなければならない」（第8条）が、第2条によると、「憲章に違反する武力の最初の行使は、侵略行為の一応の証拠を構成する」が、安保理は、「侵略行為が行われたという決定が他の関連状況（当該行為又はその結果が十分な重大性を有するものではないという事実を含む）に照らして正当化されないとの結論を下すことができる」。ここにいう「他の関連状況」には、行為やその結果の重大性のほか、行為国の意図や目的などの主観的要素が含まれるとされている。なお起草過程では、侵略の存在を判断するときに、物理的一撃を加えた方が侵略国であるのであってこの要件のみで十分である立場と、これだけでは不十分で個々の事情、とりわけ侵略の意図を考慮しなければならないとする立場が対立していた。第2条はこの対立の結果、「他の関連状況」に侵略の意図を含むとして規定されたと解される。Thomas Bruha, *supra* note 54, p. 157; 真山全「国際法上の侵略の定義」『戦争と平和』第6巻（1997年）41頁；三好正弘「国際連合による侵略の定義」『ジュリスト』No. 584（1975年）120頁。

[57] Federica Paddeu, *supra* note 44, p. 231.

[58] *Ibid.*, p. 265, footnote 192.

規範であるとしても、同意に基づく武力行使における強行規範性の問題は回避しきれない。

では、武力行使禁止原則不適用説（B・C説）はどうだろうか。武力行使禁止原則不適用説の多くは、武力行使禁止原則は武器の供与や軍隊の駐留や共同軍事訓練など烈度を問わず[59]全体として強行規範性を有するとし、同意があればそもそも武力行使は存在しないとする[60]。例えば Bannelier と Christaki は、武力行使への同意の問題において Ago のロジックに従えば、強行規範との関係で行き詰まるので、武力行使禁止原則不適用説をとるほかないと述べており[61]、同意によって武力行使の違法性が阻却されるとすることによって強行規範との関連で生じる問題を避けるために、理論を構築していることが明白である。結局、同意によって強行規範から逸脱することを認めることになっているとの批判もできよう。武力行使禁止原則不適用説は武力行使禁止原則が全体として強行規範性を有するとしながら、同意の存在から武力行使の不存在を導くことで、かえってその実質を貶めることになっているともいえる。

加えて指摘すべきは、同意が与えられても、武力行使国が自決権に違反するかたちで軍事介入すれば「国際連合の目的と両立しない」武力行使となり武力行使禁止原則違反となることは、武力行使禁止原則不適用説も認めているということである[62]。例えば Corten は、内戦の当事者の一方を援助するための介入は、国内の政治的地位の決定への干渉となり人民の自決権侵害になる可能性があり、し

---

59 Tom Ruys, "The Meaning of 'Force' and the Boundaries of the *Jus Ad Bellum*: Are 'Minimal' Uses of Force Excluded From UN Charter Article 2 (4)?," *American Journal of International Law*, Vol. 108, No. 2 (2014), pp. 159-210.

60 しかし武力行使禁止原則不適用説の中でも、武力行使禁止原則は全体が強行規範なのではないとする論者もある。Kolb は、武力行使禁止原則は全体が強行規範なのではなく、その核となる部分のみが強行規範であり、それは慎重に定義されなければならないと述べた上で、違法な武力行使が強行規範なのであり、違法な武力行使は侵略に至らない武力行使も含むので、侵略より広いとする。Kolb によれば、認められた例外（安保理の強制措置、自衛権、同意）は、武力行使禁止原則からの逸脱ではなく、1次規則と同じ規範的なレベルに置かれた真の例外であり、これらは、武力行使禁止原則の範囲の定義に関係しており、強行規範の範囲を決定する上で非常に重要である。Robert Kolb, *Peremptory International law – Jus cogens: A General Inventory* (Hart Publishing, 2015), pp. 73-75.

61 Théodore Christakis and Karine Bannelier, *supra* note 8, pp. 109-111.

62 Erika de Wet もこの点を指摘する。Erika de Wet, "The Modern Practice of Intervention by Invitation in Africa and Its Implications for the Prohibition of the Use of Force," *European Journal of International Law*, Vol. 26, Issue. 4 (2015), p. 980.

たがって、「国際連合の目的と両立しない武力行使」として憲章第2条4項違反にもなる可能性があると述べる[63]。同様に Ruys も、自決権の尊重が国連の目的の1つであることを考えると、内戦において紛争当事者の一方の利益のために同意を得て介入することは憲章第2条4項に違反することになると述べる[64]。このように同意に基づく介入が自決権違反であった場合に、その介入が自決権違反となるにとどまらず武力行使禁止原則違反にもなるということは、同意の存在のみから武力行使の不存在そして武力行使禁止原則の不適用を導くのは論理的に不十分であることの証左であろう[65]。そのほか Hasar も、武力行使禁止原則不適用説にたちながら、同意に基づく介入が自決権や政治的独立に違反することで違法な武力行使となることを述べる[66]。そのため Hasar は、同意は武力行使を原則的にのみ（only in principle）正当化するという意味で武力行使禁止原則に内在するものと捉えるべきとする[67]。しかし、同意があれば武力行使禁止原則は適用されないし、議論の場にものぼらない（したがって強行規範からの逸脱ではない）[68]としながら、その行為が同意国の政治的独立または人民の自決権に反する場合には突然に武力行使禁止原則の問題になるというのは、やはりやや無理があるように思われる。武力行使禁止原則が適用されないのであれば、単に不干渉原則違反や自決権違反にとどまることにならないか。

　以上のように、両説とも同意に基づく武力行使が強行規範からの逸脱とならないように理論構築を試みているが、強行規範性の問題を回避しきれていないと分析できる。ここでの議論を簡単にまとめると、【表4】のようになる。

63　Olivier Corten, *supra* note 48, p. 276; Olivier Corten, "Intervention by Invitation: The Expanding Role of the UN Security Council," in Dino Kritsiotis, Olivier Corten and Gregory H. Fox (eds.), *Armed Intervention and Consent* (Cambridge University Press, 2023), p. 104.

64　Tom Ruys and Luca Ferro, "Weathering the Storm: Legality and Legal Implications of the Saudi-led Military Intervention in Yemen," *International & Comparative Law Quarterly*, Vol. 65, Issue. 1 (2016), p. 88.

65　自決権が対世的義務であることは認められているが、強行規範であるかどうかは一致した見解があるわけではない。

66　Seyfullah Hasar, *State Consent to Foreign Military Intervention during Civil Wars* (Martinus Nijhoff, 2022), p. 39.

67　*Ibid.*

68　*Ibid.*, p. 43.

【表4】同意に基づく武力行使の既存の正当化理論における、武力行使禁止原則の強行規範性の理解

	A説	B・C説
同意に基づく武力行使の正当化理論	違法性阻却説	武力行使禁止原則不適用説
武力行使禁止原則の強行規範性の理解	武力行使禁止原則の一部（侵略など）のみが強行規範である	武力行使禁止原則は全体として強行規範である
主な欠点	駐留も侵略といわれる	結局、同意によって強行規範から逸脱することを認めることになっている 同意に基づく介入が自決権違反であった場合に、その介入が自決権違反となるにとどまらず武力行使禁止原則違反にもなることを認めている

Ⅲ. 武力行使禁止原則の国家対国家的視座とその限界

　ここでは、違法性阻却説も武力行使禁止原則不適用説も強行規範の問題を回避しきれていない原因が、武力行使禁止原則の国家対国家的視座のみに基づく理解にあることを指摘する。この視座のみに立つ限り、強行規範の問題は回避しきれず、また実践的にも有意でない。

　まず違法性阻却説からみてみよう。違法性阻却説は、強行規範性を有しない武力行使であれば、国家の同意によりその違法性が阻却されるとする。同意があっても武力行使は存在するとする点では、後述する武力行使禁止原則不適用説に比べて、明確には国家対国家的視座に拠っていないようにみえるかもしれない。確かに、違法性阻却説が同意の存在に拘らず武力行使を客観的に捉えているのは、武力行使禁止原則は国家利益だけではなく国際の平和と安全の維持という国際社会の共通利益を保護しているとするからである。例えばPaddeuは以下のように述べる。

　　憲章の第2条4項に規定されている武力の禁止は、（少なくとも）2つの異なる利益を保護する。第1に、国家の「領土保全および政治的独立に反する」武力を禁止することで、各国家の主権に対する利益を保護する。第2に、

「憲章の目的に反するその他の方法」での武力行使を禁止することで、国際の平和と安全の維持というすべての国連加盟国の利益を保護する[69]。

Paddeu によれば、武力行使禁止原則の保護法益のうち主権国家の利益は武力に対する限定的な理由（reason）であり、同意に基づく武力行使の場合は同意を与えることはそのような主権的利益の侵害ではなく、むしろ主権の行使であるから、主権国家の利益の侵害ははじめから存在しない[70]。他方で武力行使禁止原則の保護法益のうち第2のもの、すなわち国際の平和と安全の維持というすべての国連加盟国の利益は武力に対する一般的な理由であり、武力が行使されるすべての場合に問題となる[71]。したがって同意があっても武力行使禁止原則の適用を受けるということである。

違法性阻却説の論者が、武力行使禁止原則は国際社会の共通利益を保護しているとするのは良いとして、問題は、その国際社会の共通利益の侵害がなぜ、そしていかなる場合に一国の同意により正当化されるのかを違法性阻却説は説明できていない点である。これが明確でないので、強行規範違反に該当しない武力行使は何か、どのような武力行使が同意によっても正当化されないのか（例えば侵略とは何か）も、導出されない。侵略は重大性や烈度では必ずしも同定できないことは既に論じたが、侵略を重大性や烈度で捉え、ある程度以下の武力行使は同意により正当化可能とするならば、それは行為の主体である国家（の軍隊）に焦点を当てており、国家によるそのある程度の武力行使が領域国の同意によって違法性阻却されるのであるから、依然として国家対国家的視座のみに立っている。違法性阻却事由としての同意は2つの国家間の関係に関連しているのであり、例えば対世的義務に関して言われるように、国際社会の共通利益が問題となっている場合には、ある国家の同意が他のすべての国家との関係で違法性を阻却することにはならないのである[72]。

一方、武力行使禁止原則不適用説は、武力行使禁止原則をより明白に国家対国家的視座のみから捉えている。武力行使禁止原則不適用説の理解では、武力行使禁止原則は憲章第2条4項にあるように「国際関係における」（in their international

---

69　Federica Paddeu, *supra* note 44, p. 254.

70　*Ibid.*

71　*Ibid.*, p. 252.

72　ARSIWA, *supra* note 16, p. 73, Commentary to Article 20, para. 9.

relation）武力の行使を禁止しているのであって、同意があれば「国際関係におけ
る」武力行使ではないので、はじめから武力行使禁止原則の適用を受けない。つ
まり武力行使禁止原則不適用説は、武力行使禁止原則は主権国家を保護している
のであり、同意は主権すなわち国家領域に対する排他的権利の行使であるので、
同意が与えられればそれは主権国家にとって有害であるどころか主権を促進する
ものであるとの理解である。しかしこの解釈は、「国際関係」すなわち「国家間
関係」を「国家対国家」に読み替えている[73]。「国際関係において」という文言
で排除されるのは内戦であり[74]、同意があっても国際関係すなわち国家間関係に
ある事実は変わらない[75]。「国際関係」は敵対関係も友好関係も「国際関係」で
あり、それは「国際関係」と「国家間関係」が同義語であるからである。この用
語の通常の意味が憲章第2条4項においては異なるということは根拠がない。ま
た、上で、武力行使禁止原則不適用説は自決権との関連で武力行使禁止原則の強
行規範性の問題を回避しきれていないことを指摘したように、国家の同意がある
ことは、それに基づいてなされる武力行使が「国際連合の目的と両立」するとは
限らない。例えば国家の同意があり（正確に言えば、同意する能力のある政府から与
えられた有効な同意があり）、その同意の範囲内で他国が同意国で武力行使をした
としても、その形態がなお自決権に違反する場合があるのであって、その場合に
武力行使国は自決権違反になるにとどまらず、「国際連合の目的と両立しない」
武力行使を行ったとして、武力行使禁止原則にも違反することになる。これが、
同意があってもなお武力行使禁止原則の適用を受けることの証である。

　以上のように、両説とも武力行使禁止原則を国家対国家的に捉えており、やや
無理のある論理を展開している。さらに指摘すべきは、序章でも述べたように、
どちらの説に立とうと同意に基づく武力行使をめぐる各論的問題には全く関連し
ていないことである。どのような政府が同意する能力があるのか、政府が国際人
権法・人道法の広範な違反を行っている場合にその同意に基づき武力行使するこ
とは適法か、内戦において政府は同意を与えまた撤回できるのか、事前の条約に

73　同様の指摘が Paddeu によってなされている。Federica Paddeu, *supra* note 44, p. 246.

74　Albrecht Randelzhofer and Oliver Dörr, "Article 2 (4)," in Bruno Simma et al. (eds.),
　　The Charter of the United Nations: A Commentary, Vol. I (Oxford University Press, 3rd
　　ed., 2012), p. 214, para. 33.

75　Patrick Butchard, "Territorial Integrity, Political Independence, and Consent: The
　　Limitations of Military Assistance on Request Under the Prohibition of Force," *Journal on
　　the Use of Force and International Law*, Vol. 7, Issue. 1 (2020), pp. 67-69.

基づく軍事介入は可能か、同意に基づく武力行使と自衛権はどのような関係にあるのかといった論点は、先行研究で既に取り上げられているものの、なぜ武力行使が同意に基づき正当化されるのかという理論との関連性は全くといっていいほど意識されていない。なぜ同意により武力行使が正当化されるのかといった理論上の問題をよそに、実行上の問題に対処すべく各論的議論が積み上げられており、そこでは両説は対立していないのである。このことは、理論面を議論している論者が総じて依拠している武力行使禁止原則の国家対国家的理解のみでは、国際社会の現実を捉えきれないことを示しているように思われる。したがって既存の理論は実践的にも有意でないことが指摘されよう。

第3節　武力行使禁止原則の2元的理解による正当化理論の再構築

　ここまでは、同意に基づく武力行使の既存の正当化理論が武力行使禁止原則の国家対国家的理解のみに立っていること、そしてそれでは同意に基づく武力行使の諸問題を考える上で理論的に不十分で実践的にも有意でないことを示した。これらを克服するために本書が提示するのが、武力行使禁止原則を国家対国家的視座と人間的視座の両視座から捉えるという2元的理解である。国際法一般に見られる人間的視座を武力行使禁止原則に導入することにより、武力行使がなぜ、そしていかなる場合に同意によって正当化されるのかという問題を統一的・整合的に理解できる。

　本節ではまず、この2元的理解の全体像を示し（I.）、これによれば武力行使への同意は、抽象的国家による抽象的国家利益の放棄として理解され、第2部で論じるような実践上の各論的問題を考える上でも有用であることを主張する（II.）。さらにこの2元的理解の法的・理論的・思想的基盤（III.）と、これまでの *jus ad bellum* 上の各議論との関連およびインパクト（IV.）について検討する。

I.　武力行使禁止原則の2元的理解の全体像

　国家対国家的視座と人間的視座による、武力行使禁止原則の2元的な理論的認識枠組は、次のような内容である。すなわち、「すべての国家は、武力によって、他国の抽象的国家利益も、一定の人間的利益も侵害してはならない」。武力行使禁止原則の保護法益には、抽象的国家利益と一定の人間的利益という2種類の利

益があり、両立することもあれば対立することもある。

　「抽象的国家利益」とは、伝統的な国家対国家的視座で語るときに観念される利益であり、国家がそれ自体として「固有の価値」を与えられているときの利益のことをいう。典型的には、領土保全、政治的独立、国家代表および軍隊や外交使節などの国家機関の保持がそうである。つまり抽象的国家が存在するための基本的構成要素であり、抽象的国家としての諸国の共存のためという意味で国際社会の共通利益である。また、抽象的国家利益は広く人間を保護するための前提・基盤であり、抽象的国家は人間的利益をいかに実現するかについての裁量を有する。すなわち、抽象的国家は、抽象的国家利益に対する排他的権利と、人間的利益を保護する責任の両方を有し、前者の権利の存在の究極的な存在意義は後者の責任の存在にある。以上のような内容を有する抽象的国家利益は相対的高次性を有するが、放棄・逸脱できないという意味での強行規範性は有さない。抽象的国家は、人間的利益を保護する限りにおいて、抽象的国家利益を放棄することができる。

　「人間的利益」とは、抽象的国家利益と区別されるところの、国籍に関わらず人間の利益あるいは価値に着目する視点によって観念される利益である。広く人間的利益には人権一般が含まれるが、中にはたとえば国家の緊急事態の際に制限可能な人権もあれば、いかなる場合にも制限不可能な人権もある。すなわち前者の人権は、人間的利益の保護に対する責任と裁量を有する抽象的国家によって、制限されることがある。後者の人権は、いかなる場合にも抽象的国家によって制限され得ないので、抽象的国家が放棄できないという意味で絶対的高次性を有する利益である。そしてここに強行規範性が見出される。武力行使禁止原則に含まれる人間的利益は国家が放棄・逸脱できないものであり、すべての人間的利益が武力行使禁止原則に含まれるわけではない。したがってここでは「一定の」人間的利益としている。具体的にいかなる人間的利益が「一定の」人間的利益として武力行使禁止原則に含まれているのかについては、実行を通して明らかにされる。人道的介入との関係で後述するが、ここでは、国家は他国の抽象的国家利益を一方的に侵害してでも人間的利益を保障する責任を負う、ということまでは意味していない。

　以上のように、抽象的国家利益と人間的利益は相対立する概念ではなく、抽象的国家利益が人間的利益の必要条件ともなる。しかし抽象的国家利益と人間的利益は必ずしも一致するものではなく、抽象的国家が人間的利益を実現し得ない場

合や、かえって人間的利益を脅かす場合（人間的利益をいかに実現するかについての裁量を乱用する場合）など、対立することもあるのであり、両者を区別することには意義がある。

以上が、本書の提示する武力行使禁止原則の新しい理論的認識枠組の概観である。国家は武力によって他国の抽象的国家利益を侵害することも、一定の人間的利益を侵害することも禁止されており、どちらを侵害しても武力行使禁止原則違反になるが、強行規範違反になるのは一定の人間的利益を侵害した場合である。このように伝統的な国家対国家的視座と人間的視座は相互排他的なものではなく、武力行使禁止原則は両方の視座から捉えられる。武力行使禁止原則は、ジェノサイドの禁止、拷問の禁止および奴隷の禁止など一般に強行規範といわれる他の規範とは異なり、放棄が決して許されない人間的利益だけではなく限られた条件下で放棄が可能な抽象的国家利益も保護しているので、その強行規範性が疑わしいといわれる。しかし放棄が決して許されない一定の人間的利益を保護していることから、部分的に強行規範性を有するのは確かである。

Ⅱ. 抽象的国家による抽象的国家利益の放棄としての武力行使への同意

武力行使禁止原則の2元的理解に基づけば、同意に基づく武力行使は、抽象的国家による抽象的国家利益の放棄により、武力による抽象的国家利益の侵害が正当化されることと捉えられる。上で述べたように、武力行使禁止原則が保護する抽象的国家利益は、抽象的国家が存在するための基本的構成要素として相対的高次性を有するが、放棄できないものではないのであるから、強行規範の問題は生じない。なお、第1章および第2章第1節までで論じたように、1次規則上の同意と違法性阻却事由としての同意を区別するのであれば、抽象的国家利益の相対的高次性から、武力行使への同意は違法性阻却事由であると導かれる。そして同意に基づく武力行使は、介入国による領域国の抽象的国家利益の侵害の違法性が阻却される事象であると説明することになる。繰り返しになるが、ここで違法性が阻却されるのは抽象的国家利益の侵害のみである。同意に基づく武力行使が、その過程において一定の人間的利益を侵害すれば、それは武力行使禁止原則違反となる。すなわち武力行使禁止原則は、同意が与えられたあとも継続して適用される。したがって、本書の理解では武力行使禁止原則不適用説は採用できず、いうなれば（抽象的国家利益の侵害の正当化に限定されるという意味で）「部分的な違法

性阻却」説ということになる。

　ここで理論の明確化のために、領域割譲・承継条約を締結する場合との違いについて説明しておきたい。検討は必要であるが、領域割譲・承継条約の場合も、抽象的国家の基本的構成要素にかかわることから、相対的高次性を有する利益の放棄として、同意は違法性阻却事由であると解されるかもしれない。そうであるとしてもこの場合は、同意を与える能力のある政府による有効な同意があれば有効な条約として認められ、強行規範は一般に問題にならない。それは、武力という強制的手段が用いられないからであり、「一定の」人間的利益が直接に侵害される危険性がないからである（人命の損失・損傷という不可逆の結果を直接には招かないからである）。

　加えて、序章第３節Ⅲ．で触れた直接的軍事援助（軍隊の派遣など）と間接的軍事援助（武器の供与など）の違いについて検討したい。実行上は領域国政府の要請に基づき、直接的軍事援助が行われることも間接的軍事援助が行われることもあるが、同意に基づく武力行使の先行研究の多くは、特に理由を明示せずに、研究対象を直接的軍事援助に限定している。2011年のIDIのHafnerによる報告書でも、同意に基づく武力行使という場合は軍隊の派遣を指すのであり間接的軍事援助は除外すると述べられている[76]。IDIでは同様にBennounaも直接的軍事援助と単なる武器供与は区別すべきとの旨を述べている[77]。先行研究には間接的軍事援助も研究対象に含めるものもわずかに存在するが、実行分析の結果として直接的軍事援助と間接的軍事援助は区別されるとの結論に達している[78]。例えばHasarは、内戦下では政府の同意に基づく直接的軍事援助は禁止されるが間接的軍事援助は許容されるとの結論に達し、その理由は「武器の供給は内戦の結果に対して、直接的な軍事介入ほど効果的でも決定的でもないからだと推測するほかはない」とする[79]。

　このように先行研究においては、直接的軍事援助と間接的軍事援助がなぜ区別されるのかについて明確な理論的根拠が提示されていない。しかし、本書の提唱

76　IDI Session of Rhodes, "Problèmes actuels du recours à la force en droit international Sous-groupe: Intervention sur invitation/ Present Problems of the Use of Force in International Law Sub-group: Intervention by Invitation," (Rapporteur: Gerhard Hafner), *Annuaire de l'Institut de droit international*, Vol. 74 (2011), p. 202.

77　*Ibid.*, p. 285.

78　Seyfullah Hasar, *supra* note 66, pp. 298–300.

79　*Ibid.*, p. 300.

する武力行使禁止原則の２元的理解からは以下のように説明できる。すなわち、直接的軍事援助は軍隊が他国領域内に移動するので領域保全が関連し抽象的国家利益が問題になる一方で、政府への武器供与などの間接的軍事援助はそれ自体では抽象的国家利益も人間的利益も侵害しえないから、そもそも武力行使禁止原則の規律の範囲外である。もっとも、人間的利益を侵害している政府に武器を提供すれば、人間的利益の侵害を支援・援助することになる可能性はあるが、それは武力行使禁止原則によって規律される問題ではなく、他国の国際違法行為の実行を支援又は援助しない義務（国家責任条文第16条）や国際人道法の尊重を確保する義務（ジュネーブ条約共通１条）、ないし武器禁輸措置が採られている場合はその措置との関係での問題である。また、武器供与であっても、例えば極端な例でいえば核兵器の提供のように、国家の存否にかかわる安全保障上の利益につながると思われるものもある。しかしそれらは、抽象的国家利益に関わりうるとしてもそれ自体で抽象的国家利益が侵害されているとはいえない。間接的軍事援助により政府へ供与された武器は、その領域国（要請国）政府の管理下に置かれるが、直接的軍事援助により派遣された軍隊は、要請を受けた側（介入側）によって指揮される。自国内に他国の指揮系統下にある軍隊が存在するということは、それ自体で抽象的国家利益が侵害されているのであり、その侵害が同意により正当化される。直接的軍事援助と間接的軍事援助はこのように区別される。

　さて、抽象的国家による抽象的国家利益の放棄と捉えることで、同意に基づく武力行使の理論的問題はこのように解決されるが、次にこの捉え方が実践的問題にどのような示唆を与えるかを述べたい。第１に、同意に基づく武力行使の実体的要件についてである。これは本書の理解からいえば、「領域国政府からの同意が、抽象的国家利益のみの放棄であり一定の人間的利益の侵害を意図したものではないこと」、および「領域国政府からの同意に基づいて武力行使をする国家が、当該領域国の抽象的国家利益のみを侵害しており一定の人間的利益を侵害するものではないこと」を担保するための要件である。そこで、①同意時において、領域国政府が自国内で一定の人間的利益を主体的に侵害していないこと、②同意に基づき武力行使する際において、武力行使国が領域国で一定の人間的利益を侵害しないこと、という２つの要件が導かれる。この点について詳しくは第２部第３章で論じる。

　第２に、武力行使への同意が有効であるための手続的要件についてである。これには、同意を与える主体、同意の態様、および同意を与える時期に関する要件

があるが、学説上、武力行使禁止原則の国際法上の「重要性」から、同意が有効であるために厳格な要件が課される場合があるとの指摘がなされている。この指摘が本当にそうであるかは確認しなければならないが、武力行使への同意の場合とその他の行為一般への同意の場合との相違があるとすれば、それは本書の武力行使禁止原則の2元的理解から説明が可能かもしれない。つまり、上の学説で言う「重要性」が何か（武力行使とその他の行為一般との違いは何か）について、強行規範性を有する利益（人間的利益）を包含するという武力行使禁止原則のハイブリッドな性格が鍵になるかもしれない。この点について詳しくは第2部第4章で論じる。

　第3に、応用編になるが、個別的・集団的自衛権の議論における、同意に基づく武力行使の位置付けについてである。一般に集団的自衛権については、その行使要件に被攻撃国の要請があることから、同意に基づく武力行使との相違が問題となる。さらに問題なのは、国家実行において、領域国の同意に加えて、当該領域に所在するテロリストに対する個別的自衛権を主張する事例や、当該領域に所在する反政府勢力への他国による支援が間接的武力攻撃であるとして集団的自衛権を主張する事例がしばしば見られることである。このような領域国の同意（要請）、自衛の文脈での非国家主体の武力行為の国家への帰属、および非国家主体に対する自衛権の関係性がいかに描かれるのかについて、武力行使禁止原則の2元的理解は、武力行使に同意を与える能力のある政府（自国領域内で一定の人間的利益を主体的に侵害していない政府）が領域国に存在するか否か、存在するとして同意を与えることを拒否するか否かに注目するという視点を提供しうる。この点について詳しくは第2部第5章で論じる。

　武力行使禁止原則の2元的理解に基づけば、同意に基づく武力行使は以上のように説明される。

Ⅲ．武力行使禁止原則の2元的理解の基盤

　さて、武力行使禁止原則の保護法益の1つとしての一定の人間的利益はどこから出てくるのであろうか。ここでは、その法的・理論的・思想的基盤を検討したい。一定の人間的利益がどのように導かれるのかを示しておくことは、これまで雑把に語ってきた「一定の」人間的利益に何が含まれるのかを、第2部で実証的に検討するときにも役に立つ。

憲章第２条４項の解釈問題として形式的に考えれば、その法的基盤は「国際連合の目的と両立しない他のいかなる方法によるものも」という明文の規定にあるといえる。この文言は、武力行使禁止の範囲を狭める目的で挿入されたものではないことは多くの論者の指摘するところであり[80]、本書もこの立場にたつ。したがって、国連の目的と両立すればいいから人権保護のための武力行使である人道的介入は許容されるという解釈は導かれない。この文言は、武力行使の禁止の包括性の強調のために挿入されたものである。ここにいう「国際連合の目的」は「国際の平和及び安全を維持すること」（第１条１項）に加え、「人民の同権及び自決の原則」（同条２項）や「人権及び基本的自由」（同条３項）を含むと解釈することができる。したがって人民の自決権や人権を侵害するような武力行使は、「国際連合の目的」と一致しないので武力行使禁止原則により禁止されると読める。このようにして、武力行使禁止原則の保護法益に人間的利益が含まれると解釈することはできるが、しかし憲章の文言からは、①それが抽象的国家利益といかなる関係にあるか、②「一定の」人間的利益としてどこまで含まれるのかは不明である。

　①抽象的国家利益といかなる関係にあるかについては、そもそも憲章制定当時は人間的視座が十分に発達していなかったことから、抽象的国家利益と人間的利益の区別がされていなかったと想定される。国際社会が超国家機関を持たず、主権国家の併存対峙という分権的な構造であるから、その保護法益は伝統的に個別国家の利益のみだったと考えられるのである。したがって人間的利益が抽象的国家利益とは区別され、抽象的国家利益は人間的利益の前提であり、また両者は両立することもあればしないこともあるという考え方、そしてそれが武力行使の文脈にも浸透しているということは、憲章制定後の国際社会の変化から導かれる。そのような変化としては、以下の、連関する３つの側面から説明される。

　第１に、序章第２節で述べたように、国際法一般における人間的視座の登場・発展である。とりわけ人権法や人道法の発展に見られるように、国籍に関わらず人間の利益・価値に着目する視点が重視されるようになった。第２に、国際法における国家主権概念の変容である。国家はなお、現在の政治秩序における基本的な単位であるが、国家そのものを自己目的化し諸国の併存分離を特徴とすると

80　Albrecht Randelzhofer and Oliver Dörr, *supra* note 74, pp. 215-217, paras. 37-41; 松井芳郎『武力行使禁止原則の歴史と現状』（日本評論社、2018年）33頁。

いった、国際法における伝統的な国家主権概念は変容しつつあり、国家は人間の保護を目的とした手段と考えられ相対化される[81]。すなわち主権国家は、自国領域に対する排他的権利と、人間的利益を保護する責任を有するのであり、前者の権利の存在の基礎付けは後者の責任の存在にある。ただし本書は、「人間的利益を保護する責任を果たしていない国家は、国家でない（国家としての存在が認められない）」と主張しているのではない。そうではなくて、「そのような国家は国家としては存在するが、本来の国家としての価値[82]を有していない」と主張している。このような「責任としての主権」という考え方は、松井が述べるように、フランス革命にさかのぼる人民主権論が含意することであり、自決権の確立に伴っていっそう根拠を強める主権理解だということができる[83]。第3に、国際法における「平和」概念の変容である。平和概念の変容は憲章第39条の「平和への脅威」概念の拡大と密接な関係性を有している。「平和への脅威」は当初は国家間に武力行使の危険が差し迫っているような事態に適用されることが想定されていたが、現実の実行では、内戦との関係で認定されてきた。これに加えて、人道法の重大な違反が「平和への脅威」になることは安保理決議からも読み取ることができる。藤田は、かつて戦争法の違反は交戦国間の関心事ないしその国家法益の侵害と考えられていたが、今日では、人道法の少なくとも基本原則に相当するものは強行規範的な性質を持ちうると考えられるから、国際共同体全体の関心事項とみなされ、かかる人道法の重大な違反は安保理によって平和に対する脅威とみなされうると説明する[84]。このような変化は、安全保障の分野への人間的視座の導入の基盤と評価できるが、もっとも、憲章第2条4項と憲章第39条の用語は同

81　寺谷は、国家はそれ自体が目的ではなく、諸個人の広い意味の幸福を確保する制度として正当化されるとする。寺谷広司『国際人権の逸脱不可能性　緊急事態が照らす法・国家・個人』（有斐閣、2003年）242頁。同様に郭は、国家は抽象的実体それ自体としての価値（内在的価値）をもつのではなく、個人主義的な価値に奉仕する限りで価値（手段的価値）を有すると述べる。郭舜「国際法の課題としての世界正義」『世界法年報』第34号（2015年）39頁。

82　ここでの「本来の国家としての価値」は、注81で引用した郭の表現でいうところの「手段的価値」である。

83　松井芳郎『前掲書』（注80）148頁。

84　藤田久一「国際人合法の機能展開─国連法との相互浸透」藤田久一・松井芳郎・坂本茂樹（編）『人権法と人道法の新世紀─竹本正幸先生追悼記念論文集』（東信堂、2001年）73頁。また、「平和」「安全」「脅威」概念の変容を論じるものとして、小森雅子『「平和に対する脅威」についての一考察』『沖縄大学法経学部紀要』第4号（2004年）53-65頁も参照。

一の広がりを持つもの（co-extensive）ではない[85]。第39条の認定は第2条4項の違反の有無によらず、第2条4項の違反が常に第39条の認定に結びつくわけではないから、人道法の重大な違反が「平和への脅威」にあたるからといって、すぐに第2条4項の違反にもなるということにはならない。それでも、安保理は「国際連合の目的」に従って行動するのであるから（第24条2項）、安保理の実行は第2条4項にいう「国際連合の目的」を解釈するときの指針になるといえる。

　以上3つの側面からの国際社会の変化の描写は、まとめると、国家利益とは区別された人間的利益の登場・発展（第1の変化）により、国家はそのような人間的利益を保護すべき存在であるとして国家主権概念が変容し（第2の変化）、その考え方が安全保障の分野にも浸透しつつある（第3の変化）ということになる。これが武力行使における国家実行に影響を与え、後に生じた慣行ないし新たな慣習法として、憲章第2条4項の解釈に影響している。国家実行の分析は第2部で行う。

　一方、②どれだけの人間的利益が「一定の」人間的利益として武力行使禁止原則の保護法益に含まれるのか否かについても、憲章の文言からは読み取れないので、国家実行から導かれることになる。この作業は第2部で行うが、ここではその前に、どのようなものが「一定の」人間的利益に含まれうるかを理論的に考えられる範囲で推測しておきたい。第1に、武力行使（侵略）の禁止以外の、強行規範[86]あるいは対世的義務[87]といわれている規範である。それぞれに何が含まれるのかは見解の一致は見られず、また強行規範と対世的義務の関係は議論のあるところであるが[88]、いかなる逸脱も許されない規範、あるいはすべての国に対し

85　Derek W. Bowett, *Self-Defence in International Law* (Manchester University Press, 1958), p. 147. なお訳語は掛江朋子『武力不行使原則の射程　人道目的の武力行使の観点から』（国際書院、2012年）110頁に倣った。

86　ILCが2022年に採択した「一般国際法の強行規範の同定と法的帰結」に関する結論草案では、別添（Annex）として、過去にILCが強行規範として参照した規範が非網羅的にリストされている。そこでは、侵略の禁止、ジェノサイドの禁止、人道に対する罪の禁止、国際人道法の基本原則、人種差別・アパルトヘイトの禁止、拷問の禁止、奴隷の禁止、自決権が挙げられている。ILC, "Draft Conclusions on Identification and Legal Consequences of Peremptory Norms of General International Law (*jus cogens*)," U. N. Doc., A/77/10, p. 89.

87　東ティモール事件で自決権が対世的な権利とされ（*East Timor (Portugal v. Austlaria) Judgment, I. C. J. Reports, 1995*, p. 102, para. 29）、ジェノサイド条約適用事件でジェノサイド禁止義務が対世的義務であるとされた（*Application of the Convention on the Prevention and Punishment of the Crime of Genocide, Preliminary Objections, Judgment, I. C. J. Reports 1996*, p. 616, para. 31）。

て負っている義務であることから、その違反は一国の同意によっては正当化されない。第2に、第1として挙げた強行規範あるいは対世的義務と共通すると思われるものの[89]、各国際人権条約に共通するデロゲートできない権利である。デロゲートできない権利は、国家が存立の危機に直面する緊急事態にあってもなお、その遵守義務を免れることのできない人権規範であり[90]、慣習法化していると言われることもある[91]。当該国家が緊急事態にあっても放棄できないはずの利益を、その同意を理由に他国が侵害することを正当化することはできないと推論される。緊急事態に関する法についての国連差別小委員会の Despouy による第8報告書では、武力行使禁止原則は明示されていないものの、デロゲートできない権利の強化と拡大という近時の重要な現象は、「単に国際人権法の領域内部のみならず、国際法の他の領域でも看取される」とされている[92]。そして第3に、国際人道法（の一部）で保護される利益である。内容に関して議論はあるものの、国際人道法の多くは慣習法化しているともいわれる[93]。本書の研究対象である内戦における政府の同意に基づく介入であれば、人道法のうち非国際的武力紛争に適用される法をみることになるが、国家の他国に対する自衛権行使の場合なら、国際的武力紛争に適用される法をみることになる。これらがどこまで武力行使禁止原則に内在化しているかは、繰り返しになるが、第2部で国家実行の分析により明らかになる。ただし、第2部で行うのは同意に基づく武力行使の事象の分析であり、武力行使禁止原則にかかわる他の事象の分析によって、「一定の」人間的利益の範囲が異なる可能性は残されている。

　以上が、武力行使禁止原則への人間的視座導入の法的・論理的・思想的基盤である。とはいえ、このように武力行使の禁止あるいは安全保障の文脈で人間的利益に着目することは決して新しいものではない。既に先行研究においては、人道

88　同一説と部分集合説がある。岩沢雄司『国際法』（東京大学出版会、2020年）21-22頁参照。

89　例えば Kolb は、「デロゲーション条項」は、断片的ではあるが、国際人権法の領域における強行規範の範囲の判断のための有用な指標を提供することができると述べる。Robert Kolb, *supra* note 60, p. 78. また、デロゲートできない権利と強行規範を同一視することの適否に関する学説を整理したものとして、寺谷広司『前掲書』（注81）216-220頁。

90　寺谷広司『前掲書』（注81）2頁。

91　同上、11頁および14頁に挙げられている論者を参照。

92　ILC, Special Rapporteur Leandro Despouy, "Eighth annual report and list of States which, since 1 January 1985, have proclaimed, extended or terminated a state of emergency: corrigendum," U. N. Doc. E/CN. 4/Sub. 2/1995/20/Corr. 1, p. 9, para. 22.

93　東澤靖『国際人道法講義』（東信堂、2021年）48-51頁。

的介入、「保護する責任」、「人間の安全保障」という概念の研究が進んでいる。以下、Ⅳ. では、これらの議論・理念と本書の提示する武力行使禁止原則の2元的理解の共通点と相違点とについて説明したい。

Ⅳ. *jus ad bellum* に関する他の議論との関連

第1に、人道的介入ないしそれの焼き直しとも言われる「保護する責任」の考え方とは、国家には自国領域国民を大規模な人権侵害から保護しなければならないという責任があるという点、およびそういった人間的利益が武力行使禁止原則に埋め込まれているという点は、本書の共有するところである。しかしながら、一義的にその責任のある領域国が住民を保護しない（できない）場合には、国際社会の責任となり一方的な武力行使が正当化されるということは、武力行使禁止原則の2元的理解からは導出されない。武力という手段の性格から、相対的高次性を有する抽象的国家利益の一方的な侵害が必然であり、そのことはかえって抽象的国家利益の存在理由たる人間的利益の侵害を引き起こす可能性があるので、まずは抽象的国家利益の放棄として領域国の同意を求めることが必要であるというのが、本書の立場である。同意がなくても武力による一方的な介入が合法となるケースがあるどうか、つまり一定の人間的利益の侵害を伴わないかたちで抽象的国家利益を一方的に侵害できるかどうか、あるいは人道的介入は「違法だが正当」であるかどうかは、本書の射程外の問題である。

第2に、「人間の安全保障」とは、安全保障の問題に国家中心の視点からではなく、人間中心の視点から対処していくことを目的とする政治的ないし政策的概念である。「人間の安全保障」は「保護する責任」とは異なる概念であり、必ずしも武力行使の文脈でのみ語られるものではなく、また「国家の安全保障」を代替ないし克服するものではなく、主権尊重・内政不干渉が強調されている[94]。本書は、安全保障において人間に着目する点、そして「人間の安全保障」は従来の「国家の安全保障」と相互補完の関係にある[95]とする点では「人間の安全保障」

94　2012年に採択された「人間の安全保障」に関する国連総会決議は以下を参照。U. N. Doc. A/RES/66/290. 他にも、以下の各論考を参照。松隈潤『地球共同体の国際法』（国際書院、2018年）126頁；星野俊也「『平和強制』の合法性と正当性—『集団的人間安全保障』の制度化を目指して—」『国際法外交雑誌』第101巻第1号（2002年）77-100頁。なお星野は人道的介入に肯定的である点で筆者の立場と異なる。

と類似するが、以下の諸点につき説明を加えたい。まず、本書は「国家の安全保障」と「人間の安全保障」は相互補完の関係にあるということを超えて、「国家の安全保障」は「人間の安全保障」のためになされるとする。それゆえに一定の人間的利益は武力行使禁止原則そのものに内在化され、いかなる場合にも逸脱を認めない。次に、「人間の安全保障」概念における保護利益の保護主体は国家のみならず、市民団体、NGO（非政府団体）、NPO（非営利団体）と多様である[96]が、本書の主張する人間的利益の保護主体は国家である。さらに、「人間の安全保障」概念の想定する保護利益はかなり広いが、本書が武力行使禁止原則に含まれていると主張する「一定の」人間的利益は、その一部に過ぎない。

　このように、これまで武力行使の禁止あるいは安全保障の文脈で論じられてきた人間的利益に着目する議論・理念と、本書の提示する武力行使禁止原則の2元的理解は、似て非なるものである。

　最後に、関連する議論として、*jus ad bellum* と *jus in bello*（国際人道法）の関係性の問題に触れておきたい。序章第2節Ⅰ.で触れたように、国際人道法は個人の利益の保護を拡充するかたちで発展してきたが、その中で、武力紛争中に *jus ad bellum* が継続的に適用されるという考えが提唱されてきた[97]。これは、*jus ad bellum* 上合法な武力行使であるかどうかを、武力紛争中の行為が *jus in bello* 上合法かどうかに拠らしめるというものであり、特に自衛権との関連で議論されてきた[98]。国際人道法で保護されている人間的利益を武力行使禁止原則にも読み込むという本書の理解は、このような *jus ad bellum* の継続適用説と共鳴

95　長有紀枝『入門 人間の安全保障―恐怖と欠乏からの自由を求めて―』（中央公論新社、増補版、2021年）99-100頁。

96　中山雅司「『人間の安全保障』と『武力行使』の交錯（1）―国連体制の試練の時代における国際平和法秩序の模索―」『創価法学』第34巻第1号（2004年）10頁；同「『人間の安全保障』と『武力行使』の交錯（2）―国連体制の試練の時代における国際平和法秩序の模索―」『創価法学』第35巻第1号（2005年）84-85頁。

97　Christopher Greenwood, "The Relationship Between *Jus ad Bellum* and *Jus in Bello*," in Judith Gardam（ed.）, *Humanitarian Law*（Ashgate, 1983）, pp. 49-62; Gal Cohen, "Mixing Oil and Water? The Interaction Between *Jus ad Bellum* and *Jus in Bello* During Armed Conflicts," *Journal on the Use of Force and International Law*, Vol. 9, Issue. 2（2022）, pp. 352-390. また *jus ad bellum* と *jus in bello* は同時に適用されるがなお区別は維持されるべきとするものとして、Eliav Lieblich, "On the Continuous and Concurrent Application of *ad Bellum* and *in Bello* Proportionality," in Claus Kress and Robert Lawless（eds.）, *Necessity and Proportionality in International Peace and Security Law*（Oxford University Press, 2021）, pp. 41-76.

するものである。

___

98　真山全「自衛権行使と武力紛争法」村瀬信也（編）『自衛権の現代的展開』（東信堂、2007
　　年）214-215頁。

第2部　同意に基づく武力行使の実践

第2部は、同意に基づく武力行使の実践を各論的に論じる。第1部で提唱した武力行使禁止原則の2元的理解に基づき、各論的問題への回答を提示する。武力行使禁止原則の保護法益である抽象的国家利益を放棄する同意は、同原則のもう1つの保護法益である人間的利益との関係で、どのような要件のもと作用するのであろうか。武力行使禁止原則の2元的理解により導かれる要件は、国家実行によって裏づけられるだろうか。人間的視座はハイポリティクスな安全保障の分野に、どれほど浸透しているのだろうか。

このような観点から、ここでは同意に基づく武力行使の実践上の諸問題を、同意に基づく武力行使が正当化されるための実体的要件（第3章）と手続的要件（第4章）とに分けて検討する。ここで明らかにされる実体的・手続的諸要件をすべて満たせば、同意に基づく武力行使は武力行使禁止原則上適法なものとして評価される。さらに応用編として、同意に基づく武力行使の現代的意義を探るために、自衛権の議論における同意に基づく武力行使の位置付け（第5章）を検討する。

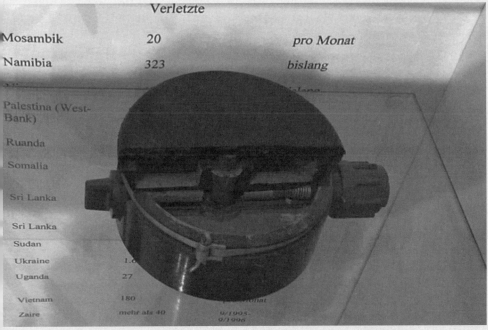

1945年以降、ソ連-ドイツ国境に埋設されたソ連製の対人地雷 PMN
（ベルリン反戦博物館にて筆者撮影）
2012年、シリア政府はトルコやレバノンとの国境に、同じ地雷を埋設したと報告されている[1]。

第3章　同意に基づく武力行使の実体的要件

第1節　学説の議論状況の整理
第2節　実行の分析
第3節　実行に照らした諸説の評価
第4節　武力行使禁止原則の2元的理解に基づく説明

94 第3章　同意に基づく武力行使の実体的要件

　本章では、同意に基づく武力行使が正当化されるための実体的要件を検討する。第1部で提唱した武力行使禁止原則の2元的理解によれば、武力行使禁止原則の保護法益のうち国家の同意によって侵害が正当化されうるのは、抽象的国家利益である。もう1つの保護法益である一定の人間的利益については、国家によって放棄され得ず、国家の同意によって侵害を正当化することはできない。つまり武力行使禁止原則の2元的理解からの要請としては、同意に基づく武力行使が正当化されるには、「領域国政府からの同意が、抽象的国家利益のみの放棄であり一定の人間的利益の侵害を意図したものではないこと」、「領域国政府からの同意に基づいて武力行使をする国家が、当該領域国の抽象的国家利益のみを侵害しており一定の人間的利益を侵害するものではないこと」が必要である[2]。

　同意に基づく武力行使の既存の正当化理論（違法性阻却説と武力行使禁止原則不適用説）については第1章で論じたが、既存の理論は、武力行使禁止原則の保護法益を抽象的国家利益と一定の人間的利益の2つに因数分解していない。先行研究はそのような理論のもと、正当化理論とは別個のものとして（関連性を持たせずに）、同意に基づく武力行使が正当化されるための実体的要件を論じてきた。よくある問題設定は、「領域国が内戦に陥っている場合にも同意に基づき武力行使することは適法か」、「いかなる政府が他国による自国領域での武力行使に同意を与える能力があるのか」といったものである。そこで提唱される見解の中には、後に紹介する実効的保護説[3]のように、人間的利益に焦点を当てたものもある。本章で行う検討により、この実効的保護説は、国家実行の分析からも武力行使禁止原則の2元的理解からも支持されることが示される。

　本書の掲げる武力行使禁止原則の2元的理解は、そのように先行研究では別個に論じられてきた同意に基づく武力行使の正当化理論と実体的要件を、統一的・整合的に論ずることを可能にする。結論を先に示せば、本書が提示する実体的要件は、①同意時において、領域国政府が自国内で一定の人間的利益を主体的に侵害していないことと、②同意に基づき武力行使する際において、武力行使国が領

1　Human Right Watch, "Syria: Army Planting Banned Landmines - Witnesses Describe Troops Placing Mines Near Turkey, Lebanon Borders," at https://www.hrw.org/news/2012/03/13/syria-army-planting-banned-landmines (as of 20 June 2024).

2　ここでは、同意を与える主体が国際法平面における「国家」であり「政府」でなければならないことを所与のものとして論じているが、詳細は第4章「同意に基づく武力行使の手続的要件」で手続の要件として検討する。

3　第3章第1節Ⅳ.「実効的保護説」を参照。

域国で一定の人間的利益を侵害しないことである。

　しかし本書独自の理論的認識枠組から実体的要件を導く前に、ここではまず、実体的要件を正当化理論と関連させずに検討してきた先行研究を整理・分析する（第1節）。続いて、領域国内の状況が内戦に至らない場合と内戦が発生している場合とに分けて、国家実行を分析する（第2節）。これらの国家実行に照らして、第1節で整理した諸説の妥当性を評価する。結果、国家実行を整合的に説明できる可能性が比較的高いのは、中でも実効的保護説であることが確認される（第3節）。理論的にも、本書の提唱する武力行使禁止原則の2元的理解によれば実効的保護説が妥当するのであり、武力行使禁止原則の2元的理解は既存の実効的保護説に理論的根拠を与えることを示す。最後に、この実効的保護説によって満たされるのは上記①の要件であり、これに加えて②の要件も加えられるべきであることを論じる（第4節）。

第1節　学説の議論状況の整理

　実体的要件についての先行研究は、「領域国が内戦に陥っている場合に同意に基づき武力行使することは適法か」や「いかなる政府が他国による自国領域での武力行使に同意を与える能力があるのか」といった問題を設定し、論じてきた。ここでは、これらの問題に対して先行研究で主張されてきた諸説を4つに整理し、分析する。第1に、自決権の侵害になることを理由として、内戦下ではいかなる政府も同意能力（consent power）を有さないし、他国は介入してはならないとする内戦不介入説である（I.）。第2に、内戦の発生の有無を問わず、領土を実効的に支配している政府が同意能力を有するとする実効的支配説である（II.）。第3に、内戦の発生の有無を問わず、自由で公正な選挙で選出されたなどの民主的に正統な政府が同意能力を有するとする民主的正統性説である（III.）。第4に、内戦の発生の有無を問わず、自国領域国内の人々を実効的に保護している政府が同意能力を有するとする実効的保護説である（IV.）。

I．内戦不介入説

　冷戦時代には、米国とソ連が第3国の紛争に介入し代理戦争を繰り広げることが多々あった。旧植民地勢力と冷戦の敵対勢力による継続的な干渉は、政治の方

向性を選択する能力を国民から奪っていた。内戦不介入説はこの現実を是正するために誕生した見解である[4]。学説上は、消極的平等主義（negative equality）[5]や厳格な自制主義（strict abstentionism）[6]と呼ばれることもある。すなわちこの見解は、国内紛争が内戦に発展すれば、当該領域政府は他国に軍事介入を要請することはできないし、第3国は要請を受けても介入してはならないことを意味する。内戦下での同意に基づく武力行使を禁止することは、国民が代表政府を選択する機会を保護するものであり、「内政の質よりも外部からの干渉がないこと」[7]を重視するものである。このように内戦不介入説には、人民の自決権を尊重し、また紛争のさらなるエスカレーションを防ぎ、内戦の国際化を制限するという意図がある。IDIは1975年の「内戦における不介入の原則」に関する決議でこの立場に立っており、「第3国は、他国の領域で行われている内戦の当事者に援助を与えることを控えるものとする」（第2条1項）としている[8]。同様に1986年の英国外交政策文書は、「いかなる形態の干渉や援助も、内戦が発生し、国家の領土に対する支配権が紛争当事者の間で分割されている場合には（省略）禁止される」[9]（括弧内筆

---

4 この時代の主な論者として、Louise Doswald-Beck, "The Legal Validity of Military Intervention by Invitation of the Government," *British Yearbook of International Law*, Vol. 56, Issue. 1 (1985), pp. 195-196; Ian Brownlie, *International Law and the Use of Force by States* (Oxford University Press, 1963), p. 327; Oscar Schachter, "International Law in Theory and Practice," *Recueil des Cours, Académie de Droit International*, Vol. 178 (1982), p. 160; Rein Mullerson, "Intervention by Invitation," in Lori Fisler Damrosch and David J. Scheffer (eds), *Law and Force in the New International Order* (Westview Press, 1991), p. 132. 冷戦終焉後の論者として、Tom Ruys and Luca Ferro, "Weathering the Storm: Legality and Legal Implications of the Saudi-led Military Intervention in Yemen," *International & Comparative Law Quarterly*, Vol. 65, Issue. 1 (2016), pp. 86-89; Luca Ferro, "The Doctrine of 'Negative Equality' and the Silent Majority of States," *Journal on the Use of Force and International Law*, Vol. 8, No. 1 (2021), pp. 4-33.

5 「消極的平等」という文言は2008年ジョージア紛争に関する独立国際事実調査団（IFFMCG）の報告書において初めて使用された。"Report of the Independent International Fact-Finding Mission on the Conflict in Georgia," Vol. II, chapter. 6 (25 September 2009), p. 278, at https://www.mpil.de/files/pdf4/IIFFMCG_Volume_II1.pdf (as of 30 June 2024).

6 「厳格な自制主義（strict abstentionism）」は、Eliav Lieblich による造語である。Eliav Lieblich, *International Law and Civil Wars: Intervention and Consent* (Routledge, 2013), pp. 130-138.

7 Louise Doswald-Beck, *supra* note 4, p. 207.

8 IDI Wiesbaden Resolution on "The Principle of Non-Intervention in Civil Wars" (1975).

9 "UK Foreign Policy Document No. 148," *British Yearbook of International Law*, Vol. 57, (1986), p. 614, Part II. 7.

者）としている。このような内戦不介入説の根拠となったのは、1965年から1981年にかけて可決された一連の総会決議である[10]。これらの決議はいずれも、内戦への干渉を含む国家の内政への介入の禁止を明記している。中でも1970年の友好関係宣言は、こうした不干渉原則を自決権に結びつけたものとして有名である。

　他方で、内戦不介入説の論者は内戦不介入を原則として、内戦への実際の干渉でない場合および自決権を侵害しない場合は介入が正当化されるとして、いくつかの例外を認めている。そのような例外の1つは、対抗介入（counter-intervention）である。これは、他国がすでに領域国の反政府勢力に軍事支援を提供している場合、領域国政府は第3国に軍事援助を要請できるというものである。他国による反政府勢力への軍事支援により、領域国の人民の自決権は既に侵害されているので、領域国政府はバランスを回復するために第3国の援助を求めることは合理的であるという論理である[11]。上述したIDIの1975年の「内戦における不介入の原則」に関する決議でも、以下のように対抗介入が認められている。

　　前述の諸規定に違反して内戦中に介入が行われたと認められる場合には、第3国は、国際連合が規定し、許可し又は勧告する措置に従って、憲章及び他の関連する国際法規則に従う場合に限り、相手方当事者に援助を与えることができる[12]。

同様に、上述した1986年の英国外交政策文書も、スペイン内戦やアンゴラの事例を挙げて、「一方の当事者に有利な外部からの干渉が、他方当事者に有利な対抗介入を引き起こすことは広く認められている」としている[13]。もっとも、他国による領域国の反政府勢力への軍事支援が当該他国による「武力攻撃」と認められれば、それに対抗するための領域国政府による第3国への援助要請は、集団的自衛権の要請となる。しかしここでいう対抗介入とは、他国による領域国の反政府勢力への軍事支援が「武力攻撃」までは達しなくても、第3国が領域国政府に介

10　U. N. Doc. A/RES/2131 (XX); U. N. Doc. A/RES/36/103; U. N. Doc. A/RES/2625 (XXV).

11　Christine Gray, *International Law and the Use of Force* (Oxford University Press, 4th ed., 2018), pp. 95-100, Antonio Tanca, *Foreign Armed Intervention in Internal Conflict* (Martinus Nijhoff, 1993), p. 99; David Wippman, "Military Intervention, Regional Organizations and Host-State Consent," *Duke Journal of Comparative and International Law*, Vol. 7 (1996), p. 220.

12　IDI Wiesbaden Resolution, *supra* note 8, Art. 5.

13　"UK Foreign Policy Document No. 148," *supra* note 9.

入することが可能となるものである。

内戦不介入説の論者が認めるもう1つの例外は、対テロ介入である。政府に不満を持つ市民の一部を代表する反政府勢力とは異なり、テロリストは自決権の享有主体である「人民」とはみなされない[14]。したがってテロリズムに対処するために他国に軍事介入を要請することは、内戦下であっても人民の自決権に影響を与えるものではなく、むしろ「国際の平和と安全に対する最も深刻な脅威の1つ」[15]と戦うためのものであるとして正当化される[16]。

以上が内戦不介入説の概観であるが、続いて内戦不介入説への批判を見てみたい。最も多い批判は、冷戦時代に誕生した内戦不介入説はそもそも当時の国家実行とは乖離した *lex ferenda*（在るべき法）であるというものである[17]。多くの論者が指摘するように、内戦への介入を禁止する方向で解釈できる国家実行は、ほとんど見当たらない[18]。また、IDIの1975年の「内戦における不介入の原則」に関する決議に何度か言及したが、同じく同意に基づく武力行使を取り上げた2009年のIDI特別報告者であるHafnerは、「（1975年の）決議が *lex lata*（在る法）を反映しているか、*lex ferenda*（在るべき法）を提案しているかについては確かでない」[19]（括弧内筆者）と述べている。確かに1975年のIDI決議の投票結果を見ても、

14　Gabor Kajtar, "The Use of Force Against ISIL in Iraq and Syria -A Legal Battlefield," *Wisconsin International Law Journal*, Vol. 34, No. 3 (2017), p. 563.

15　U. N. Doc. S/RES/2133 (2014), p. 1.

16　Benjamin Nußberger, "Military Strikes in Yemen in 2015: Intervention by Invitation and Self-Defence in the Course of Yemen's 'Model Transitional Process'," *Journal on the Use of Force and International Law*, Vol. 4, Issue. 1 (2017), pp. 135-136; Tom Ruys and Luca ferro, *supra* note 4, p. 90.

17　Antonello Tancredi, "A 'Principle-Based' Approach to Intervention by Invitation in Civil Wars," *Zeitschrift für ausländisches öffentliches Recht und Völkerrecht*, Vol. 79, No. 3 (2019), p. 662; Gregory H. Fox, "Intervention by Invitation," in Marc Weller (ed.) *The Oxford Handbook of the Use of Force in International Law* (Oxford University Press, 2015), pp. 827-829; Gregory H. Fox, "Invitations to Intervene after the Cold War Towards a New Collective Model," in Dino Kritsiotis, Olivier Corten and Gregory H. Fox (eds.), *Armed Intervention and Consent* (Cambridge University Press, 2023), pp. 250-257.

18　Erika de Wet, *Military Assistance on Request and the Use of Force* (Oxford University Press, 2020), pp. 123-124.

19　IDI, Session of Naples, "Problèmes actuels du recours à la force en droit international Sous-groupe: Intervention sur invitation / Present Problems of the Use of Force in International Law Sub-group: Intervention by Invitation," (Rapporteur: Gerhard Hafner), *Annuaire de l'Institut de droit international*, Vol. 73 (2009), p. 303.

賛成16名、反対 6 名、棄権16名で採択されている。Nolte は IDI でなされた議論を踏まえて、IDI での委員間の見解の不一致のため、「1975年の決議は現行法の解明につながらなかった」と結論付けている[20]。ところが2011年の IDI 決議は、委員間の分裂により会議が事実上麻痺状態に陥ったため、内戦への介入の問題にさえ触れていない。上で引用したニカラグア事件判決でも、ICJ は政府の要請によって他国による武力行使は許容されうるとしているが、当時ニカラグアでは内戦が発生していたのであり、（明記はされていないものの）ICJ は内戦でも領域国の同意に基づく武力行使が認められうるとの見解であったかもしれない[21]。

内戦不介入説への理論面への批判は、次の 2 点が挙げられる。第 1 に、自決権の侵害が問題になるのは内戦の場合に限られない[22]。例えば、2011年の「要請に基づく軍事援助」に関する IDI 決議は、内戦に至らない状況のみを対象にするものであるが、第 3 条 2 項で「軍事援助は、それが（省略）人民の自決権に反するものである場合は禁止される」（括弧内筆者）としている。これは、内戦に至らない状況でも自決権が侵害され、外部からの支援が違法になる可能性があることを示していると解しうる[23]。逆に、内戦下であってもすべての内戦当事者が自決のために活動しているとは限らない。第 2 に、内戦不介入説が保護しようとしている自決権の解釈は、冷戦後の自決権の解釈とそぐわない。すなわち、内戦不介入

20　Georg Nolte, "The Resolution of the Institut de Droit International on Military Assistance on Request," *Revue Belge de Droit International*, Vol. 45, Numéro, 1 (2012), pp. 243.

21　同様の指摘をする者として、Gregory H. Fox (2023), *supra* note 17, pp. 194-195.

22　Chiara Redaelli, *Intervention in Civil Wars: Effectiveness, Legitimacy, and Human Rights* (Hart Publishing, 2021), p. 96; Dapo Akande and Zachary Vermeer, "The Airstrikes against Islamic State in Iraq and Alleged Prohibition on Military Assistance to Governments in Civil Wars," *EJIL: Talk!* (2 February 2015), at https://www.ejiltalk.org/the-airstrikes-against-islamic-state-in-iraq-and-the-alleged-prohibition-on-military-assistance-to-governments-in-civil-wars/ (as of 30 June 2024); Patrick Butchard, "Territorial Integrity, Political Independence, and Consent: The Limitations of Military Assistance on Request Under the Prohibition of Force," *Journal on the Use of Force and International Law*, Vol. 7, Issue. 1 (2020), p. 63; Anne Peters, "Introduction: Principle and Practice of Armed Intervention and Consent" in Dino Kritsiotis, Olivier Corten and Gregory H. Fox (eds.), *supra* note 17, p. 14.

23　実際に特別報告者の Hafner はそのように述べていた。IDI Session of Rhodes, "Problèmes actuels du recours à la force en droit international Sous-groupe: Intervention sur invitation/Present Problems of the Use of Force in International Law Sub-group: Intervention by Invitation," (Rapporteur: Gerhard Hafner), *Annuaire de l'Institut de droit international*, Vol. 74 (2011) [hereinafter IDI Session of Rhodes], p. 245, para. 144.

説の考え方は、領土に対する実効的支配が主権の唯一の源であるという考えに根ざしており[24]、反政府勢力の影響により政府が一定の実効的支配を失えば内戦が発生したとされ、外国による介入が禁止される。そこで保護される自決権は、人民による政府の選択の方法よりも政府の選択の機会を保護するものであり、したがって人民が非民主的な方法で政府を選択しても、正当な選択となりうる[25]。しかしながらこのような理解は、自由で公正な選挙を重視する現代国際法にはそぐわない[26]。冷戦が幕を下ろし脱植民地化された世界において、自決権は、植民地の独立を達成することに主眼を置いたものから、何らかの形で民主的な審議や政治的参加を意味するものへと変化しているのである[27]。

内戦不介入説への実践面への批判は、次の3点が挙げられる。第1に、単なる国内の暴動、緊張および騒乱と、内戦との間の区別は曖昧である[28]。それらの間の正確な線引きは、ジュネーブ条約第2追加議定書第1条によっても明確には定まらない[29]。さらに、国家は通常、自国内での内戦の存在を否定しようとするので[30]、なおのこと内戦の存在を判断するのは簡単ではない。第2に、内戦不介入説の例外である対抗介入に関して、反政府勢力への他国による軍事支援があったことの主張が事実に基づくものであるか、政府によって捏造されているかを検証することは非常に難しい。実際に反政府勢力への他国による軍事支援があったとして、対抗介入が認められるためにはそれがどの程度の支援である必要があるのかも理論上定まっていない[31]。さらに対抗介入において領域国政府に提供される軍事支援の範囲は、反政府勢力が受けた他国からの支援に比例しなければならないが、実際には、反政府勢力への他国による軍事支援の範囲は明確にされない。このように対抗介入の論理の濫用の危険性が高いことは、多くの論者によって指摘されている[32]。第3に、内戦不介入説のもう1つの例外である対テロ介入に関して、一般に認められたテロリズムの定義は存在せず、領域国政府はすべての反

24　Eliav Lieblich, *supra* note 6, p. 131.

25　Eliav Lieblich, "Why Can't We Agree on When Governments Can Consent to External Intervention? A Theoretical Inquiry," *Journal on the Use of Force and International Law*, Vol. 7, Issue. 1 (2020), pp. 20-21.

26　Gregory H. Fox (2023), *supra* note 17, pp. 257-258.

27　Eliav Lieblich, *supra* note 6, p. 138

28　Erika de Wet, *supra* note 18, p. 81.

29　Gregory H. Fox (2015), *supra* note 17, pp. 827-828.

30　Christine Gray, *supra* note 11, pp. 85-86; Anne Peters, *supra* note 22, p. 14.

31　Tom Ruys and Luca Ferro, *supra* note 4, p. 93.

政府勢力をテロリストと認定する可能性がある[33]。このように対テロリズムのための介入も、その濫用の危険性が高いことは多くの論者によって指摘されている[34]。

　近年に提唱されたもので、内戦不介入説の精緻化を試みた理論として、目的に基づくアプローチ（purpose-based approach）という見解も提唱されている。この見解は、内戦不介入を原則としつつ、武力行使が内戦の一方当事者の利益のためになされるものではなく、内戦の結果に影響を与えない他の目的を追求するものであれば、内戦不介入原則に違反することにはならないというものである。代表的な論者はChristakisとBannelierであり、「外国の軍事行動の目的という基準は決定的であり、介入の目的が要請した政府に有利なかたちで専ら国内の政治的紛争を解決することである場合には、原則として違法とみなされる」とする[35]。2011年の「要請に基づく軍事援助」に関するIDI決議は、内戦に至らない状況のみを対象にするものであるが、「軍事支援の目的（objective）は、要請国が人権と基本的自由を十分に尊重した上で、自国の領域内で非国家主体または個人と闘うことを支援することである」（第2条2項）としており、目的に基づくアプローチはこの線に沿って提唱されている[36]。また「目的」という言葉こそ使用していないものの、2011年のIDI決議の起草過程の議論においては、Vukasのように、領域国政府が他国の武力行使を要請する理由が重要であって、有効に同意を与え

32　Erika de Wet, *supra* note 18, pp. 121-123; Erika de Wet, "The（im）permissibility of military assistance on request during a civil war," *Journal on the Use of Force and International Law*, Vol. 7, Issue. 1（2020）, pp. 33-34; Tom Ruys, "Of Arms, Funding and 'Nonlethal Assistance' - Issues Surrounding Third-State Intervention in the Syrian Civil War," *Chinese Journal of International Law*, Vol. 13（2014）, pp. 46-47; Tom Ruys and Luca Ferro, *supra* note 4, pp. 93-94; Christine Gray, *supra* note 11, p. 92; Gregory H. Fox（2015）, *supra* note 17, pp. 830-831; Dino Kritsiotis, "Intervention and the Problematisation of Consent," in Dino Kritsiotis, Olivier Corten and Gregory H. Fox（eds.）, *supra* note 17, p. 85.

33　Erika de Wet, *supra* note 18, p. 120; Patrick Butchard, *supra* note 22, p. 63.

34　Erika de Wet, *supra* note 18, pp. 120-121; Erika de Wet, "The（im）permissibility of military assistance on request during a civil war," *supra* note 32, pp. 31-32; Christine Gray, *supra* note 11, p. 92. 一方、このような問題を認識しつつも、安保理の制裁対象者リストの有用性を指摘する者として、Gregory H. Fox（2023）, *supra* note 17, pp. 210-211.

35　Karine Bannelier and Théodore Christakis, "Under the UN Security Council's Watchful Eyes: Military Intervention by Invitation in the Malian Conflict," *Leiden Journal of International Law*, Vol. 26, Issue. 4（2013）, p. 860. 他に以下の論者も参照。Alexander Wentker, "Purpose-Based Regulation of Consent to Non-Forcible Operations," *Zeitschrift für ausländisches öffentliches Recht und Völkerrecht*, Vol. 79, No. 3（2019）, pp. 671-676.

られる政府を判断する基準は特にないという見解を示す委員も少数ながら存在した[37]。このような目的に基づくアプローチにおいて、武力行使が正当化される目的として挙げられるのは、在外自国民の保護[38]、越境攻撃を行う反政府勢力への対応[39]、そして対テロ介入[40]などである。確かに、内戦であっても政府の要請に応じて介入する政府は、これらの崇高な目的を持ち出すことが多い。

　しかしながら、目的に基づくアプローチに対しても多数の批判が向けられている。第1に、目的に基づくアプローチの論者は「目的」の定義を示していないが、介入国が公式に宣言した軍事行動の目標を意味しているのであれば、現実的に軍事介入が非合法となりうる状況を想像するのは難しい。すなわち、他国に軍事介入する国家が、その行為が人民の自決権やその他の国際法の基本的規範に反するものであると公然と宣言することはあり得ない[41]。介入国は、現時点で合法あるいは正当なものとして受け入れられている目的のいずれかを主張する可能性が高いのである。したがって濫用の可能性が非常に高い[42]。第2に、公言された目的は法的な主張ではなく単に政治的な発言である可能性がある[43]。すなわち、国家が他国の領土に介入する際に一定の理由を述べるのは、目的に基づくアプローチ

36　Théodore Christakis and Karine Bannelier, "*Volenti non fit injuria*? Les effets du consentement à l'intervention militaire," *Annuaire français de droit international*, Vol. 50 (2004), pp. 119-120; Karine Bannelier, "Military Interventions Against ISIL in Iraq, Syria and Libya and the Legal Basis of Consent," *Leiden Journal of International Law*, Vol. 29, Issue. 3 (2016), pp. 743-775.

37　IDI Session of Rhodes, *supra* note 23, p. 273. Vukas によれば、武力行使に同意を与えるために唯一必要な条件は、介入をすることによって国内情勢が悪化することなく基本的人権の違反を止めることができるという蓋然性であるということにもなる。

38　Théodore Christakis and Karine Bannelier, *supra* note 36, pp. 121-124.

39　*Ibid.*, p. 126; Olivier Corten, *The Law Against War: The Prohibition on the Use of Force in Contemporary International Law* (Hart Publishing, 2nd ed., 2021), p. 297.

40　Théodore Christakis and Karine Bannelier, *supra* note 36, pp. 124-126.

41　Veronika Bílková, "Reflections on the Purpose-Based Approach," *Zeitschrift für ausländisches öffentliches Recht und Völkerrecht*, Vol. 79, No. 3 (2019), p. 681.

42　Christine Gray, *supra* note 11, p. 118; Gregory H. Fox (2015), *supra* note 17, p. 839; Olivier Corten, "Is an Intervention at the Request of a Government Always Allowed? From a 'Purpose-Based Approach' to the Respect to Self-Determination," *Zeitschrift für ausländisches öffentliches Recht und Völkerrecht*, Vol. 79, No. 3 (2019), pp. 677-678; Anne Peters, *supra* note 22, p. 16; Christian Marxsen, "Conclusion: Half-Hearted Multilateralisation of a Unilateral Doctrine," in Dino Kritsiotis, Olivier Corten and Gregory H. Fox (eds.), *supra* note 17, pp. 323-324.

の遵守を反映しているというよりも、介入の法的根拠が不明確であること、介入の正当性に対する懸念、および介入が政府の同意の範囲内に留まっていることを示す努力、などに起因しているのではないかということである[44]。

このように内戦不介入説、およびそれから派生した目的に基づくアプローチは、原則として内戦が発生していれば領域国政府は他国による武力行使に同意する能力がないし、他国も介入してはならないとするものである。一方、次に述べる実効的支配説（Ⅱ.）、民主的正統性説（Ⅲ.）および実効的保護説（Ⅳ.）は、内戦の発生の有無を問わず、一定の条件のもとで政府の同意能力を認めている。

Ⅱ．実効的支配説

実効的支配説は、内戦の発生の有無を問わず、領域国政府がその領域を実効的に支配していれば、他国による自国領域における武力行使に同意する能力があるとする。伝統的に、領域に対する実効的支配は、国家を代表して行動できる権限を決定する主な要因であった。Lo Giacco は実効的支配の考え方の起源を辿るにあたり、1923年のティノコ事件仲裁判決や1926年のホプキンス事件仲裁判決を挙げている[45]。ティノコ事件仲裁判決では、新政府の成立は実効的支配の確立により客観的に決定されると判示された[46]。同様にホプキンス事件仲裁判決では、クーデターによって政権を獲得した政府が行った行為は、同政府が領土の大部分と国民の大部分を実際に支配している場合には、国家を法的に拘束すると判断された[47]。これらの諸事例は政府承認に関するものであるが、それ以来多くの論者

---

43 Erika de Wet, *supra* note 18, pp. 120-121.

44 Veronika Bilková, *supra* note 41, p. 682. 他に、Corten は目的という主観的な意図を立証する事の難しさを指摘し、より客観的な基準として軍事介入の「客体と効果（objects and effects）」（とりわけ自決権の侵害の有無）に着目する事が望ましいとした上で、それを判断するにあたっては安保理の役割に着目する。Olivier Corten, "Intervention by Invitation: The Expanding Role of the UN Security Council," in Dino Kritsiotis, Olivier Corten and Gregory H. Fox（eds.）, *supra* note 17, pp. 106-107, 172-178.

45 Letizia Lo Giacco, "'Intervention by Invitation' and the Construction of the Authority of the *Effective Control* Test in Legal Argumentation," *Zeitschrift für ausländisches öffentliches Recht und Völkerrecht,* Vol. 79, No. 3（2019）, pp. 664-665.

46 *The Tinoco Arbitration（Great Britain v Costa Rica）*（1923）, *Reports of International Arbitral Awards,* Vol. 1, pp. 378-381.

47 *George W. Hopkins（U. S. A.）v. United Mexican States,* Reports of International Arbitral Awards, 31.3.1926, Vol. Ⅳ, p. 45.

が、領土を実効的に支配する政府のみが国家を代表して行動することができ、したがって外部からの軍事介入に対する有効な同意を表明することができると考えてきた[48]。国際法は伝統的には国家がいかなる統治体制を採用するかに対して中立的であり、政府の同意に基づいて当該領域に軍事介入できるか否かの問題も、当該政府がその領域に実効的支配を確立しているか否かによって決定されたのである[49]。Fox は、「ある政権が実効支配しているかどうかは、伝統的に承認のルールにおける最も重要な要素であったので、この考え方が *jus ad bellum* のこの側面に全面的に取り入れられたことは驚くには当たらない」と述べる[50]。

このような実効的支配説を支持する最近の論者としては、Tanca が、要請を与えた政府の正統性を評価するための一般的に受け入れられている基準は実効性の他には存在しないと主張している[51]。Zamani と Nikouei も、「単純で緻密でないように見えるが、実効的支配のテストは何十年もの間、政府の基本的な有効性を判断する数少ない基準の1つとなっている」とし、それは冷戦後の時代もなお維持されているとする[52]。実際の判断にあたっては、代表政府と認められるには、領域のすべてでないにしてもほとんどを支配していることが求められ、最低でも首都と国家の諸機関を支配していることが必要とされる[53]。また、代表政府とみなされるための実効的支配は一定期間必要であり、短期間である場合は実効性を確立するのに十分ではないとする見解もある[54]。なお上で述べた内戦不介入説において内戦の存在を判断する際に実効的支配の喪失をその基準とするのであれば、内戦不介入説と実効的支配説には重なる部分があるともいえよう。いずれにしてもこのような実効的支配基準は事実に基づく基準であり、政治的な思惑を排除し

48　Letizia Lo Giacco, *supra* note 45, p. 665.

49　Gregory H. Fox（2015）, *supra* note 17, p. 817; David Wippman, "Pro-Democratic Intervention by Invitation," in Gregory H. Fox and Brad R. Roth（eds）, *Democratic Governance and International Law*（Cambridge University Press, 2000）, pp. 297-298; Louise Doswald-Beck, *supra* note 4, pp. 189-190; Christopher J. Le Mon, "Unilateral Intervention by Invitation in Civil Wars: The Effective Control Test Tested," *International Law and Politics*, Vol. 35（2003）, pp. 745-746; Erika de Wet, *supra* note 18, pp. 31-33.

50　Gregory H. Fox（2015）, *supra* note 17, p. 833.

51　Antonio Tanca, *supra* note 11, p. 48.

52　Masoud Zamani and Majid Nikouei, "Intervention by Invitation, Collective Self-defence and the Enigma of Effective Control," *Chinese Journal of International Law*, Vol. 16（2017）, pp. 693-694.

53　Erika de Wet, *supra* note 18, p. 32.

54　IDI Session of Rhodes, *supra* note 23, pp. 229-230.

客観的に判断できる点で優れている。

　他方、実効的支配説にも批判があり、実効的支配を獲得した方法については評価しないため、法の支配と対置されるところの力の支配と結びつくと非難される[55]。また実効的支配説によると、政府が反政府勢力によって実効的支配を失い国外退去を強いられれば、他国に軍事援助を要請する能力を失うことになるが、そのような場合にこそ他国の軍隊を誘致する必要があることがあるとの指摘がある。次で紹介する民主的正統性説は、実効的支配説へのこれらの批判から生まれた見解である。

Ⅲ．民主的正統性説

　民主的正統性説は、内戦の発生の有無を問わず、自由で公正な選挙で選出されたなどの民主的に正統な政府が同意能力を有するとする。冷戦終焉以降、国際法は「主権者の主権ではなく、国民の主権」[56]を保護しているという点を重視するようになっており、民主主義が統治原理としての優越性を獲得してきた[57]。国際的な選挙監視が普及し、米州機構（Organization of American States：以下、OAS）、欧州連合（European Union：以下、EU）、南米南部共同市場（メルコスール）、AU、ECOWAS などの地域的国際機構では加盟国の民主主義的な政治のためのメカニズムを備えてきた。また非国際的武力紛争終結後の平和構築ミッションでは、選挙、人権、その他の民主的原則の重要性を強調している。Fox と Roth は、国家主権が自由民主主義に基づいていると理解されれば、それは「国家や政府の承認を規律する規範から武力行使を規律する規範まで、あらゆる国際規範の革命的変容」を意味するという[58]。国際法におけるこのような民主主義の浸透が、有効に

55　Brad R. Roth, *Sovereign Equality and Moral Disagreement: Premises of a Pluralist International Legal Order* (Oxford University Press, 2011), p. 170; David Wippman, *supra* note 11, p. 213; Oscar Schachter, "The Right of State to Use Armed Force," *Michigan Law Review*, Vol. 82, No. 5 (1984), p. 1641.

56　Michael Reisman, "Sovereignty and Human Rights in Contemporary International Law," *The American Journal of International Law,* Vol. 84, Issue. 4 (2017), p. 869.

57　Thomas M. Franck, "The Emerging Right to Democratic Governance," *American Journal of International Law*, Vol. 86 (1992), p. 46.

58　Gregory H. Fox and Brad R. Roth, "Introduction: the spread of liberal democracy and its implications for international law," in Gregory H. Fox and Brad R. Roth (eds.), *supra* note 49, pp. 10-11.

同意を与えられる政府の判断基準の議論にも影響を与えているのである[59]。例えば ILA の2018年の武力行使委員会の報告書は、国際法の問題としてはおそらく実効的支配が決定的な判断要素であると述べつつ、もはやその領域の全部または一部を支配していなくとも、憲法上の政府であるか、民主的に選出された政府であれば武力行使に同意できるとしている[60]。

　ただし民主的正統性を唱える論者の中でも、民主的正統性と実効的支配の関係をいかに捉えるかについては見解が分かれている。例えば Levitt は実効的支配を及ぼしていない亡命政府でも、民主的に選出された政府であれば、他国軍隊による武力行使に有効に同意できると主張するが[61]、Nolte は、国際的な監視のもと自由かつ公正な選挙で選ばれた政府は、最低限の実効性を有していれば外国軍隊を誘致することができるとする[62]。Nolte によるとこの「最低限の実効性」は、通常、政府が領域の重要な一部に対する十分な支配を失っていない限り満たされる。Wippman も同様に、民主的正統性の台頭と実効的支配の要請の緩和を指摘しており、実行上は、政府が首都の支配を維持し崩壊の差し迫った危険にない限り、実効的支配の喪失が政府の同意能力の喪失をもたらさないと分析する[63]。

　一方、民主的正統性説を否定的に捉える立場もある[64]。例えば2011年の IDI の決議にはいかなる政府が同意を与えうるかについての規定はないが、初期のドラフトには、「同意は、正当で実効的で一般的に認められた政府によって与えられなければならない」（第8条1項）との規定があった[65]。報告者の Hafner は、民主

59　Gregory H. Fox（2015）, *supra* note 17, p. 817; Gregory H. Fox（2023）, *supra* note 17, pp. 203-204; David Wippman, *supra* note 49, pp. 297-298; Christopher J. Le Mon, *supra* note 49, pp. 745-746.

60　ILA, *Final Report on Aggression and the Use of Force*（Sydney, 2018）, p. 19.

61　Jeremy Levitt, "Pro-Democratic Intervention in Africa," *Wisconsin International Law Journal*, Vol. 24, No. 3（2006）, p. 793.

62　Georg Nolte, "Intervention by Invitation," in *Max Planck Encyclopedia of Public International Law*（Oxford University Press, 2010）, online version, paras. 17-18, at http://opil.ouplaw.com/view/10.1093/law:epil/9780199231690/law-9780199231690-e1702?rskey=ncJ Qlf&result=1&prd=EPIL（as of 30 June 2024）.

63　David Wippman, *supra* note 11, p. 220. 他に、この立場の論者として、Christopher J. Le Mon, *supra* note 49, pp. 741-793.

64　Masoud Zamani and Majid Nikouei, *supra* note 52, p. 693; Matthias Hartwig, "Who Is the Host? - Invasion by Invitation," *Zeitschrift für ausländisches öffentliches Recht und Völkerrecht*, Vol. 79, No. 3（2019）, pp.703-706.

65　IDI Session of Rhodes, *supra* note 23, p. 252.

的に選出された政府も同意を与えうるとすれば、従来の実効的支配の基準とのダブルスタンダードが生じることになるし、民主的正統性の基準は濫用される可能性があるとして、あくまでも実効的支配基準を補完するにすぎないとしており[66]、他の多くの委員も同様の見解を示していた[67]。学説上も、例えばHartwigは、民主的正統性説の適用における自由裁量的性格を批判して、実効的支配を失った政府は、民主的正統性に基づいて有効に同意を与えられるとすべきでないとする[68]。同様にZamaniとNikoueiは、民主的正統性に対して実効的支配が冷戦時よりも重要な役割を果たさなくなったという主張を支えるための証拠は十分でないとし、今日における実効的支配の重要性を主張する[69]。次に紹介する実効的保護説の提唱者であるLieblichも、非民主的政府が国連などの機関を含む国際システムに参加していること、主権平等の原則を享受していること、長年続いてきた非民主的政府に以前に与えられた承認を諸国が取り消すことはないこと、などから民主的正統性説を批判している[70]。ただしこの最後の批判は、政府承認の基準と、武力行使への同意能力の有無の判断基準を同列に扱っているといえるので十分な批判ではない。第4章第1節Ⅱ．で詳述するように、政府承認は与えられても武力行使への同意能力は認められない可能性がある。

Ⅳ．実効的保護説

　実効的保護説は、内戦の発生の有無を問わず、自国領域の人々（文民）を実効的に保護する、ないし、しようとする政府が他国による自国領域での武力行使に同意する能力を有するとする。上で紹介した民主的正統性説が主に政府の起源（民主的な選挙で生まれたのか、軍事クーデターで生まれたのか）に着目するのに対し、実効的保護説は政府がその権力を行使する方法に着目する。

66　*Ibid.*, p. 233, para. 104.

67　Vladimir Djuro Degan (*ibid.*, pp. 263-264); Edward McWinney (*ibid.*, p. 270); Emmanuel Reucounas (*ibid.*, p. 272). これら多くの委員は同項の規定に賛成していた。一方、Salmon (*ibid.*, p. 289) やMahiou (*ibid.*, p. 293) のように一定の基準を定めることは実際の適用において複雑で危険な状況を招くことになりうるという声もあり、同条は最終的に削除されることになった。

68　Matthias Hartwig, *supra* note 64, p. 706.

69　Masoud Zamani and Majid Nikouei, *supra* note 52, p. 693.

70　Eliav Lieblich, *supra* note 6, p. 209.

実効的保護説の主要な提唱者である Lieblich は（ただし後述のように、彼は議論の対象を内戦が生じている状況に限定していることに注意しなければならない[71]）、政府の同意する能力を評価するための実行可能な、現実的・客観的な基準は、文民保護（Protection of Civilian：POC）の原則であるとし、民主主義体制の確立などのそれ以上の目標は紛争後の復興プロセスの関心事とすることができ、またそうすべきであると述べる[72]。Lieblich によれば、保護する責任の概念を通じて、国家主権とは領土を実効的に支配する能力ではなく文民を実効的に保護する責任であるという理解が確固たるものになった[73]。そして、「実効性」は政府が文民を保護するための物理的能力のために必要であるため、「責任としての主権」という概念は実効性の理論を放棄するのではなく、「実効的支配から実効的保護へ」再構築するものであるという[74]。すなわち、残虐行為を常習的に行う反政府武装勢力やテロ集団が自国領域内に存在する場合には、政府は実効的支配を失う場合があるが、少なくとも実効的保護を行う現実的な見通しと動機を示していれば、他国による軍事介入を要請できる[75]。よって Lieblich の実効的保護説は武力紛争時に法が保護する中核的な価値に焦点を当てているのであり、人権法とは対照的に、理想的な社会の実現を目指すものではなく残虐行為に便宜的に終止符を打つことを目指すものである[76]。具体的には、戦争犯罪、人道に対する罪、ジェノサイド罪を政府が犯している場合には、当該政府は他国による軍事介入に同意する能力を失うこととなる[77]。Lieblich は自説を「実効的保護（effective protection）」と名づけているが、このように実際に中身をみると最低限の基準を指している。

このような実効的保護の考え方は、Lieblich によれば、実質的な民主主義の考え方と少なくとも同意に基づく武力行使の文脈で融合している[78]。確かに、d'Aspremont は民主主義の時代においては政府の起源の正統性（legitimacy of

---

71　Lieblich は内戦時にのみ同意に基づく介入が可能で、内戦に至らない状況ではすべて法執行の文脈で評価するとする。*ibid.*, pp. 136-137, 156-159. しかしながら本章第 4 節で後述するように、内戦に至らないすべての状況において、領域国政府の同意に基づき他国軍隊が当該領域に移動する事象を法執行の文脈で評価することはできない。

72　*Ibid.*, p. 155.

73　*Ibid.*, pp. 181-186.

74　*Ibid.*, p. 187.

75　*Ibid.*, p. 189.

76　*Ibid.*, p. 191.

77　*Ibid.*, pp. 203-204.

78　*Ibid.*, p. 218.

origin）と行使の正統性（legitimacy of excersize）を区別することが重要であり、行使の正統性においては実質的な民主主義が役割を果たすとする[79]。そしてこの実質的な民主主義には人権の尊重、法の支配が含まれ、特に同意に基づく武力行使の文脈で重視されてきたという[80]。付言すべきは、d'Aspremont のいう行使の正統性も、Lieblich のいう実効的保護も、すでに確立した政府が他国による武力行使に同意する能力を失うときの基準（裏を返せば、同意する能力を維持するための基準）であり、誕生したばかりの実体が法律上の政府として認められるための基準ではない。

　「実効的保護」という文言は使わないものの、人権法・人道法の重大な違反が、その政府の同意能力を奪う可能性があるという議論は、他の論者によってもなされている。Redaelli によれば、正統性の基準は、集団の権力の起源と集団がその権力を行使する方法の両方に関連しており、現在の実行では必ずしも裏付けられないが、人権法・人道法の侵害があるとして批判された政府が、他国の軍事介入を求める権利を失う可能性がある[81]。また Peters は、政府が国際法に違反するような方法でその権限を行使するとき、他国に軍事援助を要請する権限を喪失する可能性があるという議論が学説上なされるようになってきていることを説明する。その違反とはジェノサイドや人道に対する罪、アパルトヘイトなどの特に強行規範の範囲のものであるが、人権の「普通の（ordinary）」侵害や国際人道法のそれほど重大でない違反でも、同意能力を失う可能性がないわけではないとする[82]。

79　Jean d'Aspremont, "Legitimacy of Governments in the Age of Democracy," *New York University Journal of International Law and Politics*, Vol. 38 (2006), pp. 895-899.

80　*Ibid.*, p. 908.

81　Chiara Redaelli, *supra* note 22, pp. 158-161.

82　Anne Peters, *supra* note 22, pp. 8-11. 他に、人権侵害を行うことによって同意能力を失うとまでは断言しないものの、「責任としての主権」概念に着目し、政府の同意能力の一判断基準として、当該政府が主権に伴う責任を受け入れる意思を有するかどうかを判断に入れるべきとする論者として、Oona A. Hathaway, Julia Brower, Ryan Liss and Tina Thomas, "Consent-Based Humanitarian Intervention: Giving Sovereign Responsibility Back to the Sovereign," *Cornell International Law Journal*, Vol. 46, Issue. 3 (2013), pp. 546-549. Hathaway らによれば、「政府が主権に伴う責任を受け入れる意思があるかどうかを判断するために、他の国家はその政府の民主的なコミットメントや権力を掌握する過程に注目することができる。具体的には、その政府が国民の支持を得ているか、国内の憲法プロセスを遵守しているか、外国の軍事支援から独立しているか、他国の権利を尊重しているか、権力を掌握する際に極端な暴力を使用していないか、人権法や人道法を尊重しているかなどの指標を考慮することができる。」

さらに、2011年の IDI 決議の第 3 条は、「一般に認められている人権基準」に違反する場合は、軍事援助は禁止であると定めている[83]。この条項は de Wet の指摘の通り、介入国は国際人権基準を遵守しなければならないという意味に過ぎないのか、それとも介入国は領域国による人権侵害を支援することになる軍事援助をしてはならないということまでも含むのか、不明確である[84]。後者の意味であれば、実効的支配説の趣旨に沿うことになる。いずれにしても、この2011年のIDI 決議は内戦に至らないケースについて定めたものであり、内戦時の同意に基づく介入が許容されるかについては述べていない。

第 2 節　実行の分析

　前節で検討した諸説の妥当性を検証するために、本節では冷戦終焉後の国家実行を具体的に分析する。ここでは、領域国で内戦が発生している場合とそうでない場合を区別して国家実行を整理することにする。内戦不介入説および目的に基づくアプローチは、領域国で内戦が発生していれば領域国政府は他国へ軍事介入を要請できないことを原則とするのに対して、実効的支配説、民主的正統性説および実効的保護説は内戦の発生の有無には着目しない。それでも、例えば実効的保護説のうち Lieblich のように、はじめから内戦時のみに議論の射程を限定しているものもある。このように既存の学説の中には、内戦が発生しているかそうでないかを重視するものがあるため、ここではひとまずそれらに倣って、領域国で内戦が発生している場合とそうでない場合を区別して国家実行を並べてみることにしたい。中には入手可能なデータが不十分であったり、国際社会の反応が不明確であったりするものもあるが、そういったものもなるべく取り上げることとする。

　【表 5】は、これから行う各国家実行の評価を一覧としたものであるが、先に示しておく。内戦の発生の有無、実効的支配、民主的正統性、実効的保護の評価と、国際社会からの評価をまとめたものである。

83　IDI Rhodes Resolution on "Military assistance on request" (2011), Article 3.

84　Erika de Wet, *supra* note 18, p. 126.

【表5】 第3章第2節での国家実行の分析一覧

	内戦の発生	実効的支配	民主的正統性	実効的保護	国際社会からの評価
Ⅰ-1	なし	あり	あり	あり	反応なし
Ⅰ-2	なし	あり	なし	あり	反応なし
Ⅰ-3	なし	一部あり	あり	あり	支持
Ⅰ-4	なし	一部あり	なし	なし	一部より非難 他反応なし
Ⅰ-5	なし	なし	なし	なし	非難
Ⅰ-6	なし	なし	あり	あり	支持
Ⅰ-7	なし	あり	なし	なし	一部より非難 他反応なし
Ⅱ-1	あり	なし	あり	なし	反応ほぼなし
Ⅱ-2	あり	一部あり	あり	なし	被要請国が 軍事介入を拒否
Ⅱ-3	あり	一部あり	なし	一部あり	支持
Ⅱ-4	あり	一部あり	あり	一部あり	支持
Ⅱ-5	あり	一部あり	一部あり	なし	非難
Ⅱ-6	あり	一部あり	なし	なし	反政府勢力に対する 介入を非難
Ⅱ-7	あり	なし	あり	あり	支持
Ⅱ-8	あり	一部あり	一部あり	なし	非難

Ⅰ．内戦に至らない状況における同意に基づく武力行使

Ⅰ-1．1998年の南アフリカ、ボツワナおよびジンバブエによるレソトでの武力行使

　レソトでは1998年5月に国民議会総選挙が実施された[85]。この選挙は、複数の

85　"Lesotho profile -Timeline," *BBC* (4 November 2022), at https://www.bbc.com/news/world-africa-13729501 (as of 30 June 2024).

非政府組織、EU、アフリカ統一機構、国連など、多くの国からのオブザーバーによって監視された[86]。選挙終了後、これらのオブザーバーはいくつかの不正行為を非難したものの、選挙は国際基準に合致していると考えられる方法で実施されたという点で合意した[87]。しかし野党側は不正な選挙であると主張し、騒擾が勃発した。緊張が高まり軍事クーデターの恐れがあったため、レソト政府は同年9月に南部アフリカ開発共同体（Southern African Development Community：以下、SADC）加盟国に支援を要請し、これを受けて同年9月22日には南アフリカ、ボツワナおよびジンバブエの軍隊が軍事介入した[88]。南アフリカ軍の報道官は、介入はレソト国王の要請によるもので、SADC の後援の下に行われたと断言し、「安定を回復する」ことを目的としたと述べた[89]。南アフリカの内閣も公式声明で、この介入は「いかなる民主的な政府に対するいかなる不法な権力奪取行為も明確に拒否することを前提とする」と述べた[90]。同様に、ボツワナの外相は、「法と秩序を回復する」ことを目的とした行動であると報道機関に伝えた[91]。

このレソト危機に関連する安保理決議は採択されなかったが、レソト政府の同意は争われなかったといわれている[92]。政府が実効的支配を完全に失っていたわけではないが、民主的な政府のための軍事介入であるとして、民主的正統性基準が援用された事例として学説上評価されることもある[93]。なお当時のレソトは、

---

86 Roger Southall and Roddy Fox, "Lesotho's General Election of 1998: Rigged or De Rigeur?," *The Journal of Modern African Studies*, Vol. 37, No. 4 (1999), pp. 669-696.

87 *Ibid.*

88 Anna Van Der Vleuten and Andrea Ribeiro Hoffmann, "Explaining of Enforcement of Democracy by Regional Organizations: Comparing EU, Mercosur and SADC," *Journal of Common Market Studies*, Vol. 48, Issue. 3 (2010), p. 752; Erika de Wet, "The Evolving Role of ECOWAS and the SADC in Peace Operations: A Challenge to the Primacy of the United Nations Security Council in Matters of Peace and Security?," *Leiden Journal of International Law*, Vol. 27 (2014), p. 368; Jeremy Sarkin, "The Role of the United Nations, the African Union and Africa's Sub-Regional Organisations in Dealing with Africa's Human Rights Problems: United Nations, African Union and Africa's Sub-Regional Organisations in Dealing with Africa's Human Rights Problems: Connecting Humanitarian Intervention and the Responsibility to Protect," *Journal of African Law*, Vol. 53, Issue. 1 (2009), p. 28.

89 Seyfullah Hasar, *State Consent to Foreign Military Intervention during Civil Wars* (Martinus Nijhoff, 2022), pp. 193-194.

90 *Ibid.*

91 *Ibid.*

92 Erika de Wet, *supra* note 18, p. 86.

93 Gregory H. Fox (2023), *supra* note 17, p. 239.

治安部隊による不法な生命剥奪、警察による拷問、公正な裁判を受ける権利の侵害をはじめとした人権問題はあるものの、政府による組織的な人権侵害は報告されていなかった[94]。

Ⅰ-2. 2006年のオーストラリアおよびニュージーランドによるトンガでの武力行使

トンガでは穏やかに民主化改革が行われているものの、長年立憲君主制が採られている。2006年11月には民主化運動に端を発した暴動が発生した[95]。トンガ政府はオーストラリアとニュージーランドに治安維持支援の要請をし、これを受けて18日にオーストラリア軍、ニュージーランド軍、および警察が介入した[96]。オーストラリアは、「トンガ治安部隊の安定化を支援するニュージーランド主導の軍隊の一部として」軍隊を派遣するとした[97]。またニュージーランド首相はラジオで、ニュージーランドはトンガの暴動のどちらか一方の当事者に味方しているわけではないことを説明した[98]。

トンガ民主化運動の指導者たちは、このオーストラリアとニュージーランドによる軍事介入を非難したが[99]、国際社会からは特に反応がなかったようである。なお当時のトンガ政府は、実効的支配を完全に失っていたわけではなく、国防軍

---

94 U. N. Human Rights Committee, "UN Human Rights Committee: Concluding Observations: Lesotho," U. N. Doc. CCPR/C/79/Add. 106; Amnesty International, "Amnesty International Report 1999 – Lesotho" (1 January 1999), at https://www.refworld.org/docid/3ae6aa0988. html (as of 30 June 2024); U. S. Department of State, "Country Report on Human Rights Practices 1998 – Lesotho" (26 February 1999), at https://www.refworld.org/docid/3ae6aa620. html (as of 30 June 2024).

95 Nautilus Institute, "Coalition Forces – New Zealand," at https://nautilus.org/publications/books/australian-forces-abroad/tonga/coalition-forces-new-zealand/ (as of 30 June 2024); Nautilus Institute, "ADF Deployment to Tonga, 2006," at https://nautilus.org/publications/books/australian-forces-abroad/tonga/adf-deployment-to-tonga-2006/ (as of 30 June 2024).

96 *Ibid*.

97 "ADF Support to Tonga – Update," *Scoop* (20 November 2006), at https://www.scoop.co.nz/stories/WO0611/S00326/adf-support-to-tonga-update.htm (as of 30 June 2024).

98 Seyfullah Hasar, *supra* note 89, p. 211.

99 "Tongan pro-democracy movement slams intervention," *ABC News* (19 November 2006), at https://www.abc.net.au/news/2006-11-19/tongan-pro-democracy-movement-slams-intervention/1313148 (as of 30 June 2024).

114 第3章　同意に基づく武力行使の実体的要件

および警察による拷問の疑いをはじめいくつかの人権問題はあるものの、恣意的
または不法な生命剥奪や強制失踪などは報告されておらず、政府による組織的な
人権侵害は報告されていなかった[100]。

I-3．2008年のAUによるコモロでの武力行使

コモロ連合では、2007年に Sambi 氏が連合大統領に選出された[101]。これはコ
モロ史上初の民主的な政権交代であった。しかしコモロ諸島の１つである
Anjouan 島を2001年から統治していた Bacar 前大統領は権力の放棄を拒み、緊
張が高まった。Bacar 氏は Anjouan 島で憲法に反するかたちでの違法な選挙を
行い、自らが当選者であると宣言し、コモロから Anjouan 島を独立させると発
表した[102]。AU はコモロ連合政府の支援要請に応じ、Anjouan 島でのコモロの権
限を回復するために軍事作戦を実施した。タンザニア、スーダン、リビア、セネ
ガルが中心となり、軍事支援、後方支援、および財政支援を提供した[103]。当時、
コモロ連合政府が実効支配している島々における人権状況は、刑務所の劣悪な環
境、移動・報道・信教の自由の制限、官僚の汚職、女性差別、児童虐待、児童労
働など、いくつか懸念されるものもあったが、連合政府が恣意的または不法な生
命剥奪を行ったという報告はなかった[104]。一方、Anjouan 島の Bacar 政権は、批
判者を恣意的に拘束・投獄し、恣意的または不法な生命剥奪を行い、移動と結社
の自由を制限していた[105]。

100　U. N. Human Rights Council, "Report of the Working Group on the Universal Periodic
　　　Review - Tonga," U. N. Doc. A/HRC/8/48; U. S. Department of State, "Tonga, Country
　　　Reports on Human Rights Practices - 2006" (6 March 2007), at https://www.justice.gov/
　　　file/249201/download (as of 30 June 2024).

101　Paul D. Williams, "The African Union's Peace Operations: A Comparative Analysis,"
　　　African Security, Vol. 2, Issue. 2-3 (2009), p. 106.

102　*Ibid*., pp. 106-107.

103　AU Peace and Security Council, "Communiqué of the 124th Meeting," PSC/PR/Comm
　　　(CXXIV) (30 April 2008), para. 4, at https://oau-aec-au-documents.uwazi.io/api/files/15312
　　　09156989gqm3ak1l0v0030uipet57b9.pdf (as of 30 June 2024).

104　U. N. Human Rights Council, "Report of the Working Group on the Universal Periodic
　　　Review - Comoros" (3 June 2009), U. N. Doc. A/HRC/12/16; U. S. Department of State,
　　　"2008 Human Rights Reports: Comoros" (25 February 2009), at https://2009-2017.state.
　　　gov/j/drl/rls/hrrpt/2008/af/118994.htm (as of 30 June 2024).

105　*Ibid*.

米国は、「民主的に選出されたコモロ大統領」を支援し、「Anjouan 島の立憲的な統治」を回復させた AU の努力を賞賛した[106]。その後、Sambi 大統領は国連総会での演説で、AU による介入は「Anjouan 島を揺るがした反乱に終止符を打ち、憲法の合法性を再確立した」と述べた[107]。

AU のコミュニケのいずれにも法的根拠が明示されていないが、AU 設立規約第 4 条（j）が本件の軍事介入の最も有力な根拠であると考えられている[108]。第 4 章第 3 節Ⅲ. で詳述するように、第 4 条（j）は、AU が加盟国からのアドホックな要請に基づいて軍事介入する権限を定めており、「平和と安全を回復するために、加盟国が連合の介入を要請しうる権利」を確認している。同第 4 条（h）が、「重大な事項、すなわち、戦争犯罪、集団殺害及び人道に対する罪」といった事態における連合の加盟国への強制的な介入権を規定しているのとは異なり、第 4 条（j）は加盟国のアドホックな要請に基づく AU の介入について規定している。したがって、ここでは、一般に AU は加盟国からのアドホックな要請に基づき軍事介入をする権限を有しているとして、加盟国は実効的支配や民主的正統性や実効的保護を失った場合にも軍事介入を要請する権利を維持しているのか、が問題となる。

Ⅰ-4. 2011年の GCC によるバーレーンでの武力行使

2011年 2 月 4 日、チュニジアやエジプトでの大規模な反政府デモに刺激され、バーレーンにおいて国民の多数派を占めるシーア派住民が政治的自由と人権の尊重を求める大規模な反政府デモが発生した。いわゆる「アラブの春」である。バーレーンではシーア派住民がスンニ派の Al Khalifa 王政の民主化を要求した。同月14日、バーレーン当局はこれを鎮圧するため、デモ参加者に催涙ガスやゴム弾を使用した[109]。18日には、治安部隊が反政府デモ隊に発砲するなど武力鎮圧に乗り出し、多数の死傷者が出た[110]。これにより反政府デモが王室打倒に傾倒し、情勢はさらに緊迫化した。バーレーン政府は争いの激化を受けて、同年 3 月13日

106　U. S. Department of States, "Commending African Union Operation to Restore Constitutional Rule on Comoran Island of Anjouan" (27 March 2008), at https://2001-2009. state.gov/r/pa/prs/ps/2008/mar/102736.htm (as of 30 June 2024).

107　U. N. Doc. A/63/PV. 9, p. 14.

108　Erika de Wet, *supra* note 18, pp. 91-92.

に治安維持のために同じスンニ派の湾岸協力会議（Gulf Co-operation Council：以下、GCC）の加盟国に軍事介入を要請し、翌日の14日に、GCC の「半島の盾」軍がバーレーンに介入した[111]。この軍隊は、サウジアラビアとアラブ首長国連邦の兵士からなっていた。オマーンとクウェートは、GCC の決定に反対はしなかったが、共同軍事行動には参加しないことを選んだと推測されている[112]。3月16日の弾圧の際には、8人が死亡（デモ参加者6人、警官2人）し、約1,000人のデモ参加者が逮捕されたと報じられた[113]。

　GCC は自身の介入を、GCC の加盟国であるバーレーン政府による要請に基づき正当化した[114]。介入の目的は、「安定を支援し促進し」「秩序と安全の維持に貢献する」ことであり、イランによるバーレーンへの干渉は「国民間の分裂」の原因であって「バーレーンの安全と安定」および GCC に対する危険であると言及した[115]。そもそも GCC の「半島の盾」軍は1985年に設置されたものであるが、その任務内容は公には明らかにされておらず、特に国内での緊急事態に介入できるか否かは不明確である[116]。しかし、2010年6月にバーレーンの提案した軍事・安全保障協力の拡大について、GCC 外相会合において暫定的な合意に達しており[117]、今回のバーレーンの要請に基づく介入は、この合意に基づいて行われたものと思われる。したがってここでも問題は、一般に GCC は加盟国からのアドホックな要請に基づき軍事介入をする権限を有しているとして、加盟国は実効的

109　"Bahrain Activities in 'Day of Rage'," *Aljazeera English* (14 February 2011), at https://www.aljazeera.com/news/2011/2/14/bahrain-activists-in-day-of-rage (as of 30 June 2024); Frederik Richter, "Protester killed in Bahrain 'Day of Rage': witnesses," *Reuters* (15 Feburuary 2011), at https://www.reuters.com/article/us-bahrain-protests-idUSTRE71D5MS20110214 (as of 30 June 2024).

110　"Bahrain protests: Troops 'fire on demonstrators'," *BBC News* (18 February 2011), at https://www.bbc.co.uk/news/world-middle-east-12509658 (as of 30 June 2024).

111　Ethan Bronner and Michael Slackman "Saudi Troops Enter Bahrain to Help Put Down Unrest," *New York Times* (14 March 2011), at https://www.nytimes.com/2011/03/15/world/middleeast/15bahrain.html (as of 30 June 2024).

112　Agatha Verdebout, "The Intervention of the Gulf Cooperation Council in Bahrain – 2011," in Tom Ruys, Olivier Corten and Alexandra Hofer (eds.), *The Use of Force in International Law* (Oxford University Press, 2018), p. 796.

113　*Ibid.*

114　*Ibid.*

115　*Ibid.*

116　Jean-Yves de Cara, "The Arab Uprisings Under the Light of Intervention," *German Yearbook of International Law*, Vol. 55 (2012), p. 20.

支配や民主的正統性や実効的保護を失った場合にも軍事介入を要請する権利を維持しているのか、である。

イランは、GCC の行動に反対の意を表し、「バーレーンの問題には軍事的な解決策がなく、国内の平和的な運動に対する外国軍の介入は遅かれ早かれ状況を悪化させることになるため、我が政府は平和的な市民に対する暴力への訴えを非難し、バーレーンからの外国軍の撤退を求める」とした[118]。しかしイランは、バーレーンのシーア派による反政府デモを支持していることには注意しなければならない[119]。国連においては、バーレーンへの GCC の介入はほとんど取り上げられなかった。潘国連事務総長は、GCC の介入直後に、当事者に対し最大限の自制を行うとともに、意味のある対話に参加するよう呼びかけた[120]。EU は「バーレーンの深刻で悪化した状況を非常に憂慮している」とし「国内のすべての治安部隊がデモ隊に暴力を振るわないよう求める」と述べる一方、GCC の軍事介入については触れなかった。当時の Obama 米政権はサウジアラビアの動きを「さりげなく非難」[121]したが、米国務長官は、基本的にバーレーン政府と反体制派の間で自制と政治的対話の開始を求めるのみであった[122]。

本事例は情報源や報道の少なさから、法的な評価は容易でない。本事例を分析した数少ない論者の一人である de Cara は、国内の騒乱を抑えるために国家の権限のある当局から発せられたアドホックな要請を根拠に、この軍事介入は合法であったと結論づけている[123]。de Cara によれば、実効的支配基準はなお有効で民

---

117 Mazen Mahdi, "Bahrain announces plan for GCC co-operation," *The National* (24 June 2010), at https://www.thenationalnews.com/world/mena/bahrain-announces-plan-for-gcc-co-operation-1.515462 (as of 30 June 2024).

118 U. N. Doc. S/2011/253, p. 3.

119 "Iran Continues Its Interference in Bahrain," *Middle East Institute* (16 December 2016), at https://www.mei.edu/publications/iran-continues-its-interference-bahrain (as of 25 June 2024).

120 U. N. News Service, "Ban concerned after troops from neighbouring countries enter Bahrain" (14 March 2011), at https://www.refworld.org/docid/4d82fbd4a.html (as of 30 June 2024).

121 David E. Sanger and Eric Schmitt, "Saudi Arabia's Action in Bahrain Strains Ties With United States," *The New York Times* (14 March 2011), at https://www.nytimes.com/2011/03/15/world/middleeast/15saudi.html (as of 30 June 2024).

122 U. S. Department of States, "Interview with Steve Inskeep of NPR" (16 March 2011), at https://2009-2017.state.gov/secretary/20092013clinton/rm/2011/03/158443.htm (as of 30 June 2024).

主的正統性基準は実定法化していない[124]。他方で、内戦に至らずとも、国内の政治的混乱の中で権力者が住民に対抗するために（すなわち自決権に反するかたちで）武力を行使するような場合には同意に基づく武力行使は許されないと考える論者は、GCC による軍事介入を違法と評価する[125]。もっとも、当該地域で起きている地政学的・政治的な力学、西側諸国の利益、湾岸諸国との伝統的な同盟関係、イランとの歴史的な対立などは、本事例を分析する際に念頭に置くべき要素である[126]。実際、本事例に対する反応や注目度、報道が全般的に低かったことについて、これらの要素がいかに大きな影響を与えたかを実証しているメディアや研究者もある[127]。

Ⅰ-5. 2014年のロシアによるウクライナでの武力行使

ウクライナは EU との政治・自由貿易協定の仮調印を済ませていたが、2013年11月21日、親露派である Yanukovych 大統領は、ロシアからの圧力もあり EU との同協定の交渉を中断し、かわりにロシアとの協力を企図した[128]。この決定は EU 寄りの野党勢力による大規模な反政府デモを引き起こし、同年12月には Kyiv 市庁舎が占拠された[129]。2014年 2 月20日、ウクライナ内務大臣は抗議者に対する実弾の使用を許可する行政命令を制定したと発表し[130]、ウクライナ軍の制服を着たスナイパーがデモ参加者に発砲し、48時間で少なくとも88人を殺害した[131]。ウ

---

123 Jean-Yves de Cara, *supra* note 116, p. 21.

124 *Ibid.*

125 Agatha Verdebout, *supra* note 112, pp. 800–801. なお Lieblich は、内戦に至らない状態においては政府は反政府勢力に対抗するために他国軍隊を招致することはできないので、バーレーンへの軍事介入は違法とする。Eliav Lieblich, *supra* note 6, p. 158.

126 Agatha Verdebout, *supra* note 112, p. 801.

127 *Ibid.*; Hooshang Amirahmadi and Kaveh Afrasiabi, "The West's Silence Over Bahrain Smacks of Double Standards," *The Guardian* (29 April 2011), at https://www.theguardian.com/commentisfree/2011/apr/29/bahrain-saudi-arabia-iran-west (as of 30 June 2024).

128 "Ukraine Crisis: Timeline," *BBC* (13 November 2014), at https://www.bbc.com/news/world-middle-east-26248275 (as of 30 June 2024).

129 *Ibid.*

130 "Ukrainian Police Authorized to Use Live Ammo as Battle Rages," *Sputnik* (20 February 2014), at https://sputniknews.com/20140220/Ukrainian-Police-Authorized-to-Use-Live-Ammo-as-Battle-Rages-187726857.html (as of 30 June 2024).

131 "Ukraine Crisis: Timeline," *supra* note 128.

クライナ議会は Yanukovych 大統領の辞任要求決議を採択した[132]。この投票には450人の議員のうち328人が投票し全員一致（賛成328、反対0）であったが、当時の憲法で必要とされていた大統領弾劾のために必要な要件（議会定数の4分の3）には10票足りなかった。Yanukovych 氏は、議会の決定をクーデターとみなして直ちに反発した。その後、Yanukovych 氏にはデモ参加者への「大量虐殺」の罪で逮捕状が出され[133]、Yanukovych 氏はロシアに亡命した[134]。なお当時、反政府側は組織化されておらず、衝突の烈度は内戦とみなされる程度には達していなかった[135]。同年3月1日には、Yanukovych 氏がロシアの Putin 大統領に対してウクライナ人民保護のために武力行使を要請する書簡を送付した。この時すでに Yanukovych 氏は亡命していたのであり、実効的支配を完全に失っていた。

　同日、ロシアはクリミアへ軍事介入を行った[136]。ロシアの Churkun 国連特使は、3月4日に開かれた安保理で、Yanukovych 大統領が明示的に軍事支援を要請したとして、Putin 大統領宛ての招待状のコピーを提示し、ロシアの軍事介入を正当化した[137]。同日、ロシアの Putin 大統領も記者会見で、「我々は、現職の正統なウクライナ大統領である Yanukovych 氏から、ウクライナ市民の生命、自由、健康を守るために武力を行使するようにとの要請を受けている」と述べた[138]。

　国際社会はロシアの軍事介入はクリミア併合の口実であるとして強く非難した。例えば3月2日にケリー米国務長官は、ウクライナにおけるロシアの「信じられないような侵略行為」を非難し、モスクワを孤立させるために米国と同盟国による経済制裁を予告し危機の平和的解決を呼びかけた[139]。3月6日には、Obama

---

132　*Ibid.*

133　"Viktor Yanukovych wanted for alleged 'mass killing of civilians," *CBC* (25 February 2014), at https://www.cbc.ca/news/world/viktor-yanukovych-wanted-for-alleged-mass-killing-of-civilians-1.2548872 (as of 30 June 2024).

134　"Ukraine Crisis: Timeline," *supra* note 128.

135　Chiara Redaelli, *supra* note 22, p. 136.

136　U. N. Doc. S/PV. 7125, pp. 3-5.

137　"Ukraine's Yanukovich asked for troops, Russia tells UN," *BBC* (4 March 2014), at https://www.bbc.com/news/world-europe-26427848 (as of 30 June 2024).

138　Office of the President of the Russian Federation, "Vladimir Putin answered journalists' questions on the situation in Ukraine" (4 March 2014), at http://en.kremlin.ru/events/president/news/20366 (as of 30 June 2024).

139　Will Dunham, "Kerry Condemns Russia's 'Incredible Act of Aggression' in Ukraine," *Reuters* (2 March 2014), at http://www.reuters.com/article/us-ukraine-crisis-usa-kerry-idUSBREA2lODG20l40302 (as of 30 June 2024).

米大統領は、「ウクライナの主権と領土の一体性を侵害した、あるいはウクライナ国民の資産を奪った」として、ロシア、特定のロシア企業、個人に対する一連の制裁措置を制定する大統領令を発令した[140]。同様に、英国の国連代表は、次のように述べている。

> ロシア代表は Yanukovych 氏がロシアに軍事介入を要請したと主張している。私たちが話しているのは、自分のオフィス、首都、そして国を捨て、腐敗した統治によって国を経済的に破滅の淵に追いやり、抗議行動を弾圧して80人以上の死者を出し、自身の政党からも見捨てられた元指導者のことである。そんな彼の発言に正当性があるとは到底思えず、他のロシアの偽りの正当化と同じようなものだ[141]。

しかしながら安保理では、3月15日、ロシアによる拒否権行使のため、ウクライナの主権と既存の領土境界線の尊重を確認する決議が否決された（賛成13、反対1（ロシア）、棄権1（中国））。国連総会は3月27日、決議68／262を採択し、武力による威嚇を通じたウクライナの国家的統一と領土保全の混乱を目的とした行動を慎むよう要請した（賛成100、反対11、棄権58）[142]。このような国際社会の反応は、（形式的にはウクライナ憲法に抵触する方法ではあるが）Yanukovych 氏がもはやウクライナの国家としての意思を表明する能力を有さないとみなされていることを示唆している[143]。

Ⅰ-6．2017年の ECOWAS によるガンビアでの武力行使

この事例は、ECOWAS で1999年に採択された「紛争予防・管理・解決・平和維持・安全保障メカニズムに関する議定書（Protocol Relating to the Mechanism for Conflict Prevention, Management, Resolution, Peacekeeping and Security：以下、Lomé 議定書）」[144]によって事前に与えられた同意に基づいて、ECOWAS がガンビア政府

140　U. S. Department of State, "Ukraine and Russia Sanctions," at https://2009-2017.state.gov/e/eb/tfs/spi/ukrainerussia/index.htm (as of 30 June 2024).

141　U. N. Doc. S/PV. 7125, p. 7.

142　U. N. Doc. A/RES/68/262, p. 2.

143　浅田正彦「クリミア問題と国際法」『公共空間』第13号（2014年）45-47頁；Tom Ruys and Luca Ferro, *supra* note 4, p. 83; Mary Ellen O'Connell, "The Crisis in Ukraie‐2014," in Tom Ruys, Olivier Corten and Alexandra Hofer（eds.）, *supra* note 112, pp. 855-872.

のアドホックな同意なしに合法的に介入しえたか、という論点でも重要な事例である。この論点の検討は第4章第3節Ⅲ. で行うとして、本章では、新たに大統領として選出された Barrow 氏によるアドホックな要請に焦点をあてる。同メカニズムは、加盟国のアドホックな要請によっても発動されるため（Lomé 議定書第26条（c））、Barrow 氏による要請が有効なものであれば、ECOWAS は加盟国に軍事介入することができる。したがってここでの問題は、一般に ECOWAS は加盟国からのアドホックな要請に基づき軍事介入をする権限を有しているとして、加盟国は実効的支配や民主的正統性や実効的保護を失った場合にも軍事介入を要請する権利を維持しているのか、である。

2016年12月1日の選挙で Barrow 氏が新大統領として選出されたが、Jammeh 元大統領はこれを認めず大統領の座に居座ろうとした。同年12月9日には Jammeh 元大統領は「選挙過程で起きたとされる深刻かつ容認できない異常事態」を非難し、選挙の承認を拒否した[145]。国際社会からは Jammeh 元大統領への批判が集まった[146]。AU と ECOWAS は、ガンビアの正統な代表として Barrow 氏のみを認めるとし、同時に、安保理で武力行使の授権の際に使われる文言を用い、ガンビア国民の意思に従って「すべての必要な措置」を採ることを加盟国に授権した[147]。そしてセネガル等の ECOWAS 軍がガンビアの国境に集結し、ガンビア領域内に侵入し、Jammeh 氏に退陣するよう圧力をかけた[148]。Jammeh 氏はこれを内政干渉として批判し緊急事態宣言をした。Barrow 氏はセネガルに逃亡し、2017年1月19日にセネガルのガンビア大使館で就任するとすぐに国際社会に対して支援を要請した[149]。この要請より前の時点で、セネガル軍のガンビアへの派遣はすでに開始しており、セネガル軍は同日（19日）未明にガンビアの国境を超えたと報道されている。しかしこの越境は意図的ではなくセネガル軍が辺りの地形に不慣れであったためとも言われている[150]。

144　ECOWAS, "Protocol A/S. 1/12/99 Relating to the Mechanism for Conflict Prevention, Management, Resolution, Peacekeeping and Security" (10 December 1999).

145　"Gambian president Yahya Jammeh rejects election result," *The Guardian* (10 December 2016), at https://www.theguardian.com/world/2016/dec/10/gambian-president-rejects-election-results-yahya-jammeh-adama-barrow (as of 30 June 2024).

146　Mohamed S. Helal, "The ECOWAS Intervention in The Gambia – 2016," in Tom Ruys, Olivier Corten and Alexandra Hofer (eds.), *supra* note 112, pp. 912-919.

147　AU Peace and Security Council, "Communiqué of the 644th Protcol," PSC/PR/COMM. (DCXLIV) (12 December 2016), para. 12; ECOWAS, "Fiftieth Ordinary Session of the ECOWAS Authority of Head of State and Government" (17 December 2016), para. 38.

122 第 3 章　同意に基づく武力行使の実体的要件

　安保理は同日、決議2337を全会一致で採択し、Barrow 氏のみをガンビアの正統な代表と認め、「民主的に選出された政府」への政権交代が平和的に行われるために、ガンビア内外のすべての利害関係者に法の支配を尊重するよう要請した[151]。この決議の採択に先立ち、セネガル代表は、「その意味で、Barrow 大統領が本日、国際社会、特に ECOWAS、AU、国連に対して、ガンビアの主権者である国民の意思の尊重を確保するための支援を呼びかけていることを強調しなければならない」と述べた[152]。一方で、自国軍が深夜にガンビア国境を超えたことについては触れなかった。なお本決議は憲章第 7 章の下で採択されたものではなく、Barrow 氏が同日に与えた支援要請やセネガル軍の武力行使については記載がない。しかし、決議採択後の安保理における議論で、ロシアと英国が、Barrow 氏が軍事介入への同意を与える権限を有していると発言している[153]。これら諸国は、実効的支配を及ぼしていない Barrow 氏による要請に基づき、軍事介入を正当化しうると考えていたと解することができる[154]。

　なお Jammeh 氏は在任中にその権力維持のために、不法な生命剥奪、拷問、強制失踪、恣意的な逮捕などの人権法の重大な違反を日常的に行なっていたとし

148　"Senegalese Troops Enter Gambia in Support of Its New President," *Reuters* (19 January 2017), at https://www.reuters.com/article/us-gambia-politics-senegal-idUSKBN1532UF (as of 30 June 2024); Dionne Searcy and Jaime Yaya Barry, "Troops Enter Gambia as New President is Sworn In," *New York Times* (19 January 2017), at https://www.nytimes.com/2017/01/19/world/africa/gambia-adama-barrow-yahya-jammeh.html (as of 30 June 2024); Ruth Maclean, "Gambia Crisis: Senegal Troops Poised at the Gambia Border as Jammeh Mandate Ends," *The Guardian* (19 January 2017), at https://www.theguardian.com/world/2017/jan/19/new-gambian-leader-adama-barrow-sworn-in-at-ceremony-in-senegal (as of 30 June 2024).

149　Ruth Maclean, "Troops enter the Gambia after Adama Barrow is inaugurated in Senegal," *The Guardian* (19 January 2017), at https://www.theguardian.com/world/2017/jan/19/new-gambian-leader-adama-barrow-sworn-in-at-ceremony-in-senegal#:~:text=Troops%20enter%20the%20Gambia%20after%20Adama%20Barrow%20is%20inaugurated%20in%20Senegal,-This%20article%20is (as of 30 June 2024).

150　Dionne Searcey, "Why Democracy Prevailed in Gambia," *New York Times* (30 January 2017), at https://www.nytimes.com/2017/01/30/world/africa/gambia-barrow-democracy-africa.html (as of 30 June 2024).

151　U. N. Doc. S/RES/2337, paras. 9–10.

152　U. N. Doc. S/PV. 7866, p. 2.

153　Edith M. Lederer, "UN adopts resolution backing Gambia's new President Barrow," *KSL.com* (19 January 2017), at https://www.ksl.com/article/42924000/un-adopts-resolution-backing-gambias-new-president-barrow (as of 30 June 2024).

て報告されている[155]が、Barrow 氏は就任したばかりであり Barrow 氏による人権法違反は論じられない。

I-7. 2019年のフランスによるチャドでの武力行使

チャドでは、Deby 氏が1990年にクーデターによって政権を獲得し、2011年4月に4期目の大統領に就任した[156]。2019年2月3日から6日にかけて、反政府勢力が政府転覆のためにチャドの首都に向かって進撃していたため、Deby 大統領がフランスに支援を要請したとして、フランスはチャド北部で反政府勢力に対する空爆を行った[157]。2月12日には、フランス外相は「フランスはクーデターを防ぐために軍事介入した」と述べた[158]。

フランスの軍事介入は国際社会から明示的に批判されることはなかった。なお当時チャドでは、政府による恣意的な殺害・拘禁、拷問、強制失踪をはじめ、報道検閲、ソーシャルネットワークサイトへのアクセス制限、集会と結社の自由の権利の侵害、移動の自由の大幅な制限、政治参加の制限、汚職行為など多数の人

154　Claus Kreß and Benjamin Nußberger, "Pro-democratic Intervention in Current International Law: The Case of the Gambia in 2017," *Journal on the Use of Force and International Law*, Vol. 4, Issue. 2 (2017), pp. 248-250.

155　U. N. Human Rights Council, "Report of the Special Rapporteur on extrajudicial, summary or arbitrary executions, Addendum: Mission to the Gambia" (11 May 2015), U. N. Doc. A/HRC/29/37/Add. 2; Amnesty International, "Gambia: Progress in first 100 days of Barrow government requires major reform to break with brutal past" (27 April 2017), at https://www.amnesty.org/en/latest/news/2017/04/gambia-progress-in-first-100-days-of-barrow-government-requires-major-reform-to-break-with-brutal-past/ (as of 16 December 2022); Human Rights Watch, "Gambia: Justice for Jammeh-Era Abuses Crucial" (21 April 2017), at https://www.hrw.org/news/2017/04/21/gambia-justice-jammeh-era-abuses-crucial (as of 30 June 2024); Human Right Watch, "Yahya Jammeh," at https://www.hrw.org/tag/yahya-jammeh (as of 30 June 2024); U. S. Department of State, "2016 Country Reports on Human Rights Practices - The Gambia" (3 March 2017), at https://www.state.gov/reports/2016-country-reports-on-human-rights-practices/the-gambia/ (as of 30 June 2024).

156　"Chad profile," *BBC* (20 April 2021), at https://www.bbc.com/news/world-africa-13164690 (as of 30 June 2024).

157　"Rebel Incursion Exposes Chad's Weaknesses," *International Crisis Group* (13 February 2019), at https://www.crisisgroup.org/africa/central-africa/chad/au-tchad-lincursion-des-rebelles-devoile-les-fragilites-du-pouvoir (as of 30 June 2024).

158　*Ibid.*

権侵害が報告されていた[159]。フランスはかつて、コートジボワール政府が反乱を抑圧するために広範な人権侵害を行っていることや内政干渉になることを理由に2002年のコートジボワール政府からの要請に応じなかった（本節Ⅱ-2．にて後述）が、今回はそのような理由でチャド政府の要請に応じないという態度をとることはなかった。

　チャドの野党勢力は、フランスが独裁政権を支援しているとして強く非難した[160]。また学説の中にも、Deby 大統領の民主的正統性の欠如からフランスの軍事介入の適法性を疑問視するものや、反政府勢力の進軍はまだ首都から遠く離れた地域で行われていたことからクーデターが勃発する可能性はまだなかったとし、内政干渉であるなどと批判するものがある[161]。

Ⅱ．内戦における同意に基づく武力行使

Ⅱ-1．1997年以降のナイジェリアおよび ECOWAS によるシエラレオネでの武力行使

　この事例は、1997年1月のナイジェリアとシエラレオネ間の地位協定との関係でも検討が必要な事例であるが、それは第4章第3節Ⅱ．で行うとして、本章では、Kabbah 大統領によるナイジェリアおよび ECOWAS へのアドホックな要請に焦点をあてる。

　シエラレオネでは、1996年の大統領選挙で新たに Kabbah 氏が選出され、Kabbah 政権が発足した。しかし1997年5月25日に軍部と革命統一戦線（RUF）によるクーデターにより転覆され、軍事革命評議会（AFRC）が樹立した[162]。こ

159　Freedom House, "Freedom in the World 2019 - Chad," at https://freedomhouse.org/country/chad/freedom-world/2019（as of 30 June 2024）; U. S. Department of State, "2019 Country Reports on Human Rights Practices: Chad," at https://www.state.gov/reports/2019-country-reports-on-human-rights-practices/chad/（as of 30 June 2024）.

160　Adam Nossiter, "Can France Ever Leave Africa? Airstrikes in Chad Raise an Old Question," *The New York Times*（14 February 2019）, at https://www.nytimes.com/2019/02/14/world/africa/france-airstrikes-chad.html（as of 30 June 2024）.

161　*Ibid.*; Chiara Redaelli, *supra* note 22, p. 140; Peter Fabricius and Liesl Louw-Vaudran, "Was France's military intervention in Chad a regression?," *Institute for Security Studies*（22 February 2019）, at https://issafrica.org/iss-today/was-frances-military-intervention-in-chad-a-regression（as of 30 June 2024）.

の出来事は、以後数年にわたる内戦の引き金となった。Kabbah 氏はギニアに亡命し[163]、クーデターを覆すために軍事行動を起こすよう ECOWAS 議長であるナイジェリアの Abacha 大統領に軍事支援を求めた[164]。それに応じてナイジェリア軍（ECOWAS 軍でないとされる）が軍事介入を行ったが、AFRC の抵抗に遭いすぐに撤退した[165]。このナイジェリアの軍事介入に対しては特に国際社会から反応がなかったが、シエラレオネでのクーデターは、国際社会から即座に、そして激しく批判された[166]。OAU はすぐにこのクーデターを非難し民主主義の回復を求めた[167]。同様に27日の安保理議長声明は、「民主的に選出された政府を転覆させようとするこの試みを強く非難し、憲法秩序の即時回復を求める」とした[168]。安保理は 5 カ月後の同年10月 8 日には決議1132を採択し、シエラレオネの状況が平和に対する脅威を構成していることを認定し、民主的に選出された政府の復権を要請し、石油と武器を禁輸とする経済制裁を課した[169]。また本決議は「憲章第 8 章に基づき、シエラレオネの民主的に選出された政府と協力する ECOWAS に対し、石油および石油製品、あらゆる種類の武器および関連物資の供給に関する本決議の規定の厳格な実施を確保する権限を与える」としている。英国代表はこの決議が「ECOWAS の実際的な裏付け」になったと指摘した[170]。しかし、この決

162　Jeremy Levitt, "African Interventionist States and International Law," in Oliver Ferley and Roy May (eds.), *African Interventionist States* (Ashgate Publishing Ltd, 2001), pp. 22-25; Susan Breau, "The ECOWAS Intervention in Sierra Leone - 1997-1999," in Tom Ruys, Olivier Corten and Alexandra Hofer (eds.), *supra* note 112, pp. 527-529. 詳細については、楢林建司「シエラレオネ内戦に対する西アフリカ諸国経済共同体と国際連合による介入」『愛媛法学会雑誌』第27巻第 4 号（2001年）119-158頁。

163　*Ibid.*

164　U. N. Press, "Press Conference by Permanent Representative of Sierra Leone," (27 May 1997), at https://www.un.org/press/en/1997/19970527.sleone27.may.html (as of 30 June 2024); Eliav Lieblich, "Intervention and Consent: Consensual Forcible Interventions in Internal Armed Conflicts as International Agreements," *Boston University International Law Journal*, Vol. 29 (2011), pp. 367-368; Susan Breau, *supra* note 162, pp. 527-529.

165　Karsten Nowrot and Emily Schbacker, "The Use of Force to Restore Democracy: International Legal Implications of the ECOWAS Intervention in Sierra Leone," *American University International Law Review*, Vol. 14 (1998), p. 327.

166　U. N. Doc. S/PRST/1997/29.

167　Karsten Nowrot and Emily Schbacker, *supra* note 165, p. 328.

168　U. N. Doc. S/PRST/1997/29, *supra* note 166.

169　U. N. Doc. S/RES/1132.

170　U. N. Doc. S/PV. 3822, p. 7.

議が武力行使の授権であるという指摘はどの代表からもなかった。安保理の授権はなかったが、1998年2月に、ナイジェリア主導のECOWAS軍が軍事介入し、AFRCとRUFの連合勢力と衝突し、これらを首都フリータウンから追放し、Kabbah氏を復権させた[171]。ECOWASは介入を正当化するためさまざまな理由を提示した。それらは、自衛権、Kabbah氏の要請、シエラレオネ市民に対して政府軍が行った残虐行為、シエラレオネ難民の近隣諸国への流入による地域の国際平和と安全への脅威、政府による「大量虐殺計画」の実行の防止などである[172]。

これに対し安保理は同年2月26日の議長声明において、「軍事政権の終焉という事実を歓迎する」と述べたが、軍事政権の終焉をもたらした方法について言及はなかった[173]。また同様に、危機の平和的解決に向けたECOWASの行動を賞賛したが、武力行使の言及はなかった。安保理はECOWASによる武力行使を事後的に許可するような言い回しを慎重に避けていることが読み取れる[174]。

ECOWASが主張した軍事行動の理由のうちで、法的に武力行使の正当化根拠となる可能性のあるものは、Kabbah氏の要請であると思われる。Kabbah氏は当時実効的支配を完全に失っていたため、学説の中には、このシエラレオネの事例は民主的正統性基準が導入されるための最初の一歩であったと評価するものもある[175]。一方で、アフリカの独裁国家の1つであるナイジェリアの独裁者Abacha大統領の軍事的イニシアティヴが、そのような民主的正統性基準を生んだと見なすことは難しいとも指摘できよう。なおシエラレオネ内戦ではどの陣営によっても明らかに人権侵害が行われていたことが確認されており[176]、本事例は人道的介入の初期の事例であるとする論者もある[177]。

---

171 Karsten Nowrot and Emily Schbacker, *supra* note 165, pp. 328-329.

172 U. N. Press, "Press Conference by Nigeria" (March 19, 1998), at https://www.un.org/press/en/1998/19980319.NIGERIA.html (as of 30 June 2024); U. N. Pres, "Press Conference by Permanent Representatives of Sierra Leone" (18 February 1998), at https://press.un.org/en/1998/19980218.jonah.html (as of 30 June 2024); U. N. Doc. S/1997/499; U. N. Doc. S/1997/695/Annex II (1997).

173 U. N. Doc. S/PRST/1998/5.

174 楢林建司「前掲論文」(注162) 133-134頁。

175 Karsten Nowrot and Emily Schbacker, *supra* note 165, p. 410.

176 Susan Breau, *supra* note 162, pp. 527-528, 536.

177 Jeremy Levitt, "Humanitarian Intervention by Regional Actors in Internal Conflict: The Cases of ECOWAS in Liberia and Sierra Leone," *Temple International and Comparative Law Journal*, Vol. 12, No. 2 (1998), pp. 333-375. 他に、平和維持活動であると評価する論者もある。See, Olivier Corten, *supra* note 44, p. 163.

Ⅱ-2．2002年のフランスおよび ECOWAS によるコートジボワールでの武力行使

　コートジボワールの紛争は、2002年9月19日にコートジボワール愛国運動が攻撃を開始したことに端を発する。この暴動は一挙にコートジボワール全土に拡大し、政府軍が支配する南部と反政府勢力が支配するに至った北部が対立するという構図で内戦に突入した[178]。安保理のメンバーは、武力による権力奪取や民主的に選出されたコートジボワール政府を転覆させようとする試みを強く非難した[179]。2000年10月22日の大統領選に当選して以来、コートジボワール大統領であったGbagbo氏は、フランスに軍事支援を要請した[180]。しかしフランスは、コートジボワール政府が反乱を抑圧するために広範な人権侵害を行っていることや[181]、反政府勢力への外部からの支援が不明確なので内政干渉になることなどを理由にこれを拒否した[182]。確かにコートジボワールでは、2000年に治安部隊が反政府勢力に対する不法な生命の剥奪や拷問を繰り返すなど、過去30年間で最も深刻な人権侵害があったとされる[183]。その後内戦が発生して以降も紛争の両当事者による人権法・人道法の重大な違反が存在し、例えば政府側の行為としては、治安部隊（軍および警察を含む）による反政府側と疑われた者に対する超法規的な殺害、恣意的な逮捕、強制失踪、拷問などがあった[184]。

178　詳細は、酒井啓亘「コートジボワール内戦における国連平和維持活動：ECONOMICI から ONUCI へ」『国際協力論集』第12巻第3号（2005年）29-64頁。

179　U. N. Doc. AFR/506-SC/7558.

180　*Ibid.*

181　Jean d'Aspremont, *supra* note 79, p. 907; Amnesty International, "Côte d'Ivoire: Clashes between peacekeeping forces and civilians: Lessons for the future" (16 September 2016), p. 7, at https://www.amnesty.org/en/documents/afr31/005/2006/en/ (as of 30 June 2024); Agence France-Presse, "Ivory Coast Rebels Shun Officialdom and Threaten a New War," *The New York Times* (24 September 2003), at https://www.nytimes.com/2003/09/24/world/ivory-coast-rebels-shun-officialdom-and-threaten-a-new-war.html (as of 30 June 2024).

182　Olivier Corten, *supra* note 39, p. 311; Théodore Christakis and Karine Bannelier, *supra* note 36, p. 129, footnote 112.

183　Amnesty International, "Amnesty International Report 2001 - Côte d'Ivoire" (1 June 2001), at https://www.refworld.org/docid/3b1de3724.html (as of 30 June 2024); Amnesty International, "Amnesty International Report 2002 - Côte d'Ivoire" (28 May 2002), at https://www.refworld.org/docid/3cf4bc0324.html (as of 30 June 2024).

ECOWASは2002年9月29日に緊急サミットを開催しコンタクトグループを設置し仲介を開始した。結果、同年10月18日には政府側と反政府側で停戦合意が成立し、政府はこの停戦の発効を受けてECOWAS軍の展開に同意した。政府はまたECOWAS軍が派遣されるまでの間、フランス軍の展開を要請し、フランスは中立の立場で軍事援助することを決定した。ECOWASも同年12月18日にECOWAS軍を派遣することを決定し、軍事介入した。この時点でのフランスとECOWASによる軍事介入は、同意に基づく武力行使というよりも、むしろ平和維持活動に近いとされている[185]。

安保理は同年12月20日の議長声明においても、Gbagbo大統領が民主的な選挙で選ばれた正統政府であることを強調し、ECOWASの現地での軍事活動を称賛した[186]。またフランスの軍事介入がコートジボワール政府の要請に基づくものであり、ECOWAS軍の展開までの暫定的な性格のものであることを述べた[187]。その後、2003年2月4日の安保理決議1464の採択により、この軍事介入の法的根拠が変わった[188]。この決議で安保理は再度コートジボワールでのECOWASとフランス軍の配備を歓迎し、国連憲章の第7章と第8章に基づいて市民の保護を確保するために職員の安全と移動の自由を保証することを授権した。この時点で、ECOWASおよびフランス軍の駐留の法的根拠は安保理決議となった。

Ⅱ-3. 2013年のフランスによるマリでの武力行使

マリでは2012年3月22日のクーデターにより、選挙で選ばれたTouré大統領が追放され、軍事政権が樹立した。ECOWASは同年4月2日以降、民政移管を迫

184　Human Rights Watch, "Cote d'Ivoire, Government Abuses in Response to Army Revolt" (November 2002), at https://www.hrw.org/reports/2002/cotedivoire/cotdiv1102.pdf (as of 30 June 2024); Amnesty International, "Côte d'Ivoire: Without immediate international action, the country will descend into chaos" (19 December 2002), AFR 31/010/2002, at https://www.amnesty.org/ar/documents/afr31/010/2002/en/ (as of 30 June 2024).

185　Erika de Wet, *supra* note 18, p. 87; Olivier Corten, *supra* note 39, p. 311. 一方、本事例を同意に基づく武力行使として評価する論者として、阿部達也「領域国の同意に基づく武力行使の今日的展開─国連安全保障理事会の関与の動きに着目して─」『世界法年報』第36号（2011年）88-89頁。

186　U. N. Doc. S/PRST/2002/42, p. 1.

187　*Ibid.*, p. 2.

188　U. N. Doc. S/RES/1464, p. 2, para. 9.

るため反乱軍に対し一連の制裁を課していたが、5日後に解除された。というのは、同年4月6日にトゥアレグ族の反政府組織である MNLA（Mouvement National de Liberation de l'Azawad）が、マリ北部にある Azawad 地方を占領し一方的に独立を宣言した[189]ため、同日、ECOWAS が危機を調停し軍事政権と枠組合意を結んだのである。同年4月12日には Traoré 氏が暫定大統領に任命された[190]。当時、マリ北部 Azawad は、MNLA だけでなく、イスラム過激派組織「アンサル・ディーン（Ansar al-Dine）」や「イスラム・マグレブ諸国のアルカイダ（Al-Qaeda in the Islamic Maghreb：AQIM）」、および「西アフリカ統一聖戦運動（Movement for Oneness and Jihad in West Africa：MOJWA）」などのテロリスト集団（以下、イスラム武装勢力）が存在していた。MNLA は当初、これらのイスラム武装勢力と同盟関係にあった。Traoré 政権は北部を実効的に支配しておらず、マリ国内は Traoré 政権の支配下にある南部と、イスラム武装勢力の支配下にある北部に二分された状況であった[191]。

安保理は2012年12月20日に決議2085を採択し、憲章第7章に基づきアフリカ主導のマリ国際支援ミッション（African-led International Support Mission to Mali：以下、AFISMA）の派遣を承認し、特にマリ当局がテロリスト、過激派、武装集団の支配下にある北部の地域を回復するために必要なあらゆる措置を講じるよう授権した[192]。事態の悪化と緊急性にも拘らず、AFISMA の派遣は2013年9月までは行われない見込みであった。この間にイスラム武装勢力は拡大し、2013年1月初旬には南北の境界線となっていた要衝 Konna が占領され、さらに南下して首都 Bamako が占領される危機が生じた[193]。そこで Traoré 暫定大統領はフランスに軍事介入を要請し、フランスはこれを受けて2013年1月11日に軍事介入（Serval 作戦）を行った[194]。この介入により、ECOWAS は AFISMA の展開を加速させたが、AFISMA の部隊は作戦上および物流上の困難に直面し、しばしば非戦闘地

189　U. N. Doc. S/2012/894, p. 9, para. 38.

190　*Ibid.*, p. 2, para. 7.

191　Karine Bannelier and Théodore Christakis, "The Intervention of France and African Countries in Mali - 2013," in Tom Ruys, Olivier Corten and Alexandra Hofer (eds.), *supra* note 112, p. 813.

192　U. N. Doc. S/RES/2085, p. 4, para. 9.

193　"Mali profile - Timeline," *BBC*, at https://www.bbc.com/news/world-africa-13881978 (as of 30 June 2024).

194　*Ibid.*

域に展開しなければならなかったため、軍事活動の負担をフランスと、フランス軍にすぐに合流したチャドの部隊に委ねることになった[195]。フランスは同日に国連安保理に送った公式書簡の中で、マリ共和国の暫定大統領である Traoré 氏からの支援要請に応えて介入したと述べている[196]。フランスは、マリが北部からのテロリズムに直面しており、国家の領土保全と存在そのもの、そして住民の安全を脅かしていることを指摘した[197]。

　フランスによる軍事介入に対しては、諸国、地域的国際機関、国連事務総長、安保理が全面的な支持と理解を表明した。例えば米国は、状況の深刻さについてのコンセンサスがあることを認め、マリ当局の「受けられる支援」を求める権利を強調し、介入を支持した[198]。同様に、ECOWAS も国連安保理がマリでの武力行使を承認したことを支持し、フランス政府のマリ支援への取り組みに感謝を示した[199]。マリ暫定政府が軍事介入を要請する権利に異議を唱える国家は存在せず[200]、安保理も同年 4 月25日に決議2100を採択しフランスによる迅速な行動を歓迎し、フランス軍に「必要なすべての手段をとる」よう授権した[201]。また本決議は AFISMA を改編し国連主導の安定化部隊（Multidimensional Integrated Stabilization Mission in Mali：以下、MINUSMA）を設置し、その機能を遂行するために「必要なすべての手段をとる」ことを授権した[202]。

　法的な観点からは、安保理がマリの状況に注目していたにも拘らず、フランスのマリでの武力行使が安保理の明確な授権を得ずに行われたことが注目される。フランスは、安保理が Serval 作戦を授権したとは主張していないが、介入が安保理決議に沿ったものであることを何度か確認している[203]。学説の中には、フランスのマリでの武力行使を法的に正当化するには、安保理決議2085とマリ暫定政府の同意の両方が必要であり、片方だけでは不十分であるとするものもある[204]。

195　Karine Bannelier and Théodore Christakis, *supra* note 191, p. 813.

196　U. N. Doc. S/2013/17.

197　*Ibid.*

198　Erika de Wet, *supra* note 18, p. 105.

199　"Statement of the President of ECOWAS Commission on the Situation in Mali," *ReliefWeb*（12 January 2013）, at https://reliefweb.int/report/mali/statement-president-ecowas-commission-situation-mali（as of 30 June 2024）.

200　Christine Gray, *supra* note 11, pp. 104-105; Dino Kritsiotis, *supra* note 32, pp. 96-97.

201　U. N. Doc. S/RES/2100, p. 9, para. 18.

202　*Ibid.*, para. 9.

203　Karine Bannelier and Théodore Christakis, *supra* note 191, pp. 815-816.

またそのような弱い根拠を組み合わせたからといって武力行使は正当化されず、フランスの軍事介入は違法とする論者もある[205]。一方、マリ暫定政府の要請のみで法的な正当化根拠として十分であると評価する者もある[206]。

なお、フランスによるマリでの武力行使の前後、北部ではイスラム武装勢力だけではなくマリ軍側も深刻な人権侵害を多数行っていた[207]。例えば、イスラム教徒の反乱軍や協力者と疑われる者に対する、略式処刑、強制失踪、拷問、恣意的な逮捕や私有財産の略奪、政府空軍による国内避難民キャンプへの空爆などである[208]。人権問題に対処するため、マリ暫定政府は、主に北部の主要都市に展開するマリ軍による活動を監視するユニットを設置し、部隊による人権侵害の疑いについて調査を開始した[209]。MINUSMA もこうした取り組みを支援している[210]。

Ⅱ-4. 2014年の米国主導の連合軍、ロシアおよびイランによるイラクでの武力行使

イラクでは、国連の支援を受けて2004年6月28日に暫定政府が発足した[211]。2005年12月には議会選挙が行われ新政府が誕生し、2006年5月には Maliki が首相に選出された[212]。その後、イラク北部の中心都市 Mosul を含む主要な地域は

204　Vidan Hadzi-Vidanovic, "France Intervenes in Mali Invoking both SC Resolution 2085 and the Invitation of the Malian Government - Redundancy or Legal Necessity?," *EJIL: Talk!* (23 January 2013), at https://www.ejiltalk.org/france-intervenes-in-mali-invoking-both-sc-resolution-2085-and-the-invitation-of-the-malian-government-redundancy-or-legal-necessity/ (as of 30 June 2024).

205　Mary Ellen O'Connell, *The Art of Law in the International Community* (Cambridge University Press, 2019), p. 209.

206　阿部達也「前掲論文」(注185) 90-91頁。

207　Amnesty International, "Mali's worst human rights situation in 50 years" (16 May 2012), at https://www.amnesty.org/en/latest/news/2012/05/mali-s-worst-human-rights-situation-50-years/ (as of 30 June 2024); Human Rights Watch, "World Report 2014: Mali -Events of 2013," at https://www.hrw.org/world-report/2014/country-chapters/mali (as of 30 June 2024); U. N. Doc. S/2013/338, pp. 8-9, paras. 35-39; U. N. Doc. S/2013/582, p. 8, paras. 36-38; U. S. Department of State, "Mali 2012 Human Rights Report," at https://www.refworld.org/docid/517e6e0b6.html (as of 30 June 2024).

208　*Ibid.*

209　U. N. Doc. S/2013/338, para. 40.

210　*Ibid.*

211　U. N. Doc. S/2004/625, paras. 39, 46.

132 第3章　同意に基づく武力行使の実体的要件

ISIL に支配され、Maliki 政権は北部の実効的支配を失った[213]。Maliki 政権は2014年6月末、国連への書簡で、ISIL の進出と残虐行為を指摘し、これに対抗するために国連加盟国に軍事支援を要請した[214]。2014年8月8日には、米国主導の連合軍（フランス、オランダ、ベルギー、イギリス、オーストラリア、デンマーク、カナダ、モロッコ、アラブ諸国）がこの書簡による要請に基づき、イラクに存在するISIL に対し空爆を開始した[215]。2014年9月22日、Maliki 政権は国連に宛てた書簡で、要請に基づいて提供された米国の軍事支援に感謝の意を表し、「ISIL の拠点と軍事的要塞を攻撃する国際的な取組みを主導する」よう米国に要請したことが確認されている[216]。このような米国主導の連合軍と並行して、イランとロシアも ISIL との戦いのためにイラク政府の要請を受けてイラクに軍事介入している[217]。

　これらの軍事介入の合法性に異議を唱えた国はない[218]。米国主導の連合軍によるものに関しては、英国[219]、オーストラリア[220]、フランス[221]、カナダ[222]、ノルウェー[223]、ベルギー[224]などが、当該軍事行動はイラク政府の要請に基づくもので

212　U. N. Doc. S/2006/360, paras, 3, 8.

213　U. N. Doc. S/2014/440.

214　*Ibid.*, See also, Karine Bannelier, *supra* note 36, p. 750.

215　The White House, Office of the Press Secretary, "Letter from the President – War Powers Resolution Regarding Iraq" (8 August 2014), at https://obamawhitehouse.archives.gov/the-press-office/2014/08/08/letter-president-war-powers-resolution-regarding-iraq (as of 30 June 2024); Rob Page, "ISIS and the Sectarian Conflict in the Middle East," *House of Commons Library Research Paper 15/16* (2015), pp. 23-24.

216　U. N. Doc. S/2014/691.

217　Raphael Van Steenberghe, "The Alleged Prohibition on Intervening in Civil Wars Is Still Alive after the Airstrikes against Islamic State in Iraq: A Response to Dapo Akande and Zachary Vermeer," *EJIL: Talk!* (12 February 2015), at https://www.ejiltalk.org/the-alleged-prohibition-on-intervening-in-civil-wars-is-still-alive-after-the-airstrikes-against-islamic-state-in-iraq-a-response-to-dapo-akande-and-zachary-vermeer/ (as of 30 June 2024).

218　Olivier Corten, "The Military operations Against the 'Islamic State' (ISIL or Da'esh) – 2014," in Tom Ruys, Olivier Corten and Alexandra Hofer (eds.), *supra* note 112, p. 879.

219　GOV. UK, "Summary of the government legal position on military action in Iraq against ISIL" (25 September 2015), at https://www.gov.uk/government/publications/military-action-in-iraq-against-isil-government-legal-position/summary-of-the-government-legal-position-on-military-action-in-iraq-against-isil (as of 30 June 2024).

220　U. N. Doc. S/2015/693.

221　U. N. Doc. S/PV. 7271, pp. 12-13.

222　U. N. Doc. S/2015/221.

あるとして合法性を表明した。安保理はこれらの軍事介入に直接に言及してはいないが、同年9月19日の声明で、安保理はMaliki政権を支持すること、テロ組織による攻撃を非難すること、イラクの安全のために諸国に支援を要請することなどを述べた[225]。

この間のイラク国内の人権状況に関しては、国連や人権団体が、イラクの治安部隊や武装勢力による人権侵害が続いていることに懸念を表明してきた[226]。イラク軍や準軍事組織は、FallujaやTikritといった都市をISILの支配から解放するための戦いにおいて、アラブ系スンニ派の男性を拷問したり不法に殺害したりしたとして特に非難されている[227]。これに対し2014年9月にMaliki氏の後任としてイラク大統領に就任したAbadi首相とKurdistan地域政府（以下、KRG）は、疑惑を調査するための手続きを確立し、KRGは一部の職員が人権侵害で処罰された旨を述べている[228]。

Ⅱ-5. 2014年のウガンダによる南スーダンでの武力行使

南スーダンは2011年に分離独立を果たしたが、そのわずか2年後の2013年12月14日に首都Jubaで暴動が勃発した[229]。これはMayardit大統領と、2013年7月に解任されたMachar前副大統領の長年にわたる対立が原因となったものである。暴動はすぐに南スーダンの各地域に拡大した[230]。Mayardit大統領は暴動発生直後からウガンダに反政府勢力に対する軍事介入を要請しており、これに応じてウガンダ軍が介入した[231]。ウガンダ政府は当初、紛争への関与を否定し、自国民の退避とJuba国際空港の防衛のための軍隊派遣であると主張していたが、2014年

223　U. N. Doc. S/2016/513.

224　U. N. Doc. S/2016/523.

225　U. N. Doc. S/PRST/2014/20.

226　U. N. Doc. S/2016/897, p. 10, para 46; Angela Dewan, "Amnesty International: Iraqi Forces Must Not Repeat "War Crimes" in Mosul Offensive," *CNN*（18 October 2016), at https://edition.cnn.com/2016/10/18/middleeast/iraq-mosul-amnesty-international/index.html（as of 30 June 2024).

227　Angela Dewan, *ibid.*

228　*Ibid.*

229　U. N. Doc. S/2014/158, p. 2, para. 5.

230　*Ibid*, p. 2, para. 6.

231　Erika de Wet, *supra* note 18, p. 103.

1月14日、ウガンダの国防大臣は、「民主的に選出された」南スーダン大統領が「クーデター未遂」に直面し、2013年12月16日に「状況の安定化のために」支援を要請したことを議会で確認した[232]。そこでは、軍事介入の目的は、「1．ウガンダ人を救いジェノサイドを防止するために支援すること、2．国家と地域の安全保障に有害な展開を回避すること、3．立憲主義を守ること、4．近隣諸国への危険に対応すること」であるとしている[233]。そして翌日の2014年1月15日にも、ウガンダ政府は南スーダン政府の要請により反政府勢力との戦いに協力すると述べた[234]。これに対して南スーダンのMachar氏は現政権への反抗を表明し、2014年2月には反政府組織を結成した[235]。これらの武装野党勢力は、「スーダン人民解放運動／野党軍（SPLM/A in Opposition）」として知られるようになった[236]。ウガンダ軍の介入は2015年10月10日まで続き、その後、南スーダン政府との合意に基づいて撤退した[237]。

　ウガンダの軍事介入に対し、安保理は軍事的・政治的緊張を悪化させる可能性のある外部からの介入を強く抑制した[238]。エリトリアは安保理への書簡で、南スーダンへの介入者が南スーダンの人々の自決権を侵害しているとし、南スーダンの人々の殺害、移住、苦境から利益を得ている「支援者」たちは手を引くよう要求した[239]。そのほか、米国[240]、ノルウェー[241]、スーダン[242]など各国がウガンダの軍事介入に懸念を示し、地域紛争に発展しかねない、和平交渉に支障が出るな

232　Parliament of the Republic of Uganda, "Hansards 2014 January" (14 January 2014), at https://www.parliament.go.ug/documents/132/hansards-2014-january (as of 30 June 2024), p. 2.

233　*Ibid.*, p. 3.

234　Elias Biryabarema, "Uganda leader says helping South Sudan fight rebels," *Reuters* (15 January 2014), at https://www.reuters.com/article/uk-southsudan-unrest/uganda-leader-says-helping-south-sudan-fight-rebels-idUKBREA0E18E20140115 (as of 30 June 2024).

235　U. N. Doc. S/2014/158, p. 2, para. 8.

236　*Ibid.*

237　"The Agreement on the Resolution of the Conflict of Republic of South Sudan of 17 August," at https://peacemaker.un.org/sites/peacemaker.un.org/files/Agreement%20on%20the%20Resolution%20of%20the%20Conflict%20in%20the%20Republic%20of%20South%20Sudan.pdf (as of 30 June 2024).

238　U. N. Doc. SC/11244-AFR/2792.

239　U. N. Doc. S/2014/171.

240　U. S. Department of State, "Press Statement - U. S. Concern About Violations of Cessation of Hostilities in South Sudan" (8 February 2014), at https://2009-2017.state.gov/r/pa/prs/ps/2014/02/221487.htm (as of 30 June 2024).

どの理由で、ウガンダ軍の撤退を要求した。

　なお2013年当時、南スーダンの Mayardit 大統領は自由権規約をはじめとする主要な人権条約の批准を進めていた一方、政府による多数の人権侵害・人道法違反が報告されていた[243]。とりわけ2013年12月15日に勃発した暴動によって南スーダンの人権法・人道法の遵守状況は著しく悪化し、政府側・反政府勢力側の両者が、例えば民族を理由に何百人もの民間人を標的にして殺害し、また民間人の財産の略奪・破壊、拷問、性暴力を行なったとされている[244]。

Ⅱ-6．2015年以降のロシアおよびイランによるシリアでの武力行使

　Assad 氏は2000年に、それまで30年間シリアを統治してきた父親の後を継いでシリア大統領に就任した[245]。Assad 氏の大統領就任は2000年７月11日に行われた国民投票で承認され、その投票で Assad 氏が支持を受けたのは人口の99.7％に相当する[246]。しかし、この投票が国民の意思を反映したものかどうかは疑問である。憲法では Baath 党（Assad 一族の党）が唯一の与党であると定められており、反対意見に対しては脅迫や投獄が行われていた[247]。2007年にも同様の国民投票が行われ、Assad 氏は97.6％の支持を得た[248]。2011年３月には、シリア南西部の都市 Deraa で民主化および表現・結社・集会の自由などの人権問題をめぐり、政

241　Edmund Blair, Aaron Maasho, "Norway says time for Uganda to reduce troops in South Sudan," *Reuters*（29 January 2014）, at https://www.reuters.com/article/world/norway-says-time-for-uganda-to-reduce-troops-in-south-sudan-idUSBREA0S0YP/（as of 30 June 2024）.

242　"Khartoum worried by Uganda military foray in South Sudan," *Daily Nation*（21 January 2014）, at https://nation.africa/kenya/news/africa/Khartoum-worried-by-Uganda-military/1066-2154974-ofw7w4z/index.html（as of 30 June 2024）.

243　U. N. Doc. S/2014/821）, para. 43; Human Rights Watch, "World Report 2014: South Sudan Events of 2013"（17 December 2013）, at https://www.hrw.org/world-report/2014/country-chapters/south-sudan（as of 30 June 2024）; United Kingdom: Foreign and Commonwealth Office, "2013 Human Rights and Democracy Report - South Sudan"（10 April 2014）, at https://www.refworld.org/docid/536ccabf10.html（as of 30 June 2024）.

244　*Ibid.*

245　John Kifner, "Syrians Vote To Confirm Assad's Son As President," *The New York Times*（11 July 2000）, at https://www.nytimes.com/2000/07/11/world/syrians-vote-to-confirm-assad-s-son-as-president.html（as of 30 June 2024）.

246　*Ibid.*

府に対する民衆の抗議行動が発生した[249]。政府の治安部隊が抗議行動の参加者に
発砲し、37人を殺害したところ、抗議活動が国中に広がったが、これもシリア政
府軍によって徹底弾圧された[250]。シリアに関する独立国際調査委員会は、政府に
よる過剰な実力の行使やその他の人権侵害が、人道に対する罪にあたると判断し
た[251]。2012年2月には非国際的武力紛争に発展し、それ以降、紛争に関与する非
国家主体が増え続けている[252]。政府側・反政府側を含むこれらの紛争当事者によ
る人権法・人道法の重大な違反は、拷問、超法規的殺人、性暴力、文民に対する
無差別攻撃（クラスター弾・対人地雷の使用等含む）、化学兵器の使用、医療・教育
施設への攻撃など多岐にわたっており、戦争犯罪や人道に対する罪にあたるとさ
れている[253]。米国、カナダ、EU諸国などの欧米諸国は、Assad政権によるシリ
ア国民への国際人道法違反を批判し、Assad政権はもはやシリアの正統な政府と
はみなされないと宣言した[254]。ただしこれら諸国は法的な意味で政府承認を撤回
しているわけではおそらくないことは重要である[255]。さらに米国はISILに対抗
するためにAssad政権から軍事援助の要請を受けていたのにも拘らず、これに

247 Research Directorate, Immigration and Refugee Board, Canada, "Syria: Syrian presidential election in 2000; confirmation of whether businessmen and/or other influential people in the community were pressured by security officers to collect other people's identity cards for the security officer's use in the election (June–July 2001)" (24 March 2003), SYR41225. E, at https://www.ecoi.net/en/document/1036834.html (as of 30 June 2024).

248 Ian Black, "Democracy Damascus style: Assad the only choice in referendum," *The Guardian* (28 May 2007), at https://www.theguardian.com/world/2007/may/28/syria.ianblack (as of 30 June 2024).

249 U. N. Human Rights Council, "Report of the Independent International Commission of Inquiry on the Syrian Arab Republic," U. N. Doc. A/HRC/S-17/2/Add. 1, p. 8, para. 27; Chiara Redaelli, *supra* note 22, p. 156.

250 *Ibid.*

251 *Ibid.*, p. 20, para. 109.

252 U. N. Human Rights Council, "Report of the Independent International Commission of Inquiry on the Syrian Arab Republic," U. N. Doc. A/HRC/21/50; U. N. Doc. A/HRC/22/59.

253 U. N. Doc. A/HRC/21/50, *ibid.*, pp. 37-130; U. N. Doc. A/HRC/22/59, *ibid.*, pp. 42-118.

254 瀬岡直「政府承認論の最近の展開─『シリア人民の正統な代表』としての『シリア国民連合』の承認の意味合い」芹田健太郎・坂元茂樹・薬師寺公夫・浅田正彦・酒井啓亘（編）『実証の国際法学の継承』（信山社、2019年）271-276頁；Chris McGreal and Martin Chulov, "Syria: Assad must resign, says Obama," *The Guardian* (19 August 2011), at https://www.theguardian.com/world/2011/aug/18/syria-assad-must-resign-obama (as of 30 June 2024).

応えることを拒否した。当時の Obama 米大統領は、「ISIL との戦いでは、自国民を恐怖に陥れ、失った正統性を決して取り戻せない Assad 政権に頼ることはできない」と述べていた[256]。こうして米国は、シリア領域内に存在する非国家主体によってイラクが「武力攻撃」を受けているとして、イラクの要請を受けてシリアで集団的自衛権を行使している[257]。

このような状況の中、ロシアは2015年9月以降、シリアの Assad 政権の要請に基づいて軍隊や航空機を送り軍事行動に参加するなどして、Assad 政権を支援している[258]。同様にイランも、Assad 政権を支援するために最大規模の部隊3,000をシリアに派遣したと報じられている[259]。ロシアもイランも、ISIL などシリア国内のテロ集団に対抗するために Assad 政権から軍事援助の要請を受けたとして、自身の武力行使を正当化している[260]。なお Assad 政権は当時、反対勢力やテロ集団により Aleppo をはじめとする主要な都市の一部を制圧されながら

255　2012年以降、同諸国が反対勢力である「シリア国民連合（National Syrian Coalition）」をシリア人民の唯一の「正統な代表（legitimate representative）」であると承認する実行があるが、これは政治的な行為であって、法的効果をもたらす政府承認ではないとする見解が有力である。Stefan Talmon, "Recognition of Opposition Groups as the Legitimate Representative of a People," *Chinese Journal of International Law*, Vol. 12 (2013), pp. 219-253.

256　Barack Obama, "Address to the Nation on United States Strategy to Combat the Islamic State of Iraq and the Levant Terrorist Organization (ISIL)," *The American Presidency Project* (10 September 2014), at https://www.presidency.ucsb.edu/documents/address-the-nation-united-states-strategy-combat-the-islamic-state-iraq-and-the-levant (as of 30 June 2024).

257　Anne Legarwall, "Threats of and Actual Military Strikes Against Syria - 2013 and 2017," in Tom Ruys, Olivier Corten and Alexandra Hofer (eds.), *supra* note 112, pp. 828-833; Christine Gray, *supra* note 11, p. 107. なお同意に基づく武力行使と自衛権の関係ついては、第5章「自衛権の議論における同意に基づく武力行使の位置付け」で検討する。とりわけシリアでの米国による武力行使の事例については、第5章第1節Ⅱ-4.「2014年以降の米国主導の連合軍によるイラク及びシリアでの武力行使」および、第5章第3節Ⅱ-6.「2014年以降の米国主導の連合軍によるシリアでの武力行使」を参照。

258　U. N. Doc. S/PV. 7527, p. 4. Assad 政権が国連へあてた書簡（U. N. Doc. S/2015/789）およびロシアが国連へあてた書簡（U. N. Doc. S/2015/792）も参照。

259　"Iranian casualties rise in Syria as Tehran ramps up role," *The Jerusalem Post* (23 December 2015), at https://www.jpost.com/middle-east/iran/iranian-casualties-rise-in-syria-as-tehran-ramp-up-role-438154 (as of 30 June 2024).

260　Karine Bannelier, *supra* note 36, pp. 760-761; "Lawmakers authorize use of Russian military force for anti-IS airstrikes in Syria," *Tass Rusian News Agency* (30 September 2015), at https://tass.com/politics/824795 (as of 30 June 2024).

も、首都 Damascus の支配を保ち、ある程度の実効的支配を有していたとされ
ている[261]。

ロシアやイランの軍事行動は、実際には、国連安保理がテロリストグループと
して指定していない穏健派の反政府勢力にも向けられていたことから、多数の諸
国や国際機関から批判された[262]。例えばフランス、ドイツ、カタール、サウジア
ラビア、トルコ、英国、米国は共同宣言を発表し、「シリアにおけるロシアの軍
事力増強に関する深い懸念」を表明した[263]。北大西洋理事会も同様の声明を発表
した[264]。EU 理事会も、ISIL やその他の国連指定のテロリストグループを超えた
ロシアの攻撃は、紛争を長引かせ政治的プロセスを損ない、人道的状況を悪化さ
せる危険性があると述べている[265]。国連総会もシリアの人権状況に関して決議を
採択し、シリア政府のためにシリア反政府勢力と戦う外国勢力のシリアへの介入
を強く非難し、それらは他のテロ集団の利益となり、人道的状況のさらなる悪化

---

261 Laura Visser, "Russia's Intervention in Syria," *EJIL: Talk!* (25 November 2015), at https://www.ejiltalk.org/russias-intervention-in-syria/ (as of 30 June 2024); Olivier Corten, *supra* note 218, pp. 876-877; Karine Bannelier, *supra* note 36, pp. 759-761.

262 U. N. Doc. A/70/PV. 82, p. 7; Karzan Sulaivany, "Iraq Announces Killing of 36 IS Members in Syria Airstrikes," *Kurdistan 24* (22 April 2018), at https://www.kurdistan24. net/en/story/15597-Iraq-announces-killing-of-36-IS-members-in-Syria-airstrikes (as of 30 June 2024); U. N. Doc. S/PV. 7527, *supra* note 258, p. 9 (France); *ibid.*, pp. 21-22 (United States); *ibid.*, p. 24 (United Kingdom); *ibid.*, p. 56 (Denmark); *ibid.*, p. 69 (Australia); *ibid.*, pp. 48-49 (Brazil); *ibid.*, p. 53 (United Arb Emirates); Olivier Corten, *supra* note 218, p. 879; Karine Bannelier, *supra* note 36, pp. 762-763; Tom Ruys, Luca Ferro and Nele Verlinden, "Digest of State Practice 1 July - 31 December 2015," *Journal on the Use of Force and International Law*, Vol. 3, Issue. 1 (2016), pp. 154-156; Olivier Corten, "L'intervention de la Russie en Syrie: que reste-t-il du principe de non-intervention dans les guerres civiles?," *Questions of International Law* (30 September 2018), at http://www.qil-qdi.org/ lintervention-de-la-russie-en-syrie-que-reste-t-il-du-principe-de-non-intervention-dans-les-guerres-civiles/ (as of 30 June 2024).

263 "Joint declaration on recent military actions of the Russian Federation in Syria" (2 October 2015), at https://www.gov.uk/government/news/joint-declaration-on-recent-military-actions-of-the-russian-federation-in-syria (as of 30 June 2024).

264 GOV. UK, "Statement by the North Atlantic Council on incursions into Turkey's airspace by Russian aircraft" (5 October 2015), at https://www.nato.int/cps/en/natohq/news_123392. htm (as of 30 June 2024).

265 Council of EU, "Council Conclusion on Syria" (12 October 2015), para. 10, at https:// www.consilium.europa.eu/uedocs/cms_data/docs/pressdata/EN/foraff/132825.pdf (as of 30 June 2024).

に寄与することから、その即時停止を求めた[266]。さらに英国と米国は、ロシアが国際人道法に直接違反しているだけでなく、シリア政府による国際人道法の違反を幇助していると非難している[267]。ただしこれらの声明はいずれも、Assad 政権の正統性の欠如を理由に同意が無効であるとは明言していない。またこれらの批判は、ロシアが反政府勢力を攻撃することは内戦不介入原則に反するので違法であるとも述べていない。しかし同時に国際社会は、シリア政府が他国に軍事援助を要請する能力を持つと明示的に肯定することも躊躇しているといえよう。

Ⅱ-7. 2015年以降のサウジアラビア主導の連合軍によるイエメンでの武力行使

イエメンでは、イエメン政府の政策に不満を抱いていたフーシ派が2015年1月22日にクーデターを起こし、首都 Sana'a を制圧した[268]。2012年の大統領選挙で当選して以降大統領職にあった Hadi 氏は、これを受けて辞任を表明した[269]。同年2月6日にフーシ派が政権掌握を宣言すると[270]、国際社会はイランを除いて Hadi 氏を支持し[271]、安保理も全会一致で決議2201を採択し、フーシ派の行動を強く非難した[272]。2月21日、Hadi 氏は Sana'a を脱出し南部の港湾都市 Aden に拠点を置くと、辞任を撤回しフーシ派の活動を非難した[273]。フーシ派がイエメン

---

266 U. N. Doc. A/RES/70/234.

267 U. N. Doc. S/PV. 7777, pp. 5–7 (United States); *ibid.,* (United Kingdom); U. N. Doc. S. 8171/PV), p. 6 (France), *ibid.,* p. 7 (Netherland), *ibid.,* pp. 7–8 (United States).

268 Benjamin Nußberger, *supra* note 16, pp. 110–119; Luca Ferro and Tom Ruys, "The Saudi-led Military Intervention in Yemen's Civil War – 2015," in Tom Ruys, Olivier Corten and Alexandra Hofer (eds.), *supra* note 112, pp. 899–900; Tom Ruys and Luca Ferro, *supra* note 4, pp. 61–64; Isabella Wong, "Authority to consent to the use of force in contemporary international law: the Crimean and Yemeni conflicts," *Journal on the Use of Force and International Law,* Vol. 6, No. 1 (2019), pp. 73–75.

269 Erica Gaston, "Yemen on the Edge of Fracture?," *United States Institute of Peace* (23 January 2015), at https://www.usip.org/publications/2015/01/qa-yemen-edge-fracture (as of 30 June 2024).

270 "Constitutional Declaration to Organize the Foundations of Governance During the Transitional Period in Yemen Adopted 6 February 2015" (6 February 2015), at http://constitutionnet.org/sites/default/files/constitutional_declaration_of_houthis_6_feb_2015_-_english.pdf (as of 30 June 2024).

271 U. N. Doc. S/PV. 7381; U. N. Doc. S/PV. 7382.

272 U. N. Doc. S/RES/2201.

の大部分を支配すると、Hadi 氏は同年 3 月24日に GCC とアラブ連盟の諸国に軍
事支援を要請し[274]、すぐにサウジアラビアに亡命した[275]。サウジアラビアを初め
とするアラブ諸国は Hadi 氏が既に実効的支配を失っているにも拘らず、正統な
権威と認め、3 月26日にフーシ派に対し空爆（「決意の嵐」作戦：Operation Decisive
Storm）を行った[276]。同日付けで、サウジアラビア、アラブ首長国連邦、バーレー
ン、カタール、クウェートは、国連安保理に共同書簡を提出し、「イエメンの安
全と安定を常に損なおうとする外部勢力の道具であるフーシ派民兵の侵略からイ
エメンとその偉大な国民を守るために、Hadi 大統領の訴えに応えることを決定
した」と述べた[277]。同書簡では上述の Hadi 大統領からの要請が引用されており、
フーシ派が「地域の大国（regional Powers）」からの支援を受けていることが述べ
られている。

　この軍事介入は、アラブ連盟、米国、カナダ、フランス、英国に支持された[278]。
またこの軍事介入は、諸国による軍事支援を受けていた。例えば、エジプト、
スーダン、セネガルは地上軍の提供を約束し、ソマリアは連合軍による空域、港
湾、領土の使用に同意した。英国と米国は後方支援と情報提供を行った[279]。EU
と中国は軍事介入への懸念を表明し政治的解決を望むとしながらも、明確に異議
を唱えることはなかった[280]。またオマーンは GCC 加盟国の中で唯一、「平和のた
めの努力」ができなくなるとして、介入に参加しなかった[281]。安保理は Hadi 氏

273　U. N. Doc. S/PV. 7411, p. 2.

274　U. N. Doc. S/2015/217, p. 3.

275　Khaled Abdallah and Sami Aboudi, "Yemeni leader Hadi leaves country as Saudi Arabia keeps up air strikes," *Reuters*（27 March 2015）, at https://www.reuters.com/article/us-yemen-security-idUSKBN0ML0YC20150326（as of 30 June 2024）.

276　Saudi Arabia, Royal Embassy Washington DC, "Statement by Saudi Ambassador Al-Jubeir on Military Operations in Yemen"（25 March 2015）, at https://www.saudiembassy.net/press-release/statement-saudi-ambassador-al-jubeir-military-operations-yemen（as of 30 June 2024）.

277　U. N. Doc. S/2015/217, *supra* note 274, p. 5.

278　Zachary Vermeer, "The Jus ad Bellum and the Airstrikes in Yemen: Double Standards for Decamping Presidents?," *EJIL: Talk!*（30 April 201）, at https://www.ejiltalk.org/the-jus-ad-bellum-and-the-airstrikes-in-yemen-double-standards-for-decamping-presidents/（as of 30 June 2024）.

279　Tom Ruys, Nele Verlinden and Luca Ferro, "Digest of State Practice 1 January – 30 June 2015," *Journal on the Use of Force and International Law*, Vol. 2, Issue. 2（2015）, p. 275.

280　*Ibid.*

を正統な大統領と認め、同氏による軍事支援の要請は正当であると強調し、Hadi 政権への攻撃を止めるようにフーシ派に要請した[282]。ただし安保理は、サウジアラビア等によって行われた軍事介入の合法性には言及せず、サウジアラビア主導による軍事介入は安保理の承認も非難も受けなかった[283]。一方、イラン[284]、ロシア[285]、イラク[286]は、イエメン国民が外国の干渉を受けずに自らの将来を決めるべきだという立場から介入を批判した。しかしこのうちイランは、フーシ派へ武器、訓練および資金支援等を提供しているとの証拠があることには注意が必要である[287]。サウジアラビア国防省は 4 月15日に「民兵に対するイランの軍事支援を阻止することが連合の軍事的目的」であるとした[288]。紛争の後期には、イエメンとサウジアラビアはフーシ派をテロとも関連付けていた[289]。

なお、このサウジアラビア主導の連合軍および軍事介入後のイエメン政府は、空爆の方法について国際人道法違反として広く批判を受けていることは注目に値する[290]。特に、民間の市場、葬儀場、病院、水道施設などへの空爆がそうである[291]。連合軍は、国際人道法で要求されている民用物の被害を最小化するための

281　Noah Browning, "Interview-Yemen Combatants Not Ready for Talks, Says Neighbour Oman," *Reuters*（2 April 2015）, at https://jp.reuters.com/article/yemen-security-oman-idUKL6N0WZ3E720150402（as of 30 June 2024）.

282　U. N. Doc. S/RES/2216.

283　Masoud Zamani and Majid Nikouei, *supra* note 52, p. 688.

284　Parisa Hafezi, "Iran Demands Immediate Haltto Military Actions in Yemen," *Reuters*（26 March 2015）, at https://www.reuters.com/article/us-yemen-security-iran-demand-idUSKBN0MM0S720150326（as of 30 June 2024）; Max Byrne, "Consent and the Use of Force: An Examination of 'Intervention by Invitation' as a Basis for US Drone Strikes in Pakistan, Somalia and Yemen," *Journal on the Use of Force and International Law*, Vol. 3（2016）, pp. 112-114.

285　The Ministry of Foreign Affairs of the Russian Federation, "Foreign Minister Sergey Lavrov's remarks at a joint news conference following talks with Yemeni Minister of Foreign Affairs and Compatriots Abroad Ahmed Awad bin Mubarak, Sochi"（26 May 2021）, at https://archive.mid.ru/en/foreign_policy/news/-/asset_publisher/cKNonkJE02Bw/content/id/4751193（as of 30 June 2024）.

286　Tom Ruys, Nele Verlinden and Luca Ferro, *supra* note 279, p. 277.

287　U. N. Doc. S/2015/125, p. 38, para. 153.

288　The Embassy of the Kingdom of Saudi Arabia, "Saudi Ministry of Defense Daily Briefing: Operation Decisive Storm"（15 April 2015）, at https://www.saudiembassy.net/press-release/saudi-ministry-defense-daily-briefing-operation-decisive-storm-4（as of 30 June 2024）.

289　U. N. Doc. S/2020/51; U. N. Doc. S/2019/489.

142 | 第 3 章　同意に基づく武力行使の実体的要件

あらゆる予防措置をとらなかったこと、文民の対象に不均衡な損害を与えたこと、軍事目標と民用物を区別しなかったことなどが批判された[292]。また、アラブ首長国連邦の指揮下にあるイエメンでの地上作戦では、テロリスト（と疑われる者）が強制失踪された[293]。ただし、Hadi 氏の要請当時は、人権法や人道法の重大かつ組織的な違反行為は行われていなかったのであり、軍事介入の前後で区別して評価する必要があろう[294]。

Ⅱ-8．2020年以降のトルコによるリビアでの武力行使

2014年、リビアには Tobruk を拠点とし民主的に選出された代表議会（House of Representatives：以下、HOR）と、Tripoli に拠点を置き首都とリビア北西部の大部分を支配する国民議会（General National Congress：以下、GNC）の 2 つの勢力が存在していた。そこで国連の仲介により HOR と GNC の間で交渉が行われ、2015年12月17日に「リビア政治合意」が締結された[295]。この合意により、統一政府として国民合意政府（Government of National Accord：以下、GNA）が樹立された。安保理は決議2259においてこの合意を支持し、GNA を「リビアの唯一の正統な政府」であると認めた[296]。しかしながら情勢は安定せず、2019年 4 月に反政府武装組織であるリビア国民軍（Libyan National Army：以下、LNA）が GNA から首

290　U. N. Doc. A/HRC/42/CRP. 1, pp. 175-195; U. N. Doc. A/HRC/45/CRP. 7, pp. 20-90; OHCHR, "Bachelet urges States with the power and influence to end starvation, killing of civilians in Yemen," *UN News*, at https://www.ohchr.org/EN/NewsEvents/Pages/DisplayNews.aspx?NewsID=23855&LangID=E (as of 30 June 2024); International Commission of Jurists, "Bearing the Brunt of War in Yemen: International Law Violations and their Impact on the Civilian Population" (2018), p. 26, at https://www.icj.org/wp-content/uploads/2018/09/Yemen-War-impact-on-populations-Advocacy-Analysis-Brief-2018-ENG.pdf (as of 30 June 2024); Human Rights Watch, "Yemen: Events of 2018," at https://www.hrw.org/world-report/2019/country-chapters/yemen (as of 30 June 2024).

291　U. N. Doc. S/2017/81, pp. 47-53, paras. 119-134.

292　European Parliament, "Resolution on the Situation in Yemen (2015/2760 (RSP))" (9 July 2015), at https://eur-lex.europa.eu/legal-content/EN/TXT/PDF/?uri=CELEX:52015IP0270&from=EN (as of 30 June 2024).

293　U. N. Doc. S/2017/81, *supra* note 291, p. 53, para. 132.

294　Chiara Redaelli, *supra* note 22, p. 137.

295　U. N. Doc. S/RES/2259, p. 1.

296　*Ibid.*, p. 4, para. 3.

都 Tripoli を奪取すべく進攻した[297]。こうした動きを背景として、トルコと GNA の軍事的な協力関係は、2019年11月に軍事・安全保障協力に関する覚書に署名したことで始まった[298]。2020年1月、トルコ議会は、リビア政府が「リビアの統一と安定に対する脅威に対抗するため、トルコに軍事的要請を発出した」として、トルコがリビアに軍隊を派遣することを認める法案を可決した[299]。それから数日後、トルコ軍がリビア領土に展開した[300]。トルコの Erdogan 大統領が説明した介入の目的は多岐にわたる。「リビアの合法的な政府が存続し、安定が確立される」ため[301]、「合法的な政府を支援し、人道的悲劇を回避する」ため[302]、リビアの治安部隊が「テロリズムや人身売買など、国際安全保障に対する深刻な脅威との闘いを支援する」ため[303]、などである。またトルコはこの軍事介入の直前に、ロシア等の諸国が「国連が承認した政府ではなく、特定の国の手先である違法な軍閥を支援している」として非難し[304]、「彼らは戦争屋を助けているが、我々は

---

297 U. N. Doc. S/2020/41, para 2.

298 Abdullah Bozkurt, "Full Text of New Turkey, Libya Sweeping Security, Military Cooperation Deal Revealed," *Nordic Monitor* (14 December 2019), at https://nordicmonitor. com/2019/12/full-text-of-new-turkey-libya-sweeping-security-military-cooperation-deal-revealed/ (as of 30 June 2024).

299 Peter Beaumont, "Turkish MPs Pass Bill to Send Troops to Support Libyan Government," *The Guardian* (2 January 2020), at https://www.theguardian.com/world/2020/jan/02/ turkish-parliament-to-vote-on-sending-troops-to-libya (as of 30 June 2024).

300 Ahmed Elumami and Ezgi Erkoyun, "Turkish Military Units Moving to Libya, Erdogan says," *Reuters* (5 January 2020), at https://www.reuters.com/article/idUSKBN1Z40RV/ (as of 30 June 2024).

301 "Erdogan says Turkey starting troop deployment to Libya," *Reuters* (16 January 2020), at https://www.reuters.com/article/idUSKBN1ZF17K/ (as of 30 June 2024).

302 "Turkey Begins Deploying Troops to Libya, Says Erdogan," *DW*, (5 January 2020), at https://www.dw.com/en/turkey-begins-deploying-troops-to-libya-says-erdogan/a-51894454 (as of 30 June 2024).

303 "Erdoğan: Road to peace in Libya goes through Turkey," *Politico* (18 January 2020), at https://www.politico.eu/article/road-to-peace-in-libya-goes-through-turkey-khalifa-haftar/ (as of 30 June 2024).

304 "Erdogan: Turkey will Increase Military Support to gna if Needed," *Al Jazeera* (22 December 2019), at https://www.aljazeera.com/news/2019/12/22/erdogan-turkey-will-increase-military-support-to-gna-if-needed (as of 30 June 2024); "Turkey to Send Troops To Libya Amid Warnings From Russia," RFE/RL (27 December 2019), (rfe/ rl, 27 December 2019), at https://www.rferl.org/a/erdogan-turkish-troops-libya-russia-opposition/30346782. html (as of 30 June 2024).

リビアの正統政府からの招待に応じている……それが我々の違いだ」などと述べていた[305]。

多数の諸国および国際機関がトルコの軍事介入を批判し、リビアの主権と独立に関わる不法な内政干渉であり、リビア国民が外国の干渉を受けずに自らの将来を決定することを妨げると評価した[306]。例えば、キプロス、ギリシャ、イスラエルは共同で、トルコの介入は「リビアの国家主権と独立」に対する「重大な違反」であると宣言した[307]。サウジアラビア[308]やバーレーン[309]も同様に、トルコによる軍事介入およびトルコ議会によるリビアへの派兵承認をリビアの内政干渉などとして非難し、トルコの行動がリビアの平和と安全を回復する努力を妨げ、またアラブと地域の安全保障を脅かすと述べた。また2020年1月19日には、リビア紛争の解決策を見出すことを目的とした多国間会議がベルリンで開催された。この会議には、トルコを含む関係国に加え、AU、EU、アラブ連盟の代表が参加した。参加者は最終的に、「外部からの干渉が……国際平和と安全に対する脅威で

305 "Erdogan announces plan to send troops to Libya," *Al Jazeera* (26 December 2019), at https://www.aljazeera.com/news/2019/12/26/erdogan-announces-plan-to-send-troops-to-libya (as of 30 June 2024).

306 諸国は、トルコの行為が2011年以降のリビアに対する武器禁輸措置（安保理決議1970）に違反することも指摘しており、当該軍事介入の評価に関わっている。リビアの国民合意政府（GNA）は、他国（ロシアなど）が武器禁輸措置に反してリビアの反政府側に武器を提供したことから、これ対抗して政府側が軍事支援を要請することが可能となると解釈しているようである。またトルコは、安保理が2015年に加盟国に対して、GNA の要請に応じて、ISIL、アルカイダおよびそれらに関連するグループの打倒を積極的に支援するよう推奨した（U. N. Doc. S/RES/2259, p. 4, para. 4）ことから、自身の軍事支援は武器禁輸措置に違反しないと解釈しているようである。リビアに対する武器禁輸措置とトルコの軍事介入の評価の関係については、以下を参照。Seyfullah Hasar, "Turkish Intervention by Invitation in Libya: Intervention in Civil Wars, the Violation of Ineffective Arms Eembargoes and Noncompliance with Domestic Law," *Dicle Üniversitesi Hukuk Fakültesi Dergisi*, Vol. 26, Issue. 45 (2011), pp. 242-245; Seyfullah Hasar, *supra* note 89, pp. 259-262, 301-302; Luca Ferro, *supra* note 4, pp. 18-20.

307 "Greece, Israel, Cyprus urge Turkey to Refrain from Meddling in Libyan Conflict," *TASS* (3 January 2020), at https://tass.com/world/1105439 (as of 30 June 2024).

308 "Saudi Arabia Condemns Turkish Escalation in Libya-statement," *Reuters* (5 January 2020), at https://www.reuters.com/article/idUSKBN1Z4004/ (as of 30 June 2024).

309 "Bahrain Condemns Turkish Decision to Send Troops to Libya," *Bahrain News Agency* (5 January 2020), at https://www.bna.bh/en/HMKingissuesdecrees50,51,52/Bahraincondemns Turkishdecisiontosendtroopstolibya.aspx?cms=q8FmFJgiscL2fwIzON1%2BDrwspe0GNJD RUW6p3X50RLY%3D (as of 30 June 2024).

あり続ける」ことを認め、「武装紛争またはリビア内政に干渉しないことを約束した」[310]。国連安保理はこの会議の結論を支持し、「すべての加盟国が紛争に介入せず、紛争を悪化させる措置をとらない」ことを要求した[311]。しかしその後もトルコの軍事介入は続いたため、ドイツは「ベルリンで武力紛争やリビアの内政への介入を控えることを約束した特定の国々が、今も武器、外国人戦闘員、弾薬、先進兵器を当事者に提供している」ことに失意を示した[312]。またキプロス、ギリシャ、エジプト、フランスおよびアラブ首長国連邦は共に、「トルコのリビアへの軍事介入を強く非難」し、「シリアからの外国人兵士の流入を停止するよう」求めた[313]。ただしこのうちアラブ首長国連邦は、LNAの主な支持者とみなされている[314]。

なおリビア政府による要請の前後には、政府側によるものも含め、紛争のあらゆる当事者や武装勢力よる国際人道法や人権法の重大な違反が報告されている。例えば、恣意的・超法規的な殺人、文民への無差別攻撃、強制失踪、拷問、恣意的な逮捕・拘留、生命を脅かす環境での監獄（刑務所や拘置所にはリビア政府の統轄が及んでいないとも言われている）、紛争における子どもの徴用などが報告されている[315]。

---

310 U. N. Doc. S/2020/63 (22 January 2020), paras. 4, 6.

311 U. N. Doc. S/RES/2510 (12 February2020), paras. 1, 2, 10.

312 U. N. Doc. S/PV. 8710 (30 January 2020), p. 16.

313 Greece, Ministry of Foreign Affairs, "Joint declaration adopted by Ministers of Foreign Affairs of Cyprus, Egypt, France, Greece and the United Arab Emirates" (11 May 2020), at https://www.mfa.gr/en/current-affairs/statements-speeches/joint-declaration-adopted-by-the-ministers-of-foreign-affairs-of-cyprus-egypt-france-greece-and-the-united-arab-emirates-11052020.html (as of 30 June 2024).

314 Ramy Allahoum, "Libya's war: Who is supporting whom," *Al Jazeera* (9 January 2020), at https://www.aljazeera.com/news/2020/1/9/libyas-war-who-is-supporting-whom (as of 30 June 2024).

315 African Commission on Human and Peoples' Rights, "Resolution on the Human Rights Situation in the State of Libya – ACHPR/ Res. 418 (LXIV) 2019" (14 May 2019), at https://achpr.au.int/index.php/en/adopted-resolutions/418-resolution-human-rights-situation-state-libya-achpr-res-41 (as of 30 June 2024); Amnesty International, "Libya's relentless militia war: Civilians harmed in the battle for Tripoli, April – August 2019" (22 October 2019), at https://www.amnesty.org/en/documents/mde19/1201/2019/en/ (as of 30 June 2024); Human Rights Watch, "Libya, Events of 2019" (29 August 2019), at https://www.hrw.org/world-report/2020/country-chapters/libya (as of 30 June 2024); U. S. Department of State, "Libya 2019 Human Rights Report," at https://www.state.gov/wp-content/uploads/2020/02/

146 第 3 章 同意に基づく武力行使の実体的要件

第 3 節 実行に照らした諸説の評価

　ここでは、第 2 節で整理した国家実行に照らして、第 1 節で紹介した 4 つの見解を評価する。最終的に、実行を整合的に説明できる可能性が比較的高いのは実効的保護説であることが示される。

Ⅰ. 内戦不介入説の評価

　内戦不介入説は、領域国で内戦が発生していれば領域国政府は他国へ軍事介入を要請できないということを原則とする見解である。第 2 節では、領域国で内戦が発生している場合とそうでない場合を区別して国家実行を整理したが、領域国での内戦の発生の有無と領域国政府の同意能力との間の関連性は十分に確認されない。国家実行に照らせば、同意に基づく武力行使を正当化する際、国家は領域国において内戦が発生しているか、内戦に至らない状態にとどまっているかを考慮に入れることはないようである[316]。

　内戦に至らない状況の場合（Ⅰ-1. からⅠ-7.）に、「内戦が発生していないので」政府は他国の軍事介入に同意する能力があるという理由づけを示す国家実行はない。内戦に至らない状況の場合でも政府の同意能力がないと判断されたこともあり、2014 年のロシアによるウクライナでの武力行使に対しては、国際社会は Yanukovych 氏には同意する能力がないと判断していた（Ⅰ-5.）。他方、内戦の場合（Ⅱ-1. からⅡ-8.）は、「内戦が発生しているので」あるいは「内戦不介入の原則ゆえに」政府は他国の軍事介入に同意する能力がないとまでは明言しないものの、確かに、自決権を侵害することになることや一方当事者に不公平な利益を与える可能性があることが根拠に挙げられている。例えば、2002 年のコートジボワール内戦においてフランスが Gbagbo 大統領からの要請を拒否した事例（Ⅱ-2.）、2014 年のウガンダによる南スーダンへの介入が南スーダンの人々の自

LIBYA-2019-HUMAN-RIGHTS-REPORT.pdf (as of 30 June 2024); U. S. Department of State, "Libya 2020 Human Rights Report," at https://www.state.gov/wp-content/uploads/2021/03/LIBYA-2020-HUMAN-RIGHTS-REPORT.pdf (as of 30 June 2024).

316　Hasar も国家実行の分析の結果、同様の結論に達している。Seyfullah Hasar, *supra* note 89, p. 286.

決権を侵害しているとして批判された事例（II-5.）、2015年以降のサウジアラビア主導の連合軍によるイエメンへの介入がイエメンの人々の自決権に関わるとして批判された事例（II-7.）、2020年以降のトルコによるリビアへの介入が、リビア国民が外国の干渉を受けずに自らの将来を決定することを妨げると批判された事例（II-8.）である。しかし重要なのは、このように自決権に反することが理由に挙げられたのは内戦に限ったことではなかったということである。例えば、2006年にトンガに軍事介入したニュージーランドは一方の当事者に味方しているわけではないことを主張した（I-2.）。また2017年のガンビアの事例は、内戦に至らない状況でも自決権が問題になることを実証するものである（I-6.）。自決権概念は本来的に内戦時のみに該当するものではないのであるから、このような実行は当然といえば当然である。他国へ軍事介入を要請する能力を判断するにおいて、内戦が発生しているかどうか、すなわちその衝突の烈度（intensity）に着目するのは適当でないと解される。

　もっともこの点は内戦不介入説の側も認識しており、それゆえに内戦不介入原則の例外として対抗介入や対テロ介入を挙げている。対抗介入や対テロ介入の場合は領域国の自決権侵害が問題にならないからとされる。確かに国家実行をみれば、内戦が生じている場合で、同意に基づく軍事介入が対抗介入であることや対テロ介入であることが主張された事例は多い。例えば2002年のコートジボワールからの軍事支援要請を拒否する際に、フランスは反政府勢力への外国からの関与が不十分であることを理由の1つとしている（II-2.）。また2015年以降のサウジアラビア主導の連合軍によるイエメンへの介入と、2020年以降のトルコによるリビアでの武力行使（II-8.）では対抗介入が主張された（II-7.）。対テロ介入が主張されたのは、2013年のフランスによるマリでの武力行使（II-3.）、2014年の米国主導の連合軍、ロシアおよびイランによるイラクでの武力行使（II-4.）、2014年以降のロシアによるシリアでの武力行使（II-6.）、2020年以降のトルコによるリビアでの武力行使（II-8.）である。（とはいっても内戦に至らない状況への介入において対抗介入や対テロ介入が主張されたこともあり、2011年のGCCによるバーレーンでの武力行使（I-4.）では、イランによる先行的な介入が指摘されていた。）

　他方でこのような主張の妥当性を実証するのが困難であり、したがって濫用の危険性が高いことは、第1節で述べた通りである。実際に事例をみても、例えば、2015年以降のサウジアラビア主導の連合軍によるイエメンでの武力行使（II-8.）において、それ以前のイランによるイエメンへの軍事支援の内実は不明確とされ

ているし、サウジアラビア主導の連合軍による対抗介入がイエメン内戦へ影響を
与えていないことを実証するのは不可能である。2014年以降のロシアによるシリ
アでの武力行使（Ⅱ-6.）では、どのアクターがテロリストかについて統一的な
見解が見られず、ロシアは対テロ介入を主張しつつも実際はシリア反政府勢力を
も攻撃していることが指摘された。ロシアはシリア反政府勢力に対するシリア軍
との共同軍事作戦を対抗介入で正当化することはなく、すべて対テロ目的とした。
さまざまなアクター間に密接なつながりがあるため、区別することは不可能だっ
たからである[317]。また2013年のフランスによるマリでの武力行使（Ⅱ-3.）は、
対テロ介入の例外の実例としてしばしば先行研究で紹介されるが、フランスによ
る軍事介入がマリの同意（のみ）で正当化されうるかいなかは、上述の通り疑問
が残されている。対テロ介入のための安保理の授権決議が実施されず、その暫定
的な措置としてフランスにより個別に軍事介入されたとすれば、当該集団がテロ
集団であるか否かは安保理が集権的に決定しており個別国家による判断ではな
かったといえる。この点はロシアによるシリアでの武力行使とは異なる。

　このような立証上の問題点に加えて指摘したいのは、内戦不介入説が対抗介入
と対テロ介入のみを内戦不介入の例外とすることの根拠の所在である。国家実行
をみるに、軍事介入の目的として主張されるものはこれら以外に数多あった。
1997年以降のナイジェリアおよびECOWASによるシエラレオネでの武力行使
（Ⅱ-1.）では、大量虐殺計画の防止が理由の１つとして挙げられた。ウガンダが
2013年に南スーダンに介入した際にその目的として主張した事由の中には、自国
民の退避やジェノサイドの防止があった（Ⅱ-5.）。介入国自身の国益や安全のた
め、あるいは地域全体および国際社会の平和と安全のために軍事介入が正当化さ
れることもあった。1997年以降のナイジェリアおよびECOWASによるシエラレ
オネでの武力行使（Ⅱ-1.）や2015年以降のサウジアラビア主導の連合軍による
イエメンでの武力行使（Ⅱ-7.）で挙げられた理由のうちの１つがそうである。
トルコもリビアに軍事介入する際に幅広い目的を列挙しており、リビア政府の存
続と安定、人道的悲劇の回避、テロリズムや人身売買など国際安全保障に対する
深刻な脅威との闘いの支援などが述べられた（Ⅱ-8.）。対抗介入と対テロ介入の
みを内戦不介入の例外とするのであれば、それ以外の人道的危機の防止や地域・
国際の平和と安全の維持といかに論理的に区別されるのかは明らかでない。

317　Olivier Corten, *supra* note 44, p. 136.

かといって、近年に提唱された目的に基づくアプローチをとることも適切ではないように思われる。この見解によれば、在外自国民の保護、越境攻撃を行う反政府勢力への対応あるいは対テロ介入など、内戦の結果に影響を与えない他の目的を追求するものであれば、内戦不介入原則に違反することにはならない。しかし国家実行でみられるように、領域国政府は他国に軍事介入を要請するにあたって何らかの崇高な目的を有していることを述べたり、要請を受けた国家もその軍事介入が何らかの崇高な目的を有していることを述べるのは、よくある実行のようである。そのような主観的な意図を実際に証明することが困難である一方で、目的に基づくアプローチに従えば、何らかの正当な目的を掲げれば当該武力行使が正当化されるきらいがある。目的に基づくアプローチは、実行に則さないとして批判されがちな内戦不介入原則を維持するために提唱された見解であるが、結局実行に則さない（内戦の発生の有無は関連性がない）ばかりか、多分に濫用の可能性が高い。

　以上のことから、内戦不介入説、およびそこから派生した目的に基づくアプローチは国家実行に十分支えられていないと結論される。

Ⅱ．実効的支配説の評価

　実効的支配説は、内戦の発生の有無を問わず、領域国政府がその領域を実効的に支配していれば、他国による自国領域における武力行使に同意する能力があるとする。国家実行に照らせば、実効的支配は同意する能力の判断基準としては妥当性が乏しいことが確認される。

　政府に同意する能力が肯定された事例で「領域国政府が当該領域を実効的に支配しているので、同意を与える能力を有する」あるいは「領域国政府が当該領域を実効的に支配していないので同意を与える能力を有さない」といった理由づけがなされたと思われるものはなかった。逆に、実効的支配を失った政府からの同意が有効であると評価されたものもある。例えば、2014年の米国主導の連合軍、ロシアおよびイランによるイラクでの武力行使（Ⅱ-4.）では、Maliki政権は当時イラク北部の実効的支配を失っていたが、同意に基づく軍事介入は国際社会から支持された。より鮮明なのは2015年以降のサウジアラビア主導の連合軍によるイエメンでの武力行使（Ⅱ-7.）である。Hadi氏は当時Sana'aを脱出し南部の港湾都市Adenに拠点を置いており、軍事支援の要請直後はサウジアラビアに亡

命するほど支配を失っている状態であった。しかし Hadi 氏の要請は国際社会からは有効であるとされた。2013年のフランスによるマリでの武力行使（Ⅱ-3.）も、実効的支配説の反証として先行研究でよく取り上げられている。先に述べたように、フランスによる軍事介入をマリの同意にのみによって正当化できるか否かは疑問の余地があるが、安保理によって集権的にマリ政府の正統性が認められたと考えるとしても、マリ北部の実効的支配を及ぼしていなかった Traoré 政権が正統政府とされ、フランスへの軍事支援の要請の有効性も疑われなかったことは注目される。

以上に鑑みれば、実効的支配は、政府が他国に軍事介入を要請する能力を有するかいなかを判断する基準にはならないと解される。

Ⅲ．民主的正統性説の評価

民主的正統性説は、内戦の有無を問わず、民主的に選出された政府であれば武力行使に同意できるとする。次に評価する実効的保護説とは異なり、政府の起源の正統性に着目する見解である。国家実行上は、民主的正統性説を裏付けるような事例はいくつか存在するものの、一貫して適用されているわけではない。

1998年の南アフリカ、ボツワナおよびジンバブエによるレソトでの武力行使（Ⅰ-1.）と2008年の AU によるコモロでの武力行使（Ⅰ-2.）は、いずれも国際的に承認された選挙の後の民主的な政府の同意に基づいたものであり、その合法性が広く認められた。2017年の ECOWAS によるガンビアでの武力行使（Ⅰ-6.）は、Barrow 氏によるアドホックの要請を根拠にしたものかは不明な部分があるが、Barrow 氏による要請に基づき軍事介入を正当化しうると考えていたと思われる諸国もあった。Barrow 氏は選挙で選出された大統領であるが1度も実効的支配を及ぼしたことがないことには注目される。1997年以降のナイジェリアおよび ECOWAS によるシエラレオネでの武力行使（Ⅱ-1.）は、Kabbah 氏は当時実効的支配を完全に失っていたため、民主的正統性基準が導入されるための最初の1歩であったと評価する見解もある。しかし、安保理が軍事介入を正当化する言及を慎重に避けていることや、介入側であるナイジェリアが独裁国家であること、また、（おそらく内戦においてシエラレオネ政府が行っていた人権法・人道法の違反ゆえに）人道的介入の初期の事例と評価されることもあることなどからすれば、民主的正統性説を支えるものとして十分でない。

他方、民主的正統性説の妥当性を疑わしくする事例もある。2006年のオーストラリアおよびニュージーランドによるトンガへの介入（Ⅰ-2.）は、民主化を求める暴動を鎮圧するために君主制政府によって軍事支援が要請された事例であるが、特に国際社会から批判の声はない。また2019年のチャドへのフランスによる軍事介入（Ⅰ-7.）は、クーデターによって政権を獲得した政府からの要請に基づいているが、国際社会から批判はなかった。同様に2013年のフランスによるマリでの武力行使（Ⅱ-3.）も、クーデターによって政権を獲得した政府からの要請に基づいているが、この点につき国際社会から批判はなく、フランスの軍事介入は広範な支持を得ている。

以上に鑑みれば、民主的正統性は、政府が他国に軍事介入を要請する能力を有するか否かを判断する決定的な基準にはならないと解される。民主主義の考え方が近年の国際法に影響を与えていることは確かであるが、他国に軍事支援を要請する能力を非民主的な政府から奪うようなルールとしては醸成されていないようである。

Ⅳ. 実効的保護説の評価

実効的保護説は、内戦の発生の有無を問わず、自国領域の人々（文民）を実効的に保護している政府が他国による自国領域での武力行使に同意する能力を有するとする。上で評価した民主的正統性説が政府の起源に着目するのに対し、実効的保護説は政府が権力を行使する方法に着目する。国家実行を分析した結果、国家実行を整合的に説明できる可能性が比較的高いのは、この実効的保護説であるように思われる。ただしこれは、既に評価した3つの見解と比較すればということであり、実効的保護説も国家実行によって完全に裏付けられるわけではない。要請国（同意国）、武力行使国、第3国および国際機関等が、常に要請国政府による当該領域での人権侵害状況に言及していたわけではない。さらに「領域国政府は自国領域内の人を実効的に保護しているので、武力行使に同意する能力がある」という明示的な理由づけは見当たらない。しかし、要請国政府には武力行使に同意する能力がないと判断されるとき、当該政府の領域内での人権法・人道法違反が指摘されていることが多い。

実効的保護説の支持者が国家実行上もっとも注目しているのは、2015年以降のロシアおよびイランによるシリアでの武力行使（Ⅱ-6.）である[318]。確かに、米

国、カナダ、EU 諸国などの欧米諸国は、Assad 政権によるシリア国民への国際人道法の重大な違反を批判し、Assad 政権はもはやシリアの正統な政府とはみなされないと宣言していた。同宣言は政府承認の撤回ではないものの、これら諸国は Assad 政権による軍事支援の要請に応じることを拒否した。ただしこれら諸国は、Assad 政権の同意に基づくロシアによる軍事介入については、反政府勢力に対するものは批判しつつも、テロ集団に対するものに関しては明示的に批判していないことには注意が必要である。他に、2014年のロシアによるウクライナでの武力行使（Ⅰ-5.）と2015年以降のサウジアラビア主導の連合軍によるイエメンでの武力行使（Ⅱ-7.）は、国際社会からの反応が対照的な事例として論じる先行研究がある[319]が、その反応の違いは実効的保護説によって説明できると思われる。というのは、ウクライナの Yanukovych 氏もイエメンの Hadi 氏も選挙によって選出された大統領であり、武力行使への同意が与えられた時点では国内での圧力を受けて実効的支配を失っていたという意味では類似しているものの、「実効的保護」の観点からは両者は明確に異なるからである。ウクライナの Yanukovych 氏は非武装の反政府デモ隊に対し発砲し殺害させるなどの重大な人権法違反、とりわけ、生命に対する権利の侵害があった。対して、イエメンの Hadi 氏の要請当時は、政府による人権法や人道法に対する重大かつ組織的な違反行為が存在しなかった。実際、Yanukovych 氏の要請がロシアによる軍事介入の根拠にならないことを述べた英国の国連代表の発言（上で引用）も、Yanukovych 氏による人権法違反を指摘している。また2011年の GCC によるバーレーンでの武力行使（Ⅰ-4.）は国際社会からの反応が希薄であり明確でないものの、国内の治安部隊によるデモ隊への暴力を批判したものもあった。さらに、2002年にコートジボワールからの軍事支援の要請をフランスが拒否した事例（Ⅱ-2.）でも、フランスはコートジボワール政府が反乱を抑圧するために広範な人権侵害を行っていることを理由としていた。しかし一方で、2019年のフランスによるチャドでの武力行使（Ⅰ-7.）では、チャド政府による重大な人権侵害が報告されていたにも拘らず、フランスはそれを理由に要請を拒否することはなかった。

　これらの国家実行によれば、政府が自国領域内の人々（文民）を実効的に保護

318　Eliav Lieblich, *supra* note 6, pp. 187-188.
319　Masoud Zamani and Majid Nikouei, *supra* note 52, pp. 684-688, 693-694.

していないと評価されるのは、政府による人権法・人道法の重大かつ組織的な違反がある場合である。特に、内戦に至らない状況において非武装のデモ隊に対し国家の軍隊・治安部隊が発砲するといった生命に対する権利の侵害や、内戦における文民に対する無差別攻撃（クラスター弾・対人地雷の使用等含む）、化学兵器の使用、医療・教育施設への攻撃がそうである。そしてこのような侵害を政府が主体的に行なっているか否かも区別される。これに関しては、2015年以降のロシアおよびイランによるシリアでの武力行使（Ⅱ-6.）と2014年の米国主導の連合軍、ロシアおよびイランによるイラクでの武力行使（Ⅱ-4.）との比較が有用かもしれない。シリアは主体的に人権法・人道法の重大かつ組織的な違反を行なっていた一方で、イラクではISILとの戦いにおいて治安部隊によるISILに対する人権法・人道法違反があったものの、イラク政府がこれに対する処罰の手続を確立しようとしていた。国家あるいは国際機関による明示的な言及がないので必ずしも明確ではないが、この点がシリア政府とイラク政府のそれぞれの同意能力の評価の違いに影響を与えたのかもしれない。

　以上のように実効的保護説は国家実行とかけ離れたものではないと評価でき、また次に論じるように理論的にも支持される。

第4節　武力行使禁止原則の2元的理解に基づく説明

　本章の冒頭部分で確認したように、武力行使禁止原則の2元的理解によれば、武力行使禁止原則の保護法益のうち国家の同意によって侵害が正当化されうるのは、抽象的国家利益である。もう1つの保護法益である一定の人間的利益については、国家によって放棄され得ず、国家の同意によって侵害を正当化することはできない。このことから、同意に基づく武力行使の実体的要件として核になるのが、「領域国政府からの同意が、抽象的国家利益のみの放棄であり一定の人間的利益の侵害を意図したものではないこと」、「領域国政府からの同意に基づいて武力行使をする国家が、当該領域国の抽象的国家利益のみを侵害しており一定の人間的利益を侵害するものではないこと」である。

　ここでは、以上の観点から、同意に基づく武力行使の実体的要件の1つとして、実効的保護説が理論的に支持されることを説明する。国家実行の分析を踏まえつつ、既存の実効的保護説を武力行使禁止原則の2元的理解に基づいて理論的に精緻化する（Ⅰ.）。その上で、「領域国政府からの同意に基づいて武力行使をする

国家が、当該領域国の抽象的国家利益のみを侵害しており一定の人間的利益を侵害するものではないこと」を担保するには、実効的保護説のみでは足らず、同意に基づき武力行使する際において、武力行使国が領域国で一定の人間的利益を侵害しないことも必要であることを主張する（Ⅱ.）。

Ⅰ. 実効的保護説の精緻化

　先行研究において実効的保護説を支持する論者は、武力行使禁止原則の特定の理解からそれを導いたわけではない。国家実行や、国際法学における人権保護意識の向上、保護する責任概念の登場による国家主権の意味合いの変容を理由としていた。これに対し、本書は、第1部で打ち立てた武力行使禁止原則の2元的理解から理論的に実効的保護説を導くことができると主張する。

　武力行使禁止原則の2元的理解からの要請として、同意に基づく武力行使が正当化されるには、「領域国政府からの同意が、抽象的国家利益のみの放棄であり一定の人間的利益の侵害を意図したものではないこと」、「領域国政府からの同意に基づいて武力行使をする国家が、当該領域国の抽象的国家利益のみを侵害しており一定の人間的利益を侵害するものではないこと」が必要である。この要請から実体的要件を素直に導けば、目的に基づくアプローチが最も近いと考えられるかもしれない。というのは、（内戦不介入を原則とするかはさておき）当該武力行使が人間的利益の実現を目的としているかどうかが要であるからである。しかしながら国家実行の分析からは、目的に基づくアプローチは支持されないことが明らかとなった。領域国政府が他国に軍事介入を要請するにあたって何らかの崇高な目的を有していることを述べたり、要請を受けた国家もその軍事介入が何らかの崇高な目的を有していることを述べるのは、よくある実行である。そのような主観的な意図を実際に証明することは困難であり、目的に基づくアプローチに従えば、何らかの正当な目的を掲げれば当該武力行使が正当化されるようになるきらいがある。

　そこで、「領域国政府からの同意が、抽象的国家利益のみの放棄であり一定の人間的利益の侵害を意図したものではないこと」をより客観的に判断できるのが、実効的保護説である。実効的保護説は、自国領域の人々（文民）を実効的に保護する、ないし、しようとする政府が他国による自国領域での武力行使に同意する能力を有するとする考え方である。これを武力行使禁止原則の2元的理解から言

い換えれば、自国領域内で一定の人間的利益を主体的に侵害している政府であれば、抽象的国家利益であっても放棄できず、すなわち他国による自国領域における武力行使に同意を与える能力を有さないということになる。それは、日頃から一定の人間的利益を主体的に侵害している政府であれば、表面的には何かしらの人道的な目的を掲げて武力行使を要請したとしても、それが真に人間的利益の侵害を意図していないものであるとはみなせないからである。またそのような政府は、抽象的国家の究極的な存在意義である人間的利益一般を保護する責任を放棄しているのであるから、抽象的国家利益を放棄する能力も失うのだともいえよう。同意を与えられた側から見れば、政府による同意は本当に抽象的国家利益のみの放棄であるかが疑わしく、抽象的国家が放棄できないはずの、一定の人間的利益の侵害に関わる可能性がある。

　国家実行に照らせば、この「一定の」人間的利益の侵害というのは人権法・人道法の単発の違反では足らず、生命に対する権利や人道法の基本原則の重大かつ組織的な違反でなければならない。特に、内戦に至らない状況において非武装のデモ隊に対し国家の軍隊・治安部隊が発砲するといった生命に対する権利の侵害がある場合、内戦において文民の無差別攻撃、化学兵器やクラスター弾の使用、医療・教育施設への攻撃がある場合などがそうである。そしてこのような侵害を政府が主体的に行なっているか否かも区別される。理論的には、人権法・人道法のそれほど重大でない違反も、要請する権利を害する可能性がないわけではないが、国家実行ではそうなってはいない。

　また実効的保護説の主な提唱者である Lieblich は、同意に基づく武力行使は内戦時にのみ可能とする見解を表明している。Lieblich は、領域国内での衝突の烈度が内戦の閾値を満たさない状態であれば、当該領域国の同意に基づく武力行使は *jus ad bellum* の文脈で考えられるものではなく、法執行の文脈で評価されるとする[320]。しかしながら、内戦に至らないすべての状況において、領域国の同意に基づき他国軍隊が当該領域に移動する事象を法執行の文脈で評価することはできない。典型的には上述した2014年のロシアによるウクライナでの武力行使（Ⅰ-5.）であり、諸国は明らかに *jus ad bellum* の文脈での評価を行なっていた。実効的保護説は内戦の発生の有無に関わらず妥当するし、内戦の発生の有無は政府の同意能力に影響を与えない。もっとも、内戦が発生していれば非国際的武力

320　Eliav Lieblich, *supra* note 6, pp. 136-137.

紛争に関する国際人道法の諸規則が適用されるのであるから、領域国政府が保護しなければならない人間的利益の内容に違いは生じる。この限りで内戦が発生しているか否かが関係する[321]。

　Lieblichとは反対に、内戦不介入の原則を支持する論者（内戦不介入説および目的に基づくアプローチ）は、自決権が侵害されるかどうかを重視していたが、自決権の侵害如何も内戦の発生の有無に拘らないことは既に述べた。これは、政府によって一定の人間的利益の侵害がなされているような状況では、自決権も侵害されているからであると理解できる。すなわち内戦に至らない状況であっても人権法の重大かつ組織的な違反（上で挙げた例でいえば、内戦に至らない状況において非武装のデモ隊に対し国家軍隊・治安部隊が発砲するといった生命に対する権利の侵害）があれば、当然に自決権も侵害されているのである。このような捉え方は、「自決権は個人の基本権から出発した」[322]のであり、「人権の観念を本質的に内在している」[323]とする自決権理解に呼応する。人民を圧殺する政府は、内戦の発生の有無に関係なく、内的自決を侵害したと評価される[324]。現代では多くの論者が内的自決と民主主義とを結びつけている[325]が、内的自決は手続的な選挙や多数決の問題としてのみ捉えることはできないし、民主的正統性説の評価（第3節Ⅳ.）で述べたように、政府の起源の正統性は必ずしも政府の武力行使への同意能力に影響していない。内的自決はd'Aspremontのいう実質的民主主義も含めて理解されるべきであり、武力行使禁止原則の保護法益としての一定の人間的利益に含まれて

321　内戦が発生している場合で領域国政府が人道法違反を行なっている場合に、当該政府からの要請を受けても軍事支援を差し支える義務があるということは、ジュネーブ諸条約共通第1条および慣習国際人道法上の義務としても導くことができる。学説では、このような人道法の尊重を確保する義務に基づき、軍事支援が人道法の重大な違反に使用される実質的リスクがある場合にはそのような支援が禁止されるとするものが多い（John Hursh, "International Humanitarian Law Violations, Legal Responsibility, and US Military Support to the Saudi Coalition in Yemen: A Cautionary Tale," *Journal on the Use of Force and International Law*, Vol. 7, Issue. 1 (2020), pp. 122-155; Tom Ruys, *supra* note 32, pp. 13-53)。本書は、そのように人道法上の義務としてのみでなく、武力行使禁止原則上の義務として論じるものである。

322　曽我英雄『自決権の理論と現実』（敬文堂、1987年）39-40頁。

323　田畑茂二郎『現代国際法の課題』（東信堂、1991年）Ⅴ頁。松井芳郎『現代の国際関係と自決権』（新日本出版社、1981年）129-130頁も参照。

324　曽我英雄『前掲書』（注322）42頁。

325　David Raič, *Statehood and the Law of Self-Determination* (Kluwer Law International, 2002), pp. 237-238.

いるものは、そのような意味での自決権である。

実効的保護説は以上で述べたように理論的に精緻化され、自国領域内で一定の人間的利益を主体的に侵害している政府であれば、他国による自国領域における武力行使に同意を与える能力を有さない。そのような政府によって与えられた同意は無効である。

Ⅱ．武力行使国による一定の人間的利益の侵害の法的帰結

実効的保護説は、①同意時において、領域国政府が自国内で一定の人間的利益を主体的に侵害していないことを要求する。これは同意に基づく武力行使の入り口で課される実体的要件である。本書は、これに加えて、②同意に基づき武力行使する際において、武力行使国が領域国で一定の人間的利益を侵害しないことも必要であると主張する。これは、「領域国政府からの同意に基づいて武力行使をする国家が、当該領域国の抽象的国家利益のみを侵害しており一定の人間的利益を侵害するものではないこと」を担保するためのものである。

武力行使禁止原則は、他国にある人間の一定の人間的利益を武力によって侵害することも禁止しているのであるから、同意する能力のある政府によって同意が与えられた場合であっても（つまり①の要件が満たされていても）、武力行使国（介入国）が介入先で一定の人間的利益を侵害することになれば、武力行使禁止原則違反と評価される[326]。そのような実際の事例としては、2015年以降のサウジアラビア主導の連合軍によるイエメンでの武力行使（Ⅱ-8.）が挙げられよう。既に述べた通り、Hadi 氏は要請を出した当時、一定の人間的利益の侵害を犯しておらず、他国に軍事支援を要請する能力があったと判断されるが、サウジアラビア主導の連合軍による軍事介入のその態様は国際人道法違反であるとして広く批判

326　武力行使禁止原則の２元的理解を共有していない（人間的視座によらない）ものの、②の点につき類似の見解を主張する論者として、Butchard がある。Butchard は、「国家が国内のテロの脅威に対応するために軍事支援を要請したが、その標的に対する武力行使が化学兵器の使用や市民に対する不均衡な攻撃に発展した場合、（中略）このような武力行使は、国際法の他の領域においても違法であるばかりでなく、国際の平和と安全を脅かす可能性が高く、そのため『国際連合の目的に反する』武力行使とみなされ、第２条４項にも違反する可能性がある」（括弧内筆者）とする。Butchard の見解によれば、第２条４項の「国際連合の目的と両立しない他のいかなる方法によるものも」という規定にこそ、同原則の強行規範性が見出され、同意があってもなお同原則は継続的に適用される。Patrick Butchard, *supra* note 22, pp. 55-56, 70-71.

を受けている。特に、民間の市場、葬儀場、病院、水道施設などへの空爆がそうであり[327]、連合軍は、民用物の被害を最小化するためのあらゆる予防措置を取らなかったこと、文民の対象に不均衡な損害を与えたこと、軍事目標と民用物を区別しなかったことなどが批判されている[328]。そしてこのような国際人道法違反を理由に、当該軍事介入が *jus ad bellum* 上も正当化されないのではないかと疑問視する論者があるが[329]、その評価は本書の理解によって理論的に可能である。武力行使国が介入先で一定の人間的利益を侵害することになれば、武力行使禁止原則違反と評価される。このような帰結は、武力行使国の責任の重さを意味する。

　以上のように、同意に基づき武力行使が正当化されるための実体的要件には、武力行使国が領域国で一定の人間的利益を侵害しないことも必要である。このことから、同意に基づく武力行使の既存の正当化理論のうち、武力行使禁止原則不適用説が妥当でないことが再度確認される。同意があれば武力行使禁止原則はそもそも適用されないのであれば、その同意に基づき「武力行使」がなされる段階でいかなる人間的利益の侵害があっても、それは人権法・人道法の文脈で違法が認定されるのみであり、武力行使禁止原則の違反にはならない。しかし武力行使禁止原則は一定の人間的利益も保護しているのであるから、政府の同意によって抽象的国家利益が放棄されても、なお継続して適用されると解するのが適切である。したがって繰り返しになるが、第2章第3節Ⅱ．で述べたように、本書の理解では武力行使禁止原則不適用説は採用できず、（抽象的国家利益の侵害の正当化に限定されるという意味で）いわば「部分的な違法性阻却」説ということになる。

327　U. N. Doc. S/2017/81, *supra* note 291, pp. 47-53, paras. 119-134.

328　European Parliament, "Resolution on the Situation in Yemen (2015/2760 (RSP))," *supra* note 292.

329　Chiara Redaelli, *supra* note 22, p. 137; Masoud Zamani and Majid Nikouei, *supra* note 52, p. 694. 別の理由で、当該軍事介入は *jus ad bellum* 上正当化されないとする論者として、Luca Ferro と Tom Ruys がある。Luca Ferro と Tom Ruys は武力行使禁止原則不適用説に立ちつつ内戦不介入説を採用し、領域国政府が内戦に陥っている場合には、当該領域国政府は他国に軍事支援を要請することはできず、他国は当該領域国政府の同意に基づき介入することはできないとする。そしてサウジアラビア主導の連合軍によるイエメンでの武力行使については、たとえ Hadi 氏による要請に基づき対抗介入が可能であるとしても、サウジアラビア主導の連合軍の介入の態様がイランによるフーシ派への事前の関与をはるかに凌駕するほどであったことから、サウジアラビア主導の連合軍の行為を *jus ad bellum* 違反であると評価する。Luca Ferro and Tom Ruys, *supra* note 268, p. 910. 一方で、当該軍事介入は *jus ad bellum* 上は正当化され、*jus in bello* の違反があったのみとする論者として、Olivier Corten, *supra* note 44, p. 123.

第 4 節　武力行使禁止原則の 2 元的理解に基づく説明 | 159

ベトナム戦争で使用されたクラスター爆弾の子弾 BLU-3
（ベルリン反戦博物館にて筆者撮影）
2015 年以降イエメンにおいて、サウジアラビア主導の連合軍は、
この改良版 BLU-97 を内包するクラスター爆弾を使用していると報告されている[330]。

330　Human Right Watch, "Yemen: Cluster Munition Rockets Kill, Injure Dozens Saudi-led Coalition Likely Launched 7 Attacks Harming Civilians," at https://www.hrw.org/news/2015/08/26/yemen-cluster-munition-rockets-kill-injure-dozens（as of 20 June 2024）.

『黄金律（The Golden Rule）』
−Do unto others as you would have them do unto you

第 4 章　同意に基づく武力行使の手続的要件

　　　　　第1節　同意を与える主体
　　　　　第2節　同意の態様
　　　　　第3節　同意を与える時期
　　　　　第4節　武力行使禁止原則の2元的理解に基づく説明

本章では同意が有効に与えられるために満たすべき手続的要件を検討する。先行研究は、実体的要件についてそうであったように、手続的要件についても、同意に基づく武力行使の理論と関連させずに検討してきた。同意に基づく武力行使の手続的要件の文脈でよく参照される国家責任条文第20条のコメンタリーは、同意が有効であるための要件として、同意が事前に与えられること、同意を与える者が政府代表性を有していること、同意が自由であること、同意が明確であることなどを挙げている。すでに第1部で検討したように、同条の起草過程では、国家の同意は常に1次規則に含まれる要素なのか、違法性阻却事由として2次規則のものもあるのかにつき見解が分かれていた。しかし同意の手続的要件については、同意が与えられる規範によって異なるという一致した見解があった[1]。コメンタリーにおける上記の諸要件に関する記述は、あらゆる場面に共通するとされる基本的な要件を述べたものであり、規範ごとの詳細な要件が示されているのではない。また国家責任条文第20条は違法性阻却としての同意について規定したものであるが、コメンタリーにおける手続的要件に関する記述は、特に違法性阻却としての同意についてのみ限定したものではないようである。すなわち、違法性阻却としての同意はそもそも存在しないとする委員にとっては、それは1次規則に含まれる要素としての同意の手続的要件であるということである。

一方で学説上、武力行使の文脈においては、武力行使禁止原則の国際法上の「重要性」から、同意が有効であるために厳格な要件が課される場合があるとの指摘がなされることがある[2]。そこで本章ではまず、この指摘が正しいかどうかを分析し、武力行使への同意の場合とその他の行為一般への同意の場合との異同が明らかになれば、それは本書の武力行使禁止原則の2元的理解からいかに説明されるのかを検討することにしたい。

---

1 なお ILC では「手続的要件」という表現は用いられておらず、「同意が有効に与えられるために満たすべき要件」というような表現がなされてきた。そのような要件について議論しより詳細に明記すべきであると主張した委員として、例えば、Addo は（旧）第29条はあらゆる問題を生じさせることになるため削除すべきとの立場だが、起草するのであれば、同意が有効であるための要件を議論すべきだとした（*Yearbook of the International Law Commission*, 1999, Vol. I, U. N. Doc. A/CN. 4/SER. A/1999, pp. 149-150, para. 32）。Pambou-Tchivounda も同様の意見を述べた（*ibid*., pp. 152-153, paras. 52-57）。反対に、Pellet（*ibid*., p. 150, para. 34）や Goco（*ibid*., p. 151, para. 42）は、同意が有効であるための要件は時と場合によって異なるので、そのための議論に時間を費やすべきではないとした。

2 Robert Kolb, *The International Law of State Responsibility: An Introduction*（E. Elgar, 2017）, pp. 114-117. ただし、Kolb は具体的な要件は提示してない。

したがって以下では、次の順で検討をすることにする。まず、武力行使への同意が有効であるために満たすべき手続的要件として、同意を与える主体（第1節）、同意の態様（第2節）、同意を与える時期（第3節）のそれぞれについて、ILC、ILA、IDIにおける議論、判例、学説、国家実行を分析し検討する。そこで武力行使への同意の場合とその他の行為一般への同意の場合との異同を明らかにし、それが本書の武力行使禁止原則の2元的理解からいかに説明されるのかを論じる（第4節）。

第1節　同意を与える主体

同意を与える主体について、国家責任条文第20条のコメンタリーをはじめ先行研究は、「いかなる者が政府を代表して同意を与えうるか」に焦点を当てて検討してきた。後述するように、とりわけ見解の分断がみられるのは、外務大臣が他国に軍事援助を要請することができるのかという点である。このような「いかなる者が政府を代表して同意を与えうるか」という問題の検討は必要であり、武力行使への同意の場合とその他の行為一般への同意の場合との異同が明らかにされる必要がある。

しかしそれ以前に、ここで議論の俎上にある同意は、国際法上の法律行為としての同意であるから、当然それはある「国家」の「政府」によって与えられなければならない。そして同意を与える主体が、ある「国家」の「政府」であるべきという要件については、武力行使への同意の場合とその他の行為一般への同意の場合との異同は考えられない。またすでに第3章で行った諸事例の分析では、ある「国家」の「政府」からの同意ないし要請であることは所与のものとして論じてきた。しかし最近の国家実行においては、既存国家の一部の地域を国家承認して、当該新国家からの要請であるとして軍事介入をする事例や、クーデターにより成立した軍事政権に政府承認を与えないまま、当該軍事政権の同意を得て在外自国民保護を行う事例がある。ここではそれらを念頭に、まず、同意を与える主体が「国家」であり（Ⅰ.）、「政府」である（Ⅱ.）という要件を確認する。その上で、「いかなる者が政府を代表して同意を与えうるか」という政府代表性の問題（Ⅲ.）を検討することとしたい。

164 | 第 4 章　同意に基づく武力行使の手続的要件

Ⅰ．同意が国家によって与えられること

　武力行使への同意の場合であれ、その他の行為一般への同意の場合であれ、同意は国家間関係において与えられるものであるから、当然、国家によって与えられなければならない。国際法上、「国家」は、①永続的住民、②明確な領域（国境は未確定でもよい）および③管轄権を実効的に行使する政府、を備えるものとされる。モンテビデオ条約は、これに④外交能力を加える。国家承認を行うためには、承認の相手方が国際法上国家として成立していることが必要であり、すなわち上記①〜④の要件を満たしていることが必要である。要件を満たさない実体を国家として承認することは、「尚早の承認」となり、その実体（地域）が属する国家に対する違法な干渉となる。国家は他国から承認されることによって国家になる（一国が国家承認すればその実体が国家になる）のではないからである。

　国家でない実体からの同意に基づき、武力行使の正当化が主張された最近の事例として、2022年2月のドネツクとルハンスクへのロシアの軍事介入がある。ドネツクとルハンスクはウクライナ東部のドンバス地方にあり、ロシアは2022年2月21日、ドネツクとルハンスクをそれぞれ「ドネツク人民共和国」「ルハンスク人民共和国」として国家承認を行った[3]。これら新「国家」は、直ちにロシアとの友好・協力・相互援助条約をそれぞれ締結し[4]、ロシアに軍事援助を要請したとされる。ロシアはこの要請を集団的自衛権の要請として扱っているようであり、同意に基づく武力行使を明示的には援用していないが[5]、集団的自衛権と同意に

3　Presidential Decree of the Russian Federation, No 71, "About recognition of the Donetsk People's Republic" (21 February 2022); Presidential Decree of the Russian Federation, No 72, "About recognition of the Luhansk People's Republic" (21 February 2022).

4　Office of the President of the Russian Federation, "President signed Federal Law On Ratifying the Treaty of Friendship, Cooperation and Mutual Assistance Between the Russian Federation and the Lugansk People's Republic" (22 February 2022), at http://en.kremlin.ru/events/president/news/67834 (as of 30 June 2024).

5　Marko Milanovic, "What is Russia's Legal Justification for Using Force against Ukraine?," *EJIL: Talk!* (14 February 2022), at https://www.ejiltalk.org/what-is-russias-legal-justification-for-using-force-against-ukraine/ (as of 30 June 2024); Office of the President of the Russian Federation, "Address by the President of the Russian Federation" (24 February 2022), at http://en.kremlin.ru/events/president/transcripts/67843 (as of 30 June 2024). なお集団的自衛権と同意に基づく武力行使の関係については、第 5 章第 1 節「集団的自衛権との関係」を参照。

基づく武力行使の両方を援用した可能性もある。ここで重要なのは、集団的自衛権であれ同意に基づく武力行使であれ、その同意（要請）は国際法上の国家によって与えられなければならない点である。すでに複数の論者によって指摘されるように、「ドネツク人民共和国」および「ルハンスク人民共和国」は、上述の国家性の要件を満たさない[6]。その論拠の1つとして、これらの地域は2014年以降、ウクライナ政府の実効支配のもとにはないが、経済、金融、政治、軍事などのあらゆる面でロシアの支援に頼っているからである[7]。諸国は、シリア[8]と北朝鮮[9]を除き、「ドネツク人民共和国」および「ルハンスク人民共和国」を国家承認していない。例えば米国は、ロシアによる国家承認がミンスク合意の完全な拒否であり、ウクライナの主権と領土保全を侵害するものと強く非難した[10]。英国のJohnson首相も、ロシアによる両「国」の国家承認は、「明らかに国際法に違反している」として非難した[11]。したがって、集団的自衛権であれ同意に基づく武力行使であれ、これらの実体の同意（要請）に基づき武力行使を正当化すること

---

6 Julia Miklasová, "Russia's Recognition of the DPR and LPR as Illegal Acts under International Law," *Völkerrechtsblog* (24 February 2022), at https://voelkerrechtsblog.org/de/russias-recognition-of-the-dpr-and-lpr-as-illegal-acts-under-international-law (as of 30 June 2024); Pavle Kilibarda, "Was Russia's Recognition of the Separatist Republics in Ukraine 'Manifestly' Unlawful?," *EJIL: Talk!* (2 March 2022), at https://www.ejiltalk.org/was-russias-recognition-of-the-separatist-republics-in-ukraine-manifestly-unlawful/ (as of 30 June 2024).

7 Committee on Legal Affairs and Human Rights of the Parliamentary Assembly of the Council of Europe, "Legal remedies for human rights violations on the Ukrainian territories outside the control of the Ukrainian authorities" (26 September 2021), para. 56, at https://pace.coe.int/en/files/23007/html (as of 30 June 2024).

8 "Syria recognizes independence, sovereignty of Donetsk, Luhansk -state news agency," *Reuters* (29 June 2022), at https://www.reuters.com/world/middle-east/syria-recognizes-independence-sovereignty-donetsk-luhansk-state-news-agency-2022-06-29/ (as of 30 June 2024).

9 "North Korea recognises breakaway of Russia's proxies in east Ukraine," *Reuters* (14 July 2022), at https://www.reuters.com/world/north-korea-recognises-breakaway-russias-proxies-east-ukraine-2022-07-13/ (as of 30 June 2024).

10 U. S. Department of States Press Statement, "Kremlin Decision on Eastern Ukraine" (21 February 2022), at https://www.state.gov/kremlin-decision-on-eastern-ukraine/ (as of 30 June 2024).

11 "Putin orders troops into eastern Ukraine on 'peacekeeping duties'," *The Guardian* (21 February 2022), at https://www.theguardian.com/world/2022/feb/21/ukraine-putin-decide-recognition-breakaway-states-today (as of 30 June 2024).

はできない[12]。特に、集団的自衛権でなく同意に基づく武力行使によって正当化する場合は、「ドネック人民共和国」および「ルハンスク人民共和国」領内での武力行使のみしか正当化されえないから、ウクライナの他の地域にまで及ぶロシアの行為はそもそも同意に基づく武力行使によっては正当化できない[13]。

II. 同意が政府によって与えられること

　一般に、政府は国家を代表し国家のために行動することができる。Roth によれば、各国家には、国家に代わって権利を主張し、義務を負い、権限を行使し、免責を与える法的能力を（当面は）有する政府が存在する[14]。武力行使の文脈においても、国家を代表する政府は他国軍隊の自国領域における武力行使に同意することができる。ICJ はニカラグア事件判決で以下のように述べて、同意する能力は叛徒にはないが政府にはあることを説明する。

　　国家の政府の要請によってすでに許容されうる（allowable）介入が、叛徒の要請によっても認められるとしたら、国際法における不干渉原則に何が残るのか理解するのは難しい。そうなるとどの国家も、政府の要請であれ叛徒の要請であれ、いつでも他国の内政に介入できることになる。このような状況は国際法の現状にそぐわないと裁判所は考える[15]。

12　James A. Green, Christian Henderson and Tom Ruys, "Russia's Attack on Ukraine and the *Jus ad Bellum*," *Journal on the Use of Force and International Law*, Vol. 9, Issue. 1 (2022), p. 22.

13　なおロシアの Putin 大統領は「ドネック人民共和国」および「ルハンスク人民共和国」において、ジェノサイドの疑いがあることに言及していることから、いわゆる「救済的分離」との関連性も論じられる。これは、国家が著しい人権侵害を少数派民族に行っている場合、また少数派民族の政治参加が著しく制限されている場合で、当該少数派民族が一方的に領域国からの分離独立を宣言したとき、新たな国家が成立するのか（するとしてどのような条件のもとにするのか）をめぐる議論である。「救済的分離」については国際社会の見解が一致していない。一方で、Milanović が指摘するように、ロシアは安保理の常任理事国の中で唯一、コソボに関する一方的独立宣言の国際法適合性 ICJ 勧告的意見に際して、救済的分離の限定的権利を支持していた。それでも今回の事例では、そもそも事実の問題として、ウクライナによるこれらの地域でのジェノサイドが確認されないため、「救済的分離」は認められないと思われる。See, Marko Milanovic, "Recognition," *EJIL: Talk!* (21 February 2022), at https://www.ejiltalk.org/recognition/（as of 30 June 2024）; Julia Miklasová, *supra* note 6.

14　Brad R. Roth, *Sovereign Equality and Moral Disagreement: Premises of a Pluralist International Legal Order* (Oxford University Press, 2011), p. 169.

このように、同意を与える主体は一国の政府でなければならず、叛徒であっては
ならないことは、ICJ も先行研究も一致した見解である。同意は法律行為である
から、同意は国際法平面における法律上の政府によって与えられなければならな
い。法律上の政府であることに関して、政府承認（既存国家の内部で、国内法に従っ
た手続に拠らずに政府が変更された場合に、外国がその新政府を当該国家の正式な政府で
あると認めること）の有無が問題となる。もっとも現代では政府承認が明示的にな
されることは少ないが、外交関係の樹立、許可状を交付した上での領事の接受、
重要な二国間条約の締結などによって黙示的になされうる。いずれにしても厄介
なのは、この政府承認がなされるための基準、ないし法律上の政府であるかを判
断する基準が、非常に曖昧であることである。伝統的には実効的支配基準が唱え
られてきたが、前章第 2 節 I - 6. で分析したガンビアの事例のように、1 度も
実効的支配を及ぼしたことがない政権が法律上の政府として認められたこともあ
る。この事例は新しい民主的正統性基準の根拠として論じられているが、一方で
暫定政権の場合はいずれの基準にもよっていないようにみえるケースがある[16]。

　ただし付言すべきは、政府承認の有無あるいは法律上の政府であるか否かは、
当該政府が武力行使に同意する能力を有するかを判断する際に決定的なものでは
ないということである。これは、理論的に、政府承認の喪失は同意する能力の喪
失を必然的に伴うが、その逆はそうではないことによる[17]。政府承認を撤回され
なくても、同意能力を喪失する場合が考えられるのである。すでに第 3 章におい
て論じたように、領域国政府が同意能力を有するとされるためには、同意時にお
いて、当該政府が自国内で一定の人間的利益を主体的に侵害していないことが必
要である。この結論が示すように、政府が一定の人間的利益を主体的に侵害して
いれば、政府承認を維持していても軍事援助の要請が無効になる場合が考えられ
る。

　このことは、たとえ第 3 章で検討した実体的要件について実効的保護説（同意
時において、領域国政府が自国内で一定の人間的利益を主体的に侵害していないことが必

15　*Military and Paramilitary Activities in and Against Nicaragua (Nicaragua v. United States of America)*, Merits, Judgment, I. C. J. Reports 1986 [hereinafter Nicaragua case], p. 126, para. 246.

16　Erika de Wet, *Military Assistance on Request* and the Use of Force（Oxford University Press, 2020), p. 67.

17　Eliav Lieblich, *International Law and Civil Wars: Intervention and Consent*（Routledge, 2013), p. 154.

要であるとする見解）をとらなくても、同様である。例えば内戦不介入説に立てば、内戦の発生をもってただちに法律上の政府としての地位が認められなくなるわけではないが、内戦下では他国に軍事介入を要請できないという議論がある。また政府が反政府勢力によって実効的支配を失い国外退去を強いられても、以前与えられた政府承認は維持されたままであることが認められているが[18]、他国に軍事援助を要請する能力も維持しているかどうかは別途議論することになる。この場合、実効的支配説に立てば他国に軍事援助を要請する能力を失うことになるし、民主的正統性説に立てば、当該政府が民主的である限り要請する能力を維持することになる。

これは、政府承認は1度与えられれば、内戦が発生したり実効的支配を失ったり国際法違反行為を行ったりしたからといって、簡単には撤回されないからである。通常は、現政権が反政府勢力にもはや抵抗しないことが明らかになるまで、法律上の政府としての承認を保持する[19]。このように法律上の政府であることは、他国軍隊による自国領域での武力行使に同意する能力を有するための必要条件であって十分条件ではない。つまり、ここで第4章「同意に基づく武力行使の手続的要件」として「同意が政府によって与えられること」という要件を挙げたのは必要条件としてであり、上で第3章「同意に基づく武力行使の実体的要件」として実効的保護説を挙げたのは十分条件としてである。

一方で先行研究では、法律上の政府は常に他国軍隊による自国領域での武力行使に同意する能力があるとして、政府承認の要件と同意する能力を有する政府の要件を同列に論じているものが多数ある。しかしながら上の段落で述べたことに加えて、武力行使禁止原則の2元的理解によれば、武力行使禁止原則は一定の条件下で放棄可能な抽象的国家利益と放棄不可能な人間的利益の2種類の利益を保護しているものであり、後者は強行規範であるという特殊な性格の原則である。そうであれば、抽象的国家利益を放棄するにおいても、もう一つの保護法益であ

---

18 Stefan Talmon, *Recognition of Governments in International Law with Particular Reference to Government in Exile* (Oxford University Press, 1998), p. 513; Brad R. Roth, *Governmental Illegitimacy in International Law* (Oxford University Press, 2000), p. 151.

19 Erika de Wet, *supra* note 16, p. 68; Eliav Lieblich, *supra* note 17, p. 154, David Wippman "Military Intervention, Regional Organizations and Host-State Consent," *Duke Journal of Comparative and International Law*, Vol. 7 (1996), p. 223; Louise Doswald-Beck, "The Legal Validity of Military Intervention by Invitation of the Government," *British Yearbook of International Law*, Vol. 56, Issue. 1 (1985), p. 197.

る人間的利益との関連が問題となるのであり、当該政府が国家を代表し国家のために行動することができるという以上の条件が課されうると考えられる。これが、第3章で結論した要件の必要な理由である。

　最後に、政府承認をされていない「政府」によって武力行使への同意が与えられた最近の事例として、2021年9月のアフガニスタンのタリバン政権による同意がある。米軍がアフガニスタンから撤退すると、2021年8月15日にタリバンがアフガニスタンの首都Kabulを武力により陥落させた[20]。アフガニスタンのGhani大統領は国外逃亡し、政権をタリバンに明け渡した[21]。タリバンは9月7日にはアルカイダ関連のグループを中心とした「政府」を発足した[22]。これに対し諸国は、タリバン政権をアフガニスタンの新政府として承認することを控えている[23]が、一方で、諸国はタリバンの同意を取り次いで、アフガニスタン内で在外自国民保護（非戦闘員退避活動：NEOともいう）を行った[24]。これら諸国はタリバンをアフガニスタン政府とは認めていないので、タリバンの同意は武力行使を正当化

20　Clarissa Ward, Tim Lister, Angela Dewan and Saleem Mehsud, "Afghan President Ashraf Ghani flees the country as Taliban forces enter the capital," *CNN* (16 August 2021), at https://edition.cnn.com/2021/08/15/asia/afghanistan-taliban-advances-kabul-intl/index.html (as of 30 June 2024).

21　"Afghan President Ghani flees country as Taliban enters Kabul," *Al-Jazeera* (15 August 2021), at https://www.aljazeera.com/news/2021/8/15/afghan-president-ghani-flees-country-as-taliban-surrounds-kabul (as of 30 June 2024); "Afghan president says he left country to avoid bloodshed," *Reuters* (16 August 2021), at https://www.reuters.com/world/asia-pacific/afghan-president-ghani-says-he-left-country-order-avoid-bloodshed-2021-08-15/ (as of 30 June 2024).

22　Yarosav Trolimov, "Taliban Unveil New Afghan Government," *The Wall Street Journal* (7 September 2021), at https://www.wsj.com/articles/taliban-crack-down-on-protest-led-by-women-in-kabul-11631014019 (as of 30 June 2024). 同時にタリバンはアフガニスタンの国名を、これまでの「アフガニスタン・イスラム共和国」から「アフガニスタン・イスラム首長国」に改名したが、国名が変更されるのみでは国家の同一性の推定は覆らないので、この事例で国家承認の問題は生じない。詳しくは以下を参照。酒井啓亘「『アフガニスタン・イスラム首長国』タリバン政権と政府承認」『法学教室』第498号（2022年）46-47頁。

23　The Ministry of Foreign Affairs of the Russian Federation, "Joint Statement of the Participants in the Moscow Format Consultations on Afghanistan, Moscow, 20 October 2021" (20 October 2021), at https://archive.mid.ru/en/foreign_policy/news/-/asset_publisher/cKNonkJE02Bw/content/id/4913908 (as of 30 June 2024); GOV. UK, "The Prime Minister's opening statement on Afghanistan: 18 August 2021" (18 August 2021), at https://www.gov.uk/government/speeches/the-prime-ministers-opening-statement-on-afghanistan-18-august-2021 (as of 30 June 2024).

170 第4章 同意に基づく武力行使の手続的要件

する法的効果を持たない。したがって法的には他の正当化事由を探すことになり、可能性のあるのは自衛権であろうと思われる。もっとも、そもそも在外自国民保護としての自衛権が国際法上認められるかという論点は残っている。

Ⅲ. 同意が政府を代表する者によって与えられること

　ここでは、いかなる者が政府を代表して同意を与えうるかの問題を論じる。同意の対象が武力行使であれ、それ以外の行為一般であれ、実際に同意を表明する者はその権限を有する者でなければならない[25]。この問題は、国家責任条文第20条のコメンタリーが述べるように、当該個人や機関の行為が、国家へ帰属するかどうかという問題とは別である[26]。例えば、地方当局による同意が当該領域国内に外国軍隊を送ることを法的に正当化するかどうか、それともそのような同意は中央政府のみによって与えられるかどうかは、地方当局の行為が ILC 国家責任条文第4条の下で国家に帰属するということによっては解決しない[27]。ある個人もしくは機関により行われた同意が国家自体の同意とみなされうるか否かの問題は、国家責任条文の射程に属するものではなく、国家意思を表明する権限に関する既存の規則によらなければならない[28]。同コメンタリーは、誰が特定の規則からの逸脱に同意を与える権限を有するかはその規則によるとし、例として外交使

24　The White House, "Press Briefing by Press Secretary Jen Psaki" (31 August 2021), at https://www.whitehouse.gov/briefing-room/press-briefings/2021/08/31/press-briefing-by-press-secretary-jen-psaki-august-31-2021/ (as of 30 June 2024);「日本政府、在アフガン大使館の職員退避急ぐ　欧米諸国も」『日経新聞』（2021年8月16日）, at https://www.nikkei.com/article/DGXZQOUA160VC0W1A810C2000000/ (as of 30 June 2024);「緊迫のアフガン 13日間 退避ドキュメント」NHK『政治マガジン：特集記事』（2021年9月8日）, at https://www.nhk.or.jp/politics/articles/feature/67332.html (as of 30 June 2024).

25　金子大「国家の同意と国家責任（一）」『山梨学院大学法学論集』第15巻（1989年）105頁。

26　ILC, "Articles on the Responsibility of States for Internationally Wrongful Acts, with Commentaries," *Yearbook of the International Law Commission*, 2001, Vol. II, Part 2, U. N. Doc. A/CN. 4/SER. A/2001/Add. 1 [hereinafter, ARSIWA], p. 73, Commentary to Article 20, para. 5.

27　*Ibid*.

28　ILC, Special Rapporteur Roberto Ago, "Eighth report on State Responsibility," *Yearbook of the International Law Commission*, 1979, Vol. II, Part. 1, U. N. Doc. A/CN. 4/SER. A/1979/Add. 1 (Part 1), p. 36, para. 70. See also, *Yearbook of the International Law Commission*, 1979, Vol. II, Part. 2, U. N. Doc. A/34/10, p. 113, para. 15.

節団の公館の調査への同意、国家の領域内における軍事基地の設置への同意を挙げ、文脈ごとに異なる機関または代行者（officials or agencies）が同意を与える権限を有するとする[29]。

武力行使への同意の文脈では、地方当局からの同意は有効でないということについては、学説も国家実行も一致している[30]。地方当局からの武力行使への同意が有効でないことを示す国家実行としては、冷戦中の事例ではあるが1960年のベルギーによるコンゴ介入の事例がしばしば挙げられる。ベルギーはコンゴの地方当局からの同意に基づいて武力行使を正当化しようとし、その主張は国際社会から強く非難された[31]。冷戦終焉後の実行としては、2014年のロシアによるクリミアへの侵攻（第3章第2節I-5.）が挙げられる。ロシアはクリミア自治共和国政府の新首相から支援の要請があったことに言及していた[32]。しかしこの主張は国際社会から認められず、一国内の自治当局からの要請では軍事介入を要請できないことが指摘されている[33]。

一方で、誰が中央政府を代表して武力行使に同意を与えられるかについて、学説は、政府代表は国内で一定以上の地位にある者でなければならないことについては一致するも、条約法条約第7条2項（a）に規定される3者[34]に同意を与える権限があると推定するか、3者のうちでも元首と政府の長のみにその権限があると推定する（すなわち外務大臣を排除する）か、見解が分かれている。前者の論者として、Byrne は、国家責任条文第20条のコメンタリーを参照した上で、いかなる者が政府を代表して同意できるかは柔軟であり、このことにより各国家の憲法の違いを考慮することが可能であるが、一般に条約法条約第7条2項（a）に規定される3者が他国による自国領域における武力行使に同意できるということは、国家実行でも支持されているとする[35]。また ILA の2018年の武力行使委員会の報告書は、国家のために発言することを授権されていない軍事・諜報機関によっ

29　ARSIWA, *supra* note 26, p. 73, Commentary to Article 20, para. 6.

30　Seyfullah Hasar, *State Consent to Foreign Military Intervention during Civil Wars* (Martinus Nijhoff, 2022), p. 61; Olivier Corten, *The Law Against War: The Prohibition on the Use of Force in Contemporary International Law* (Hart Publishing, 2nd ed., 2021), pp. 260-261; Robert Kolb, *supra* note 2, p. 115.

31　U. N. Doc. S/PV. 873, p. 35, paras. 187-188.

32　U. N. Doc. S/PV. 7124, p. 5.

33　浅田正彦「クリミア問題と国際法」『公共空間』第13号（2014年）45-46頁。

34　条約法条約第7条2項（a）は、条約の締結に関して、元首、政府の長及び外務大臣は、全権委任状の提示なしに国家を代表するとみなされる旨を規定している。

て与えられた同意は有効でないこと、同意が国家によるものとみなされるには授権された政府代表によって与えられなければならないことを述べた上で、脚注において、授権された政府代表とは、通常、国家元首、政府の長または外務大臣であるとしている[36]。

後者の立場（外務大臣に同意権限を認めない立場）は、より多数派の見解であると思われる。例えば Hasar は、外国の軍事介入に対する同意は、それが国家全体の独立性に関わるものであることを指摘し、国家実行においても常に国家元首や政府の長、あるいは政府全体として同意が与えられてきたのであり、外務大臣によっては与えられてこなかったとする[37]。Corten も同様に、当局が他国による軍事介入に同意するような重要な決定を下す場合、当該領域国の名によってその意思を表明することから、論理的に国家の最高機関であるはずであるとする[38]。IDI の2011年の決議では結局本要件に関する規定は削除されることになったが、初期のドラフトには、「国家の最高機関（the highest State organs）または国家の最高機関がその機能を果たすことができない場合には、そのように機能している者」が、他国による武力行使に同意を与える権限を有すると定めた（旧）第9条があった[39]。報告者の Hafner は、武力行使の文脈で同意を与えることのできる政府代表は、条約法条約第7条2項（a）の3者よりも、厳しい要件が課される

35　Max Byrne, "Consent and the Use of Force: An Examination of 'Intervention by Invitation' as a Basis for US Drone Strikes in Pakistan, Somalia and Yemen," *Journal on the Use of Force and International Law*, Vol. 3 (2016), p. 117.

36　ILA, *Final Report on Aggression and the Use of Force* (Sydney, 2018), p. 19.

37　Seyfullah Hasar, *supra* note 30 p. 61.

38　Olivier Corten, *supra* note 30, p. 256. 他にも、同じ見解の論者として、Tom Ruys and Luca Ferro, "Weathering the Storm: Legality and Legal Implications of the Saudi-led Military Intervention in Yemen," *International & Comparative Law Quarterly*, Vol. 65, Issue. 1 (2016), p. 81; Georg Nolte, "Intervention by Invitation," in *Max Planck Encyclopedia of Public International Law* (Oxford University Press, 2010), online version, para. 12, at http://opil.ouplaw.com/view/10.1093/law:epil/9780199231690/law-9780199231690-e1702?rskey=ncJQlf&result=1&prd=EPIL (as of 30 June 2024); Erika de Wet, *supra* note 16, pp. 154-155; Chirstian Henderson, *The Use of Force and International Law* (Cambridge University Press, 2018), p. 352.

39　IDI Session of Rhodes, "Problèmes actuels du recours à la force en droit international Sous-groupe: Intervention sur invitation/ Present Problems of the Use of Force in International Law Sub-group: Intervention by Invitation," (Rapporteur: Gerhard Hafner), *Annuaire de l'Institut de droit international*, Vol. 74 (2011) [hereinafter IDI Session of Rhodes], p. 252.

ことが一般的に認められていると述べていた[40]。また Hafner によれば、国家の最高機関である者が叛徒によって拘束され憲法上の機能を果たすことを阻害されることもあり、その場合には同等の地位にある国家機関が憲法上の権限内で行動する限りで最高位の者に取って代わることができる[41]。他の多くの委員も Hafner と同様の見解を示し、国家の最高機関に同意を与える権限を認めることで濫用を防ぐことができると考えていた[42]。ただ軍隊の駐留に関しては、憲法が議会に同意を与える権限を与えている場合もあり、憲法秩序を尊重すべきとの明示的な規定を含めるべきとの意見もあった[43]。2013年に国連総会に提出された Heyns による報告書では、IDI における多数の委員と同様の見解が述べられている。すなわち、同意に基づく武力行使の文脈で、領域国の政府の最高権威（State's highest government authorities）のみが武力行使に同意を与える権限を有し、地方の権威や政府内の特定の機関や部局（agencies or departments）によって与えられた同意では不十分である。また政府の中で高い地位にある者と下位の者とで見解が異なる場合は、前者が決定的である[44]。

さて学説ではこのような議論が繰り広げられているものの、実行上は、国家元首や政府の長、あるいは政府全体として武力行使への同意が与えられる事例が多数を占める。第3章で取り上げたすべての実行においてもそうであった。学説上で最も大きな争点は、外務大臣による軍事介入の要請は有効か否かであるが、有効であるとする立場の主な論者である Byrne が、2014年にイラク外務大臣が米国に軍事介入を要請したケースに基づいていることから、以下ではこの事例を検討したい。この事例は管見の限り、外務大臣によって同意が与えられた唯一の事

---

40 *Ibid.*, pp. 234-235, paras. 106-108. Hafner は、誰が最高機関なのかは憲法により、多くの憲法では特定の状況下で政府の長が国家元首（head of State）に代わることを認めているとする。See, *Ibid.*, p. 312. また最高機関は必ずしも国家元首である必要はないという。See, IDI, Session of Naples, "Problèmes actuels du recours à la force en droit international Sous-groupe: Intervention sur invitation/ Present Problems of the Use of Force in International Law Sub-group: Intervention by Invitation," (Rapporteur: Gerhard Hafner), *Annuaire de l'Institut de droit international*, Vol. 73 (2009) [hereinafter IDI Session of Naples], p. 428.

41 IDI Session of Rhodes, *ibid.*, pp. 234-235, para. 108.

42 Degan (*ibid.*, p. 264); Jeannette Irigoin-Barrenne (*ibid.*, p. 266); McWhinney (*ibid.*, p. 270); Emmanuel Roucounas (*ibid.*, p. 272).

43 M. Kohen, *ibid.*, pp. 287-288.

44 Special Rapporteur Christof Heyns, "Report of the Special Rapporteur on Extrajudicial, Summary or Arbitrary Executions," U. N. Doc. A/68/382 (2013), p. 18, para. 82.

例である。

　第 3 章第 2 節 Ⅱ - 4．ですでに述べたように、米国はイラクの要請を受けて 2014 年 8 月 8 日にイラクに存在する ISIL に対し空爆を開始し、この米国による武力行使の合法性は国際社会から異議を唱えられなかった。イラクの Zebari 外務大臣は同年 6 月 18 日に既に公式の場で米国に対し ISIL に対する空爆を要請していたが[45]、米国は当初これには応じなかった。さらにイラク政府は 6 月 25 日に安保理に書簡を送り、国連加盟国に対して軍事支援を求めた[46]。この書簡でイラクはとりわけ軍事訓練、技術支援、武器供与による支援を要求している。ISIL の勢力がさらに拡大したことを受けて、米国の Obama 大統領は 8 月 7 日に ISIL に対する空爆を行うことを決定し、翌日空爆を開始した。Obama 大統領は 8 月 7 日の決定がイラク政府による要請に基づくものであると述べているが、それが具体的にイラクによっていつ・どのように与えられた要請なのかは述べていない[47]。米国が同年 9 月 23 日に安保理へ送った書簡では、6 月 25 日にイラク政府が安保理へ送った書簡が援用され、イラクが ISIL の脅威に直面していることを述べた上で、イラク政府は、ISIL による攻撃を終わらせイラク市民を保護するために、米国が ISIL の軍事拠点を攻撃する国際的な取り組みを主導するよう要請したとしている[48]。しかしここでも、それ以上は述べられず、6 月 18 日に Zebari 外務大臣によって米国に対して空爆を要請したことに基づいているのか、6 月 25 日にイラク政府が安保理に送った書簡に基づいているのかは明らかでない。米国が安保理に宛てた書簡が、明示的には 6 月 25 日のイラクから安保理への書簡のみを援用していることから、米国は ISIL への空爆を同書簡によって法的に正当化したとも考えられる。しかしそうであるとすれば、米国のイラクでの軍事行動（空爆）は、同書簡によって要請された行動の範囲（軍事訓練、技術支援、武器供与による支援）を超えているということになる。イラクが米国に対して空爆を要請

45　Martin Chulov and Spencer Ackerman, "Iraq Requests US Air Strikes as Isis Insurgents Tighten Grip on Oil Refinery," *The Guardian*（18 June 2014), at https://www.theguardian.com/world/2014/jun/18/iraq-request-us-air-strikes-isis-baiji-oil（as of 30 June 2024).

46　U. N. Doc. S/2014/440.

47　The White House, Office of the Press Secretary, "Letter from the President -- War Powers Resolution Regarding Iraq"（8 August, 2014), at https://obamawhitehouse.archives.gov/the-press-office/2014/08/08/letter-president-war-powers-resolution-regarding-iraq（as of 30 June 2024).

48　U. N. Doc. S/2014/695.

したのは Zebari 外務大臣による要請のみであり、この要請が有効でないとの批判も、米国空爆に対する批判もなかったことに鑑みれば、確かに Byrne の主張通り、外務大臣による武力行使への同意も有効となりうると理解できるように思われる。

また学説上も指摘されている通り、「国家の最高機関である者が叛徒によって拘束され憲法上の機能を果たすことを阻害されている場合」には例外が認められようが、現在のところそうした実行は見当たらない。このイラクの事例も、2014年6月18日の Zebari 外務大臣による要請があった時点で、Maliki 首相が何者かによって拘束されるなどしてその機能を果たすことが不可能な状態にあったという情報はない。

以上の分析により、外務大臣によって与えられた同意が無効であることを示す国家実行は確認されなかったことから、国際法上は、条約法条約第7条2項（a）に規定される3者は、政府を代表して他国による自国領域における武力行使に対する同意を有効に与えることができるという推定があることが確認される。諸学説の中には、武力行使への同意の場合は、同意を与える者の政府代表性により厳格な要件が課されるとするものがあるが、実際は大きな違いはないことが明らかとされた。とはいってもほぼ全てのケースで、国家元首や政府の長、あるいは政府全体として同意が与えられており、それは対外関係の統括や国家間関係の利益増進を主たる任務とする外務大臣よりも、より全体を俯瞰する国家元首や政府の長による同意が与えられるか、政府全体としての判断が示されることの方が望ましいと考えられているためであろう。また Heyns による報告書でも述べられているように、政府の中で高い地位にある者と下位の者とで主張が異なる場合は前者が決定的であることから、外務大臣による見解が国家元首や政府の長の見解と異なる場合は、国家元首や政府の長の見解が優先されることとなる。

第2節　同意の態様

同意の態様に関して ILC 国家責任条文第20条コメンタリーは、同意は自由に与えられ（freely given）、明確に確立され（clearly established）なければならないこと、同意は国家によって実際に表示され（actually expressed）なければならず、推定的同意（presumed consent）であってはならないこと、錯誤、詐欺、買収、強制による同意は無効であることを述べている[49]。第1読会のコメンタリーにも同

様の記述があった[50]。

IDI の2009年の Hafner による最終報告書でも、この ILC の第20条のコメンタリーが引用され、これらの要件は武力行使の文脈にも適用されることが述べられている[51]。2011年の IDI の決議の初期のドラフトにも、「同意が有効であるためには、自由に与えられ、明確に確立されなければならず、錯誤、詐欺、買収、強制による同意は無効である」（第7条）との規定があったが、この規定がまだ網羅的でないとの意見[52]や、反対に、同意の態様の要件を網羅的に規定するのは不可能であるし望ましくもないとの意見[53]があり、結局2011年の最終決議は、同意は同意国の自由な意思表示であるとのみ定めている（第1条（b））[54]。しかし多くの委員は Hafner と同様、ILC のコメンタリーに述べられている同意の態様の要件が武力行使への同意の場合にも当てはまると考えていた。また ILA の2018年の武力行使委員会の報告書は、同意は自由に与えられなければならないが、同意は公に（public）与えられる必要はなく内密でも与えられ、重要な問題はそれが証明されるかどうかであるとしている[55]。

このような議論を踏まえて、以下では、同意が自由に与えられること（I.）と同意が明確に確立されていること（II.）の2要件に分けて、武力行使の文脈における同意がいかなる態様で与えられなければならないかを検討する。前者には、錯誤、詐欺、買収、強制による同意は無効であることが含まれる。後者には、同意は国家によって実際に表示されなければならず、推定的同意であってはならないことや、同意は公に与えられる必要はあるのかという問題が含まれる。

I．同意が自由に与えられること

一般に、同意は自由に与えられなければならないということ、錯誤、詐欺、買収、強制による同意が無効であることに対しては、学説上異論はない。このこと

49　ARSIWA, *supra* note 26, p. 73, Commentary to Article 20, para. 6.

50　*Yearbook of the International Law Commission*, 1979, Vol. II, Part. 2, *supra* note 28, pp. 112-113, paras. 11-14.

51　IDI Session of Naples, *supra* note 40, pp. 402-403.

52　IDI Session of Rhodes, *supra* note 39, p. 288（M. Kohen）.

53　*Ibid.*, p. 340（President）.

54　IDI Rhodes Resolution on "Military assistance on request"（2011）, Article 1.

55　ILA, *Final Report on Aggression and the Use of Force*, *supra* note 36, p. 19.

は武力行使の文脈においても同様である。ICJ のニカラグア事件判決においても、同意は強制によってはならず、自由に与えられなければならないことが述べられている[56]。ただし強制の存在の判断基準については、武力行使の強制的な性格から、他の文脈でのそれよりも敷居を低くすべきであるとも考えられよう。一般に強制による同意が無効であることは、条約法条約第51条（国の代表者に対する強制）と第52条（武力による威嚇または武力の行使による国に対する強制）に定められており、慣習法であると言われているが、これらで設定されている強制の存在の判断基準は非常に高いとされている。そこでは、圧力や武力による威嚇または武力の行使がなければ、同意が与えられなかったという因果関係が必要である[57]。ある国家が以前に他国領土において不法に武力を行使したという単なる事実は、それ自体では、強制の結果としてその後の条約が締結されたことを証明するものではない[58]。このような敷居の高さは、大国が様々な経済的・政治的圧力を用いて小国に同意を求めるというリスクを生じさせる。de Wet は、同意に基づく武力行使の場合には、このリスクはとりわけ重大であると指摘する[59]。なぜなら、他国に軍事支援を要請する必要のあるような国家は通常は小国であり、同意を与えられる側（武力行使側）は通常は大国であるからである。

　武力行使への同意の場合は、強制の存在の判断基準が低くなるのであろうか。国家実行を見れば、第3章（実体的要件）で分析した冷戦終焉後の事例は、確かに小国が同意を与え大国（あるいは地域的国際機構）が武力行使をしたという構図であった。しかしこれらの事例では、同意国、武力行使国、第3国のいずれも、同意が強制されたものであると主張したり、武力行使への同意の場合には強制の存在の判断基準が低くなると主張したりすることはなかった[60]。冷戦中の事例に遡れば、1968年のソ連によるチェコスロバキアへの介入、1979年以降のベトナムによるカンボジアへの介入は、それぞれ強制による同意の無効の事例としてしば

56　*Nicaragua case, supra* note 15, p. 108, para. 205.

57　Thio Rensmann, "Article 51. Coercion of a representative of a State," in Oliver Dörr and Kirsten Schmalenbach (eds), *Vienna Convention on the Law of Treaties: A Commentary* (Springer, 2nd ed, 2018), pp. 932-933, paras. 25-26; Kirsten Schmalenbach, "Article 52. Coercion of a State by the threat or use of force," *ibid.*, pp. 946-948, paras 21-24.

58　Olivier Corten, "Article 52. Coercion of a State by the threat or use of force," in Olivier Corten and Pierre Klein (eds), *The Vienna Conventions on the Law of Treaties: A Commentary* (Oxford University Press, 2011), pp. 1222-1224, para 5.

59　Erika de Wet, *supra* note 16, pp. 158-159.

しば挙げられ、1956年のソ連によるハンガリーへの介入、1979年のソ連によるアフガニスタンへの介入、1989年の米国によるパナマへの介入も、領域国政府が同意を与える前に介入国による何等かの圧力があったとしてその合法性が疑われている[61]。しかしこれらの事例においても、強制があったとの判断に際して、「武力行使への同意であるので」特別な基準が課されたということまでは読み取れない。

　さらに、国への強制が問題となりえたが国際社会からそのような批判がなかったケースとして、1976年から2005年の間にシリアがレバノンに駐留していたことが挙げられる。シリア軍の駐留は、レバノン国内の法と秩序の維持のためとして、1989年[62]および1991年[63]の協定で定められていたが、この協定の締結以前からシリア軍は駐留していたため、国に対する強制が問題になる。しかし国際社会は、レバノン政府がシリアに支配された傀儡政府であると批判することに慎重であった。唯一イスラエルは、レバノンがシリアに支配されていると表現し、シリアの駐留に強く批判的であったが[64]、当時イスラエル自身もレバノン戦争でレバノンに侵攻後、レバノン南部に進駐を続けていた。またイスラエルはシリアの駐留を批判する際に、「武力行使への同意であるので」強制の判断に特別な基準が課される旨の発言はしていない。国連安保理は2004年9月に決議1559においてレバノンに残るすべての外国軍隊の撤退を要請したが、シリア軍の駐留を明示的に批判したり、レバノンの同意が強制により無効であることを指摘したりはしていない。

　以上のように、武力行使への同意の場合に強制の存在の判断基準が低くなるといった国家実行は確認できない。また強制があったと疑惑の残る場合でも、諸国

60　Erika de Wet も、国家実行の分析の結果、同様の評価をしている。*Ibid.*, pp. 159-160. また Max Bryne は、サウジアラビア等によりイエメンでの武力行使の事例において、イエメンの Hadi 大統領によって与えられた同意が自由に与えられなかったとする批判がないことに言及している。Max Byrne, *supra* note 35, p. 107.

61　James Crawford, *Brownlie's Principles of Public International Law* (Oxford University Press, 8th ed., 2012), p. 770; Philip Kunig, "Prohibition of Intervention," in *Max Planck Encyclopedia of Public International Law* (Oxford University Press, 2008), online version, para. 29, at http://opil.ouplaw.com/view/10.1093/law:epil/9780199231690/law-9780199231690-e1434?rskey=MvuIBX&result=3&prd=EPIL (as of 30 June 2024).

62　Erika de Wet, *supra* note 16, p. 159.

63　Treaty of Brotherhood, Cooperation and Coordination Between the Syrian Arab Republic and the Lebanese Republic, at https://peacemaker.un.org/sites/peacemaker.un.org/files/LB-SY_910522_TreatyBrotherhoodCooperationCoordination.pdf (as of 30 June 2024).

64　U. N. Doc. S/PV. 2640, pp. 18-19.

は明示的に指摘をしない傾向にある。したがって、同意が自由に与えられなければならないという要件に関しては、武力行使の場合とそうでない場合とで異なる基準が課されることを示すものはない。

Ⅱ．同意が明確に確立されていること

上述の通り、ILC は、明確に確立され（clearly established）、国家によって実際に表示され（actually expressed）なければならず、推定的同意（presumed consent）であってはならないとしている。この記述は IDI の2009年の Hafner による最終報告書でも引用された。ここではまず、ILC でなされた議論を分析しその意味するところを明らかにした上で、それとは異なる特別の要件が武力行使への同意の場合に課されるのか否かについて検討する。

ILC の国家責任条文の起草過程においては、Ago が1979年の報告書で、同意は明確に確立されている限り、明示的でも黙示的（tacit, implicit）でも有効であると述べていたことが注目される[65]。Ago は同報告書で、推定的同意と黙示的同意は混同されてはならないと述べ、推定的同意とは、仮に国家が同意を求められていれば同意したであろうという場合に同意が与えられたと推定することであり、実際には同意は存在していないとする[66]。Ago は、このような推定的同意は濫用の可能性が高く、国際法上違法行為を阻却すると認めるのは困難であるとした[67]。黙示的同意については、Ago はロシア賠償事件を例に挙げて説明している。このような Ago の見解はそのまま第1読のコメンタリーにも引き継がれている[68]。Ago は推定的同意と黙示的同意を区別し、前者を無効、後者を（明確に確立している限りで）有効としているが、これらの区別は明確とはいえず、特に、コメンタリーにいう「同意は実際に表明されなければならない」という要件や「明確に確立していれば黙示的同意でも有効である」という Ago の報告書での記述との関係をいかに解すべきかは不明確である。この点、Ago が1979年の ILC での報告書より以前に執筆した、ハーグアカデミー講義録での説明[69]を見れば、Ago の

65　ILC, Special Rapporteur Roberto Ago, "Eighth report on State Responsibility," *supra* note 28, pp. 35-36, para. 69.

66　*Ibid.*

67　*Ibid.*

68　*Yearbook of the International Law Commission*, 1979, Vol. II, Part. 2, *supra* note 28, pp. 112-113, paras. 13-14.

いう「推定的同意」は国内法の類推であって国際法上は確立された概念ではないことが確認される。そこでは Ago は国内刑法で議論される推定的同意が国際法平面では認められない旨を述べている。すなわち、Ago によれば「推定的同意」とは、例えば水難事故において、暴れる溺者を救助すべく、同人の明示の同意を得ずに殴打して失神させる場合に存在する[70]。Ago は、このような推定的同意は国内法に固有の制度であり、濫用の危険性の高さから国際法秩序に移植することはできないとする[71]。国家間の関係においてなんらかの理由で同意が得られない場合は、法的義務は残り、その義務に違反する行為は国家法上の違法行為として残るのであって、せいぜい緊急避難を援用することで違法性が阻却される可能性がある程度である[72]。Ago のこのような記述に照らせば、国家責任条文第20条のコメンタリーやそれを引用した IDI の2009年の Hafner による最終報告書にいう「推定的同意であってはならない」というのは、国際法において「推定的同意」が有効なものと認められることはなく、明示的同意か黙示的同意かあるいは同意の不存在という3通りの評価しかありえないという意味に解される。ただし後に述べるように、学説においては、Ago が「推定的同意」という概念に言及したことが逆に混乱を招いている部分もある。

　いかなる場合に黙示的同意が与えられたと評価されるのかについては、ICJ がプレアビヘア寺院事件判決において、法が特定の形式を規定していない場合、当事者の意図が明確に現れるのであれば、どのような形式を選択するかは当事者の自由であるとし[73]、「黙示の承認は、反応を必要とする機会に行動しなかったことから推論できる」[74]としたことが想起される。

　ただし、武力行使への同意の場合でもそのような黙示的同意が有効とされるのかという疑問がある。Kolb も指摘するように、武力行使の禁止という国際法上

69　Robert Ago, "Le Délit International," *Recueil de Cours, Académie de Droit International*, Vol. 68（1939）, pp. 535-536.

70　*Ibid.*, p. 535. 国内刑法上は他にも、患者が意思表示をできない場合の医療行為について議論されることがある。西元加那「刑法における推定的同意の理論—患者の意思との関係を考察するために—」『東洋大学大学院紀要』第53巻（2016年）37-58頁。

71　Robert Ago, *ibid.*, p. 536.

72　*Ibid.*

73　*Case Concerning the Temple of Preah Vihear (Cambodia v Thailand), Preliminary Objections, Judgement of 26 May 1961, I. C. J. Reports 1961*, p. 31.

74　*Case Concerning the Temple of Preah Vihear (Cambodia v Thailand), Merits, Judgement of 15 June 1962, I. C. J. Reports 1962*, p. 32.

重要な基本原則が問題になるとき、同意の明確さの程度は重要性の小さい問題の場合よりも著しく高く求められるのではないかと懸念されるからである[75]。また明示的同意でなければならないのなら、それは書面でなければならないのか口頭でもよいのか、公表される必要はあるのかといった問題もある。

　まず黙示的同意については、学説上は、武力行使への同意であっても、黙示的な同意は有効であるとするのが多数の見解であると思われる。例えば de Wet は、「領域国が軍事行動に公に異議を唱えない場合、黙認または暗黙のうちに同意していると考えるのが妥当であろう」とする[76]。また Corten は ICJ のコンゴ・ウガンダ事件判決に基づき、領域国の異議の不存在が、同意の存在を示すのに十分であると理解できると述べている[77]。Corten がその主張の根拠として挙げるコンゴ・ウガンダ事件は、確かに単なる許容（tolerance）によって軍隊の駐留に同意が与えられた例と解される。この事件では、コンゴとウガンダが1998年4月27日に「2国間国境地帯における安全保障に関する議定書」を締結し、コンゴ領域内でのウガンダ軍の駐留を認めたが、コンゴの Kabila 大統領は1998年7月27日にコンゴ領域における外国軍隊の存在への同意を終了させる旨の宣言をした[78]。しかしそれ以降もウガンダがコンゴの領域にウガンダ軍隊を駐留させていたため、コンゴがウガンダを訴えた[79]。これに対して ICJ は、同議定書の締結以前からコンゴ領域にウガンダ軍が駐留していたが、コンゴはそれに対して異議を唱えることはなく、その後に同議定書を締結したことから、ウガンダ軍の駐留に対するコンゴの同意の継続が認められるとした[80]。そして ICJ は、ウガンダ軍の駐留への同意の淵源（source）は、同議定書に先立つものであり、したがってこのような同意はさらなる手続を要さずにコンゴ政府によって撤回されうると判断を下した[81]。すなわち ICJ は、自国領域における外国軍隊の駐留に対する異議がなかったことに同駐留に対する同意の淵源があるとしたため、Corten の述べるように、

75　Robert Kolb, *supra* note 2, p. 116.

76　Erika de Wet, *supra* note 16, p. 163.

77　Olivier Corten, *supra* note 30, p. 269.

78　*Armed Activities on the Territory of the Congo, (Democratic Republic of Congo v Uganda)*, Memorial of the Democratic Republic of Congo (6 July 2000), pp. 210-211, paras. 5.37-40.

79　*Ibid.*

80　*Armed Activities on the Territory of the Congo (Democratic Republic of Congo v Uganda)*, Judgement, *I. C. J. Reports 2005*, p. 197, para. 46.

81　*Ibid.*, para. 47.

単なる許容も武力行使の同意としてみなされる可能性がある。しかし、本章第3節 II. で取り上げるように、軍隊の駐留程度を超える武力行使に対する同意である場合は、アドホックな同意の形をとる必要があるとする議論があることに鑑みると、同意が有効とみなされるための「明確性」の要件が武力行使の程度によって異なる可能性がある。よって ICJ のコンゴ・ウガンダ事件判決と同様の判断が、軍隊の駐留程度を超える武力行使にも妥当かどうかはさらなる検討が必要である。単なる許容では「明確に」同意が与えられたとは認めがたく、濫用の危険性もあるため、許容を同意とみなすには抵抗があることは否めない。

　先行研究では多くの論者が、*lex lata*（在る法）としては黙示的同意でも有効であることを認めた上で、その濫用の危険性が高いことを指摘している。例えば Bannelier は、国家は黙示の同意を援用して外国領域へ軍事介入を行うことができるとすると、弱い国家は、しばしば自国領域への外国軍隊による介入に甘んじなければならないため、国際法はそのようなリスクを回避すべきであると主張する[82]。Bannelier は上で紹介した Corten の主張に対し、Corten は武力行使の文脈で推定的同意を認めたとするが、Corten は本著で推定（presume）という語は用いておらず、むしろ国家責任条文第20条のコメンタリーで推定的同意の有効性が否定されていることに繰り返し言及している。よって Corten のいう許容は黙示的同意にあたるのであり、Ago が区別した「推定的同意」と「黙示的同意」の理解が学説上統一されていないことが窺える。

　第3章で分析した各国家実行は、軍隊の駐留を超える程度の武力行使に同意が与えられた事例であるが、すべてにおいて文書あるいは口頭で明示的に同意が与えられた。特に、国連安保理や国連事務総長への書簡、あるいは公式声明（プレスリリース）で同意を明示することが多かった。とはいってもこれらの実行は、軍隊の駐留を超える程度の武力行使への同意が黙示的同意であってはならないことを示すわけでは必ずしもない。ここで注目に値するのは、侵略の定義に関する決議の起草過程でのセイロンの主張である。セイロンは、文書による明確な同意なしに行われた武力行使は侵略であると論じた[83]。つまりセイロンは、武力行使への同意は、黙示的同意では足りないばかりか、文書によらなければならないとしていた。結局この主張は受け入れられず、侵略の定義に関する決議第3条

82　Karine Bannelier, "Military Interventions Against ISIL in Iraq, Syria and Libya and the Legal Basis of Consent," *Leiden Journal of International Law*, Vol. 29, Issue. 3 (2016), pp. 767-770.

（e）項は、合意の形式について条件を述べることなしに、「受入国との合意にもとづきその国の領域内にある軍隊の当該合意において定められている条件に反する使用、又は当該合意の終了後のかかる領域内における当該軍隊の駐留の継続」は侵略であると定めた。セイロンの主張が認められなかった理由は明らかではないが、軍隊の駐留程度であれ、それを超える程度の武力行使であれ、文書による明示的な同意が必要だと解している国家が存在したのである。

このようにみれば、国家実行においては、同意は少なくとも口頭で明示的に、可能であれば文書で与えられるのが望ましいと考えられているといえよう。ただし、黙示的同意が無効であるわけではなく、とくに軍隊の駐留程度であれば有効なものとして受け入れられているようである。このように同意の「明確性」についての要件が曖昧なのは、Bannelier も述べるように、国際法上、意思の表明に関して形式主義がとられていないことによる[84]。さらに、同意が公表される必要があるか否かについても、公表される必要がないとする見解が有力である。2013年に国連総会に提出された Heyns による報告書は、特にドローン攻撃の国際法上の規制について述べており、国家は他国による自国領域での武力行使に同意を与えることができると確認した上で、「同意は公に与えられる必要はないが、同意は武力行使に対して与えられたものであることが当事国間で明らかでなければならない」とした[85]。

同意が秘密裏に与えられた実際の事例としては、パキスタンへの米国の介入の事例を取り上げることができる。米国は2004年以降、パキスタンのアルカイダやタリバンに対しドローン攻撃を行っていたが、パキスタンは米国に公式な同意を与えていたわけではなかった[86]。パキスタンの Sharif 大統領は、2013年6月8日に当該米国の行為はパキスタンの主権を侵害しているとして米国に抗議し、ド

---

83 U. N. Doc. A/C. 6/SR. 1081, pp. 2-3, para. 11. セイロンの代表者は以下を侵略の定義に含めるべきであると主張した。"If its weapons or military or para-military forces enter another State otherwise than in accordance with the laws of that State or without the express written consent of the Government of that State."

84 Karine Bannelier, *supra* note 82, p. 769.

85 Special Rapporteur Christof Heyns, "Report of the Special Rapporteur on Extrajudicial, Summary or Arbitrary Executions," *supra* note 44, p. 18, para. 83.

86 Tony Nasser, "Do Drone Strikes Violate International Law? Questioning The Legality of U. S. Drone Strikes and Analyzing The United States' Response to International Reproach Based on The Realism Theory of International Relations," *Southern California Interdisciplinary Law Journal*, Vol. 24 (2015), pp. 311-315.

ローン攻撃の即時中止を要請した[87]。さらに2015年 4 月23日にパキスタンの外務省が同様の立場を表明した[88]。しかし後になって、パキスタンは2007年から2011年の間、米国に秘密裡に同意を与えていたことが、そのメモの流出によって明らかとなった[89]。この事例において、パキスタンにより2007年から2011年にかけて与えられた同意の不明確性自体に批判が向けられたことはなく、国家実行は、同意が公に与えられなくても有効でありうることを示している[90]。パキスタンは2013年 6 月 8 日にこの同意を撤回したと解され、それ以降の米国のドローン攻撃はパキスタンの同意に基づいて法的に正当化することはできない[91]。もっとも、秘密裏に与えられた同意が有効であるとしても、パキスタン政府が同意を与える能力を有していたのか否かは別の問題である。これに関しては、パキスタン政府の同意に基づく武力行使と、パキスタン所在の非国家主体に対する自衛権行使の関係を検討する際に関係するので、第 5 章第 3 節で取り上げることとする。

　以上の考察によれば、国家実行上は、同意は明確であればあるほど望ましいとされているものの、実際は、口頭あるいは文書による明示的同意であれ、黙示的同意であれ、非公表の同意であれ、有効であると結論される。このことは、同意が明確に確立されていなければならないという要件に関しては、武力行使への同意の場合とそうでない場合について違いがないことを意味する。*lex ferenda*（在るべき法）の議論としては、武力行使が与える影響の大きさ、武力行使の禁止の

87　"Pakistan summons US ambassador to protest against latest drone killings," *The Guardian* (8 June 2013), at http://www.theguardian.com/world/2013/jun/08/pakistan-us-drone-killings (as of 30 June 2024).

88　Jon Boone and Stephanie Kirchgaessner, "Pakistan Uses Hostage Killings to Underline Risk of US Drone Strikes," *The Guardian* (23 April 2015), at https://www.theguardian.com/world/2015/apr/24/pakistan-us-hostage-killings-drone-strikes-weinstein-lo-porto (as of 30 June 2024).

89　"Secret memos show Pakistan endorsed US drone strikes," *BBC* (24 October 2013), at http://www.bbc.com/news/world-asia-24649840 (as of 30 June 2024); Greg Miller and Bob Woodward, "Secret Memos Reveal Explicit Nature of US, Pakistan Agreement on Drones," *Washington Post* (24 October 2013), at https://www.washingtonpost.com/world/national-security/top-pakistani-leaders-secretly-backed-cia-drone-campaign-secret-documents-show/2013/10/23/15e6b0d8-3beb-11e3-b6a9-da62c264f40e_story.html (as of 30 June 2024).

90　Karine Bannelier, *supra* note 82, pp. 767-770.

91　ただし第 5 章第 3 節Ⅱ- 1 . で述べるように、秘密裏の同意があったとされる2007年から2011年の期間を含めて、米国はパキスタンの同意を明示的には援用しておらず、非国家主体に対する自衛権に依拠していたようである。

国際法上の重要さから、同意は明示されなければならず、公にされるべきである
という主張は多々見られる。例えば Byrne は、武力行使がより高い透明性を獲
得し国民に監視されるため、同意が武力行使を容易に正当化する手段としてでは
なく武力行使の適法性のチェック機能として働くために、同意を公表する要件が
あることが望ましいとする[92]。de Wet も、「一般国際法では、このような同意の
表明やその撤回を明示的に、あるいは公に行うことを要求していないが、問題と
なっている強制的な措置に対する領域国の立場を明らかにする公的な声明は、法
的な確実性を提供するためにある程度役立つ」と述べる[93]。de Wet はさらに、
黙示的同意は、事後の同意による責任を援用する権利の放棄（第4章第3節Ⅰ.）
との区別が困難であることも指摘している[94]。また、黙示的同意が有効であると
しても、実際に国家実行において、同意が口頭または文書によって与えられるの
は、同意に基づく武力行使の合法性が問題となる場合、特に裁判においては同意
の存在を証明することは負担になるためであるかもしれない。ILA が2018年の
報告書で述べているように、「同意が公にされても秘密にされても有効である可
能性があるが、重要な問題は、同意が証明できるかどうかにあると思われる」[95]。
諸国はこのような政策的な考慮によって一定の形式を好んでいる可能性がある[96]。

第3節　同意を与える時期

　同意が与えられる時期としては、行為の前、行為の遂行中、行為の後が考えら
れる。さらに、同意が行為の前に与えられるとしても、条約によって事前に一括
して与えられうるのか、アドホックでなければならないか、という論点がある[97]。
問題は、武力行使を一般的に許可する条約を事前に締結し、それに基づいて実際

92　Max Byrne, "Intervention by (Secret) Invitation: Searching for a Requirement of Publicity
　　in the International Law on the Use of Force with Consent," *Journal on the Use of Force
　　and International Law*, Vol. 7, Issue. 1 (2020), p. 86.

93　Erika de Wet, *supra* note 16, p. 168.

94　*Ibid.*, p. 169.

95　ILA, *Final Report on Aggression and the Use of Force*, *supra* note 36, p. 19.

96　Seyfullah Hasar, *supra* note 30, p. 55.

97　この問題は、北大西洋条約（NATO 条約）のように条約によって集団的自衛権を定める
　　場合とは区別しなければならない。集団的自衛権の要請はアドホックに与えられても事前の
　　条約締結によって与えられても良いとされているからである。詳細は、第5章第1節Ⅳ.
　　「武力行使禁止原則の2元的理解に基づく説明」を参照。

に武力行使を行う時に、そうすることが介入時点での領域国の意思であることの保証がないことである。政府が変更しても、国家の条約上の義務は継続するというのが国際法の確立した原則であるが、武力行使が国家の主権と領土保全に与える影響を考慮すると、事前の条約によって与えられた同意は、軍事介入時の政府によるアドホックな同意によって補完されなければならないのではないか、という議論である。例えばKolbは、武力行使に限らず行為一般に対する同意の文脈で、同意は条約または一方的宣言のようなアドホックな法的行為を通して与えられるとし、ただし、領土の不可侵・武力行使禁止などの国際法の基本原則が問題になるとき、同意の明確さの程度は重要性の小さい問題の場合よりも著しく高く求められるだろうと述べる[98]。

　ここでは、まず、同意が事前に与えられなければならないという要件について検討する（Ⅰ.）。続いて、事前の条約による同意とアドホックな同意について一般に論じ（Ⅱ.）、最後に、近年とりわけ問題となっているアフリカにおける条約に基づく地域的安全保障システムを検討することとする（Ⅲ.）。

Ⅰ. 同意が事前に与えられること

　国家責任条文第20条のコメンタリーは、同意は事前に、またはその行為の遂行中（at the time it is occurring）に与えられ、事後の同意は責任を援用する権利の喪失となる（同条文第45条）としている[99]。一方、ILAの2018年の武力行使委員会の報告書では、同意に基づく武力行使の文脈で、同意は当該国への軍隊の侵入の前に与えられなければならないとされている[100]。IDIの2011年の決議には規定がないが、Hafnerによる最終報告書には同意は事前に与えられなければならないことと、事後の同意は武力行使を正当化するには有効でないことが述べられており[101]、この点に対してIDIにおいて反対意見が述べられたことはなかった。同意

---

98 Robert Kolb, *supra* note 2, pp. 114-117. ただし、Kolbは、同意の与えられる時期をはじめ具体的な要件は提示していない。

99 ARSIWA, *supra* note 26, p. 73, Commentary to Article 20, para. 3. なお、1998年のILCにおける会議で、緊急事態における人道的・遡及的な同意の必要性が英国によって提起され、議論されたが（U. N. Doc. A/CN. 4/448）、結局、国家責任条文にもコメンタリーにも記されなかった。

100 ILA, *Final Report on Aggression and the Use of Force, supra* note 36, p. 19.

101 IDI Session of Rhodes, *supra* note 39, pp. 220-221, para. 80.

に基づく武力行使について論ずる学説も、武力行使の遂行中または事後に与えられた同意を有効とするものは見られない[102]。また ICJ のコンゴ・ウガンダ事件判決では、ウガンダは、コンゴ領域での自国軍隊の存在を1999年7月に締結された Lusaka 停戦協定により正当化したが、コンゴはこの主張に反対し、当該条約はそれ以前の1998年8月に始まったウガンダによる武力行使を遡及的に正当化することはできないと指摘し、ICJ はこのコンゴの主張を認めた[103]。

　同意が武力行使後に与えられた国家実行としては、冷戦中の事例ではあるが、1979年から1989年のソ連によるアフガニスタンへの介入が挙げられる。1979年12月25日にソ連軍がアフガニスタンに軍事介入し、2日後にアフガニスタンの Amin 大統領が退陣に追い込まれ、新たに Karmal 氏が大統領とされた[104]。Karmal 氏はソ連の軍事介入に同意したが、Amin 政権は転覆前にソ連の軍事介入への同意を与えていなかった[105]。ソ連は自国軍隊の存在については初期の段階からアフガニスタン政府の同意を得ていたのであり、Amin 政権はソ連の影響なしで転覆したのだと主張したが、諸国はこれを認めなかった[106]。安保理ではパキスタンが同意の与えられる時期について指摘し、ソ連の軍事介入への同意は、ソ連の軍事介入前までにアフガニスタン政府の長であった Amin 氏によって与えられなければならなかったと批判した[107]。当時、外国の軍事介入が事前の同意のみによって正当化されるという原則に異論を述べる者はなかった。

　このようにみると、事後の同意は有効でないということについては見解が一致

102　例えば、Ademola Abass, "Consent Precluding State Responsibility: A Critical Analysis," *The International and Comparative Law Quarterly*, Vol. 53, No. 1 (2004), pp. 216-217; Natalino Ronzitti, "Use of Force, Jus Cogens and State Consent," in Antonio Cassese (ed.), *The Current Legal Regulation of the Use of Force* (Martinus Nijhoff, 1986), pp. 160-163; Olivier Corten, *supra* note 30, pp. 264-266.

103　*Armed Activities on the Territory of the Congo, (Democratic Republic of Congo v Uganda), Judgement, I. C. J. Reports 2005, supra* note 80, p. 210, para. 96.

104　Antonio Tanca, *Foreign Armed Intervention in Internal Conflict* (Martinus Nijhoff, 1993), pp. 176-177; Christopher J. Le Mon, "Unilateral Intervention by Invitation in Civil Wars: The Effective Control Test Tested," *International Law and Politics*, Vol. 35 (2003), pp. 778-782; Georg Nolte and Janina Barkholdt, "The Soviet Intervention in Afghanistan – 1979-1980," in Tom Ruys, Olivier Corten and Alexandra Hofer, *The Use of Force in International Law* (Oxford University Press, 2018), pp. 297-298.

105　*Ibid.*

106　*Ibid.*

107　U. N. Doc. S/PV. 2185, pp. 8-9, para. 76.

している一方で、遂行中に与えられた同意については、国家責任条文のコメンタリーは他と異なる見解を示しているように思われる。ILC のいう行為の遂行中に与えられる同意とはいかなる同意であるのか、それは武力行使を法的に正当化しうるのか、ILC でなされた議論を遡ってみてみよう。

　Ago はその第 8 報告書で、事前または行為遂行時（at the time of the conduct）に与えられた同意はその行為の違法性を阻却するが、事後の同意では行為遂行時にその国際義務はなお存在しているため違法性を阻却できないと述べている[108]。Ago は行為遂行時に与えられた同意について説明をしておらず、Thiam は Ago が事前の同意と事後の同意を区別したことを高く評価する一方で、同意が行為と同時に（concurrent with the act）与えられるとみなすのは困難であるとした[109]。これに対して Tabibi は、同意が事前に与えられなければならないという規定は（濫用を防ぐための）有用なセーフガードであるが、核兵器の存在する時代においては、国家は安全保障のために当該行為の寸前に（only split seconds before the act）同意を与える必要があるかもしれないため、事前の同意を得ていたことを証明するのが非常に困難である場合があると述べた[110]。Jagota はこの Tabibi の意見に関して、ホットラインや他の迅速なコミュニケーション手段によって当該行為のわずか数秒前に同意が求められることはありうるが、重要なのは同意は事前に与えられなければならないということであり、（旧）第29条に関しては、事後の同意は責任を援用する権利の喪失となるのみで事前の同意のみがその違法性を阻却しうるということを明確にしておくのが必須であるとした[111]。

　このように同意が行為の直前に与えられる場合に関しての議論とは別に、まさに行為が行われている途中で与えられる同意に関する議論もなされた。Vallat と Ushakov は、実行上は単一の行為ではなく行為の連続である場合もあり、後者の場合は事前の同意ではなく同時の同意となりうると述べた[112]。これに対し Njenga はそのような同時の同意と事後の同意を区別することは困難であるとした[113]。ILC における以上のような議論を経て、Ago は（旧）第29条のコメンタ

108　ILC, Special Rapporteur Roberto Ago, "Eighth report on State Responsibility," *supra* note 28, p. 37, para. 72.

109　*Yearbook of the International Law Commission*, 1979, Vol. I, U. N. Doc. A/CN. 4/SER. A/1979, p. 47, para. 26.

110　*Ibid.*, p. 48, para. 35.

111　*Ibid.*, p. 49, para. 39.

112　*Ibid.*, p. 174, paras. 43, 46.

リーにおいて、同意は事前に与えられなければならないとした上で、次のように述べている。

　　実際は行為の遂行の直前に同意が与えられても、実行上は行為が行われた時に同意が与えられたようにみえる場合がある。何にせよ、行為遂行後にのみ同意が与えられた場合は責任を援用する権利の喪失になるのみであり、違法性は阻却されないということは明白である。（中略）継続する行為に対する同意で、その行為が開始した後に与えられたものは、同意が与えられた時点以降の行為の違法性のみ阻却する[114]。（括弧内筆者）

Ago は続けて、継続する行為に対する同意の例として外国軍隊の派遣の場合を挙げており、領域国の同意が軍隊の派遣後に与えられた場合は、同意を与えた時点以降の外国軍隊の自国領域における存在を合法とするのであって、派遣開始から同意が与えられた時点までの行為の違法性は阻却されず、責任を援用する権利が喪失されるのみであると説明する[115]。以上は第 1 読会での議論であるが、第 2 読会ではこのような同意の与えられる時期に関する議論はなされなかったようである。

　したがって、国家責任条文第20条のコメンタリーのいう行為遂行中の同意には、行為遂行の直前に与えられたために行為遂行と同時に与えられたようにみえる同意と、継続する行為に対してその途中で与えられた同意とが含まれていると解される。前者については、実際は行為遂行前に同意が与えられているので、事前の同意と同様に当該行為の違法性を阻却しうると考えるべきであり、この点は ILC においても異論はない。後者については同意が与えられた時点以降の行為の違法性のみが阻却され、行為を開始してから同意が与えられるまでの行為の違法性は存続する。この点は上述のコンゴ・ウガンダ事件判決での ICJ の判断にもあらわれている通りである。以上のように ILC は、本来であれば違法である行為を法的に正当化しうるのは当該行為遂行前に与えられた同意のみであるということで、他の論者や国家実行と同様の見解であるといえる。したがって同意を与える時期に関しては見解の対立がないこと、および武力行使の場合とそうでない場合とで

113　*Ibid.*, p. 175, para. 48.

114　*Yearbook of the International Law Commission,* 1979, Vol. II, Part. 2, *supra* note 28, p. 113, para. 16.

115　*Ibid.*

要件に違いはないことが確認される。

Ⅱ．事前の条約による同意とアドホックな同意

さて、同意が行為の前に与えられるとしても、条約によって事前に一括して与えられうるのか、アドホックでなければならないかという問題がある。以下では、ILC, ILA, IDI での議論および学説の整理を行った後に（Ⅱ-1.）、国家実行の分析（Ⅱ-2.）を行い、国家実行に照らして考察を加える（Ⅱ-3.）。

Ⅱ-1．理論的側面の分析

国家責任条文第20条のコメンタリーにはこの問題について記述はないが、それは起草過程において、第20条の扱う範囲はアドホックな同意のみであり、条約による同意は特別法の一部であるから同条の射程外とされたためである[116]。一方、国際機構責任条文の起草過程をみると、ILC の特別報告者 Gaja は2006年の第4報告書で、「国家は他国による特定の介入に有効に同意できるが、他国がその独自のイニシアティヴで軍事介入することを可能にするような一般的な同意は、強行規範に反するとみなさなければならないであろう」と述べている[117]。Gaja も、事前の条約による同意かアドホックな同意かの議論は明示的にはしていないが、事前の条約によって将来の武力行使について一括して他国に同意を与え、それが他国にその独自のイニシアティヴで武力行使することを可能にするような内容であれば、その条約は強行規範違反で無効であることを意味するように読み取れる。

ILA の2018年の武力行使委員会の報告書にはこの問題についての記述はないが、2018年11月以降の新しい武力行使委員会では取り上げられている[118]。IDI の2011年の決議の初期のドラフトでは、同意が条約によって与えられるのであれば軍事支援の行われる状況を定める明確な文言が必要であり、軍事支援について一般的に定める条約であればアドホックな同意が必要である、と規定されていた[119]。す

116　*Yearbook of the International Law Commission*, 1999, Vol. I, *supra* note 1, p. 15, para. 40.

117　ILC, Special Rapporteur Giorgio Gaja, "Fourth report on responsibility of international organizations," U. N. Doc. A/CN. 4/564, p. 113, para. 48.

118　ILA, "Proposal for an ILA Committee – Use of Force – Military Assistance on Request" (2018), p. 6, at https://www.ila-hq.org/en_GB/documents/background-information (as of 30 June 2024).

なわち条約の内容が一般的でなく特定の状況における特定の軍事支援について定めているのであれば、アドホックな同意は不要であるとされていた。報告者のHafnerはその理由として、条約が実際の状況に応じて武力行使の条件と性格を明確に特定していれば、その武力行使はアドホックな同意がなくとも合法となりうるが[120]、条約が一般的な武力行使について定めていれば、そのような武力行使がいつ・どのように起こるのかは条約締結時点では予測不能であるからであると述べた[121]。しかし議論の中で、条約で武力行使の内容が特定されていても、実際にそれを行うときに同意国の意思を確認しなければならないので、条約で内容が特定されているか否かに関わらずアドホックな同意は必要であるという意見が数名の委員により主張された[122]。そして最終的には、「軍事支援が条約に基づくときは、アドホックな同意が必要である」(第4条3項)と規定された[123]。つまり、条約の内容に関係なく、アドホックな同意は必要であるとされた。

　学説は伝統的には、次の2つの見解に分かれている[124]。第1に、国家は条約でその主権を譲渡あるいは放棄できるのであり、領土割譲や合併などにさえ同意することができるのであるから、ましてや将来の武力行使を一般的に許可する条約に基づく武力行使は合法であってアドホックな同意は必要ないという見解である[125]。第2に、不介入や人民の自決権は既に強行規範として受け入れられており、アドホックな同意を必要としない条約はそれらの強行規範に反する、または憲章第103条の規定に反するので当初から無効であるという見解である[126]。したがって第2の見解の論者は、武力行使への同意は将来のために一括して与えてはならず、アドホックに与えなければならないとする。

119　IDI Session of Rhodes, *supra* note 39, p. 251, Art. 4.

120　*Ibid.*, p. 223, para. 87.

121　*Ibid.*, pp. 278-279.

122　Remiro Brotons (*ibid.*, p. 311); Kazazi (*ibid.*, p. 342); Mullerson (*ibid.*, p. 343); Reisman (*ibid.*, p. 343).

123　IDI Rhodes Resolution, *supra* note 54, Art. 4.

124　David Wippman, "Treaty-Based Intervention: Who Can Say No?," *The University of Chicago Law Review*, Vol. 62, No. 2 (1995), p. 610; Gregory H. Fox, "Intervention by Invitation," in Marc Weller (ed.) *The Oxford Handbook of the Use of Force in International Law* (Oxford University Press, 2015), pp. 831-834.

125　例えば、George Grafton Wilson, *Handbook of International Law* (St. Paul, Minn.: West Pub., 1910), p. 205; Percy Henry Winfield, "The Grounds of Intervention in International Law," *British Year Book of International Law*, Vol. 5 (1924), pp. 157-158; Oliver Dörr, "Die Vereinbarungen von Dayton/Ohio," *Archiv des Völkerrechts*, Vol. 35, Issue. 2 (1997), p. 155.

このような対照的な２つの見解がある中で、近年は様々な中立的な見解が唱えられている。それらは、アドホックな同意を必要としない条約を、それ自体無効とは評価しないという点で共通している。異なるのは、追加でアドホックな同意が与えられない限り武力行使は正当化されないとするか（上で紹介した IDI の2011年の決議と同様の立場である）、事前に条約によって与えられた同意が撤回されない限り条約に基づき武力行使が正当化されうるとするか、である。前者の論者として、例えば de Wet は、条約によって事前に与えた同意が撤回されていないことを確認するために、アドホックな同意が必要であるとする[127]。そこではアドホックな同意は、条約によって与えられた事前の同意が依然有効であり、武力行使の時点で取り消されていないことを確認する一種の保証として機能する。しかしながら理論的には、事前の同意を撤回しないこととアドホックな同意を与えることは別ではないかという指摘ができよう[128]。

　この点で後者の立場、すなわち事前に条約によって与えられた同意が撤回されない限り条約に基づき武力行使が正当化されうるとする見解が注目される。例えば Wippman は、武力行使時に国家が撤回の権利を行使しない限り、その条約に基づく武力行使は合法であるとする見解である[129]。Wippman はその説明として次のように述べる。

　　一般的には条約自体が撤回（renunciation）を認めているか、撤回可能であることが条約から推測できない限り、国家は一方的に撤回することはできない。しかし軍事介入を許可する条約は、他の条約とは異なる。すべての条約は国家の独立にある程度の制限を課すが、軍事介入への条約は、国家の独立や国

126　このような見解から、事前の条約締結により、民主主義のための介入を行うことを批判したものとして、Brad R. Roth, "The illegality of 'pro-democratic' invasion pacts," in Gregory H. Fox and Brad R. Roth (eds.), *Democratic Governance and International Law* (Cambridge University Press, 2000), pp. 328-342.

127　Erika de Wet, *supra* note 16, pp. 169-170. 他に、追加でアドホックな同意が与えられない限り武力行使は正当化されないとする論者として、Agata Kleczkowska, "The meaning of treaty authorisation and ad hoc consent for the legality of military assistance on request," *Journal on the Use of Force and International Law*, Vol. 7, No. 2 (2020), pp. 270-291.

128　拙稿「［書評］Erika de Wet, *Military Assistance on Request and the Use of Force* (Oxford University Press, 2020)」国際法外交雑誌第120巻第３号（2021年）424頁。同様の指摘をするものとして、Svenja Raube, *Die antizipierte Einladung zur militärischen Gewaltanwendung im Völkerrecht* (Nomos, 2023), p. 506.

129　David Wippman, *supra* note 124, pp. 630-631.

家主権に関連する他の価値の中心に直接に関連するものである。さらに、一国による他国に対するいかなる武力行使も国際の平和と安全を脅かすため、こうした条約は通常、国際の秩序の維持に関する懸念を含んでいる[130]。

Wippman によれば、武力行使時の国家の意思が条約締結時の意思に優先すると結論付けるのが適当であり、武力行使を許可する条約は撤回の権利を伴うとみなされる。ただし Wippman は、アドホックの同意がなければ条約は介入の根拠とならないというわけではなく、撤回されるまでは根拠となるとする[131]。同様にVisser は、武力行使時に領域国が反対の主張をしない限り、事前の条約による同意に基づく武力行使は合法であるとする[132]。それは、武力行使時の国家の意思が条約締結時の国家の意思とは必ずしも合致しないからといって同意はアドホックに与えられなければならないとするのは、ティノコ事件判決と矛盾するからであるという。

さらに別の見解を提示するものとして、Corten は、ある国が事前に結ばれた条約に基づいてアドホックな同意なしに条約締約国に軍隊を派遣し、両国軍隊が紛争に陥ったという時に、「武力」の性格づけを排除するのは極めて人工的であると思われる[133]とし、軍隊の駐留や通過といった程度であれば同意はアドホックに与えられなくても有効であるが、それを超える程度の武力行使に関する同意である場合は、アドホックな同意の形をとる必要があるとする[134]。

以上のように、事前の条約による同意に基づく武力行使が法的に正当化されるためにアドホックな同意が必要か否かについては、アドホックな同意は常に必要とする見解（IDI, de Wet）、事前の同意が撤回されるまではアドホックな同意は

130　David Wippman, "Pro-Democratic Intervention by Invitation," in Gregory H. Fox and Brad R. Roth (eds), *supra* note 126, pp. 315-316; David Wippman, "Pro-Democratic Intervention," in Marc Weller (ed.), *The Oxford Handbook on the Use of Force* (Oxford scholarly authorities on international law, 2015), pp. 810-811. さらに、Wippman は事前に与えた同意の撤回に関して、介入時の政府が国家全体を代表している場合、撤回（revoke）に関する決定は国家の意思の十分な表明であるとみなすことができるが、国内が混乱している場合は、関連する両共同体の意思が必要とみなすべきであると述べている。

131　*Ibid.*

132　Laura Visser, "May the Force Be with You: The Legal Classification of Intervention by Invitation," *Netherlands International Law Review*, Vol. 66, No. 1 (2019), p. 30. 他に、Wippman や Visser らと同様の見解の論者として、Svenja Raube, *supra* note 128, p. 512.

133　Olivier Corten, *supra* note 30, p. 251.

134　*Ibid.*, p. 255.

必要ないとする見解（Wippman, Visser）[135]、そして条約で定められている武力行使の程度によるとする見解（Corten）等が主張されており、論者間に一致が見られない。もっとも、そもそも条約でアドホックな同意を必要としている場合で、アドホックに同意が与えられない場合は、条約はなお有効であるがその武力行使は正当化されえない[136]。問題となるのは、条約でアドホックな同意を必要としていない場合で、アドホックに同意が与えられない場合である。

Ⅱ-2．実行の分析

　この問題に関して国家実行は明確ではないが[137]、軍隊の駐留程度の武力行使を許可する条約は多数締結されている。他国軍隊の自国領域における駐留について定める地位協定がその例である[138]。一般に地位協定は、条約に定められた活動以外の当該軍隊による武力活動を除いては、アドホックな同意を明示的には必要としていないものも多く、アドホックな同意が必要であるとは考えられていないようである[139]。それは、Corten によれば、「軍隊が条約に違反して当該領域国に介

135　同様の見解を主張する論者として、Gregory H. Fox, *supra* note 124, pp. 831-833.

136　アドホックな同意を必要としている条約の例として、欧州連合運営条約第222条（連帯条項）がある。同条2項は、「いずれかの構成国がテロ攻撃の標的となり又は自然的若しくは人為的災害を被った場合には、他の構成国は、当該国の政治当局の要請に基づいて、支援する。この目的のため、構成国は理事会において相互間に調整を行う」としており、ここにいう「支援」は、非軍事的支援に限っていない（同条3項参照）。したがって同条2項は、欧州連合条約第42条7項（集団的自衛権）とは異なり、明確にアドホックな同意が必要であることを定めている。他に、2006年7月6日に署名されたカリブ共同体加盟国間の安全保障支援条約（Treaty on Security Assistance among CARICOM Member States）の第9条2項がある。

137　Claus Kreß and Benjamin Nußberger, "Pro-democratic Intervention in Current International Law: The Case of the Gambia in 2017," *Journal on the Use of Force and International Law*, Vol. 4, Issue. 2 (2017), p. 247.

138　例えば、2008年11月の米国・イラク間の地位協定。冷戦以前に締結されたものでは、1966年7月の在韓米軍の地位協定、1963年5月の在豪米軍の地位協定、1960年1月の在日米軍の地位協定、1959年6月の在独 NATO 軍補足協定など。See, R. Chuck Mason, "Status of Forces Agreement (SOFA): What Is It, and How Has It Been Utilized?," *Congressional Research Service* (2009).

139　しかし中には明示的にアドホックな同意を求める地位協定もあり、2008年11月の米国・イラク間の地位協定がそうである。同協定の第4条2項は、「本協定に基づき実施されるすべての軍事作戦は、イラク政府の同意を得て実施されるものとする。かかる作戦は、イラク当局と十分に調整されるものとする。」と定めている。

入しない限り、軍隊の単なる駐留・通過では『武力（force）』の行使であるとするのは困難である」からである[140]。この判断は、Corten は「武力」の定義に由来すると解される。つまり、Corten は「武力」を行為の烈度と攻撃の意思の2要件から定義づけており[141]、軍隊の単なる駐留・通過は烈度が高くなく「軍隊が条約に違反して当該領域国に介入しない限り」は攻撃の意思もないから、「武力」でないと判断しているように思われる。しかし第1章第2節Ⅱ. で論じたように、Corten は武力行使禁止原則不適用説に立つ論者であり、かつ、一般に同意は違法性阻却事由でないと解している（つまりB説の立場である）。Corten が武力行使禁止原則不適用説に立ちながら、なぜ「武力」の存在を判断する際に行為の烈度と攻撃の意思の2要件を必要とするのか、なぜ後者の攻撃の意思のみに限らないのかが明らかでない。武力行使禁止原則不適用説に立つならば、烈度に関係なく、同意さえあれば（攻撃の意思さえなければ）そもそも「武力」の定義に当たらないはずである。

なお、軍隊の駐留程度の武力行使を許可する条約の場合[142]、アドホックな同意が必要でないとしても、領域国はその事前の条約によって与えた同意を、何時でも（条約自体が撤回を認めているか撤回可能であることが条約から推測できなくとも）一方的に撤回することができる[143]。これについては Corten も同様の見解であり、アドホックな同意が必要のない場合でも、すなわち軍隊の駐留や通過といった程度の武力行使への同意の場合でも、それを法的に正当化するには武力行使の開始

140　Olivier Corten, *supra* note 30, p. 252.

141　*Ibid.*, pp. 61-90.

142　軍隊の駐留に限らず、他国による自国領域での武力行使を許可した条約は、領域国によりいつでも撤回されうるという点は、学説で広く認められている。その論拠は、既述のWippman の見解と同様である。See, David Wippman (2000), *supra* note 130, pp. 315-316; David Wippman (2015), *supra* note 130, pp. 810-811, IDI Rhodes Resolution, *supra* note 54, Art. 5; Erika de Wet, *supra* note 16, p. 165; Eliav Lieblich, *supra* note 17, p. 192-194; Chiara Redaelli, *Intervention in Civil Wars: Effectiveness, Legitimacy, and Human Rights* (Hart Publishing, 2021), p. 9; Raube はこれに加えて、条約法条約の第56条1項（b）の拡大解釈という独自の見解を主張している。Svenja Raube, *supra* note 128, pp. 471, 484-485.

143　軍隊の駐留を許可する同意がいつでも撤回可能であることは国連総会でも確認されており、国家が自国の領土に駐留する外国軍の撤退を要求する権利を有することは、確立した慣行であるとされている U. N. Doc. A/RES/1622 (S-Ⅲ), para. 2. ICJ のコンゴ・ウガンダ事件判決においても、コンゴはウガンダ軍の駐留に対する同意をいつでも撤回できると判断された *Armed Activities on the Territory of the Congo, (Democratic Republic of Congo v Uganda), Judgement, I. C. J. Reports 2005, supra* note 80, p. 197, para. 47. ただし、このコ

196 | 第 4 章 同意に基づく武力行使の手続的要件

時点でその同意が撤回されていないことを確認する必要があると述べる[144]。

　一方、軍隊の駐留程度を超える将来の武力行使を許可する条約に関しては、集団的自衛権に関するものと後に論じる AU と ECOWAS に関するものを除くと、冷戦終焉後の条約は多くない[145]。ここでは、1997年1月に締結されたナイジェリアとシエラレオネ間の地位協定と1998年10月に締結されたトルコとシリア間のアダナ協定を分析する。

　第3章第2節Ⅱ-1. において、1997年5月のシエラレオネのアドホックな同意に基づくナイジェリアの軍事介入を分析したが、この事例においてナイジェリアは1997年1月のナイジェリアとシエラレオネ間の地位協定も正当化根拠として援用していた。同協定は、ナイジェリアは「（国内または国外の脅威に対して）シエラレオネの主権及び領土保全の維持のために武力を行使する権利を有する」と定めていた[146]。この規定は、駐留程度を超える武力行使をナイジェリアが行うことを認めていたと推測されるが、しかしシエラレオネによるアドホックな同意が必要とされていたかは明確でなく、少なくとも文言上は確認できない。いずれにせよ、ナイジェリアはこの地位協定のみに基づくのではなく、Kabbah 大統領によるアドホックな同意に基づき軍事介入を行った。このナイジェリアの軍事介入に対しては特に国際社会から批判がなかった。

　1998年10月に締結されたトルコとシリア間のアダナ協定のもとで、シリアは、シリア領域内に存在する PKK（クルディスタン労働者党）の活動を許可・支援しないよう義務づけられている[147]。シリアが必要な措置を取らず、安全保障の義務を果たさない場合、同協定の附属書4に基づき、トルコはシリアの国境を超えて5km まですべての「必要な措置」を講ずる権利を有する。この規定は、駐留程

　　ンゴ・ウガンダ事件判決で撤回の対象となった同意は、条約によって与えられたものではなく一方的宣言によって与えられたものであるので、条約の場合にも同じ推論が当てはまるか否かは、この判決のみからは不明であると指摘する論者もある。See, Svenja Raube, *supra* note 128, pp. 151-152, 460.

144　Olivier Corten, *supra* note 30, pp. 270-271.

145　20世紀の国家実行については、Lauri Hannikainen, *Peremptory Norms (Jus Cogens) in International Law: Historical Development, Criteria, Present Status* (Finnish Lawyers' Publishing Company, 1998), pp. 342-346. とりわけ第2次大戦後、冷戦終焉前までの実行については、Olivier Corten, *supra* note 30, pp. 254-255.

146　Jeremy Levitt, "African Interventionist States and International Law," in Oliver Ferley and Roy May (eds.), *African Interventionist States* (Ashgate Publishing Ltd, 2001), pp. 22-25.

度を超える武力行使をトルコが行うことを認めていたと推測されるが、しかしシリアによるアドホックな同意が必要とされていたかは明確でなく、少なくとも文言上は確認できない。トルコ側は、シリアのアドホックな同意は必要ないと理解しており[148]、実際、2019年10月にシリア領域内で大規模な武力行使（「平和の泉」作戦）を行った際に、トルコはその正当化根拠として、自衛権とアダナ協定を援用した[149]。しかしこの軍事介入はトルコの国境5kmをはるかに越えており、主な正当化根拠は自衛権であったと推測される。シリアはこのトルコの武力行使に反対しており[150]、国際社会の大部分もトルコを批判したが[151]、武力行使禁止原則違反であるとして明確に法的な評価をしたものは、管見の限りではギリシャ[152]、スイス[153]、キプロス[154]、およびリヒテンシュタイン[155]である。これらのいずれもアダナ協定に触れていないが、一方で、援用されたもう一つの正当化根拠である

147　Republic of Türkiye Ministry of Foreign Affairs, "Statement Made By İsmail Cem, Foreign Minister, On The Special Security Meeting Held Between Turkey And Syria October 20, 1998 (Unofficial Translation)," at https://www.mfa.gov.tr/_p_statement-made-by-ismail-cem_-foreign-minister_-on-the-special-security-meeting-held-between-turkey-and-syria_br_october-20_-1998_br_unofficial-translation___p_.en.mfa (as of 30 June 2024).

148　この点につき詳細な検討は、Svenja Raube, *supra* note 128, p. 227を参照。

149　U. N. Doc. S/2019/904.

150　Kaja Kowalczewska and Piotr Łubiński, "Legality of the Turkish military operations in Syria," *Review of International, European and Comperative Law (PWPM)*, Vol. 20 (2022), p. 63.

151　Svenja Raube, *supra* note 128, pp. 227–229, Claus Kreß, "A Collective Failure to Prevent Turkey's Operation 'PeaceSpring' and NATO's Silence on International Law," *EJIL: Talk!* (14 October 2019), at https://www.ejiltalk.org/a-collective-failure-to-prevent-turkeys-operation-peace-spring-and-natos-silence-on-international-law/ (as of 30 June 2024).

152　Ministry of Foreign Affairs, Greece, "Ministry of Foreign Affairs announcement on Turkey's military operations in Syria" (10 October 2019), at https://www.mfa.gr/en/current-affairs/statements-speeches/ministry-of-foreign-affairs-announcement-on-turkeys-military-operations-in-syria.html (as of 30 June 2024).

153　"Swiss foreign minister criticises Turkish offensive in Syria," *Swissinfo* (11 October 2019), at https://www.pio.gov.cy/en/press-releases-article.html?id=10035#flat (as of 30 June 2024).

154　Ministry of Interior, Republic of Cyprus, "Statement by the Ministry of Foreign Affairs of the Republic of Cyprus on the Turkish invasion of Syria" (10 October 2019), at https://www.swissinfo.ch/eng/politics/turkey-operation_switzerland-calls-for-restraint-in-latest-syria-violence/45287064 (as of 30 June 2024).

155　Liechtenstein UN, *Twitter* (9 October 2019), at https://twitter.com/LiechtensteinUN/status/1182021884117954561 (as of 30 June 2024).

198 | 第4章 同意に基づく武力行使の手続的要件

自衛権に関しては、リヒテンシュタインが自衛権概念の不当な拡大であると批判した[156]。

Ⅱ-3．実行に照らした考察

　こうした実行に鑑みれば、軍隊の駐留程度を許可する条約であれば、多数の地位協定にみられるように、アドホックな同意がなくとも武力行使が法的に正当化されうる。一方で、駐留を超える程度の武力行使を許可する条約に関しては、アドホックな同意が必要と明示されていないことをもって、条約をただちに強行規範違反・無効と評価する実行はみられないが、実際に武力行使を行う際に事前の条約のみに基づいて正当化を行った実行もない。武力行使国は事前の条約のみではなく、他の正当化根拠（ナイジェリアの場合はアドホックな同意、トルコの場合は自衛権）を共に援用しており、むしろそれが主な正当化根拠であったと推測される。駐留を超える程度の武力行使を許可する条約でアドホックな同意を明文で必要としていない条約は、その本数が限られていることに加え、実際にアドホックな同意なしに事前の条約のみに基づいて正当化された事例がないことに鑑みれば、アドホックな同意が必要になると認識されているといえよう。

　軍隊の駐留程度を超えるか超えないかで区別されるというのは、結論としてはCortenと同じであるが、その理由はCortenの述べるように同意に基づく単なる軍隊の駐留がそもそも「武力」としての性格づけを与えられないからではない。そうではなく、本書の主張する武力行使禁止原則の2元的理解からの説明が望ましい。すなわち、軍隊の駐留程度でも「武力」であるが、実際の軍事行動を伴わないので一定の人間的利益が侵害される危険性がそれ自体では生じないからである。それでも、軍隊の駐留程度の武力行使を許可する条約を、領域国が何時でも撤回することができるのは、軍隊の駐留は抽象的国家利益に関わるものであることに変わりなく、抽象的国家利益は相対的高次性を有しているからである。この点については、後ほど本章第4節Ⅰ．で詳述する。

　駐留を超える程度の武力行使の場合に関しては、アフリカにおけるAUやECOWASといった、条約に基づく地域的な安全保障システムの登場によって、近年さらに問題となっている。これらの地域的国際機関の締約国は、軍隊の駐留

156　*Ibid.*

程度を超える将来の武力行使をアドホックな同意なしに許可するという同意を、条約によってその地域的国際機関に与えている。

Ⅲ．アフリカにおける条約に基づく地域的安全保障システム

上で、2006年の国際機構の責任に関する第4報告書でILCの特別報告者Gajaが、他国がそのイニシアティヴで軍事介入することを可能にするような一般的な同意は、強行規範に反するとみなさなければならないと述べていたことを引用した。そこではGajaは続けて、「憲章は第7章の下で武力行使の権限を与えているため、強行規範違反は生じないというのは明らかであるが、反対に、地域的国際機関に軍事介入の権限を与えることは、強行規範違反とみなしうる。しかし、加盟国の政治的統合の要素を表すものとして武力行使の権限を与えられた地域的国際機関に関しては、異なる見解もありうる。」[157]と述べていた。Gajaはさらに脚注74で、そのような地域的国際機関としてAUを挙げることができるかもしれないと言及している[158]。近年のアフリカにおいてAUとECOWASに与えられた権限は、Gajaの述べるような強行規範違反とみなされない特別の権限といえるのだろうか。ここでは、AUとECOWASにおける条約に基づく地域的安全保障システム[159]をそれぞれ説明した上で（Ⅲ-1.）、そのような地域的国際機関による事前の条約に基づく締約国への武力行使が法的に正当化されるのか否か、アドホックな同意は必要か否か、学説の整理と（Ⅲ-2.）、国家実行の分析（Ⅲ-3.）を通して考察する（Ⅲ-4.）。

---

157 ILC, Special Rapporteur Giorgio Gaja, "Fourth report on responsibility of international organizations,", *supra* note 117, p. 113, para. 48.

158 *Ibid.*, footnote 74.

159 SADCには、AUやECOWASのような領域国のアドホックの同意を必要としない条約に基づく地域的安全保障システムがないことについては、以下の文献を参照。Erika de Wet, *supra* note 16, pp. 177-179; Marko Svicevic, "Collective Self-defence or Regional Enforcement Action: The Legality of SADC Intervention in Cabo Delgado and the Question of Mozambican Consent," *Journal on the Use of Force and International Law*, Vol. 9, Issue. 1 (2022), pp. 138-170.

Ⅲ-1. AU と ECOWAS における条約に基づく地域的安全保障システムの概要

　AU は、アフリカ統一機構（Organization of African Unity：以下、OAU）のあとを受け2002年7月に設立した地域的国際機関である。2017年1月にモロッコが再加入して以降、加盟国は55か国である。AU 設立規約は第4条（h）で「重大な事項、すなわち、戦争犯罪、集団殺害及び人道に対する罪」といった事態における連合の加盟国への介入権を規定している。2003年にはこれら「重大な事項」に「正統な（legitimate）秩序に対する重大な脅威」を含むとする改正議定書[160]が採択された。改正議定書はいまだ発効しておらず[161]、また「正統な秩序に対する重大な脅威」が何を意味するのかは明確にされてないが、政府の違憲的な変更を指していると考えられている[162]。さらに、AU 設立規約は第4条（j）で「平和と安全を回復するために、加盟国が連合の介入を要請しうる権利」を認めている。AU の機構の一部である平和・安全保障理事会（Peace and Security Council：PSC）は、「紛争の防止、管理及び解決のための常設的意思決定機関」（AU 設立規約第20条の2）であり、2002年に策定された「平和・安全保障理事会の設立に関する議定書（Protocol Relating to the Establishment of the Peace and Security Council：以下、PSC 議定書）」[163]は、第4条で、平和・安全保障理事会が特に従うべき原則として、AU 設立規約の第4条（h）および同条（j）を挙げている。さらに同議定書7条1項では、平和・安全保障理事会は、委員会（Commission）の委員長と共に

160　AU, "Protocol on the Amendments to the Constitutive Act of the African Union" (11 July 2003), Art. 4, at https://au.int/sites/default/files/treaties/35423-treaty-0025_-_PROTOCOL_ON_THE_AMENDMENTS_TO_THE_CONSTITUTIVE_ACT_OF_THE_AFRICAN_UNION_E.pdf (as of 30 June 2024).

161　発効は、加盟国の3分の2が改正議定書を批准した後、30日を経て行われるとされている。

162　Evarist Baimu and Kathryn Sturman, "Amendment to the African Union's Right to Intervene, a Shift from Human Security to Regime Security," *African Security Review*, Vol. 12, Issue. 2 (2004), pp. 37-45.

163　AU, "Protocol Relating to the Establishment of the Peace and Security Counsil of the African Union" (9 July 2002), at https://au.int/sites/default/files/treaties/37293-treaty-0024_-_protocol_relating_to_the_establishment_of_the_peace_and_security_council_of_the_african_union_e.pdf (as of 30 June 2024).

「設立規約第4条（h）に従って、介入することを会議（Assembly）に勧告（recommend）する」（e）、「設立規約第4条（j）に従って、会議の決定に続き、連合の加盟国への介入の方式を承認（approve）する」（f）、としている[164]。つまり、第4条（j）は加盟国のアドホックな同意に基づくAUの介入を定めている一方で、第4条（h）によれば平和・安全保障理事会が介入を会議に勧告し会議が決定すれば、AUは加盟国のアドホックな同意なしに介入しうるということになる。さらに、同議定書の第16条1項は、アフリカにおける平和と安全の維持に関する主要な責任を平和・安全保障理事会に与えている。続く第17条は、1項で、「平和・安全保障理事会は、国際の平和と安全に主要な責任を負う国連安全保障理事会と協力」するとしており、2項で「地域的国際機関の役割に関する憲章第8章に従う」としている。すなわち、AUは国連安保理に主要な責任があることを認めており、平和・安全保障理事会の有する平和と安全の維持に関する主要な責任とは、AUとアフリカの他の地域的国際機関との関係における主要な責任である[165]。ただし、同議定書は第4条（h）に従って介入する際に安保理の許可が必要であるとは述べていない。

　ECOWASは、1975年にラゴス条約に基づき設立された経済共同体であり、西アフリカの15か国で構成される準地域的国際機関である。1981年に「防衛相互援助に関する議定書（Protocol Relating to Mutual Assistance on Defense）」[166]が策定され、第4条（b）で「国外から積極的に計画され援助された加盟国内の内戦がコミュニティ全体の平和と安全を危険にさらす場合」に、ECOWASが軍隊を組織することを認めている。同議定書は、内戦が純粋に一国内で生じており他国が関係していない場合は、ECOWASは介入してはならないとしていた（第18条2項）。1999年には「紛争予防・管理・解決・平和維持・安全保障メカニズムに関する議定書（Protocol Relating to the Mechanism for Conflict Prevention, Management, Resolution,

---

164　平和・安全保障理事会は3年任期5か国、2年任期10か国の計15か国で構成される（PSC議定書第5条）。各理事国は、1個の投票権を有し（同議定書第8条12項）、その決定は基本的にはコンセンサスによって行われ、コンセンサスが得られない場合に、手続事項に関する決定は過半数の理事国の賛成票によって行われ、その他すべての事項に関する決定は3分の2以上の理事国の賛成票によって行われる（同議定書第8条13項）。

165　Eki Yemisi Omorogbe, "Can the African Union deliver peace and security?," *Journal of Conflict and Security Law*, Vol. 16 (2011), p. 41.

166　ECOWAS, "Protocol A/SP. 3/5/81 Relating to Mutual Assistance on Defence" (29 May 1981), at http://ecowas.akomantoso.com/_lang/en-US/doc/_iri/akn/ecowas/statement/protocol/1981-05-29/A_SP3_5_81/eng@/!main (as of 30 June 2024).

Peacekeeping and Security：以下、Lomé 議定書）」[167]が採択され、これによって、調停・安全保障理事会が創設され（第7条）、同理事会があらゆる形態の介入を授権する（第10条2項（ｃ））というメカニズムが創設された[168]。同議定書第25条はこのメカニズムが適用される状況を規定しており、例えば、加盟国間の紛争、加盟国内における内戦やその危険、人道的危機、人権と法の支配の重大かつ大規模な違反、民主的に選出された政府の転覆などである。すなわちこのメカニズムは、1981年に「防衛相互援助に関する議定書」に比べて対象範囲が拡大された。しかもメカニズムが適用される状況には、上記に加えて「その他調停・安全保障理事会によって決定されるあらゆる状況」も挙げられている。これは、ECOWAS にその独自のイニシアティヴで武力行使することを可能にするような内容であるので、無効であると評価されかねないとの指摘もある[169]。同メカニズムは、安保理による許可も領域国によるアドホックな同意も必要としておらず、ただ、「ECOWAS は、このメカニズムの目的の追求のために行ういかなる軍事介入も、憲章第7章及び第8章に従って、安保理に報告しなければならない」（第52条3項）とのみ定めている。

　したがって、AU 設立規約第4条（ｈ）と ECOWAS の Lomé 議定書によれば、AU および ECOWAS は、加盟国のアドホックな同意も安保理の許可（ないし授権）もなしに、事前に定められた規定に基づき、加盟国内へ軍事介入を行う権利を有している。

Ⅲ-2．理論的側面の分析

　AU と ECOWAS が、加盟国のアドホックな同意も安保理の許可（ないし授権）もなしに、事前に定められた規定に基づき武力行使することは、国際法上許され

167　ECOWAS, "Protocol A/S. 1/12/99 Relating to the Mechanism for Conflict Prevention, Manegement, Resolution, Peacekeeping and Security"（10 December 1999）, at https://au.int/sites/default/files/documents/39184-doc-140._the_ecowas_conflict_prevention_framework.pdf（as of 30 June 2024）.

168　調停・安全保障理事会は、首脳会議で選出される7か国、現議長国、前議長国の計9か国で構成され（Lomé 議定書第8条）、その決定は出席理事国の3分の2以上の多数によってなされる（同議定書第9条）。

169　Seyfullah Hasar, *supra* note 30, p. 52. ただし Hasar は、憲章第2条4項で禁止されているのは国連の目的と矛盾する武力の行使であるから、国連の目的に合致する範囲で解釈するかどうかが問われるとしているようである。

るだろうか。学説は、大きく3つの立場に分けられる。第1に、そのような武力行使は、憲章第53条1項（「いかなる強制行動も、安保理の許可がなければ、地域的取極に基づいて又は地域的国際機関によってとられてはならない」）や憲章第103条と抵触するとして、否定的に捉える見解である。例えばDinsteinは、AUやECOWASのような地域的国際機関が、政府の明確な意志に反して軍事介入する権限を有するのは、憲章第103条に抵触し、憲章第2条4項が強行規範であるとすれば、地域的国際機関は武力行使禁止原則から逃れることはできないとする。Dinsteinは、AUやECOWASは憲章第53条1項に従って、安保理の許可があって初めて国家に対して武力行使を行うことができるとする[170]。またGazziniはAUに関して、領域国のアドホックな同意なしに介入を認めるAUの規定は憲章とほとんど両立せず、たとえ会議（Assembly）でAUの介入を認める全会一致の決議が採択されたとしても、そのような武力行使を許可する権限は安保理のみが排他的に有しているのでなお違反であると批判する[171]。Christófoloは、AU設立規約自体は条約法条約第53条（強行規範に抵触する条約は無効）に反しないが、憲章第53条1項に照らして解釈されなければならず、従ってAU設立規約第4条（h）の下でとられる措置は安保理の許可がなければならないとする[172]。

第2の見解は、第1の見解と同様、AUとECOWASは加盟国のアドホックな同意か安保理の許可がなければ合法に加盟国に介入できないとしつつも、今後そのような事前の条約による同意のみに基づく介入が国際社会によって受け入れられ、認められる可能性を示唆する。例えばNolteは、安保理の許可のない事前の条約による同意に基づく介入は、今のところ認められていないが、そのような地域的な安全保障システムによる介入が将来、政府の同意に基づく介入に比べてより正当な形態（better legitimized form）であるとみなされうると述べる[173]。同じく第2の見解に立つWippmanは、AUとECOWASによるそのような介入は今後認め

---

[170] Yoram Dinstein, *War, Aggression and Self-Defence* (Cambridge University Press, 6th ed., 2017), p. 130, para. 349. 同様の見解を提示するものとして、Agata Kleczkowska, *supra* note 127, p. 286; Stuart Casey-Maslen and Tobias Vestner, *International Law and Policy on the Protection of Civilians* (Cambridge University Press, 2022), p. 207.

[171] Tarcisio Gazzini, *The Changing Rules on the Use of Force in International Law* (Manchester University Press, 2005), pp. 113-114.

[172] João Ernesto Christófolo, *Solving Antinomies between Peremptory Norms in Public International Law* (Schulthess, éditions romandes, 2016), pp. 166-167.

[173] Georg Nolte, *supra* note 38, para. 24.

られるかもしれないが、認められたとしても憲章との関係が問題であると懸念している。Wippman は、AU と ECOWAS は、憲章が安保理のみに認めている権限を独自の「ミニ安保理」に与えており、憲章が地域的国際機関に付与している権限を超えているとし、そのような権限が憲章第53条１項または武力行使禁止に関する強行規範と両立することは困難であると述べつつ、しかし国連も個々の国家も、これらの地域的取極を非難したり AU と ECOWAS の権限の主張に異議を唱えたりはしておらず、今後そのような多数国間の介入が少なくとも特定の地域において認められるかもしれないとする[174]。しかし Wippman は、AU と ECOWAS によるそのような介入がたとえ国連によって容認され、暗黙のうちに歓迎されたとしても、地域的な慣行が、憲章または武力行使禁止に関する強行規範をどのように修正できるかは明らかではないと述べ、したがって事前の条約に基づく地域的国際機関による介入は、受け入れられた慣行と法との間で厄介な姿勢を保つように運命づけられているように思われると述べる[175]。また Lieblich は、AU と ECOWAS のこのような介入を認める規定は、これまでアフリカで生じた人道的危機において、安保理がその責任を果たさなかったことによって生まれたのであり、アフリカ諸国が、安保理がまた行動しないかもしれないという不安を抱いていることの表明であると述べた上で[176]、今こそ、場当たり的な対処を超え、AU と ECOWAS の規定と国連憲章との対立の問題を正面から取り扱うべきであるとする[177]。そこで Lieblich は、保護する責任を果たさない加盟国は同意を撤回する権利を失い、AU と ECOWAS による事前の条約に基づく介入が合法となるというアプローチを提唱している[178]。

　第３の見解は、第１および第２の論者とは反対に、AU と ECOWAS はそのような武力行使を既に合法的に行うことができるとする。その根拠は論者ごとに様々である。例えば Harrel は、憲章第53条１項が禁止しているのは、地域的国際機関が非加盟国に対して安保理の許可なしに強制行動をとる場合と、地域的国際機関が自身に与えられた権限に一致しない方法で強制行動をとる場合であって、

174　David Wippman (2015), *supra* note 130, pp. 811-815.

175　*Ibid.*

176　Eliav Lieblich, "Intervention and Consent: Consensual Forcible Interventions in Internal Armed Conflicts as International Agreements," *Boston University International Law Journal*, Vol. 29 (2011), p. 372.

177　Eliav Lieblich, *supra* note 17, pp. 200-201.

178　*Ibid.* pp. 201-202.

加盟国への介入を許可する事前の条約に基づいていれば憲章第2条4項の違反は
生じず、従って第53条1項は問題にはならないとする[179]。Harrel によれば、そ
のような事前の条約によって与えられた同意は、それが有効であってかつ強行規
範に反する武力行使を許可していない限り、武力行使時の領域国の意思に勝り、
従ってアドホックな同意は必要ない[180]。Kuwali も憲章第53条1項の解釈に基づ
き議論しているが、その解釈は Harrel と異なる。すなわち Kuwali によれば、
憲章第53条1項は安保理の許可が地域的国際機関による強制行動の前に与えられ
るのか後に与えられるのかを明記しておらず、これまでの実行上も、安保理は地
域的国際機関による強制行動の後にそれらを肯定する決議を採択することがあっ
たとし、地域的国際機関は介入の前後どちらかに安保理による許可を得られれば
合法的に加盟国に介入できるとする[181]。確かにこれまでの実行上、安保理は地
域的国際機関による強制行動の後にそれらを肯定する決議を採択したことはあった
が、それらは第53条1項に触れずに地域的国際機関による和平努力を賞賛してい
る[182]。そのような決議が地域的国際機関による武力行使に対し事後的に許可を与
えることを意図していたことを、第53条1項に何ら触れていない安保理での議論

179　Peter E. Harrell, "Modern-Day 'Guarantee Clauses' And the Legal Authority of
Multinational organizations To Authorize the Use of Military Force," *Yale Journal of
International Law*, Vol. 33, Issue. 2 (2008), p. 429. 憲章第53条1項を Harrell と同様に解釈す
るものとして、John-Mark Iyi, *Humanitarian Intervention and the AU-ECOWAS Intervention
Treaties Under International Law: Towards a Theory of Regional Responsibility to Protect*
(Springer, 2016), pp. 264-265; Russell Buchan and Nicholas Tsagourias, "Intervention by
invitation and the scope of state consent," *Journal on the Use of Force and International
Law*, Vol. 10, Issue. 2 (2023), pp. 263-264; Svenja Raube, "Anticipatory consent to military
intervention: analysis in the wake of the coup d'état in Niger in 2023," *Journal on the Use
of Force and International Law*, Vol. 10, Issue. 2 (2023), p. 236; Svenja Raube, *supra* note
128, pp. 519-521; Oona A. Hathaway, Julia Brower, Ryan Liss and Tina Thomas, "Consent-
Based Humanitarian Intervention: Giving Sovereign Responsibility Back to the Sovereign,"
Cornell International Law Journal, Vol. 46, Issue. 3 (2013), p. 559.

180　Peter E. Harrell, *ibid.*, pp. 429-430. Harrel は、AU と ECOWAS が特定の事項の介入に
限定しているのは、広範囲の事項に介入を認めてしまうと、それによるありうる便益よりも、
濫用や付随的な損害の可能性の方が大きくなるという懸念があるからであるとし、また地域
的国際機関はたいてい、武力行使の授権を決定するための審議プロセスと投票手続をおいて
いるため濫用を防ぐことができるとする。See, *ibid.*, pp. 431-443.

181　Dan Kuwali, "The end of humanitarian intervention: Evaluation of the African Union's
right of intervention," *African Journal on Conflict Resolution*, Vol. 9, No. 1 (2009), p. 46.

182　U. N. Doc. S/RES/788; U. N. Doc. S/RES/1231.

から推論することはできず、むしろ安保理は許可の問題を回避する姿勢をとったと理解するべきであると思われる[183]。他の解釈を行うものとして、Abass とBaderin は、第53条１項は国連の集団安全保障の一般的な枠組みの一部であり、その有効性は安保理に委ねられた集団安全保障メカニズムの効果的な機能に依存するため、安保理が加盟国の危機に介入することを拒否した場合、当該地域的国際機関が適切と判断した行動をとる自由がある（したがって第53条１項は不適用になる）とする[184]。第３の論者の中には、第53条１項との関係を明らかにしないまま、AU と ECOWAS の介入権を肯定する論者もいる。その論拠は、これまでAU と ECOWAS の実行において国際社会が明白な反対を示さなかったこと、介入の目的、介入を決定する際の手続、地域的国際機関としての性格などである[185]。

Ⅲ-3．実行の分析

　ここでは、地域的国際機関による介入が国際社会によって既に認められているか否かについて、実行を分析し検討する。

　AU は、これまで複数の加盟国に対し軍事介入を行ってきたが、それらの事例においては AU 設立規約第４条（ｈ）が明示的に援用されることはなかった[186]。実際に部隊が派遣されるに至らなかったケースを見れば、AU 設立規約第４条

183　橋林建司「リベリア内戦への西アフリカ諸国経済共同体と国際連合による介入」『愛媛法学会雑誌』第22巻第２号（1995年）113頁。

184　Ademola Abass and Mashood A. Baderin, "Towards Effective Collective Security and Human Rights Protection in Africa: An Assessment of the Constitutive Act of the New African Union," *Netherlands International Law Review*, Vol. 49 , Issue 1 (2002), pp. 23-24.

185　See, Monica Hakimi, "To Condone or Condemn? Regional Enforcement Actions in the Absence of Security Council Authorization," *Vanderbilt Journal of Transnational Law*, Vol. 40 (2007), pp. 679-683; Jeremy Levitt, "Pro-Democratic Intervention in Africa," *Wisconsin International Law Journal*, Vol. 24, No. 3 (2006), pp. 831-833; Tiyanjana Maluwa, "The OAU/African Union and International Law: Mapping New Boundaries or Revisiting Old Terrain?," *American Society of International Law Proceedings*, Vol. 98 (2004), p. 236. なお2011年の IDI の最終報告書は、地域的国際機関については本報告の範囲外として詳細には扱っていない（IDI Session of Rhodes, *supra* note 39, pp. 192-195, paras. 21-27.）が、Yusufは2009年の議論で地域的国際機関によって行われる武力行使は、現代において最もはびこっているため包括的に取り上げるべきであるとした上で、AU 設立規約第４条（ｈ）に規定される AU の一方的な介入を肯定する発言をしていた。しかし Yusuf はその理由については詳しく述べていない（IDI Session of Naples, *supra* note 40, p. 343.）

（h）が明示的に援用された初めての事例として、2015年にブルンジでの武力行使が試みられたことが挙げられる。ブルンジでは、Nkurunziza 大統領による3選出馬表明に対して、首都を中心に大規模な抗議デモが展開されていた[187]。政府側は抑圧的な態度で抗議デモを鎮圧しつつ、2015年7月に大統領選が実施されNkurunziza 大統領は3選を果たすも、国内の混乱は続いていた[188]。同年12月17日、AU 平和・安全保障理事会は、治安状況の悪化を防ぎ民間人を保護することなどを目的として、ブルンジ予防・保護ミッション（African Prevention and Protection Mission in Burundi：以下、MAPROBU）の派遣を授権し、ブルンジが96時間以内に MAPROBU の派遣を受け入れない場合には AU 設立規約第4条（h）を実施するよう会議に勧告した[189]。AU 平和・安全保障理事会は同時に、国連安保理に対し、当該コミュニケを支持する国連憲章第7章決議を採択するよう求めていた[190]。これに対しブルンジ議会は全会一致で MAPROBU の派遣を拒否し[191]、大統領と外務大臣は MAPROBU の派遣を「自国への侵略」あるいは「自国への攻撃」と表現した[192]。2016年1月の AU 首脳会議では、ガンビアの Jammeh 大統領（当時）が、ブルンジ政府の同意がない限り部隊を派遣できない旨を指摘し

---

186 第3章第2節 I-3. では、AU によるコモロでの武力行使を扱ったが、その正当化根拠はコモロのアドホックな同意であった。他には、モーリタニアやギニアのクーデターに対して制裁を課すなどして国連や他のアクターに加わったことはあるが、設立規約第4条（h）に基づいた実行は2015年のブルンジの事例だけであると思われる。See, Eki Yemisi Omorogbe, *supra* note 165, pp. 35-62; Svenja Raube, *supra* note 128, pp. 280-286.

187 当時のブルンジ憲法は、第96条で3選を禁じていた。See, "Burundi's Constitution of 2025," *Constitute Project*, at https://adsdatabase.ohchr.org/IssueLibrary/BURUNDI_Constitution.pdf (as of 30 June 2024).

188 "Burundi elections: Pierre Nkurunziza wins third term," *BBC News* (24 July 2015), at https://www.bbc.com/news/world-africa-33658796 (as of 30 June 2024).

189 AU Peace and Security Council, Communique, 565th Meeting, PSC/PR/COMM (DLXV) (17 December 2015), para. 13, at https://oau-aec-au-documents.uwazi.io/api/files/15322901794424x5e3uq4gc0tra7ywyzr27qfr.pdf (as of 30 June 2024).

190 *Ibid.*, para. 15.

191 "AU peacekeepers will violate sovereignty, say Burundi MPs," *The EastAfrican* (22 December 2015), at https://www.theeastafrican.co.ke/news/Burundi-MPs-reject-African-Union-peacekeeper-troops/2558-3005956-c49jm5z/index.html (as of 30 June 2024).

192 Nina Wilen and Paul D. Williams, "The African Union and Coercive Diplomacy: The Case of Burundi," *Journal of Modern African Studies*, Vol. 56, No. 4 (2018), p. 687; "Burundi crisis: Pierre Nkurunziza threatens to fight AU peacekeepers," *BBC News* (30 December 2015), at https://www.bbc.com/news/world-africa-35198897 (as of 30 June 2024).

た[193]。同様にチャド大統領も、ブルンジに MAPBROBU の派遣を受け入れさせることはできないと述べた[194]。最終的に MAPBROBU の派遣は実現しなかったため、ブルンジの事例は、AU 設立規約第 4 条（h）に基づき領域国のアドホックな同意なしに AU が軍事介入できるか否かについて明確な答えを提示するものではない。学説上も評価は分かれており、de Wet は「MAPROBU の配備が実現しなかったことは、ブルンジでの軍事行動は、追加のアドホックな同意や、国連安保理による第 7 章または第 8 章の承認（今回は実現しなかった）がない場合、AU 設立規約第 4 条（h）の援用を支持する実行がまだないことを意味する」としている[195]。一方で Hasar は、「この例では、AU 平和安全保障理事会が憲章第 7 章に基づく国連安保理の承認を求めたが、これを条件として軍事展開を授権したわけではなく、ブルンジ政府からのアドホックな同意を条件としたわけでもない。したがって、この事例は（介入が実現しなかったため、明白ではないが）、条約を介した事前の同意に基づく軍事介入を一部の国が容認したことを示している」とする[196]。

　ECOWAS に関しては、1999年の Lomé 議定書採択前の事例でいえば、1990年のリベリアへの介入[197]と1997年のシエラレオネへの介入[198]が挙げられる。しかしこれらの事例において、ECOWAS は1981年の「防衛相互援助に関する議定書」の規定には触れていない。1999年の Lomé 議定書採択後も、複数の加盟国に対し軍事介入を行ってきたが、それらの事例において Lomé 議定書が明示的に援用されることはなかった[199]。第 3 章第 2 節 I - 6 . では、2017年の ECOWAS による

193　Solomon Dersso, "To Intervene or Not to Intervene? An Inside View of the AU's Decision-Making on Article 4 （h）and Burundi," *World Peace Foundation* （26 February 2016）, p. 7, at https://sites.tufts.edu/wpf/files/2017/05/AU-Decision-Making-on-Burundi_ Dersso.pdf （as of 30 June 2024）.

194　*Ibid.*, pp. 7-8.

195　Erika de Wet, *supra* note 16, pp. 173-174.

196　Seyfullah Hasar, *supra* note 30, p. 50. 他に、ブルンジの事例は AU が加盟国のアドホックな同意なしに介入する可能性を示すとする評者として、Svenja Raube, *supra* note 128, p. 502.

197　David Wippman, "Enforcing the Peace: ECOWAS and the Liberian Civil War," in Lori Fisler Damrosch （ed.）, *Enforcing Restraint: Collective Intervention in Internal Conflicts* （Council on Foreign Relations Press, 1993）, pp. 157-203; 楢林建司「前掲論文」（注183）。

198　楢林建司「シエラレオネ内戦に対する西アフリカ諸国経済共同体と国際連合による介入」『愛媛法学会雑誌』第27巻第 4 号（2001年）119-158頁。

199　Svenja Raube, *supra* note 128, p. 287.

ガンビアでの武力行使を扱ったが、この事例も同議定書に基づいて軍事介入が行われたか否かは不明確である[200]。しかし諸国の反応の中には、ECOWASの一方的な介入権を批判するものがあるため、ここで分析することにする。

ガンビアでは、2016年12月の選挙でBarrow氏が新大統領として選出されたが、Jammeh元大統領はこれを認めず大統領の座に居座ろうとしたため、国際社会から批判が集まった[201]。AUとECOWASは、ガンビアの正統な代表としてBarrow氏のみを認めるとし、同時に、安保理で武力行使の授権の際に使われる文言を用い、ガンビア国民の意思に従って「すべての必要な措置」を採ることを加盟国に授権した[202]。セネガル等のECOWAS軍がガンビアの国境に集結し、ガンビア領域内に侵入し、Jammeh氏に退陣するよう圧力をかけた[203]。Jammeh氏はこれを内政干渉として批判し緊急事態宣言をしたが、安保理はBarrow氏のみをガンビアの正統な代表と認める決議2337[204]を全会一致で採択した。本決議自体は武力行使を授権しておらず、憲章第7章にも第8章にも言及していないものの、パラグラフ4で、AUとECOWASが「すべての必要な措置」を採ることを加盟国に授権した際の決議を歓迎すると述べている。パラグラフ5と6ではそれぞれ

---

200 Adama Barrow氏は、2017年1月19日に大統領に就任するとすぐに国際社会へ支援を要請したが、ECOWAS軍による軍事行動は既に開始していたので、このBarrow氏による要請は行為遂行中に与えられた同意または事後に与えられた同意ということになり、同意を与えるより前になされた武力行使を正当化することはできない（本章第3節I.「同意が事前に与えられること」を参照）。

201 Mohamed S. Helai, "The ECOWAS Intervention in The Gambia‑2016," in Tom Ruys, Olivier Corten and Alexandra Hofer (eds.), *The Use of Force in International Law* (Oxford University Press, 2018), pp. 912-919.

202 AU Peace and Security Council, "Communiqué of the 644th Protcol," PSC/PR/COMM. (DCXLIV) (12 December 2016), para. 12; ECOWAS, "Fiftieth Ordinary Session of the ECOWAS Authority of Head of State and Government," (17 December 2016), para. 38.

203 "Senegalese Troops Enter Gambia in Support of Its New President," *Reuters* (19 January 2017), at https://www.reuters.com/article/us-gambia-politics-senegal-idUSKBN1532UF (as of 30 June 2024); Dionne Searcy and Jaime Yaya Barry, "Troops Enter Gambia as New President is Sworn In," *New York Times* (19 January 2017), at https://www.nytimes.com/2017/01/19/world/africa/gambia-adama-barrow-yahya-jammeh. html (as of 30 June 2024); "Gambia Crisis: Senegal Troops Poised at the Gambia Border as Jammeh Mandate Ends," *The Guardian* (19 January 2017), at https://www.theguardian. com/world/2017/jan/19/new-gambian-leader-adama-barrow-sworn-in-at-ceremony-in-senegal (as of 30 June 2024).

204 U. N. Doc. S/RES/2337.

AUとECOWASへの支持を表明し、政治的手段による解決が成功しなかった場合には軍事措置の可能性を認めているように解せる（少なくとも否定していない）[205]。ガンビアはECOWASの当事国であり、かつ、Lomé議定書の当事国であって、同議定書は上述の通り第25条（e）項で、民主的に選出された政府が転覆されるまたはそう試みられている場合に、地域的な軍事介入を行う可能性があることを定めている。このことから、西アフリカ諸国が介入する意図を宣言したことを、Lomé議定書の採択により与えられた事前の同意に基づく軍事介入の主張であったと解釈することは不可能ではない。しかし、そのような法的着想が当該諸国にあったかは明らかでなく、セネガルも自国軍が深夜にガンビア国境を超えたことに関してなんのコメントもしていない[206]。さらに安保理での議論をみてみると、安保理決議2337の投票後に、各理事国によってガンビアの状況に関する自国の見解が述べられ、多くの理事国はJammeh氏が選挙の結果に従わないことを批判し、ECOWASの対応を賞賛したが、ECOWASによる武力行使に対しては懸念を述べる理事国も存在した。例えばウルグアイは、憲章第53条に従って安保理による事前の明確な許可がなければ、いかなる地域的国際機関による強制行動も許されないことを強調した[207]。ボリビアは、本決議の採択はECOWASによる武力行使を安保理が支持するものであると解釈できないし、そう解釈するべきではないと述べた[208]。エジプトも、地域的国際機関による強制行動のためには安保理の明確な許可が必要であるから、本決議は軍事的措置を是認するものではないとし、あくまで平和的手段による解決を行うことの必要性を強調した[209]。このように、Lomé議定書による事前の条約に基づく同意という考えは、必ずしも国際社会からの支持を得られたとはいえない。

　しかし学説上では、このガンビアの事例は、そもそもLomé議定書第25条（e）項の適用の条件を満たしていなかったという指摘もなされている。KreßとNußbergerは、「Lomé議定書第25条（e）項を適用するには、民主的に選出された政府が既に確立されていなければならないが、ガンビアの場合、Barrow氏が大統領として任命されたのは早くても1月19日であり、諸国が国境に集結した

205　Claus Kreß and Benjamin Nußberger, *supra* note 137, p. 244.
206　*Ibid.*, p. 247.
207　U. N. Doc. S/PV. 7866, p. 3.
208　*Ibid.*
209　*Ibid.*, p. 6.

後である。つまりガンビアの事例はクーデターではなく、民主的な選挙結果と、権力の移行の拒否である。これは理論上の区別にすぎないという者がいるかもしれないが、武力行使禁止原則から離れて、安保理の授権も領域国のアドホックな同意もないケースでは、厳格な解釈が必要である。」と主張する[210]。この観点からは、次に分析する2023年のニジェールの事例が注目されよう。実際にECOWASの部隊がニジェールに派遣されるに至らなかったが、民主的に選出され、すでに確立されていた政府がクーデターにより転覆された事例であり、Lomé議定書第25条（e）項の適用条件を満たしている[211]。

2023年7月26日、ニジェールでは、民主的に選出されたBazoum大統領の治安維持対策を不満として、大統領警護隊兵士によるクーデターが発生した。Bazoum大統領は退陣に追い込まれ、クーデターの主導者Tchianiが、暫定軍事政権「祖国防衛国民評議会（Conseil National pour la Sauvegarde de la Patrie：CNSP）」を樹立させ、自身は議長に就任したことを宣言した[212]。これに対しECOWASは7月30日、ナイジェリアで臨時首脳会議を開催し、加盟国によるニジェールとの貿易・金融取引を停止するという非軍事的制裁を課すとともに、10日以内に憲法秩序を回復しなければ、武力行使を含む「必要なあらゆる手段をとる」と警告した[213]。期限が過ぎた後、ECOWASは8月10日の最終コミュニケで、ECOWASは待機軍の編成を決定し[214]、「最後の手段としての武力行使を含め、いかなる選択肢も排除されていない」と軍事政権に再度警告した[215]。いずれの声明でも、

---

210 Claus Kreß and Benjamin Nußberger, *supra* note 137, pp. 247-248.

211 Svenja Raube, "An International Law Assessment of ECOWAS' Threat to Use Force in Niger," *Just Security* （16 August 2023）, at https://www.justsecurity.org/87659/an-international-law-assessment-of-ecowas-threat-to-use-force-in-niger/ （as of 30 June 2024）.

212 "Niger general Tchiani named head of transitional government after coup," *Al Jazeera* （28 July 2023）, at https://www.aljazeera.com/news/2023/7/28/niger-general-tchiani-named-head-of-transitional-government-after-coup （as of 30 June 2024）; Paul Melly, "Niger's coup leader General Tchiani: The ex-UN peacekeeper who seized power," *BBC News* （10 August 2023）, at https://www.bbc.com/news/world-africa-66430115 （as of 30 June 2024）; 渡辺久美子「ニジェールで大統領警護隊によるクーデター発生」JETROビジネス短信（2023年7月31日）, at https://www.jetro.go.jp/biznews/2023/07/ebd07712251dc34d.html （as of 30 June 2024）.

213 ECOWAS Commission, "Fifty First Extraordinary Summit of the Authority of the Heads of State and Government on Political Situation in Niger," Final Communique （30 July 2023）, p. 5, at https://ecowas.int/wp-content/uploads/2023/07/Final-Communique_ENG-2_230730_161029.pdf （as of 30 June 2024）.

212 第4章 同意に基づく武力行使の手続的要件

ECOWAS は Lomé 議定書第25条（e）項の適用が可能であったにもかかわらず、
それを援用しておらず、その介入の根拠を明示していない。結局、軍事政権は
ECOWAS による要求に従わないままであったが、今日まで ECOWAS による軍
事介入は行われていない。なお本件では実際に Bazoum 大統領からのアドホッ
クな要請もあったと報道されているが[216]、いずれにしても ECOWAS は軍事介入
を行わなかった。国連安保理[217]や AU[218]、EU[219]をはじめ、国際社会はクーデター
を強く非難したものの[220]、ECOWAS による軍事介入の可能性については、賛否
両論が存在する。フランス[221]や米国[222]は ECOWAS の決定に好意的な態度を示し
たが、否定的な見解を述べるものとして、例えば、ECOWAS 加盟国であるが加

214　ECOWAS Commission, "Final Communique – Second Extraordinary Summit Of The
　　Ecowas Authority Of Heads Of State And Government On The Political Situation In
　　Niger," Final Communique（10 August 2023）, p. 5, at https://www.ecowas.int/wp-content/
　　uploads/2023/08/ENG_Final-Communique-1_230810_225639-1.pdf（as of 30 June 2024）.

215　"West African Leaders Activate Standby Force to put Pressure on Junta in Niger,"
　　The Guardian（10 August 2023）, at https://www.theguardian.com/world/2023/aug/10/
　　west-african-leaders-activate-standby-force-to-put-pressure-on-junta-in-niger（as of 30 June
　　2024）.

216　Bazoum 大統領は、米国政府と国際社会全体に対し憲法秩序の回復を支援するよう要請
　　したとされているが、軍事介入をも含んでいるのかは明示されていない。See, Mohamed
　　Bazoum, "President of Niger: My country is under attack and I've been taken hostage,"
　　Washington Post（3 August 2023）, at https://www.washingtonpost.com/opinions/2023/08/03/
　　mohamed-bazoum-coup-niger-democracy/（as of 30 June 2024）. フランスに対しては軍事介
　　入の要請があったと報道されている。See, Elise Barthet and Morgane Le Cam, "Niger:
　　France was asked to intervene to free President Bazoum," *Le Monde*（19 August 2023）, at
　　https://www.lemonde.fr/en/international/article/2023/08/19/niger-confirms-france-was-
　　asked-to-intervene-to-free-president-bazoum_6098979_4.html（as of 30 June 2024）.

217　UN, "Security Council Press Statement on Situation in Niger"（28 July 2023）, at https://
　　press.un.org/en/2023/sc15372.doc.htm#:~:text=The%20members%20of%20the%20
　　Security%20Council%20called%20for%20the%20immediate,and%20members%20of%20
　　his%20Government（as of 30 June 2024）.

218　AU の平和・安全保障理事会は7月28日に緊急会合を開き、クーデターを起こした軍部
　　に対して15日以内に憲法秩序を回復するよう求めた。AU, "Communique of the 1164th
　　meeting of the PSC held on 28 July 2023, on the Situation in the Republic of Niger"（28 July
　　2023）, at https://www.peaceau.org/en/article/communique-of-the-1164th-meeting-of-the-
　　psc-held-on-28-july-2023-on-the-situation-in-the-republic-of-niger（as of 30 June 2024）.

219　Council of the EU, "Statement by the High Representative on behalf of the EU on the
　　situation in Niger"（28 July 2023）, at https://www.consilium.europa.eu/en/press/press-
　　releases/2023/07/28/niger-statement-by-the-high-representative-on-behalf-of-the-eu/（as of
　　30 June 2024）.

盟資格を停止されているマリとブルキナファソは、ニジェールに対するいかなる軍事介入も「ブルキナファソとマリに対する宣戦布告」とみなすと警告した[223]。マリとブルキナファソと同じく軍事政権であり ECOWAS 加盟資格停止中のギニアも、ECOWAS による軍事制裁に同意しない旨を表明した[224]。ECOWAS 加盟国以外のアフリカ諸国の中では隣国のアルジェリアが、ニジェールへの軍事介入の影響を受ける可能性があることから「我々はいかなる軍事介入も断固として拒否する」と述べた[225]。しかしこれらはいずれも ECOWAS の介入権に対する法的な評価をしたとはいえず、Lomé 議定書第25条（e）項に基づく ECOWAS の一方的な軍事介入が、諸国に適法なものとして受け入れられているかどうかは依然として不明である[226]。

---

220 その他の諸国からの非難については、以下を参照。Omar Hammady, "Assessing the Legality of ECOWAS Planned Military Intervention in Niger," *EJIL: Talk!* (6 September 2023), at https://www.ejiltalk.org/assessing-the-legality-of-ecowas-planned-military-intervention-in-niger/ (as of 30 June 2024); Svenja Raube, *supra* note 179, pp. 204-205.

221 France Diplomacy, "Niger – Communique issued by Ministry for Europe and Foreign Affairs" (10 August 2023), at https://www.diplomatie.gouv.fr/en/country-files/niger/news/article/niger-communique-issued-by-the-ministry-for-europe-and-foreign-affairs-10-08-23 (as of 30 June 2024).

222 Antony J. Blinken, "ECOWAS Call for Restoration of Constitutional Order in Republic of Niger," *US Department of State* (10 August 2023), at https://www.state.gov/ecowas-call-for-restoration-of-constitutional-order-in-the-republic-of-niger/ (as of 30 June 2024).

223 "Mali and Burkina Faso warn against any foreign military intervention in Niger," *Africa News* (1 August 2023), at https://www.africanews.com/2023/08/01/mali-and-burkina-faso-warn-against-any-foreign-military-intervention-in-niger/ (as of 30 June 2024).

224 "Niger: Army delegation thanks Guinean government for 'support' after coup," *Africa News* (13 August 2023), at https://www.africanews.com/2023/08/13/niger-army-delegation-thanks-guinean-government-for-support-after-coup/ (as of 30 June 2024).

225 "Menaces sécuritaires: Les mises en garde de Chanegriha," *El-Wantan* (9 August 2023), at https://elwatan-dz.com/menaces-securitaires-les-mises-en-garde-de-chanegriha (as of 30 June 2024).

226 ニジェールの事例を扱った学説も、その評価は論者ごとにかなりばらつきがある。See, Omar Hammady, *supra* note 220; Russell Buchan and Nicholas Tsagourias, *supra* note 179, pp. 252-270; Russell Buchan and Nicholas Tsagourias, "The Niger Coup and the Prospect of ECOWAS Military Intervention: An International Law Appraisal," *Lieber Institute, West Point* (21 August 2023), at https://lieber.westpoint.edu/niger-coup-ecowas-military-intervention-international-law-appraisal/ (as of 30 June 2024); Svenja Raube, *supra* note 179, pp. 249-251.

Ⅲ- 4．実行に照らした考察

　以上の実行に鑑みれば、加盟国によるアドホックな同意も安保理の許可もなし
に地域的国際機関が軍事介入することが、（アフリカ諸国に限定しても）認められて
いるとはいえない。国連自身は AU と ECOWAS のそのような権限に異議を唱
えたことはなく、また国連の情報収集能力や政策立案能力は地域的国際機関に比
べれば様々な限界があることは確かである。アフリカ諸国が AU と ECOWAS
にそのような権限を与えたのは、国連がアフリカにおける緊迫した問題に対処し
ようとしてこなかったために、アフリカ諸国が自らの問題を自身で解決できるよ
うにするためである[227]。そして AU と ECOWAS が加盟国のアドホックな同意も
安保理の許可もなしに介入に踏み切る可能性がある状況は、戦争犯罪、集団殺害、
人道に対する罪、正統な秩序に対する重大な脅威、人権の重大な侵害などである。
これは第 3 章で同意を与える能力のある政府が実効的保護をしている政府である
と結論されたことと関連があるようにも思われる。一定の人間的利益が侵害され
ていると判断されるのは、第 3 章での検討結果によれば、人権法・人道法の重大
かつ組織的な違反行為がある場合であった。AU と ECOWAS の加盟国への介入
権が今後実行において認められるならば、領域国政府が自国領域でそのような一
定の人間的利益を侵害している場合は、政府は他国に武力行使の同意を与える
こともできないし、事前に与えた武力行使への同意を撤回することもできず[228]、
AU と ECOWAS による介入を受け入れるしかないということになる[229]。

　もっとも、依然問題は残されており、とりわけ、AU や ECOWAS の介入権が
認められたとしても憲章第53条 1 項や第103条との関係は不明確なままであるこ
と、AU の定める「正統な秩序に対する重大な脅威」の内容が不明確であること
（例えば、ここにいう「正統な」とは民主的正統性なのか否かは不明確である）、ECOWAS
が「その他調停・安全保障理事会によって決定されるあらゆる状況」に介入する
可能性があることについては、今後さらなる検討が必要である。また AU や

---

[227]　Ben Kioko, "The right of intervention under the African Union's Constitutive Act: From
non-interference to non-intervention," *International Review of the Red Cross*, No. 852
(2003), p. 821.

[228]　政府の同意する能力の判断基準と、同意を撤回する能力の判断基準が、同じであるとい
う点については、学説も一致している。See, Erika de Wet, *supra* note 16, p. 155; Svenja
Raube, *supra* note 128, p. 549.

ECOWASは国際機関であるので、強制的な介入権が認められる可能性があることにも注意しなければならない。単独の国家による決定ではなく、多数国間で介入を決定するための審議プロセスと投票手続をおいているため、濫用を防ぐことができるという期待があるのである[230]。

第4節　武力行使禁止原則の2元的理解に基づく説明

　ここまでは、武力行使への同意が有効に与えられるために満たすべき手続的な要件を検討してきた。諸学説のいうように、武力行使禁止原則の保護法益の「重要性」から、同意に対し一般的に課される手続的要件と比較して異なる点があるか否かについても、併せて検討した。同意を与える主体（第1節）、同意の態様（第2節）、および同意を与える時期のうち同意が事前に与えられること（第3節Ⅰ.）に関する要件については、武力行使の場合とそうでない場合とで異なる基準が課されることを示すものはなかった。このことは、違法性阻却としての同意（相対的高次性を有する利益の放棄）であっても、必ずしもより厳格な手続的要件が課されるのではないことを意味する[231]。一方で、事前の条約に基づく同意かアドホックな同意か（第3節Ⅱ.およびⅢ.）に関しては、武力行使の場合とそうでな

229　加盟国が一定の人間的利益を侵害している場合、AUやECOWASの介入を拒否する（事前に与えた同意を撤回する）ことができないとしても、政府でなくなるわけではないので、AU設立規約ないしECOWASのLomé議定書そのものから脱退することは依然可能であると思われる。AUの場合、脱退は書面による通知が必要であり、この通知の提出から1年後に脱退の効力が発生するが、その1年間はAU設立規約上の義務を果たさなければならない（AU設立規約第31条）。しかし2003年に採択されたAU設立規約改正議定書が、AU設立規約第31条の削除を定めており（AU, "Protocol on the Amendments to the Constitutive Act of the African Union" (11 July 2003), Art. 12, *supra* note 160）、これが発効すれば脱退規定もなくなることになる。一方ECOWASに関しては、ECOWASから脱退せずにLomé議定書のみ脱退することが可能である。Lomé議定書からの脱退は書面による通知が必要であり、この通知の提出から1年後に脱退の効力が発生するが、その1年間はLomé議定書上の義務を果たさなければならない（Lomé議定書第56条）。See, Ademola Abass and Mashood A. Baderin, *supra* note 184, pp. 13-16; Oona A. Hathaway, Julia Brower, Ryan Liss and Tina Thomas, *supra* note 179, pp. 566-567.

230　Peter E. Harrell, *supra* note 179, pp. 431-443; Oona A. Hathaway, Julia Brower, Ryan Liss and Tina Thomas, *supra* note 179, p. 565.

231　ただし、武力行使禁止原則との関連では同意は「部分的な違法性阻却」事由であることについては、第2章第3節Ⅱ.「抽象的国家による抽象的国家利益の放棄としての武力行使への同意」を参照。

216 第4章　同意に基づく武力行使の手続的要件

【表6】武力行使への同意の手続的要件の、武力行使でない場合との異同

手続的要件		武力行使でない場合との異同
同意を与える主体	同意が国家によって与えられること	同
	同意が政府によって与えられること	同
	同意が政府を代表する者によって与えられること	同
同意の態様	同意が自由に与えられること	同
	同意が明確に確立されていること	同
同意を与える時期	同意が事前に与えられること	同
	事前の条約に基づく同意かアドホックな同意か	異

い場合とで異なる基準が課されることが明らかになった。以上の分析結果をまとめると【表6】のようになる。

そこで本節では、このような異同が武力行使禁止原則の2元的理解からいかに説明されるのかを検討する。まず指摘をしたいのは、同意を与える主体（第1節）[232]、同意の態様（第2節）、および同意を与える時期のうち同意が事前に与えられること（第3節Ⅰ.）に関する要件は、それぞれ確かに同意の手続的要件であるが、事前の条約に基づく同意かアドホックな同意か（第3節Ⅱ. およびⅢ.）は、実際のところ同意の手続的要件プロパーの問題でないということである。先行研究においては、同意が事前の条約によって与えられうるかアドホックでなければならないかの問題も、主に同意の手続的要件の1つとして論じられる[233]。しかしそれは、事前の条約に基づく同意かアドホックな同意かといった手続的・形式的な問題としてのみ捉えられるべきではなく、同意の内容（実体）の問題が関わるものであり、むしろこの同意の内容こそが問題の本質であると解される。すなわち、事前の条約に基づく同意かアドホックな同意かではなく、何についての同意か（将来の武力行使についても一括して同意されるのか、現在の武力行使についてのみか、

232　同意を与える主体に関する要件のうち、「同意が政府によって与えられること」（本章第1節Ⅱ.）は、手続的要件としての必要条件である。これに加えて、実体的要件としての十分条件である「政府が自国領域で一定の人間的利益を主体的に侵害していないこと」が課せられる。後者については、第3章第4節Ⅰ.「実効的保護説の精緻化」を参照。

233　例えば、IDI では、2009年と2011年の両方の最終報告書で、この問題が「同意の形式（The form of consent）」というセクションの中で扱われている。See, IDI Session of Naples, *supra* note 40, pp. 389-396; IDI Session of Rhodes, *supra* note 39, pp. 220-226.

その武力行使の程度は如何程か、何に対する武力行使か）が真の問題である。

このことは、これまでの検討で明らかになったように、同意の内容が軍隊の駐留程度であれば、基本的にアドホックな同意は必要なく事前の条約に基づく同意のみでも正当化されうるが、駐留程度を超える場合でも AU・ECOWAS のように、領域国政府によって当該国内で一定の人間的利益が侵害されている場合は、アドホックな同意なしに事前の条約に基づく武力行使が可能になるかもしれない、ということにも見ることができる。事前の条約に基づく同意かアドホックな同意かの問題は、同意の内容に関連づけて考える必要があるのであり、その際には、武力行使禁止原則に含まれる一定の人間的利益が鍵になるように思われる。換言すれば、武力行使の場合とそうでない場合とで異なる基準が課されるもの（事前の条約に基づく同意かアドホックな同意か）と、同じ基準が課されるもの（同意を与える主体が国家の政府の代表であること、同意が自由に与えられること、同意が明確に確立されていること、同意が事前に与えられること）を隔てるのは、武力行使が一定の人間的利益に関わるか否か（すなわち同意の内容）が影響するかどうかである。

したがって以下では、事前の条約に基づく同意かアドホックな同意かの問題が、いかにして同意の内容および武力行使禁止原則の人間的利益と関連しているかを整理し、それが武力行使禁止原則の2元的理解から説明されることを示す。本章第3節II. およびIII. で論じられた順に倣い、まず駐留程度ではアドホックな同意は必要ないが撤回は常時可能であるのはなぜかについて検討する（I.）。次に、駐留を超える程度でもアドホックな同意なく事前の条約に基づき武力行使が正当化され、かつその事前の条約によって与えた同意を撤回できなくなる可能性が将来的に認められれば、それはいかに説明されるかにつき検討する（II.）。それぞれ、同意の内容とされている武力行使が一定の人間的利益に関わるか否かが鍵となることを説明する。

I. 駐留程度ではアドホックな同意は必要ないが、撤回は常時可能なのはいかに説明されるか

本章第3節II. の結論によれば、軍隊の駐留程度であれば、アドホックな同意がなくても、事前の条約による同意に基づく武力行使は法的に正当化されうる。ただし軍隊の駐留程度の武力行使を許可する条約がアドホックな同意を必要としていないとしても、武力行使以外の条約とは異なり、条約自体が撤回を認めてい

るか撤回可能であることが条約から推測できる場合でなくても、領域国は何時でもその条約を撤回することができる。

同意された武力行使が駐留程度かそれを超える程度かで区別されるのは、すでに述べたように、軍隊の駐留程度でも「武力」であるが、実際の軍事行動を伴わないので一定の人間的利益が侵害される危険性がそれ自体では生じないからであると説明できる。それでも駐留は、間接的軍事援助（武器の供与等）ではなく直接的軍事援助（軍隊の派遣）であることに変わりはなく、すなわち抽象的国家利益の侵害が存在する。

繰り返しになるが、武器供与であっても、例えば極端な例でいえば核兵器の提供のように、国家の存否にかかわる安全保障上の利益につながると思われるものもある。しかしそれらは、抽象的国家利益に関わりうるとしてもそれ自体で抽象的国家利益が侵害されているとはいえない。間接的軍事援助により政府へ供与された武器は、その領域国（要請国）政府の管理下に置かれるが、直接的軍事援助により派遣された軍隊は、要請を受けた側（他国または国際機関）によって指揮される。自国内に他国の指揮系統下にある軍隊が存在するということは、それ自体で抽象的国家利益が侵害されているのであり、その侵害が同意により正当化される。直接的軍事援助と間接的軍事援助はこのように区別される。

これも繰り返しになるが、この抽象的国家利益というのは、国家の基本的構成要素であり、究極的には広く人間（ここでは強行規範性を有する「一定」の人間的利益に限定されない）の保護一般のために存在し、したがって相対的高次性を有している。ここから、武力行使への同意は違法性阻却の同意であることが同定される。軍隊の駐留程度であれば、事前の条約があればアドホックな同意は必要なく、しかし他の条約とは異なり何時でも撤回することができるという微妙な位置付けは、駐留のこのような性格（抽象的国家利益を侵害するが、実際の軍事行動を伴わないので一定の人間的利益が侵害される危険性がそれ自体では生じない）に由来すると考えることができる。ただし、法理論の問題を離れて実務的には、駐留の場合でもアドホックな同意が与えられているであろうことは想像される。

Ⅱ．駐留を超える程度でもアドホックな同意が必要なく、かつ事前の同意が撤回不可能になる場合が認められれば、それはいかに説明されるか

前節では、駐留を超える程度の武力行使に関しては、条約上でアドホックな同

意を必要としていない場合にも、アドホックな同意が必要になると結論された。それは、武力行使禁止原則の2元的理解から説明すれば、同意時の領域国政府の実効的保護をみることにより、同意の内容とされている武力行使が人間的利益を侵害するものではないことを担保するためであるといえる。

　一方、近年注目されるAUとECOWASの条約に基づく地域的な安全保障システムに関しては、駐留を超える程度でもアドホックな同意が不必要、かつ事前の同意が撤回不可能になる可能性が今後認められるかもしれないことが示された。現時点で実行はまだ存在しないが、AUとECOWASの加盟国への介入権が今後実行において認められるならば、領域国政府によって当該国内でそのような一定の人間的利益が侵害されている場合は、政府は他国に武力行使の同意を与えることもできない（第3章の結論）し、事前に与えた武力行使への同意を撤回することもできないということになる。今後の実行の蓄積によってこれが認められた場合、それは介入時点で抽象的国家利益を一時的に侵害しても、事前の条約に基づき人間的利益を保護することが優先されるという考え方をとることになる。それは人道的介入や保護する責任に近い議論となろうが、しかし事前の条約が存在する点については、人道的介入や保護する責任とは性格を異にする[234]。ゆえに、むしろこれは安保理の軍事的措置（憲章第42条）と類似の正当化であるといえるかもしれない[235]。安保理の軍事的措置は武力行使禁止原則の例外の1つとして、憲章で明文により認められたものであるが、第2章第3節Ⅲ.で述べた通り、憲章第39条の「平和への脅威」概念は拡大し、国際法における「平和」概念に変容が生じている。すなわち、「平和への脅威」は当初は国家間に武力行使の危険が差し迫っているような事態へ適用されることが想定されていたが、現実の実行では、内戦との関係や人道法の重大な違反が「平和への脅威」になることが認められてきた。安保理の軍事的措置の発動要件である他の事態（「侵略」および「平和の破壊」）も含め、その内容の詳細な検討は必要であるが、国連憲章も条約の1つであるとすれば、それはAUとECOWASの条約に基づく地域的な安全保障システムの先駆的なモデルであるともいえる。すなわち、安保理の軍事的措置は、将来的に人間的利益の侵害がその締約国により生じた場合に、アドホックな同意な

234　Raubeも同様の見解を示している。See, Svenja Raube, *supra* note 128, pp. 266-267.

235　BuchanとTsagouriasは、加盟国への武力行使の権限を条約により与えられたという点で、国連安保理とAU・ECOWASは何も異なる点がないと述べる。Russell Buchan and Nicholas Tsagourias, *supra* note 179, p. 262.

しに一時的に抽象的国家利益を侵害することを、事前の条約によって正当化するものであると考えることができる。

　もっともすでに指摘したように、AU や ECOWAS の介入権が認められたとしても、憲章第53条1項や第103条との関係は不明確なままであることについては、今後さらなる検討が必要である。しかし、AU と ECOWAS の条約に基づく地域的な安全保障システムを論ずる際に、人間的視座は重要な示唆を与えると思われる。

迫り来るミサイル
(ドイツ連邦軍事史博物館にて筆者撮影)

第5章 自衛権の議論における同意に基づく武力行使の位置付け

第1節　集団的自衛権との関係
第2節　非国家主体の武力行為の国家への帰属をめぐる議論との関係
第3節　非国家主体に対する自衛権をめぐる議論との関係
第4節　国家の同意と自衛権の関係性──第5章の検討結果を踏まえて

第5章は、本書でのこれまでの議論の応用編である。同意に基づく武力行使の現代的意義を探るため、自衛権の議論において同意に基づく武力行使がいかなる位置付けを与えられているのかを検討する。同意に基づく武力行使と自衛権はいかなる関係にあるかについて、先行研究において十分な分析がなされてきたとは言い難い[1]。実行上は、他国において武力を行使する国が、当該他国の同意と自衛権行使を両方主張する例はしばしば見られる。もっとも、自国の武力行使を正当化しようとする国はありうる論拠を全て主張するのが一般的であるから、それ自体は問題ではない。しかし領域国の同意と自衛権は異なる正当化根拠であるから、両者の関係を明確にしておく必要がある。

とりわけ近年の実行では、領域国の同意と並列して、領域国に所在するテロリストに対する自衛権を援用する事例や、反政府勢力への他国による支援が間接的武力攻撃であるとして、集団的自衛権を援用する事例がある。これらは、非国家主体のもたらす軍事的脅威の増大を受けて、自衛権の行使可能性を広げようとする近年の国家実行や学説の議論が関わっている。後に述べるように、非国家主体に対する自衛権が認められるか否かはそれ自体学説上の見解の対立があるところであり、非国家主体による「武力攻撃」が国家に帰属する場合に、被害国が当該領域国に対する自衛権を行使できるにとどまることを主張するものも多い[2]。非国家主体に対する自衛権を認めないのであれば、そのように帰属を認定して国家に対する自衛権を主張するか、当該国家の同意を得て軍事介入するかということになる（もちろん、憲章第42条に基づく安保理の軍事的措置があれば武力行使の正当化根拠になる）。同意に基づく武力行使は、すでに論じたように対テロ目的でなされることもあるからである。

ただしここで、そのような同意に基づく武力行使と非国家主体の関わる自衛権との関係という新しい問題に踏み込む前に、まずは同意に基づく武力行使と伝統的な[3]集団的自衛権との関係を明らかにしておく必要がある。どちらにおいても

1 　先行研究の中でこの問題を最も詳細に検討したものとして、Erika de Wet, *Military Assistance on Request* and the Use of Force（Oxford University Press, 2020）, pp. 181-217. ただし de Wet の検討は、本書でいうところの第5章第2節「非国家主体の武力行為の国家への帰属をめぐる議論との関係」と第3節「非国家主体に対する自衛権をめぐる議論との関係」の検討に限られており、より基本的な論点である「集団的自衛権との関係」（第1節）については検討されていない。

2 　本章第2節「非国家主体の武力行為の国家への帰属をめぐる議論との関係」および第3節「非国家主体に対する自衛権をめぐる議論との関係」を参照。

領域国（被攻撃国）の同意（要請）が与えられるためである。対して、同意に基づく武力行使と伝統的な個別的自衛権の関係については論じるまでもない。他国による武力攻撃の対象となった国家は、当該攻撃国の同意を求めることもなく、当該攻撃国の領域内で個別的自衛権を行使する。このような場合は攻撃国の同意は明らかに無関係である[4]。

　同意に基づく武力行使と集団的自衛権の関係について説明を加えたい。特に両者の境界が明らかでないケースとして指摘されるのは、次のような場合である。ある国家（A）が他国（B）に対し武力攻撃を行い、攻撃を受けた国家（B）は第3国（C）に集団的自衛権の行使を要請した。これを受けた第3国（C）は要請国（B）で武力（自衛権）を行使するものの、当該武力が攻撃国（A）で用いられず要請国（B）にとどまった。この場合に、同意に基づく武力行使で説明するか、集団的自衛権で説明するかは、明確でない。国家（A）が非国家主体を通して他国（B）に対し間接的武力攻撃を行った場合を考えても、同意に基づく武力行使の一形態である対抗介入との近似がみられる。第3章で紹介したように、対抗介入とは、国家（A）が領域国（B）の反政府勢力に軍事支援を提供するなど領域国（B）に干渉している場合に、干渉国（A）に対抗するために、領域国（B）の同意に基づき当該国（B）へ第3国（C）が軍事介入するという構図である[5]。そこで、「国家（B）が他国（A）による間接的武力攻撃を受け、第3国（C）に介入を要請した場合で、第3国（C）が被攻撃国（B）内でのみ武力行使をするとき」に、集団的自衛権と同意に基づく武力行使（対抗介入）のどちらで説明するのか、それとも両方援用可能なのか（両者が「重なる（overlap）」のか）という問題

3　ここで、「伝統的な」とは、非国家主体に対する自衛権といった近年の論争的な概念を除くという意味である。

4　Terry D. Gill, "Military Intervention at the Invitation of a Government," in Terry D. Gill and Dieter Fleck（eds）, *The Handbook of the International Law of Military Operations*（Oxford University Press, 2nd ed., 2015）pp. 254-255.

5　「対抗介入」という概念自体は、第3章第1節Ⅰ．で紹介したように、内戦不介入説の例外の1つである。すなわち、領域国（B）内で内戦が発生していれば当該領域国（B）の同意に基づく軍事介入は原則禁止されるが、他国（A）がすでに領域国（B）の反政府勢力に軍事支援を提供している場合、例外的に領域国（B）政府は第3国に軍事援助を要請できるというものである。しかし内戦不介入説が妥当でないことはすでに第3章第3節Ⅰ．で論じた通りであり、内戦不介入の例外として対抗介入をとりわけ取り上げるべきではないことは確認しておきたい。したがってここでは、内戦不介入の例外として対抗介入を扱うのではなく、単に他国（A）が領域国（B）の反政府勢力に軍事支援を提供している際に行われる、同意に基づく武力行使のパターンを指す用語として用いる。

がある。さらにここで関係してくる近年の議論が、上で触れたような、武力攻撃に相当する攻撃を行う非国家主体の武力行為がいかなる場合に国家に帰属するのかという帰属基準の問題である。というのは、同意に基づく武力行使（対抗介入）と集団的自衛権が重なるのであれば、この非国家主体の「武力攻撃」の国家への帰属基準が緩くなればなるほど、「重なり」が認められる範囲が広くなるからである。

このように、同意に基づく武力行使と自衛権の関係は、解明されるべき論点を当初から含んでいるのみならず、非国家主体の台頭によってそれがより複雑になっている。同意に基づく武力行使が現代においてどのような意義を有するかを探るには、近年の自衛権の議論において同意に基づく武力行使がいかなる位置付けを与えられているのかを検討する必要がある。領域国の同意、非国家主体の武力行為の国家への帰属、および非国家主体に対する自衛権の関係性は、本書の提唱する武力行使禁止原則の2元的理解によっていかに描かれるのだろうか。武力行使禁止原則の従来的な国家対国家的視座に人間的視座を導入するという本書の主張は、国家でないもの（人間）に光を当てるものであるが、これは、同じく国家でないもの（非国家主体）が登場する近年の自衛権をめぐる議論に、（どのように）貢献するだろうか。

以上を背景として、ここでは、同意に基づく武力行使と集団的自衛権との関係（第1節）について確認した後に、非国家主体の武力行為の国家への帰属をめぐる議論との関係（第2節）、非国家主体に対する自衛権をめぐる議論との関係（第3節）についてそれぞれ検討する。なお各節における国家実行の分析においては、第3章または第4章ですでに扱った事例については背景説明を省略し、本章での論述に必要な範囲で事実を確認するにとどめる。

第1節　集団的自衛権との関係

同意に基づく武力行使と集団的自衛権は、理論上は異なる武力行使の正当化根拠である。後述するように、学説や判例においても一般に両者は区別して論じられてきた。しかし実際は、集団的自衛権が援用され第3国（C）が要請国で武力（自衛権）を行使するものの、当該武力が攻撃国（A）で用いられず要請国（B）にとどまる事例があることから、両者の境界は明らかでない。Gray は次のように述べてこの点を指摘している。

集団的自衛が援用され、援助を要請した「犠牲」国に外国軍隊が入るものの、実際の紛争において（中略）犠牲国の国境線を超えて武力が陥られない事例がある（中略）すなわち、理論上は、集団的自衛と、ある政府に対する外部からの干渉に対応するための当該政府による要請に応えるための援助は区別されるが、実際には、その境界は明確でない[6]（括弧内筆者）

ジョージア紛争に関する独立国際事実調査団（Independent International Fact-Finding Mission on the Conflict in Georgia：IFFMCG）の報告書も、「実行上は、集団的自衛権は要請に基づく軍事介入と重なる（overlap）」と述べている[7]。同意に基づく武力行使と集団的自衛権は全く別個の正当化根拠であるのか、あるいは一定の場合に重なるのか。本節は、両者の異同を明らかにすることを目的とする。まず学説および判例の分析（I.）と国家実行の分析（II.）を行い、国家実行に照らした考察（III.）と、武力行使禁止原則の2元的理解からの説明（IV.）を行う。

なお本節で議論の対象となる3国の関係は、以下の【図1】及び【図2】に示

【図1】集団的自衛権における3国の関係

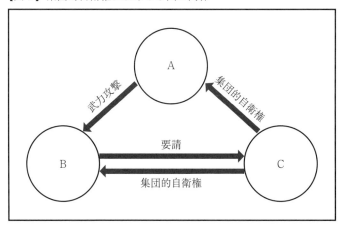

---

6 Christine Gray, *International Law and the Use of Force* (Oxford University Press, 4th ed., 2018), p. 177.
7 Report of the Independent International Fact-Finding Mission on the Conflict in Georgia," Vol. II, chapter. 6 (25 September 2009), p. 282, at https://www.mpil.de/files/pdf4/IIFFMCG_Volume_II1.pdf (as of 30 June 2024).

【図2】同意に基づく武力行使における3国の関係 ＊対抗介入の場合

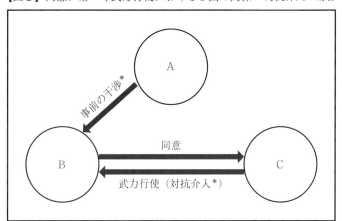

す。【図1】は集団的自衛権の文脈での3国の関係である。Aは攻撃国であり、Bは被攻撃国かつ要請国であり、Cは第3国かつ集団的自衛権を行使する国である。【図2】は同意に基づく武力行使の文脈での3国の関係である。Bは要請国であり、Cは第3国かつ武力行使国である。同意にもとづく武力行使のうち対抗介入の場合は、Aは事前の干渉国として存在する。

Ⅰ．理論的側面の分析

　ここでは理論的側面の分析として、学説と判例において同意に基づく武力行使と集団的自衛権がどのような関係にあるものとして論じられているかをみてみたい。そもそもこの両者の関係を論じる必要があるのは集団的自衛権の行使要件に被攻撃国の要請があるからであるが、同要件はICJのニカラグア事件判決において導入されたものである。ニカラグア事件判決は被攻撃国の要請の他にも集団的自衛権の行使要件を明らかにしており、さらに同意に基づく武力行使についても言及している。

　同判決においてICJは、武力攻撃（もっとも重大な武力行使の形態）と武力行使（より重大でない形態）を区別した上で[8]、集団的自衛権は武力攻撃に対して行使されるものとし[9]、さらにその行使にあたっては、被攻撃国（B）による攻撃を受けた旨の宣言[10]と第3国（C）への援助要請[11]が必要であるとした。これに対して、

要請に基づく介入については、介入が正当化されるには領域国（B）の政府による要請が必要であって、領域国（B）の反政府勢力からの要請に基づく介入は不干渉原則違反であるとした[12]。またICJは、この要請に基づく介入は要請国（B）の領域に限定されるべき旨を示している。すなわち、他国（A）から事前の干渉があり、これに対抗して領域国（干渉を受けた国・B）が第3国（C）に援助要請をした場合（つまり対抗介入の場合）、要請を受けた第3国（C）は干渉国（A）に対しては武力をもって介入することはできない[13]。

このようにICJは、集団的自衛権と要請に基づく武力行使を明確に区別している[14]。集団的自衛権は、武力攻撃に対して、被攻撃国（B）の宣言と援助要請に基づき行使されるものであり、要請国（B）内のみならず攻撃国（A）内でも行使されうる。一方で要請に基づく武力行使は、同じく要請に基づき行使されるが、武力攻撃の発生要件はなく、要請国（B）内のみで行使される。集団的自衛権行使のための宣言要件と援助要請要件に対しては、ニカラグア事件判決当時は批判があったが、その後学説および国家実行において受け入れられたと一般に言われている[15]。ただしこのうち宣言要件については常に独立の要件として求められるか疑問が呈されており、援助要請要件の前提としてこれに内包されているものとも考えられる[16]。いずれにしても集団的自衛権行使のためには被攻撃国（B）による援助要請が必要であり、それは、集団的自衛権はそれを行使する国（C）の

8　*Military and Paramilitary Activities in and Against Nicaragua (Nicaragua v. United States of America), Merits, Judgment, I. C. J. Reports 1986* [hereinafter Nicaragua case], p. 101, para. 191.

9　*Ibid.*, pp. 102-104, paras. 193-195.

10　*Ibid.*, p. 104, para. 195.

11　*Ibid.*, p. 105, para. 199.

12　*Ibid.*, p. 126, para. 246.

13　*Ibid.*, p. 127, paras. 248-249.

14　森肇志「集団的自衛権概念の明確化―援用事例とニカラグア事件判決」岩沢雄司、森川幸一、森肇志、西村弓（編）『国際法のダイナミズム　小寺彰先生追悼論文集』（有斐閣、2019年）726頁。

15　森肇志「集団的自衛権の法的構造―ニカラグア事件判決の再検討を中心に―」『国際法外交雑誌』第115巻第4号（2017年）43-44頁；黒﨑将広、坂元茂樹、西村弓、石垣友明、森肇志、真山全、酒井啓亘『防衛実務国際法』（弘文堂、2021年）235頁（森肇志執筆部分）。

16　宣言要件の存在を否定するものとして、James A. Green, "The 'Additional' Criteria for Collective Self-defence: Request but not Declaration," *Journal on the Use of Force and International Law*, Vol. 4, Issue. 1 (2017), pp. 4-13; James A. Green, *Collective Self-Defence in International Law* (Cambridge University Press, 2024), p. 167.

ためにではなく被攻撃国（要請国・B）を援助するために行使されるものである
からである[17]。なお、集団的自衛権が正当化されるための要件には、その他にも、
慣習法上の要件として必要性・均衡性要件を満たすこと、憲章第51条に基づく要
件として安保理へ報告すること、および安保理が必要な措置をとるまでの間に限
ることがある。

　以上がICJのニカラグア事件判決によって示された集団的自衛権と要請に基づ
く武力行使の関係であるが、続いて学説においてはいかに論じられているかを見
てみたい。管見の限り、近年この問題を最も詳細に分析したと思われるのは
Visser[18]とGreen[19]である。以下、両者に共通する見解と、両者が意見を異にする
論点を順に紹介する。両者に共通する見解は、同意に基づく武力行使と集団的自
衛権は両方とも領域国（B）の要請を必要とするが、武力攻撃要件の要否につい
ては異なるという点である。つまり、集団的自衛権の行使には武力攻撃の発生が
必要であるが、同意に基づく武力行使にそのような要件はない。同意国（B）が
国内で暴動や騒乱または内戦に陥っている場合もあれば国外から何らかの攻撃を
受けている場合もあるし、また平時に外国軍隊が駐留することに同意する場合も
ある[20]。

　一方でVisserとGreenが意見を異にする論点は、武力が行使される地理的範
囲についてである。一般に、集団的自衛権を行使する場合、武力行使は被攻撃国
（B）だけでなく武力攻撃国（A）の領域内でも可能であるが、同意に基づく武力
行使の場合には、要請国（B）の領域内でのみ武力行使が可能である。この点に
ついては両者に争いがない。問題は、集団的自衛権は被攻撃国（B）内のみで行
使されうるか否かである。この点につき両者は真っ向から対立している。Visser
によれば、自衛権は国境を超えた行動を正当化する論理であるから、「国家（B）

17　ICJは宣言要件との関係で、「集団的自衛権が援用される際には、そのためにこの権利が
　　行使される国が、自国が攻撃の犠牲になっていることを宣言するであろう」と述べているこ
　　とからも、集団的自衛権が要請国のために行使されるとの理解に立っていることが明らかで
　　ある。*Nicaragua case, supra* note 8, p. 104, para. 195.

18　Laura Visser, "May the Force Be with You: The Legal Classification of Intervention by
　　Invitation," *Netherlands International Law Review*, Vol. 66, No. 1 (2019), pp. 27-29; Laura
　　Visser, "Intervention by Invitation and Collective Self-defence: Two Sides of the Same Coin?,"
　　Journal on the Use of Force and International Law, Vol. 7, Issue. 2 (2020), pp. 292-316.

19　James A. Green (2024), *supra* note 16, pp. 276-320.

20　Laura Visser (2020), *supra* note 18, pp. 308-309; James A. Green (2024), *supra* note 16, p.
　　291.

が自国の領土で攻撃を受け自国の領土で反撃しようとして他国（C）に援助を要請するときは、攻撃主体（A）が非国家主体であろうと国家であろうと、要請に基づく介入である」[21]（強調および括弧内筆者）のであって、集団的自衛権の行使ではない。先行研究において集団的自衛権の援用例として挙げられている事例も、攻撃国（A）の領域で武力が行使されなかったものについては、厳密に言えば適切な集団的自衛権の援用例ではない[22]。したがって Visser によれば、武力攻撃が発生していようと、要請に基づいてなされる武力行使（Cの行為）が当該要請国（B）内に留まっているのであれば、同意に基づく武力行使である。Visser にとっては、集団的自衛権の行使に際して（国境を越えた）武力攻撃の発生が必要なのは、集団的自衛権は国境を超えた行動を正当化する論理であることの論理的帰結である。要請国（B）からして、他国（A）領域での武力行使を正当化するには、自国（B）領域での武力行使よりも高い敷居が求められるからである[23]。Green はこの Visser の見解に異を唱える。Green によれば、「第３国（C）による武力行使が攻撃国（A）で用いられず要請国（B）にとどまる場合」に、集団的自衛権がその武力行使の法的根拠として除外される理由は、不明確である[24]。要請に応じた国家（C）は、要請国（B）の領域内で集団的自衛権を行使し、侵略者を撃退する手助けをすることも可能である。Green は、仮に Visser のように「集団的自衛権と要請による軍事援助とを厳格に『場所的に区別』すれば、侵略者を撃退するための行動が国境に達した時点で、その行動の法的根拠を変更しなければならなくなる。これは人為的でありおそらく実行不可能である」と述べる[25]。したがって Green は、「第３国（C）による武力行使が攻撃国（A）で用いられず要請国（B）にとどまる場合」は、同意に基づく武力行使と集団的自衛権の各要件を満たす限り、その両方が援用可能であると結論する[26]。ここで Green は、あくまで両方が援用可能であると述べているのであって、同意に基づく武力行使と集団的自衛権が「重なる」とは論じていないことに着目したい。Green は、各正当化根拠に関連する他の要件、すなわち要請を発出する政府の要件、比例性・必要性の要件、安保理への報告義務などが、同意に基づく武力行使の場合と集団的自

---

21 Laura Visser, *ibid.*, p. 309.

22 Laura Visser (2019), *supra* note 18, p. 28.

23 Laura Visser (2020), *supra* note 18, p. 309.

24 James A. Green (2024), *supra* note 16, p. 302.

25 *Ibid.*, p. 303.

26 *Ibid.*, p. 310.

衛権の場合とで異なる可能性を考慮に入れているためである[27]。しかしそういった可能性を考慮に入れつつも、実際に異なるか否かについては、明確な区別がないとも付言しており、やや曖昧である。ここで指摘したいのは、被攻撃国（B）内で攻撃国（A）の軍隊と第3国（C）の軍隊とが衝突する場合（C国がB国領域においてA国軍隊に対して武力を使用する場合）は、集団的自衛権で説明するほかないのではないか、ということである。Green のいう、同意と集団的自衛権の両方が援用可能になるケースとは、第3国（C）が被攻撃国（B）内で攻撃国（A）に対応すべく軍事援助を行う（A国の領土や軍隊に対して武力を用いない）場合であると思われる。

　一方、同意に基づく武力行使と集団的自衛権が「重なる」場合があるとする者も存在する。Radaelli は、Green ほど包括的ではないが、同意に基づく武力行使の一形態である対抗介入（すなわち、他国（A）が領域国（B）の反政府勢力に軍事支援を提供しており、これに対抗して第3国が領域国（B）の政府側に立って介入する形態）について論じる際に、集団的自衛権との関係に触れている[28]。そして、領域国（B）所在の反政府勢力への外国（A）による支援が武力攻撃に相当し、反政府勢力の武力行為が当該外国（A）に帰属する場合には、集団的自衛権と対抗介入が「重なる（overlap）」ことがあるとする。Lieblich も同様の見解であり、右の場合に集団的自衛権と対抗介入は融合する（merge with）とする[29]。さらに de Wet も、「このような場合、軍事支援の要請は、武力行使の独立した法的根拠ではなく、集団的自衛権の構成要素となる可能性がある」と述べている[30]。Radaelli、Lieblich、de Wet のいずれの論者も、Cによる武力行使が領域国（B）にとどまる場合について特別論じているわけではないが、武力行使が領域国（B）にとどまる場合も、彼らによれば、それは対抗介入と集団的自衛権が重なるケースということになると思われる。これらの論者は、同意に基づく武力行使のうち対抗介入の場合についてのみ議論しているが、集団的自衛権との関係が問題になるのは本来は対抗介入に限られない。理論的には、なんらかの外部的要素を伴う攻撃を受けた国家（B）が、第3国（C）に要請を出し、それに応じて第3国（C）が領

27　*Ibid.*, pp. 286-299.

28　Chiara Redaelli, *Intervention in Civil Wars: Effectiveness, Legitimacy, and Human Rights*（Hart Publishing, 2021), p. 99.

29　Eliav Lieblich, *International Law and Civil Wars: Intervention and Consent*（Routledge, 2013), pp. 171-172.

30　Erika de Wet, *supra* note 1, p. 183.

域国（B）内で武力行使をするケースは、総じて同意に基づく武力行使と集団的自衛権との関係が論じられるはずである。ここで、なんらかの外部的要素を伴う攻撃とは、❶他国（A）による攻撃か、❷他国（A）に所在の非国家主体による攻撃か、あるいは❸自国（B）所在の非国家主体による攻撃で他国（A）に帰属するものかのいずれかである。対抗介入と集団的自衛権が重なるケースは❸の場合といえる。

　まとめると、判例および学説においては、同意に基づく武力行使と集団的自衛権はどちらも領域国（B）の要請を必要とするものであるが、主に武力攻撃の発生の要否と武力が行使される地理的範囲によって区別されている。ただし、「第3国（C）による武力行使が攻撃国（A）で用いられず要請国（B）にとどまる場合」については、それは同意に基づく武力行使としてのみ説明されるのか（Visser）、同意に基づく武力行使と集団的自衛権とが両方援用可能な事例としてみるべきなのか（Green）、さらに両者が「重なる」場合なのか（Radaelli ら）については、見解が一致していない。

　ここで挙げた判例や諸学説はいずれも管見の限り、十分な国家実行の分析を行なっておらず、理論面の分析を中心としている。そこで以下では関連する国家実行を分析し、実行上は、同意に基づく武力行使と集団的自衛権はいかに区別されているのか、「第3国（C）による武力行使が攻撃国（A）で用いられず要請国（B）にとどまる場合」にいずれの正当化根拠に拠っているのか、を検討することとする。

Ⅱ．実行の分析

　ここでは、①本書ですでに分析した同意に基づく武力行使の事例のうち、同意国（B）がなんらかの外部的要素を伴う攻撃あるいは干渉を受けていた（と主張された）事例と、②本書でまだ取り上げていない（すなわち当事国は同意に基づく武力行使を援用していない）が、他国（A）による武力攻撃を受けた被攻撃国（B）が、第3国（C）に要請を出し、第3国（C）がこれに応じて当該要請国（B）内で武力を行使した事例を分析する。

　①に当たるのは、2011年の GCC によるバーレーンでの武力行使（Ⅱ-2.）、2013年のフランスによるマリでの武力行使（Ⅱ-3.）、2014年以降の米国主導の連合軍によるイラクおよびシリアでの武力行使（Ⅱ-4.）、2015年以降のサウジアラ

ビア主導の連合軍によるイエメンでの武力行使（Ⅱ-5.）、2020年以降のトルコによるリビアでの武力行使（Ⅱ-6.）である。②に当たるのは、1998年のジンバブエ、アンゴラおよびナミビアによるコンゴ民主共和国での武力行使（Ⅱ-1.）である。上記のように、ここでは外部的要素を伴う攻撃ないし干渉であることが重要であり、したがって攻撃を行う非国家主体が要請国（B）内に所在する場合で、かつ当該非国家主体が他国（A）から支援されていない場合（非国家主体の行為が他国（A）に帰属しない場合）は射程外である。なぜならそのようなケースにおい

【表7】第5章第1節での国家実行の分析一覧

	当事国	Aによる武力攻撃の発生（の主張）	Cによる武力行使の地理的範囲	援用された正当化根拠
Ⅱ-1	A：ウガンダ等 B：コンゴ民主共和国 C：ジンバブエ等	あり	B領域内にとどまる	集団的自衛権
Ⅱ-2	A：イラン B：バーレーン C：GCC	なし	B領域内にとどまる	同意（対抗介入）
Ⅱ-3	A：存在しない B：マリ（テロリスト所在地） C：フランス	なし	B領域内にとどまる	同意（対テロ） *集団的自衛権は後に撤回
Ⅱ-4	A：シリア（テロリスト所在地） B：イラク（テロリスト所在地） C：米国等	なし	B領域内にとどまる	同意（対テロ）
		あり	A領域に及ぶ	集団的自衛権
Ⅱ-5	A：イラン B：イエメン C：サウジアラビア等 *実際はAによる（Aに帰属する）武力攻撃はなし	あり	B領域内にとどまる	集団的自衛権・同意（対抗介入）
Ⅱ-6	A：ロシア等 B：トルコ C：リビア	なし	B領域内にとどまる	同意（対抗介入）

ては、第3国（C）が武力を他国（A）において用いないことは当然であるからである。また、被攻撃国（B）内で攻撃国（A）の軍隊と第3国（C）の軍隊とが衝突する場合も射程外である。そのようなケースでは、集団的自衛権で説明する他ないと思われるからである。しかし、厳密には射程外のケースであっても、理論的側面の分析（I.）において取り上げた学説がその論拠として挙げている事例については、ここでも一旦分析対象とする。

【表7】は、これから行う各事例の分析を一覧としたものであるが、先に示しておくこととする。当事国はそれぞれA・B・Cのどれに当たるか、Aによる武力攻撃の発生（の主張）はあるか、Cによる武力行使は地理的にどこまで及んだか、当事国によって援用された正当化根拠は集団的自衛権か同意か、についてまとめたものである。

II-1. 1998年のジンバブエ、アンゴラおよびナミビアによるコンゴ民主共和国での武力行使

1996年以降、ウガンダはザイールの Mobutus 政権打倒のため、ザイールの反政府勢力であるコンゴ・ザイール解放民主勢力連合（Alliance of Democratic Forces for the Liberation：以下、ADFL）に軍事支援を行なっていた[31]。1997年には Kabila 氏率いる ADFL は政権を握り、国名をザイールからコンゴ民主共和国（以下、コンゴ）へと改称し、Kabila 政権が発足した。当初はコンゴとウガンダの関係は良好であり、ウガンダはコンゴとの国境付近の反政府勢力に対処するために、コンゴの同意に基づいてコンゴ東部にウガンダ軍を駐留させていた。ところが1998年5月以降、コンゴに拠点を置くウガンダの反政府勢力である民主同盟軍（Allied Democratic Forces：ADF）のウガンダへの侵攻が激しくなり、それへの対応としてウガンダ軍のコンゴにおける軍事活動も活発になった。さらにウガンダとルワンダは1998年8月以降、今度はコンゴ内のコンゴの反政府勢力に軍事援助を行うようになった。そこでコンゴは、同年8月18日にジンバブエで開催した関係国防衛安全保障会議において SADC 加盟国に援助を要請した。またコンゴは同年9月には国連総会議長へ宛てた書簡において、ルワンダとウガンダの軍隊が同年8

31　東北大学国際判例研究会「コンゴ領域における軍事活動事件（コンゴ民主共和国対ウガンダ）国際司法裁判所本案判決（2005.12.19）」『法学』第70巻第6号（2007年）70-71頁。

月2日にコンゴに侵攻したと主張した[32]。ジンバブエは、同じく同年9月に安保理に宛てた書簡において、親Kabila諸国を代表して、SADCの支援の下に設立された特別委員会が、コンゴの紛争はウガンダとルワンダが主張するような国内の反乱ではなく、外国の侵略であると判断したことを述べた[33]。またコンゴのSADCへの要請は憲章第51条に則っているとし、アンゴラ、ナミビアおよびジンバブエはKabila大統領の要請に基づき、外国の侵略者に対抗するために軍隊を派遣したと述べた[34]。ナミビアも3月に国連総会において同様の主張を行った[35]。これらの軍事行動はコンゴ領域内で行われたが、集団的自衛権によって説明されている。

1998年12月、安保理議長は、SADCなどによる地域調停を支持する声明を発表した[36]。翌年4月には安保理が決議1234を採択した[37]。同決議は紛争当事国を名指ししたり、当事国の行動の合法性について判断を下したりはしていないが、親Kabila派の国の行動を認め、反カビラ派の国を非難しているのではないかと考えられている[38]。その後安保理は決議1304でウガンダとルワンダを名指ししコンゴからの撤退を要求しているが、ジンバブエ、アンゴラおよびナミビアの軍事介入には触れていない[39]。安保理は紛争が長引くにつれてより中立的な立場を保つようになった[40]。

---

32 U. N. Doc. A/53/232.

33 U. N. Doc. S/1998/891, p. 3.

34 *Ibid.* なおジンバブエは、親Kabila諸国の軍事行動をKabilaの要請に基づく集団的自衛権で正当化するのみならず、これとは別個の正当化根拠としてSADCによる軍事行動の授権を援用しているように読める。しかし、第4章第2節Ⅱ．で検討したAUやECOWASとは異なり、SADCにはそのような事前の条約に基づく地域的安全保障のメカニズムは存在しないのであって、武力行使の正当化根拠にはなり得ない。SADCに地域的安全保障メカニズムが存在しないことについて、Erika de Wet, *supra* note 1, pp. 177-179.

35 U. N. Doc. A/53/PV. 95, p. 20.

36 U. N. Doc. S/PRST/1998/36.

37 U. N. Doc. S/RES/1234.

38 James A. Green, "The Great African War and the Intervention by Uganda and Rwanda in the Democratic Republic of Congo - 1998-2003," in Tom Ruys, Olivier Corten and Alexandra Hofer (eds.), *The Use of Force in International Law* (Oxford University Press, 2018), p. 584.

39 U. N. Doc. S/RES/1304.

40 James A. Green, *supra* note 38, p. 584.

Ⅱ-2．2011年の GCC によるバーレーンでの武力行使

　本事例は第 3 章第 2 節Ⅰ-4．で取り上げたように、対抗介入の事例である。イランによるバーレーンへの事前の干渉に対抗して、GCC がバーレーン政府による要請に基づき軍事介入した[41]。GCC は、イランによるバーレーンへの干渉が「国民間の分裂」の原因であり、「バーレーンの安全と安定」および GCC に対する危険であるとしているが[42]、イランによる干渉が武力攻撃であるとか侵略であるとかは評価していない。したがって集団的自衛権も援用されていない。GCC による軍事活動もバーレーン国内に留まっていた。

Ⅱ-3．2013年のフランスによるマリでの武力行使

　本事例は、第 3 章第 2 節Ⅱ-3．で取り上げたように、対テロ介入の事例である。イスラム武装勢力はマリ国内に所在し、かつ他国から支援を受けていたわけではないので、外部的要素を伴う攻撃ないし干渉が存在しない。したがって同意に基づく武力行使と集団的自衛権との関係の問題は生じ得ないように思われる。しかしフランス自身が当初集団的自衛権も援用していたため、ここで取り上げておくことにしたい。

　フランスは2013年 1 月11日付で国連安保理に送った公式書簡の中で、マリ共和国の暫定大統領である Traoré 氏からの支援要請に応えて介入したとしている[43]。ここでは要請に基づく武力行使を正当化根拠としているが、同日にフランス外務省はより詳しい法的根拠を以下のように述べていたようである。

　　第 1 に、マリの正統政府による訴えと要請であり、これは正当な自衛のケースである。第 2 に、すべての国連決議が、テロリストとの戦いを支援することを認めているだけでなく、そうすることができる諸国に要求している。

---

[41]　Ethan Bronner and Michael Slackman "Saudi Troops Enter Bahrain to Help Put Down Unrest," *New York Times* (14 March 2011), at https://www.nytimes.com/2011/03/15/world/middleeast/15bahrain.html (as of 30 June 2024).

[42]　Agatha Verdebout, "The Intervention of the Gulf Cooperation Council in Bahrain - 2011," in Tom Ruys, Olivier Corten and Alexandra Hofer (eds.), *supra* note 38, p. 796.

[43]　U. N. Doc. S/2013/17.

（省略）第51条から導き出されるこの正当性に、また国連決議から導き出される正当性に、必要であれば以下を付け加えたい。それは、1つはECOWAS、すなわち西アフリカ諸国経済共同体の要請であり、もう1つはアフリカ連合の立場である。（省略）それらは平和・安全保障理事会の関連決定に基づき、マリの防衛・治安部隊の能力強化という観点から、後方支援と財政支援を行うようすべての人に要請した。だから、誰もこの正当性に異議を唱えることはできない[44]（括弧内筆者）

このように、フランスはマリ政府の要請に加えて、集団的自衛権、安保理決議、地域的国際機構による決定などを挙げている。しかしその後のフランスの発言を見るに、集団的自衛権の主張は取り下げたようである[45]。

　本事例は主にマリ所在のテロリストに対する軍事介入の事例であり、他国からの武力攻撃ないし他国に支援された非国家主体による武力攻撃は存在しなかった。フランスの軍事活動もマリ国内に限られていた。学説上は、フランスが当初集団的自衛権を援用したことは完全に不必要であったと指摘されている[46]。

Ⅱ-4．2014年以降の米国主導の連合軍によるイラクおよびシリアでの武力行使

　本事例は後に説明するようにやや特殊であるが、Visser はこの事例に基づいて自己の主張（武力行使がB国領域内にとどまっているときは要請に基づく武力行使で、A国領域に拡大されるときにはじめて集団的自衛権である）を裏付けているため、取り上げたい。

44　Karine Bannelier and Théodore Christakis, "The Intervention of France and African Countries in Mali‐2013," in Tom Ruys, Olivier Corten and Alexandra Hofer (eds.), *supra* note 38, pp. 815-819; Theodore Christakis and Karine Bannelier, "French Military Intervention in Mali: It's Legal but…Why? Part 1: The Argument of Collective Self-Defense," *EJIL: Talk!* (23 January 2013), at https://www.ejiltalk.org/french-military-intervention-in-mali-its-legal-but-why-part-i/ (as of 30 June 2024); Karine Bannelier and Théodore Christakis, "Under the UN Security Council's Watchful Eyes: Military Intervention by Invitation in the Malian Conflict," *Leiden Journal of International Law*, Vol. 26, Issue. 4 (2013), pp. 857-858.

45　*Ibid.*

46　*Ibid.*

2014年の米国主導の連合軍によるイラクでの武力行使ついては第3章第2節Ⅱ-4.で取り上げたように、対テロ介入の事例である。イラク政府は2014年6月末、国連への書簡で、ISILの進出と残虐行為を指摘し、これに対抗するために国連加盟国に軍事支援を要請した[47]。2014年8月8日には、米国主導の連合軍（フランス、オランダ、ベルギー、イギリス、オーストラリア、デンマーク、カナダ、モロッコ、アラブ諸国等）がこの書簡による要請に基づき、イラクに存在するISILに対し空爆を開始した[48]。この軍事介入はイラク領域内に限られており、自衛権は援用されなかったため、明白に同意に基づく武力行使の事例である。

一方でイラク政府は、シリアに所在するISILに対抗するための集団的自衛権の要請も別個行っていた。同年9月に米国が国連に宛てた書簡で、「イラク政府は、米国に対し、イラクへの継続的な攻撃を終わらせ、イラク国民を保護し、最終的にはイラク軍がイラク国境の支配を回復し任務を遂行できるようにするため、シリアにあるISILの拠点および軍事拠点を攻撃する国際的な取り組みを主導するよう要請した」[49]と述べた。米国は、シリアがISILに自国領域が使用されるのを防ぐ「意思がないかあるいは能力がない（unwilling or unable）」ので、個別的および集団的自衛権を行使するとしている[50]。これについては本章第3節で検討するとして、本節で重要なのは、イラク領域内での武力行使はイラク政府による要請に基づいており、その活動範囲をシリアへ拡大する際に集団的自衛権が援用されたということである[51]。当初、米国の他に、イラク政府の要請に基づきシリアで自衛権を行使したのは、バーレーン、ヨルダン、カタール、サウジアラビア、

47　U. N. Doc. S/2014/440. See also, Karine Bannelier, "Military Interventions Against ISIL in Iraq, Syria and Libya and the Legal Basis of Consent," *Leiden Journal of International Law*, Vol. 29, Issue. 3 (2016), p. 750.

48　The White House, Office of the Press Secretary, "Letter from the President -- War Powers Resolution Regarding Iraq" (8 August, 2014), at https://obamawhitehouse.archives.gov/the-press-office/2014/08/08/letter-president-war-powers-resolution-regarding-iraq (as of 30 June 2024); Rob Page, "ISIS and the Sectarian Conflict in the Middle East," *House of Commons Library Research Paper 15/16* (2015), pp. 23-24.

49　U. N. Doc. S/2014/695; Somini Sengupta and Charlie Savage, "U. S. Invokes Defense of Iraq in Legal Justification for Syria Strikes," *New York Times* (24 September 2014), at https://www.nytimes.com/2014/09/24/us/politics/us-invokes-defense-of-iraq-in-saying-strikes-on-syria-are-legal.html (as of 30 June 2024).

50　*Ibid.*

51　Olivier Corten, "The Military operations Against the 'Islamic State' (ISIL or Da'esh) - 2014," in Tom Ruys, Olivier Corten and Alexandra Hofer (eds.), *supra* note 38, p. 878.

アラブ首長国連邦である[52]。米国以外の西側諸国はイラク領内での活動にとどめていたが、2015年末以降、ISIL がフランス、ベルギー、トルコなどの領域内でテロ行為を行うようになったことを受けて、これまでイラク領内に限定して活動していた米国主導の連合国の西側諸国の多くが、シリア領内にも活動を拡大するようになった[53]。

Ⅱ-5.　2015年以降のサウジアラビア主導の連合軍によるイエメンでの武力行使

　本事例は第3章第2節Ⅱ-7.で取り上げたように、対抗介入の事例である。サウジアラビアを初めとするアラブ諸国は、イエメンの Hadi 大統領の要請に基づき、2015年3月26日にフーシ派に対し空爆（「決意の嵐」作戦）を行った[54]。フーシ派はイランによって武器、訓練、資金支援を受けているとされており、サウジアラビア国防省は「民兵に対するイランの軍事支援を阻止することが連合の軍事的目的」であると述べていた[55]。第3章ではこのように、対抗介入すなわち同意に基づく武力行使として本事例を分析したが、当事国はむしろ集団的自衛権を主に援用していた。サウジアラビア、アラブ首長国連邦、バーレーン、カタール、クウェートが3月26日付けで国連安保理に提出した共同書簡では、Hadi 大統領からの要請が引用されているが、そこで Hadi 大統領はフーシ派が侵略行為を行なっているとして、「国際連合憲章第51条に定める自衛権、ならびにアラブ連盟憲章および共同防衛条約に従い（省略）、あらゆる形で直ちに支援を行い、軍事介入も含めた必要な措置を取るよう強く要請する」[56]（括弧内筆者）と述べていた。サウジアラビア等はこれに応じて「イエメンの安全と安定を常に損なおうとする外部勢力の道具であるフーシ派民兵の侵略からイエメンとその偉大な国民を守るために、Hadi 大統領の訴えに応えることを決定した」[57]と述べた。Hadi 大統領[58]

52　*Ibid.,* p. 875.

53　*Ibid.,* pp. 875-876.

54　U. N. Doc. S/2015/217, pp. 2-5.

55　The Embassy of the Kingdom of Saudi Arabia, "Saudi Ministry of Defense Daily Briefing: Operation Decisive Storm" (15 April 2015), at https://www.saudiembassy.net/press-release/saudi-ministry-defense-daily-briefing-operation-decisive-storm-4 (as of 30 June 2024).

56　U. N. Doc. S/2015/217, *supra* note 54, pp. 4-5.

とサウジアラビア[59]はその後も、「決意の嵐」作戦の法的根拠として集団的自衛権に明確に言及している。その妥当性はともかく、国家（イラン）が他国（イエメン）に所在する非国家主体（フーシ派）を支援している場合に、当該他国（イエメン）が第３国（サウジアラビア等）に軍事介入を要請し当該第３国（サウジアラビア等）が要請国（イエメン）内でのみ武力行使をしたケースにおいて、要請国および介入国によって集団的自衛権が主張されたことが確認される。

　第３国や国際社会の反応は第３章第２節Ⅱ-8. で紹介した通りであるが、サウジアラビア等による集団的自衛権の行使が合法である、あるいは違法であるとの評価をしたのは、アラブ連盟以外にはなかったようである[60]。米国とカナダは、本事例はHadi大統領の要請に基づく軍事介入であると評価していた[61]。学説上は、本事例に自衛権は適用できないとして、イエメンの要請に基づく軍事介入のケースとして扱われている[62]。それは主には、本事例において「武力攻撃」の発生が認められないことにある。イエメンが他国（イラン）による武力攻撃あるいは他国（イラン）に所在する非国家主体による「武力攻撃」[63]の犠牲になったという事実を示すものはなく、当事国もそのような主張はしていない[64]。次に考えられる線は、イランによるイエメン所在のフーシ派への軍事支援がイランによる武力攻撃とみ

57　*Ibid.* p. 5.

58　U. N. Doc. S/PV. 7426, p. 9.

59　U. N. Doc. S/2015/359, p. 2.

60　U. N. Doc. S/2015/232.

61　The White House, Office of the Press Secretary, "Statement by NSC Spokesperson Bernadette Meehan on Situation in Yemen" (25 March 2015), at https://obamawhitehouse. archives.gov/the-press-office/2015/03/25/statement-nsc-spokesperson-bernadette-meehan-situation-yemen (as of 30 June 2024); Government of Canada, Department of Foreign Affairs, Trade and Development, "Minister Nicholson Concerned by Crisis in Yemen" (27 March 2015), at https://www.canada.ca/en/news/archive/2015/03/minister-nicholson-concerned-crisis-yemen.html (as of 30 June 2024).

62　例えば、以下の論考を参照。Ashley Deeks, "International Legal Justification for the Yemen Intervention: Blink and Miss It," *LAWFARE* (30 March 2015), at https://www.lawfareblog. com/international-legal-justification-yemen-intervention-blink-and-miss-it (as of 30 June 2024); Zachary Vermeer, "The Jus ad Bellum and the Airstrikes in Yemen: Double Standards for Decamping Presidents?," *EJIL: Talk!* (30 April 201), at https://www.ejiltalk.org/the-jus-ad-bellum-and-the-airstrikes-in-yemen-double-standards-for-decamping-presidents/ (as of 30 June 2024).

63　非国家主体による「武力攻撃」がありうるかについては、本章第３節「非国家主体に対する自衛権をめぐる議論との関係」を参照。

なされるほどの関与であったことと、かつフーシ派のイエメンでの軍事活動が武力攻撃の閾値を満たしていることである。一般に、非国家主体による武力攻撃に相当する武力行為に国家がどの程度の関与をすれば、当該行為が国家に帰属するかという帰属基準の問題は本章第2節で検討するが、仮により低い程度の関与でも帰属を認める立場を採用したとしても、本事例で要請国（イエメン）や介入国（サウジアラビア等）によってフーシ派の武力行為のイランへの帰属が認められるとの趣旨の主張がなされたことはなかった[65]。実際、米国務省の報道官は「イランがフーシ派の活動を指揮・統制しているという証拠を見たことがない」と述べており[66]、これに対して駐米サウジアラビア大使は、「イランがフーシ派に武器や訓練、顧問を提供しているという報告」に言及しただけであった[67]。したがって、本事例における当事国による集団的自衛権の援用は適切でなかったと解される。

Ⅱ-6．2020年以降のトルコによるリビアでの武力行使

　本事例は第3章第2節Ⅱ-8．で取り上げたように、対抗介入の事例である。ロシア等によるリビアへの事前の干渉に対抗して、トルコがリビア政府による要請に基づき軍事介入した[68]。トルコは、ロシア等の諸国が「国連が承認した政府ではなく、特定の国の手先である違法な軍閥を支援している」として非難していたが[69]、ロシア等の諸国による干渉が武力攻撃であるとか侵略であるなどとは評

64　Tom Ruys and Luca Ferro, "Weathering the Storm: Legality and Legal Implications of the Saudi-led Military Intervention in Yemen," *International & Comparative Law Quarterly*, Vol. 65, Issue. 1 (2016), pp. 72-73; Gregory H. Fox, "Invitations to Intervene after the Cold War Towards a New Collective Model," in Dino Kritsiotis, Olivier Corten and Gregory H. Fox (eds.), *Armed Intervention and Consent* (Cambridge University Press, 2023), p. 244.

65　Tom Ruys and Luca Ferro, *ibid.*, pp. 74-76.

66　U. S. Department of State, "Daily Press Briefing" (12 February 20), at https://2009-2017.state.gov/r/pa/prs/dpb/2015/02/237453.htm (as of 30 June 2024).

67　Luca Ferro and Tom Ruys, "The Saudi-led Military Intervention in Yemen's Civil War - 2015," in Tom Ruys, Olivier Corten and Alexandra Hofer (eds.), *supra* note 38, pp. 905-906.

68　Ahmed Elumami and Ezgi Erkoyun, "Turkish Military Units Moving to Libya, Erdogan says," *Reuters* (5 January 2020), at https://www.reuters.com/article/idUSKBN1Z40RV/ (as of 30 June 2024).

69　"Erdogan: Turkey will Increase Military Support to gna if Needed," *Al Jazeera* (22 December 2019), at https://www.aljazeera.com/news/2019/12/22/erdogan-turkey-will-increase-military-support-to-gna-if-needed (as of 30 June 2024); "Turkey to Send Troops To

価していない。したがって集団的自衛権も援用されていない。トルコによる軍事活動もリビア国内に留まっていた。

Ⅲ. 実行に照らした考察

国家実行に照らせば、次の 2 点が読み取れる。

第 1 に、理論的側面の分析（Ⅰ.）で明らかにしたのと同様に、同意に基づく武力行使と集団的自衛権はどちらも領域国（B）の要請に基づく点で共通するものの、主に[70]、①武力攻撃の発生の要否と②武力行使が許容される地理的範囲が異なる。①武力攻撃の発生について、1998 年のジンバブエ、アンゴラおよびナミビアによるコンゴ民主共和国での武力行使（Ⅱ-1.）、2014 年以降の米国主導の連合軍によるシリアでの武力行使（Ⅱ-4.）、2015 年以降のサウジアラビア主導の連合軍によるイエメンでの武力行使（Ⅱ-5.）のそれぞれにおいて、その妥当性はともかく、当事国によって集団的自衛権が援用されるときは武力攻撃（または侵略[71]）の発生が主張されていた。2013 年のフランスによるマリでの武力行使（Ⅱ-3.）では当初は集団的自衛権も援用されていたが、後に取り下げられた。既に述べたとおりマリの事例では外部的要素を伴う武力攻撃はなく、マリ国内に所在する非国家主体によるマリ国内での攻撃であったので、集団的自衛権の援用は適切でなかった。

また②武力行使が許容される地理的範囲についても、同意に基づく武力行使の場合は要請国（B）内に限られており、要請国以外（A）に拡大されるときには集団的自衛権が援用された。前者の例は 2011 年の GCC によるバーレーンでの武力行使（Ⅱ-2.）と 2014 年以降の米国主導の連合軍によるイラクでの武力行使

Libya Amid Warnings From Russia," *RFE/RL* (27 December 2019), at https://www.rferl.org/a/erdogan-turkish-troops-libya-russia-opposition/30346782.html (as of 30 June 2024).

70　ここで「主に」というのは、他にも相違点がある可能性を残しているからである。本章第 1 節Ⅳ.「武力行使禁止原則の 2 元的理解からの説明」で述べるとおり、政府が自国で一定の人間的利益を主体的に侵害していても要請できるか否か、さらにはアドホックな同意が必要か否かかにつき、それぞれ異なる要件が課されうる。

71　憲章 51 条の起草過程において、当初は集団的自衛権の発動要件を侵略ではなく武力攻撃にすることによって、集団的自衛権が行使されうる範囲を個別的自衛権よりも限定しようとしていた（個別的自衛権の行使要件は侵略であり、武力攻撃は侵略よりも狭い概念であるとされた）が、次第に侵略と武力攻撃の区別が消失した。詳細は、森肇志『自衛権の基層　国連憲章に至る歴史的展開』（東京大学出版会、2009 年）261-266 頁。

（Ⅱ-4.）、2020年以降のトルコによるリビアでの武力行使（Ⅱ-6.）である。いずれも同意に基づく武力行使の事例であり、要請国の領域内でのみ武力が行使された。後者の例は2014年以降の米国主導の連合軍によるシリアでの武力行使（Ⅱ-4.）であり、イラクの要請に基づく武力行使がシリアに拡大されるときに集団的自衛権が援用された。Visser はこの事例に基づいて、武力行使がB国領域内にとどまっているときは要請に基づく武力行使で、A国領域に拡大されるときにはじめて集団的自衛権であるという主張を裏付けている。しかしこの事実は、武力行使が要請国（B）内に留まっていれば、常に同意に基づく武力行使の事例である（集団的自衛権の事例ではない）ということを示すものではないと思われる。なぜならこの事例はやや特殊であり、B国であるイラク内にもテロリスト集団が存在していたのであって、A国のシリアもそのB国内のテロリスト集団を支援していたわけではない。つまり、イラクの同意に基づく軍事介入に関しては、イラクに対する外部的要素を伴う攻撃なしに起こり得た。さらに、米国主導の連合軍がシリアで武力行使を行う際に集団的自衛権に切り替えたのは、地理的範囲によるものではなく、シリア政府の要請に基づく武力行使を行うことを躊躇したからという見方が正しい。既に第3章で論じたように、シリア政府は自国内で一定の人間的利益を侵害しており、他国に武力行使を要請する能力を失っていた。以上のことから、2014年以降の米国主導の連合軍によるイラクおよびシリアでの武力行使（Ⅱ-4.）は、Visser の主張の裏付けしては弱いといわなければならない。

　第2に、理論的側面の分析（Ⅰ.）で同意に基づく武力行使と集団的自衛権の関係について見解の対立があった部分であるが、「第3国（C）による武力行使が攻撃国（A）で用いられず要請国（B）にとどまる場合」にも、国家実行上は集団的自衛権で説明されることが多いようである。1998年のジンバブエ、アンゴラおよびナミビアによるコンゴ民主共和国での武力行使（Ⅱ-1.）、2015年以降のサウジアラビア主導の連合軍によるイエメンでの武力行使（Ⅱ-5.）がそうであった。ただし2015年以降のサウジアラビア主導の連合軍によるイエメンでの武力行使（Ⅱ-5.）ではイランによる関与の主張が実際には確認されないので、集団的自衛権の援用は適切でなかったことについては既に述べた通りである。さらに1998年のジンバブエ、アンゴラおよびナミビアによるコンゴ民主共和国での武力行使（Ⅱ-1）についても、次の点を指摘しなければならない。ウガンダら（A）の軍隊とジンバブエら（C）の軍隊が、コンゴ（B）領域で実際に衝突したかは不明であるものの、ウガンダら（A）の軍隊がコンゴ（B）領域内に侵攻し

ていたことは明らかであり、ジンバブエら（C）はこれに対抗するために介入した。Green は本事例を根拠の一つとして、集団的自衛権が被攻撃国（B）内にとどまる場合でも援用されると評価しているが、ウガンダら（A）の軍隊に対してジンバブエら（C）によってなんらかの武力が行使されたのであれば、むしろ本事例は集団的自衛権で説明する他なかったケースということになる。したがって、Green の主張がどれほど国家実行によって支えられているかは未だ不透明である。同様に、Radaelli らの見解（同意に基づく武力行使と集団的自衛権が「重なる（あるいは融合する）」）も未だ実証されない。一方で、Visser の主張はやはり国家実行にそぐわないことが指摘できよう。理論的側面の分析（I.）で紹介したように、Visser に言わせれば、これらの事例は実際に武力行使が行われたのが要請国（B）内に限られていたので、集団的自衛権の援用事例ではなく、同意に基づく武力行使ということになる。しかしそのような評価は当事国の主張に反する。

　以上のことから、少なくとも、「第3国（C）による武力行使が攻撃国（A）で用いられず要請国（B）にとどまる場合」でも集団的自衛権が援用されるという点については、国家実行と整合的な理論を提唱しているのは、Green および Radaelli らであろう。これ以上の評価は、各見解が不明確さを残していることに加え、国家実行の蓄積も十分でないため、判断が困難である。さて、この問題に武力行使禁止原則の2元的理解は貢献しうるだろうか。

Ⅳ. 武力行使禁止原則の2元的理解に基づく説明

　本書はすでに、武力行使禁止原則の2元的理解の下、同意に基づく武力行使の実体的要件と手続的要件を明らかにした。これらを集団的自衛権の各要件と比較すれば、両者は明確に区別され、一定の場合に「重なる（あるいは融合する）」ことはないと説明できる見込みがある。したがって Radaelli らの見解ではなく、Green の見解と調和する。加えて、Green が必ずしも明らかにしなかった、要請を与える能力のある政府の要件の相違について、武力行使禁止原則の2元的理解は有益な示唆を与えることができる。以下でその詳細を述べる。

　第1に、第3章で検討したような同意の実体的要件のうち、要請（同意）を与える能力のある政府の要件は、集団的自衛権の要請には課せられない。武力行使禁止原則の2元的理解に基づけば、同意に基づく武力行使とは、領域国によって自国の抽象的国家利益が放棄されるという事象であり、自国の抽象的国家利益を

放棄できる政府は、（法律上の政府であり、かつ）自国で一定の人間的利益を主体的に侵害していない政府である。一方で、集団的自衛権を行使する権限のない国家は、個別的自衛権を行使する権限もないはずであり、国家である以上そのような状況はおよそ考えられない。つまり実効的保護をしているかどうかに関係なく、国家である以上自衛権は行使可能であり、つまり国家を代表する政府（法律上の政府）である以上、集団的自衛権の要請ができるはずである。このことは、「武力攻撃の発生」が自衛権行使の要件であることが関連すると思われる。武力行使の2元的理解によれば「武力攻撃」はどのような概念かについては、今後検討が必要であるが、「より重大な武力行使」として、例えば強行規範の違反になるような「一定の人間的利益の侵害を伴う武力行使」と解されると仮定すると、要請国（B）がすでに他国（A）によって一定の人間的利益の侵害をされていること（武力攻撃の発生）が自衛権行使の要件になる。そうであるとすれば、集団的自衛権はこの侵害の阻止のために行使されるから、被攻撃国ないし要請国（B）自身の実効的保護は問題とならない（要請が一定の人間的利益の侵害を意図したものではないことは担保されるため）。このように、要請を与える能力のある政府の要件が異なるという点で、同意に基づく武力行使と集団的自衛権は明確に区別される[72]。

　第2に、第4章で検討したような同意の手続的要件（同意を与える主体、同意の態様、同意を与える時期）が、集団的自衛権の要請にも課されるのか、という点である。とりわけ、事前の条約に基づく同意かアドホックな同意かについては明白な相違があるのではないかと思われる。というのは、一般に、集団的自衛権の要請はアドホックに与えられても事前の条約締結によって与えられても良いとされているからである[73]。集団防衛条約があれば、実際に武力攻撃が発生した際に、犠牲国による攻撃を受けた旨の宣言とアドホックな援助要請は不要である[74]。もっとも、実際に武力攻撃が発生した場合に、被攻撃国は事前の条約上の要請を撤回し、集団的自衛権の行使を拒否することも可能であると考えられる。一方で

72　実効的保護説に立たない論者の中にも、要請を与える能力のある政府の要件が、同意に基づく武力行使と集団的自衛権との場合で異なるとする者がある。例えば、Kritsiotis は、同意に基づく武力行使の場合は、領域国政府（要請ないし同意を与える政府）が実効的支配基準を満たしていることが必要であるが、集団的自衛権の場合にその基準は課せられないとする。Dino Kritsiotis, "Intervention and the Problematisation of Consent," in Dino Kritsiotis, Olivier Corten and Gregory H. Fox (eds.), *supra* note 64, pp. 78-81.

73　中谷和弘「集団的自衛権と国際法」村瀬信也（編）『自衛権の現代的展開』（東信堂、2007年）44頁。

同意に基づく武力行使においては、第4章第3節で述べたように、特に軍隊の駐留の程度を超える武力行使の場合はアフリカの AU や ECOWAS などの少数の例外を除いて、アドホックな同意が必要である。したがって、事前の条約に基づく同意かアドホックな同意かに関しては、明らかに同意に基づく武力行使との間に差異が認められるのではないかと思われる。なぜ集団的自衛権の要請はアドホックに与えられても事前の条約締結によって与えられても良いのかは、今後検討が必要であるが、ここでも上で述べた第1の点と同様に、「武力攻撃の発生」が自衛権行使の要件であることが関連しているのではないかと推測できる。そもそも、同意に基づく武力行使において、多くの場合にアドホックな同意が必要とされるのは、同意時の領域国（B）政府が実効的基準を満たしているかどうかをみることにより、同意の内容とされている武力行使が人間的利益を侵害するものではないことを担保するためであった。一方で、集団的自衛権の要請の場合は、要請国（B）はすでに他国（A）によって一定の人間的利益を侵害されている（武力攻撃が発生している）のであり、集団的自衛権はこの侵害の阻止のために行使される。要請する際に当該要請国（B）自身の実効的保護が問題とならない（第1の点）のならば、アドホックな同意によってそれを確認する必要もないということになる。

　このように同意に基づく武力行使と集団的自衛権がいかなる関係にあるかという問いに答えるには、より包括的に両者の要請の相違について検討する必要がある。Visser はこれらの諸点を挙げているわけではないが、「同意は、自衛のための要請よりも厳しい規則に従っているように思われる。」と述べている[75]。この記述は的を射ている。しかしそうであるならば、武力攻撃が発生し被攻撃国（B）からの要請がある場合に、これに応じた介入国（C）による武力行使が要請国（B）の領域内に留まっている限り、それは同意に基づく武力行使で説明され、攻撃国（A）に武力行使が及ぶ場合にはじめて集団的自衛権で説明されるという Visser の主張は、辻褄が合わないように思われる。武力攻撃が発生し被攻撃国

74　もっとも、集団防衛条約上、アドホックな要請が必要であると定められている場合はこの限りでない。しかし集団防衛条約上で、アドホックな要請が必要であると定められていない場合でも、アドホックな要請が常に必要であるとする論者も存在する。See, James A. Green (2024), *supra* note 16, pp. 229-230; Svenja Raube, *Die antizipierte Einladung zur militärischen Gewaltanwendung im Völkerrecht* (Nomos, 2023), pp. 309, 425-426. なお ICJ のニカラグア事件判決はこの問題については論じていない。

75　Laura Visser (2020), *supra* note 18, p 307.

（B）からの要請を受けて第3国（C）が要請国（B）内で武力行使する場合に、なぜその武力行使が攻撃国（A）に及ぶ場合よりも、かえって厳しい規則が要請に関して課されるのだろうか。

以上の考察が正しいとすれば、同意に基づく武力行使と集団的自衛権はどちらも領域国の要請に基づく点で共通するものの、主に武力攻撃の発生の要否と、武力行使が許容される地理的範囲につき相違点がある。「第3国（C）による武力行使が攻撃国（A）で用いられず要請国（B）にとどまる場合」には、両者は重なるのではなく全く異なる正当化根拠であると結論される。

第2節　非国家主体の武力行為の国家への帰属をめぐる議論との関係

非国家主体による武力攻撃に相当する武力行為によって犠牲となった国が国連憲章第51条の自衛権を行使できるか否かについては、自衛権行使は非国家主体そのものに対して認められるかという問題と、非国家主体の所在する領域国に対して認められるかという問題の2つがある。このうち本節で扱うのは後者の問題であり、これは自衛権の文脈での行為帰属論の問題である。前者の武力攻撃の主体に関する問題と比較すれば、より古い（伝統的な）論点といえる。

非国家主体の武力行為がいかなる場合に国家（A'）に帰属し、当該国家（A'）による武力攻撃（間接的武力攻撃）の存在が認められるかについて、後述の通り学説上は、ICJのニカラグア事件判決で示された基準（以下、「ニカラグア基準」）である「派遣・実質的関与」を支持するものと、ニカラグア基準に反対するかあるいはニカラグア基準の緩和傾向を指摘し「援助」や「黙認」を主張するものがある。帰属が認められる基準が緩和されるほど、帰属が認められる国家（A'）に対する自衛権の行使が認められる可能性が高くなるのであるから、被攻撃国（B'）は当該国家（A'）の同意を得なくても当該国家（A'）における武力行使を正当化することができることになる。特に「黙認」程度で帰属を認めるのであれば、他国（B'）による自国（A'）領域での武力行使に同意することを拒否した国家（A'）に、武力攻撃が帰属する可能性がでてくる。自衛権の文脈における帰属の基準[76]については多数の先行研究があるものの、このような同意に基づく武力行使と帰属の基準をめぐる議論との関係はほとんど検討がなされていない。

国家（A'）への帰属が認められ、被攻撃国（B'）が個別的自衛権を行使できる状態では、被攻撃国（B'）は第3国（C'）に集団的自衛権を要請すること

できる。しかし第1節で結論したように、同意に基づく武力行使と集団的自衛権とは全く異なる正当化根拠であると考えられるため、非国家主体の「武力攻撃」の国家（A'）への帰属基準が緩くなればなるほど両者の「重なり」が認められる範囲が広くなる、ということは論じる必要がない。したがって本節で論じる必要のあるのは、主にA'B'間の問題である。とはいえ関連性がないわけではない。集団的自衛権の文脈でも、帰属が認められる基準が緩和されるほど、第3国（C'）は被攻撃国（B'）の同意に基づく武力行使ではなく被攻撃国（B'）の要請に基づく集団的自衛権を行使できる可能性が高くなる。そしてその場合は、被攻撃国（B'）のみならず攻撃国（A'）でも自衛権行使が可能となる。この点で、集団的自衛権の場合も行為帰属論の問題は関連する。

また武力行使禁止原則の人間的視座からの関心事として、同意に基づく武力行使において同意を与える政府の能力には当該政府の人間的利益の保護が問題となるが、自衛権の文脈での帰属基準には人間的視座はなんらかの作用を及ぼすのかが問われよう。

以上のような問題を背景として、本節ではまず、自衛権の文脈での非国家主体による武力行為の国家への帰属をめぐる、学説および判例での議論を整理・分析する（I.）。続いて、非国家主体の（武力攻撃に相当する）武力行為が帰属するとされた国家に対して自衛権が行使された国家実行を分析する（II.）。これらの分析を踏まえ、帰属基準の内容と、自衛権の文脈での行為帰属論をめぐる議論が同意に基づく武力行使といかなる関係にあるのかについて考察し（III.）、最後に武力行使禁止原則の2元的理解からの説明を行う（IV.）。

本節で議論の対象となる3国の関係を、以下の【図3】に示す。非国家主体（図中ではNSAと表記する）の武力行為がA'に帰属し、A'による間接的武力攻撃が発生していると想定できる場合である。このとき、A'は非国家主体の「武力攻撃」が帰属する国家（間接的武力攻撃国）であり、B'は被攻撃国であり自衛権行使国である。本節で論じられるのは、上述の通り主にA'B'間の問題であるが、B'が集団的自衛権を援用する際にはB'は要請国となり、C'は第3国かつ集団

---

76 ニカラグア事件判決は、自衛権の文脈における行為帰属基準（「派遣」と「実質的関与」）だけでなく、一般理論としての帰属基準（「完全な支配」と「実効的支配」）も扱っている。後者については、浅田正彦「非国家主体の行為の国家への帰属─包括的帰属関係と個別的帰属関係をめぐって─」『国際法外交雑誌』第111巻第2号（2012年）189-216頁。本節での議論は、前者の自衛権の文脈における行為帰属基準についてである。

【図3】間接的武力攻撃に対する自衛権における3国の関係

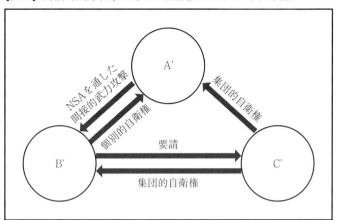

的自衛権行使国として登場する。

　なお武力行為を行う非国家主体は、A'領域内に存在することもあれば、B'領域内に存在することもあり、非国家主体の武力行為のA'への帰属は両方の場合で起こりうる。したがって帰属の基準に関しては、両方の場合を含めて論じる必要がある。その上で、帰属基準と同意に基づく武力行使との関係を論じる際には、非国家主体がA'とB'どちらの領域に所在するかによって場合分けをする必要があるが、これについては本節Ⅲ．で触れることにする。

Ⅰ．理論的側面の分析

　ここでは非国家主体による武力行為の国家への帰属をめぐる学説および判例での議論を整理・検討する。まずICJで自衛権の文脈における行為帰属論について判断が下された2つの判決を概観してみたい。

　第1にニカラグア事件判決では、ICJは「武力攻撃」には、正規軍の越境行動の他、「正規軍による武力攻撃に相当する重大性を有する武力行為を他国に対して実行する武装集団、団体、不正規兵又は傭兵の国家による派遣（sending）もしくは国家のための派遣、またはそれへの実質的関与（substantial involvement therein）も含まれるものと理解しなければならないとの合意があるように思える」と述べた[77]。これは侵略の定義決議第3条（g）項を武力攻撃の場合に当て

はめたものであるといえる[78]。同条は「次に掲げる行為は、いずれも宣戦布告の有無に関わりなく、第2条の規定（国家による国際連合憲章に違反する武力の最初の使用は、侵略行為の一応の証拠を構成する）に従うことを条件として、侵略行為とされる」とし、侵略行為とみなされる行為を列挙している。そして同条（g）項は「上記の諸行為に相当する重大性を有する武力行為を他国に対して実行する武装した集団、団体、不正規兵又は傭兵の国家による若しくは国家のための派遣、又はかかる行為に対する国家の実質的関与」と規定する。ICJはこの「侵略行為」と「武力攻撃」を互換的な概念であると捉えた[79]。つまりICJは、非国家主体による武力行為が「国家（A'）による武力攻撃」であるというためには、それが正規軍による武力攻撃に相当する重大性を有している場合であって、かつ国家（A'）がそのような私人の行為を「派遣」している、またはそれに準じる「実質的関与」をしていることが必要だとした。ここで、「実質的関与」とは曖昧な文言であるが、同判決でICJは「裁判所は武力攻撃の概念が武器給与または兵站若しくは他の支援の提供という形態における叛徒への援助（assistance）もまた含むとは考えない」とし、「そのような援助は、武力による威嚇または武力の行使とみなされうるか、あるいは他国の国内または対外の事項への干渉に相当しうる」のみである（武力攻撃には相当しえない）と述べている[80]。したがって同判決は「実質的関与」は援助より積極的な関与を意味するのであり「派遣」に準じるものとして捉えていると解される[81]。なお、このような、私人への援助をもって「国家による武力行使」に当たるかもしれないとする判断は、友好関係宣言の間接的武

---

77 Nicaragua case, *spura* note 8, pp. 101, 108, paras. 191, 205.

78 Kimberley N. Trapp, "Can Non-State Actors Mount an Armed Attack?," in Marc Weller, Alexia Solomou and Jake William Rylatt (eds.), *The Oxford Handbook of the Use of Force in International Law* (Oxford University Press, 2015), p. 683; 浅田正彦「非国家主体と自衛権―侵略の定義に関する決議第3条（g）項を中心に―」坂元茂樹・薬師寺公夫（編）『普遍的国際社会への法の挑戦：芹田健太郎先生古稀記念』（信山社、2013年）823頁。

79 浅田正彦「同時多発テロと国際法―武力行使の法的評価を中心に―」『国際安全保障』第30巻第1・2号併号（2002年）78頁。

80 Nicaragua case, *spura note* 8, pp. 103-104, para. 195.

81 Pierluigi Lamberti Zanardi, "Indirect Military Aggression," in Antonio Cassese (ed.), *The Current Legal Regulation on the Use of Force* (Martinus Nijhoff, 1986), pp. 114-116; 浅田正彦「前掲論文」（注79）79頁；川岸伸「非国家主体と国際法上の自衛権（二）―九・一一同時多発テロ事件を契機として―」『法学論叢』第168巻第2号（2010年）34頁；近藤航「テロ支援国家に対する自衛権行使の『帰属の要件』―9.11テロ事件に関する学説の整理―」『横浜国際社会科学研究』第13巻第6号（2009年）56-57頁。

力行使禁止規定を念頭に置いたものと思われる[82]。同宣言は武力行使禁止原則との関係で、「すべての国は、他の国において内戦行為またはテロ行為を組織し、教唆し、援助を与えもしくはそれらに参加すること、またはかかる行為の実行に向けられた自国領域内における組織的活動を黙認することを、上記の諸行為が武力による威嚇または武力の行使を伴う場合には慎む義務を有する」と定めている。

　第2に、ICJはコンゴ・ウガンダ事件判決でも、ニカラグア事件判決を踏襲した判断を下している。本事件は、コンゴ領域内の政府の影響力又は権威がほぼ完全に欠如している地域からのウガンダ叛徒による越境攻撃を受けたウガンダが、自衛権を行使することの可否が問題となった。ICJは、コンゴの軍隊による攻撃は「侵略の定義決議第3条の意味において、コンゴによって、またはコンゴ民主共和国のために派遣された武装集団または不正規兵から発していなかった」と述べ、ニカラグア事件判決の帰属基準に照らせば、この程度ではウガンダ叛徒による越境攻撃はコンゴ（管理不能に陥っている領域国）に帰属しないとして、ウガンダによる自衛権の主張を却下した[83]。ニカラグア事件判決で示した基本的姿勢（自衛権の文脈における非国家主体の武力行為の国家への帰属の基準として「派遣」および「実質的関与」を用いる見解）がここでも踏襲されていることが読み取れる[84]。

　以上がICJの見解であるが、学説上は、①ニカラグア基準を支持する立場、②ニカラグア基準を真っ向から否定する立場（以下、ニカラグア基準否定説）、③ニカラグア基準の変更を主張する立場（以下、ニカラグア基準変更説）に分かれる。①は多数説であり、これに対して有力な反対意見を唱えるのが②および③である。②および③は、ニカラグア事件判決では「国家による武力行使」または「干渉」にすぎないとされた、「組織、教唆、援助、参加、黙認」という緩やかな関与であっても、「国家（A´）による武力攻撃」の存在が認められるとする。両説は、9.11事件後は緩やかな関与による帰属が認められているとする点で共通だが、9.11事件以前の認識が異なる。すなわち、②は9.11事件以前から緩やかな関与による帰属は既に認められていたのであり、ニカラグア事件判決の示した厳格な基準は誤りであるとするが、③は9.11事件以前には緩やかな関与により帰属を認めることは否定されていたが、9.11事件を契機としてニカラグア事件判決にいう

82　浅田正彦「前掲論文」（注78）824頁。

83　*Armed Activities on the Territory of the Congo（Democratic Republic of Congo v Uganda）, Judgement, I. C. J. Reports 2005,* p. 223, para. 146.

84　浅田正彦「前掲論文」（注78）826頁；川岸伸「前掲論文」（注81）35頁。

「実質的関与」の解釈が変更したとする。ここでは、②と③についてそれぞれの論者の見解を順に紹介する。

②のニカラグア基準否定説は、ニカラグア事件判決でのSchwebel判事の反対意見に同意し、同判決は「実質的関与」の判断を誤っているとする。Schwebel判事は、侵略の定義決議の起草過程を踏まえて、同判決が採用した厳格な帰属基準を否定する[85]。同決議は、国連総会の「侵略の定義に関する特別委員会」で、ソ連提案、西側6か国（オーストラリア、カナダ、イタリア、日本、イギリス、アメリカ）提案、非同盟13か国提案の3つの案を基礎に討議が続けられ、1974年にコンセンサス採択された[86]。ソ連が武装集団の「派遣」を侵略に含めることを提案する一方、西側6か国は武装集団の「組織、支援、指揮」も侵略に含めると提案していた。また、非同盟13か国は他国の「支援、組織」した武装集団の破壊行為・テロ行為を受けた場合は、当該他国に対して自衛権を行使できないと提案していた。そこで妥協の結果として、西側6か国の意見を踏まえた曖昧な「実質的関与」という文言が「派遣」に付け加えられた。そこでSchwebel判事は、最終的に採用されたのは西側6か国提案であり、同決議は武装集団の「派遣」のみならず、より緩やかな関与形態を含意する「実質的関与」も侵略行為になりうることを意味していると解する[87]。そして本件では、ニカラグアがエルサルバドルに武装集団を派遣したのではないにしても、ニカラグアはエルサルバドルの叛徒に武器弾薬の供与、訓練の提供、避難所の提供等の支援を通して、その派遣に実質的に関与しており、ゆえにニカラグアによる武力攻撃と解されると述べた[88]。ニカラグア基準否定説を主張する論者はこのようなSchwebel判事の意見と同様、侵略の定義決議第3条（g）項の起草過程で各国の意見が分断していたことに着目し、友好関係宣言の関連規定にいう「組織、教唆、援助、参加、黙認」といった関与の形態であっても、「実質的関与」に含まれると解する。つまり、9.11事件

---

85 同判決にはJennings判事も反対意見を付しており、武器の供与それ自体では確かに武力攻撃に当たらないものの、「他の種類の関与と結び付けられたならば、武器の供与は武力攻撃に相当すると考えられる非常に重要な要素になる」と述べていた。*Nicaragua case*, Dissenting Opinion of Judge Sir Robert Jennings, *I. C. J. Report 1986*, pp. 543-544.

86 森本清二郎「間接武力行使・侵略に対する自衛権行使の許容性（一）—友好関係原則宣言及び侵略の定義決議を手がかりにして」『早稲田政治公法研究』第78号（2005年）247-256頁。

87 *Nicaragua case*, Dissenting Opinion of Judge Schwebel, *I. C. J. Reports 1986*, pp. 341-344, paras. 162-163, 165-166.

88 *Ibid.*, p. 346, paras. 170-171.

以前においても緩やかな関与により帰属を認めることは否定されてはおらず、ニカラグア事件判決で示された厳格な帰属の基準は当時の国際社会の総意を忠実に反映していないと主張する[89]。

　③のニカラグア基準変更説は、9.11事件を契機として侵略の定義決議第3条（g）項における「実質的関与」の解釈が変更したとする説である。この見解によれば、9.11事件におけるアメリカ（B'）や英国等（C'）によるアフガニスタン（A'）への個別的・集団的自衛権行使が国際社会でも支持されていたこと、現代のテロリズムは正規軍の武力行使にも相当する重大性を有しており、緩やかな関与でも「派遣」に劣らないほどの危険性があることから、今や友好関係宣言の関連規定が定める程度の関与でも帰属するに至ったとする[90]。例えば、宮内は、9.11事件において北太平洋条約機構（North Atlantic Treaty Organization：以下、NATO）およびOASが集団的自衛権の行使を認めたこと、安保理が決議1368および決議1373の前文において個別的・集団的自衛権の行使を承認（recognize）していること、タリバンへの空爆開始後の安保理議長のプレス・ステートメントでは「常任理事国は10月7日に開始された軍事行動が自衛のために行われ、テロリストと彼らを滞在させている者に向けられていることを明らかにした」と発言したことから、「テロ集団の『派遣またはその実質的関与』に至らずとも、テロ行為の『黙認』も、生じた結果次第では『武力攻撃』に該当する場合があるという先例になるのかもしれない」とする[91]。さらに、このニカラグア基準変更説の中で特に帰属基準を緩く解釈しているのが、いわゆる「意思または能力の欠如（unwilling or unable）」テストによって帰属を認める見解である。例えばKowalski

---

89　森本清二郎「間接武力行使・侵略に対する自衛権行使の許容性（二）―友好関係原則宣言及び侵略の定義決議を手がかりにして」『早稲田政治公法研究』第81号（2006年）234頁。

90　ニカラグア基準変更説の主唱者として、宮内靖彦「新たな脅威をとらえる枠組みは？」『法律時報』第73巻第13号（2001年）1‐3頁；Carsten Stahn, "Terrorist Acts as 'Armed Attack': The Right to Self-Defence, Article 51 (1/2) of the UN Charter, and International Terrorism," *The Fletcher Forum of World Affairs*, Vol. 27, Vol. 2 (2003), pp. 50-51; Andre Nollkaemper, "Attribution of Forcible Acts to States: Connections Between the Law on the Use of Force and the Law of State Responsibility," in Niels Blokker and Nico Schrijver (eds.), *The Security Council and the Use of Force. A Need for Change?* (Martinus Nijhoff, 2005), pp. 133-171; Georg Nolte and Albrecht Randelzhofer, "Article 51," in Bruno Simma et al. (eds.), *The Charter of the United Nations: A Commentary*, Vol. I (Oxford University Press, 3rd ed., 2012), pp. 1415-1416, para. 34.

91　宮内、同上、3頁。

によれば、武力行使禁止原則は、国家が他国に対して軍事的な行動をとらないという消極的な義務のみならず、非国家主体が自国領域を用いて軍事活動を行うことを阻止するという積極的な義務をも負っている。したがって非国家主体の軍事活動を防ぐ意思または能力を欠く（unwilling or unable）国家（A'）はその積極的義務を果たしていないのであるから、非国家主体の武力行為は当該領域国（A'）に帰属することになる[92]。なお本テストについては、非国家主体による武力行為の国家への帰属を認める基準としてではなく、非国家主体に対する自衛権行使の必要性要件として論じるものもある[93]。後者については続く本章第3節で取り上げるとして、ここでは帰属基準として「意思または能力の欠如（unwilling or unable）」テストを捉える。

　以上のように、ICJおよび学説の多数派の見解によれば、侵略の定義決議第3条（g）項を自衛の文脈における帰属の基準とし「派遣」や「実質的関与」の場合に「国家による武力攻撃」が認められるとし、「組織、教唆、援助、参加、黙認」といったより緩やかな帰属基準を定める友好関係宣言の関連規定は「国家による武力行使」を判断する基準であるとする。これに対して異議を唱える見解は、侵略の定義決議第3条（g）項と友好関係宣言の関連規定が示す帰属の基準を同列に扱い、侵略の定義決議第3条（g）項により帰属が認められる場合はもちろん、友好関係宣言の関連規定により帰属が認められる場合や領域国が「意思また

92　Michał Kowalski, "Armed Attack, Non-State Actors and a Quest for the Attribution Standard," *Polish Yearbook of International Law*, Vol. XXX（2010）, pp. 126-128. 他に、領域国の「意思または能力の欠如」により帰属を認める見解として、以下を参照。Barry A. Feinstein, "A Paradigm for the Analysis of the Legality of the Use of Armed Force Against Terrorists and States that Aid and Abet Them," *The Transnational Lawyer*, Vol. 17（2004）, pp. 67-73.

93　Olivia Flaschは、「武力行使に関する既存の法的枠組みの中に「意思または能力の欠如（unwilling or unable）」テストを位置づけるため、研究者は一般に2つの角度からこのテストを捉えてきた」として、非国家主体に対する自衛の文脈で必要性を立証する方法として捉えるものと、非国家主体による行為の国家への帰属を立証するために必要な国家の関与の程度として捉えるものに分類している。Olivia Flasch, "The Legality of the Air Strikes Against ISIL in Syria: New Insights on the Extraterritorial Use of Force Against Non-State Actors," *Journal on the Use of Force and International Law*, Vol. 3, Issue. 1（2016）, pp. 54-55. 邦語論文では、田中佐代子が本テストの位置付けにつき先行研究の議論を整理したものがある。田中佐代子「非国家行為体に対する越境軍事行動の法的正当化をめぐる一考察：『領域国の意思・能力の欠如』理論（'unwilling or unable' doctrine）の位置づけ」『法学志林』第116巻第2・3号併号（2019年）271-341頁。

254 | 第5章　自衛権の議論における同意に基づく武力行使の位置付け

は能力を欠く（unwilling or unable）」場合でも、「国家による武力攻撃」の存在が認められると主張する。

Ⅱ．実行の分析

　ここでは、非国家主体の（武力攻撃に相当する）武力行為が帰属するとされた国家（A′）に対して自衛権が行使された国家実行を分析し、いずれの見解が国家実行と整合的であるかを検討する。とりわけ、自衛の文脈でも「黙認」や「意思の欠如（unwilling）」程度で帰属が認められるのであれば、他国（B′）による自国領域での武力行使に同意することを拒否した領域国（A′）に、武力攻撃が帰属する可能性がでてくることになるから、同意に基づく武力行使との関係が問題となる。加えて、自衛権の文脈での帰属基準には人間的視座はなんらかの作用を及ぼすのかを探るため、領域国（A′）政府による実効的保護の有無とそれに対する他国からの言及も分析する。

　【表8】は、これから行う各事例の分析を一覧としたものであるが、先に示し

【表8】第5章第2節での国家実行の分析一覧

	当事国	A′による関与の程度	A′による実効的保護（と他国からの言及）	B′・C′の自衛権行使の国際社会からの評価
Ⅱ-1	A′：イラク B′：米国	不明	なし （言及なし）	一部により支持 一部により非難
Ⅱ-2	A′：スーダン・アフガニスタン B′：米国	援助・意思の欠如	なし （言及なし）	一部により支持 一部により非難
Ⅱ-3	A′：アフガニスタン B′：米国 C′：英国等	援助	なし （言及なし）	支持
Ⅱ-4	A′：シリア B′：イスラエル	援助	なし （言及なし）	非難
Ⅱ-5	A′：レバノン B′：イスラエル	意思の欠如	あり （言及なし）	非難
Ⅱ-6	A′：エクアドル B′：コロンビア	意思の欠如	あり （言及なし）	非難

ておくこととする。当事国はそれぞれA'・B'・C'のどれに当たるか、A'が非国家主体へどのような関与をしているとして帰属が主張されたか、A'は自国領域において実効的保護をしているか、帰属を判断する際にA'による実効的保護状況について他国から言及はあるか、国際社会は個別的・集団的自衛権の適法性をいかに評価したか、についてまとめたものである。

Ⅱ-1. 1993年の米国によるイラクでの武力行使

1993年6月26日、米国はイラクにミサイル攻撃を開始した。米国は同日付けの安保理へ宛てた書簡において、憲章第51条に従い自衛権を行使した旨を報告した[94]。同書簡によれば、この自衛権行使は、Bush米大統領が1993年4月にクウェートを訪れた際、イラク政府が同大統領の暗殺計画を実行したことと、米国民に向けられている継続する脅威に対応するものであった[95]。同書簡は続けて以下のように述べている。

> イラク政府は、米国前大統領が大統領在任中に行った行動を理由に暗殺しようとした試みの失敗について直接的な責任を負っている。米国は、殺人未遂におけるイラク政府の行動に関する明確かつ説得力のある証拠に基づき、この結論に達している。国際法や安全保障理事会決議の無視を含むイラク政府の行動パターンに基づき、米国は、新たな外交的イニシアティヴや経済的措置がイラク政府に将来の対米攻撃計画を中止させる合理的見込みはないと結論づけた。従って、最後の手段として、米国は、このような攻撃に関与しているイラクの軍事・情報機関の標的を攻撃することにより、攻撃未遂とさらなる攻撃の脅威に対応することが必要であると判断したのである[96]。(強調筆者)

このように米国は、米大統領の暗殺計画というテロ行為にイラク政府が「関与」していたことを主張した。これが「派遣あるいは実質的関与」にあたるのか、友好関係宣言でいう「組織、教唆、援助、参加、黙認」のいずれかにあたるのかは不明確である。なお当時のイラク政府は、反政府勢力の大量処刑、拷問、強制失

94　U. N. Doc. S/26003.
95　*Ibid.*
96　*Ibid.*

踪をはじめ、自国領域で主体的に一定の人間的利益を侵害していたことが報告されている[97]が、米国はそれらに触れていない。

これに対してイラク政府は、アメリカの行動に対して直ちに非難を表明した。1993年6月27日、イラク外務大臣は安保理に宛てた書簡で、米国の行動はまったく不当な侵略行為であり、女性や子どもを含むイラクの民間人に多数の死傷者をもたらしたと非難した[98]。安保理は決議を採択していなかったが、空爆の翌日に開かれた第3245回会合では、各国は全般的にアメリカの武力行使に好意的な態度を示した[99]。国連の外では、英国、ドイツ、オーストラリアなどの欧米諸国は米国を支持していた。たとえば英国外務大臣は以下のように述べた。

> 米国は憲章第51条の要請に従い、この作戦を直ちに安全保障理事会に報告し、イラクがこの計画に関与した証拠と、イラクのテロが米国にもたらす脅威について説明した。この作戦は自衛権の正当かつ適切な行使であり、イラクに対して国家テロは許されないという必要な警告であった[100]。

対してイスラム諸国やアラブ諸国の多くは米国の自衛権行使に否定的な反応を示した[101]。ただしそれらは、米国の自衛権行使がいかなる理由で認められないのか、たとえば先制的自衛の要素があることに関してか、イラク政府のテロ行為への関与の立証に関してかが不明であった。

Ⅱ-2. 1998年の米国によるスーダンおよびアフガニスタンでの武力行使

1998年8月7日、ケニアおよびタンザニアにある米国大使館で爆破事件が発生し、米国人12人を含む250人以上が死亡、5400人以上が負傷した。これを受けて米国は、同月20日に、当該事件の首謀者と思われる bin Laden が使用している施

97　U. S. Department of State, "Country Report on Human Rights Practices 1993 – Iraq" (30 January 1994), at https://www.refworld.org/docid/3ae6aa5010.html (as of 30 June 2024).

98　U. N. Doc. S/26004, p. 2.

99　U. N. Doc. S/PV. 3245.

100　U. K. Parliament, Hansard, Vol. 227 (28 June 1993), at https://hansard.parliament.uk/Commons/1993-06-28/debates/09cef673-2861-49ff-ab93-88136dcacc23/Iraq (as of 30 June 2024).

101　詳細は以下を参照。Dino Kritsiotis, "The Legality of the 1993 US Missile Strike on Iraq and the Right of Self-Defence in International Law," *The International and Comparative Law Quarterly*, Vol. 45, No. 1 (1996), pp. 164-165.

設として、アフガニスタンに所在する訓練基地と、スーダンに所在する化学兵器工場と思われる製薬工場にミサイル攻撃を行った。米国は同日付けの安保理へ宛てた書簡において、以下のように述べた。

これらのテロ攻撃に対応し、その継続を防止・抑止するため、米軍は本日、bin Laden 組織が米国および他国に対するテロ行為を支援するために使用しているキャンプおよび施設を相次いで空爆した。特に、スーダンの化学兵器製造施設とアフガニスタンのテロリスト訓練・基地施設を空爆した。これらの攻撃は、スーダン政府とアフガニスタンのタリバン政権に対して、これらのテロ活動を停止し、bin Laden 組織との協力を停止するよう繰り返し説得した後にようやく実行されたものである。その際、米国は国際連合憲章第51条で確認された自衛権に従って行動している[102]。

ここでは、米国が自衛権行使前に、スーダンとアフガニスタンにテロ集団との協力を停止するよう説得したことが主張されており、非国家主体の所在国が当該非国家主体の活動を防止する意思がないことから、所在国に対する自衛権を行使したという論法であることが読み取れる。なお当時、スーダン政府もアフガニスタン政府も自国領域で一定の人間的利益を主体的に侵害していたと思われ、米国務省は各政府による人権法・人道法の重大な違反を報告しているが[103]、米国は武力行使時にはそれらに触れていない。

　米国による自国への攻撃に対してスーダンは、米国の行為は「邪悪な侵略行為」であるとして非難した[104]。スーダンは安保理会合の開催も要請した[105]が、安保理はこれを取り上げなかった。スーダンへの攻撃に対しては他にも、アラブ連盟理事会が、米国の行為は侵略行為であって国連憲章の著しい違反である旨の決議を採択した[106]。また非同盟諸国首脳会議の最終文書も、米国の行為は「国際法

102　U. N. Doc. S/1998/780, p. 1.

103　U. S. Department of State, "Sudan Country Report on Human Rights Practices for 1998" (26 February 1999), at https://1997-2001.state.gov/global/human_rights/1998_hrp_report/sudan.html (as of 30 June 2024); U. S. Department of State, "Afghanistan Country Report on Human Rights Practices for 1998" (26 February 1999), at https://1997-2001.state.gov/global/human_rights/1998_hrp_report/afghanis.html (as of 30 June 2024).

104　U. N. Doc. S/1998/790.

105　*Ibid.*

106　U. N. Doc. S/1998/800.

の諸原則と国際連合憲章の重大な違反」であるとして「当該侵略行為を非難」した[107]。アフガニスタンも自国への米国による攻撃に対して抗議し、これにはロシア、イラン、イラク、リビア、パキスタンが同調した[108]。一方で、イギリス、ドイツ、フランス、スペイン、オーストラリア、日本など西側諸国は米国の自衛権行使を支持する発言あるいは理解を示す発言をしていたが、法的には曖昧な態度であった[109]。

Ⅱ‐3．2001年の米国等によるアフガニスタンでの武力行使

2001年9月11日、民間航空機がテロリストによってハイジャックされ、米国の世界貿易センタービルと国防省ビルに衝突し、3000人もが死亡した（9.11事件）。これに対し米国は10月7日にアフガニスタンにおいて軍事活動を開始した。これには英国等が参加した[110]。米国は安保理に宛てた書簡において、米国は他の諸国とともに憲章51条にしたがって個別的・集団的自衛権を行使したと報告した[111]。同書簡では、続けて以下のような主張がなされている。

> 9月11日以降、わが国は、アフガニスタンのタリバン政権が支援するアルカイダ組織がこの攻撃に中心的な役割を果たしたという明確かつ説得力のある情報を入手している。（中略）2001年9月11日の攻撃と、アルカイダ組織が米国とその国民に与え続けている脅威は、タリバン政権がアフガニスタンの支配地域をこの組織が活動拠点として使用することを許可するという決定によって可能になったものである。米国や国際社会のあらゆる努力にも拘らず、タリバン政権はその方針を変えようとはしない。アルカイダ組織はアフガニスタン領土から、世界中の罪のない人々を攻撃し、米国内外の米国人および権益を狙うテロの代理人を訓練し支援し続けている[112]。（括弧内筆者）

107　U. N. Doc. S/1998/879.

108　Sean D. Murphy, "Contemporary Practice of the United States Relating to International Law," *American Journal of International Law*, Vol. 93 (1999), p. 164.

109　*Ibid.*, p. 165.

110　Patrick E. Tyler, "A Nation Callenged: The Attack; U. S. and Britain Strike Afghanistan, Aiming at Bases and Terrorist Camps; Bush Warns 'Taliban Will Pay a Price'," *New York Times* (8 October 2001), at https://www.nytimes.com/2001/10/08/world/nation-challenged-attack-us-britain-strike-afghanistan-aiming-bases-terrorist.html (as of 30 June 2024).

111　U. N. Doc. S/2001/946.

第2節　非国家主体の武力行為の国家への帰属をめぐる議論との関係 | 259

ここでは、米国は、アフガニスタンのタリバン政権がアルカイダを支援したこと、およびアルカイダによるアフガニスタンの領土の使用を許可したことを指摘している。さらに、同書簡より前の米国国内の公式文書をみても、アルカイダによる武力行為のアフガニスタンへの帰属、そしてアフガニスタンへの自衛権行使という論法をとっているように思われる。例えば、9.11事件当時、Bush 大統領は、「我々はこれらの行為を実行したテロリストと彼らを匿うものとを区別しない」と発言していた[113]。さらに9月18日の上下両院合同決議は、9.11事件を計画・許可・実行・支援した国家、組織および個人に対して、必要かつ適切な武力を行使するよう大統領に授権していた[114]。なお当時、アフガニスタン政府は自国領域で一定の人間的利益を主体的に侵害していなかったかは極めて疑わしいが[115]、米国はそれらに触れていない。

　安保理は9.11事件の翌日12日に同事件を非難する決議を採択しており、その前文では「憲章に従った個別的または集団的自衛の固有の権利を承認し」と述べていた[116]。また同月18日に採択した決議でも、前文において「憲章によって承認された個別的または集団的自衛の固有の権利を確認」している[117]。ただし安保理は米国の自衛権行使に明示的に承認を与えているわけではなく、またアルカイダの行為がアフガニスタンに帰属するのでアフガニスタンに対する自衛権行使が認められるのか、あるいはアルカイダに対する自衛権行使が認められるのか、どちらの可能性を示唆しているのかも明らかでない[118]。

　国際社会からは、米国の自衛権行使を非難する声はほとんどなかった。米国と同盟関係にある諸国は、それぞれの共同防衛条項の適用を認める判断をしている。

112　*Ibid.*

113　The White House, "Statement the by President in his Adress to the Nation" (11 September 2001), at https://georgewbush-whitehouse.archives.gov/news/releases/2001/09/20010911-16.html (as of 30 June 2024).

114　"Authorization for the Use of Force" (18 September 2011), Public Law 107-40 [S. J. Res. 23], 107th Cogress, at https://www.govinfo.gov/content/pkg/PLAW-107publ40/html/PLAW-107publ40.htm (as of 30 June 2024).

115　U. S. Department of State, "Country Report on Human Rights Practices 2001 - Afghanistan" (4 March 2002), at https://www.refworld.org/docid/3c84d9a14.html (as of 30 June 2024).

116　U. N. Doc. S/RES/1368.

117　U. N. Doc. S/RES/1373.

118　以下の論文における安保理決議への評価を参照。川岸伸「前掲論文」（注81）26-27頁。

またNATO事務総長は、「アルカイダはOsama bin Ladenとその側近によって先導され、タリバンによって保護された」とし、「9月11日の米国への攻撃は国外から向けられたものであり、従って、ワシントン条約第5条が対象とする行動として見做さなければならない」と述べた[119]。OASも、個別的・集団的自衛権を想起しつつ、「テロ組織を援助し、幇助し、または匿うものは当該テロリストの行為について責任を有する」としていた[120]。EU特別欧州理事会も、米国による反撃は正当なものであるとし、「行動は、テロリストを幇助し、支援し、または匿う諸国を標的としなければならず、そのような諸国に向けられうる」と述べた[121]。

II-4. 2003年のイスラエルによるシリアでの武力行使

2003年10月4日、イスラエルのあるレストランで自爆テロが発生し、イスラエル人19人が死亡し、60人以上が負傷した。これを受けてイスラエルは翌日、シリアのダマスカスにあるテロ組織の基地に空爆を開始した（ダマスカス事件）。イスラエルは安保理での討議において自身の行動を以下のように正当化した。

> シリアが悪名高いさまざまなテロ組織を奨励し、安全な避難場所、訓練施設、資金、後方支援を提供していることは、公然と知られた問題である。（中略）イスラエルが恐ろしい自爆テロを受けて、シリアのテロリスト訓練施設に対して行った慎重な防衛的対応は、憲章第51条に従った明白な自衛行為である。これらの行動は、イスラエルが何百人もの罪のない人々の命を奪った無数のテロ行為にも拘らず、多大な自制心を行使してきたのちに、行われたものである[122]。（括弧内筆者）

この安保理での討議において各国は、イスラエルに対し非難を表明した。アラ

---

119 "Statement by NATO Secretary General, Lord Robertson" (2 October 2001), at https://www.nato.int/docu/speech/2001/s011002a.htm (as of 30 June 2024).

120 OEA/Ser. G CP/RES. 796 (1293/01) (19 September 2001), at https://www.oas.org/consejo/resolutions/res796.asp (as of 30 June 2024).

121 "Conclusion and Plan of Action of the Extraordinary European Council meeting," SN 140/01 (21 September 2001), at https://www.consilium.europa.eu/media/20972/140en.pdf (as of 30 June 2024).

122 U. N. Doc. S/PV/4836, pp. 5-7.

ブ諸国[123]、中国[124]、スペイン[125]、ドイツ[126]、フランス[127]などが、イスラエルの行為は国際法ないし国連憲章の違反であると述べた。英国およびロシアは、違法であると明言することはなかったが、英国は「イスラエルの行為は受け入れることができない」と述べ[128]、ロシアは「中東における増大する対立を導くものである」と述べた[129]。また米国はイスラエルの行動への評価については特に言及せずに、「我々はシリアがテロ集団を匿うことを止める必要性を確信してきた」と述べた[130]。なお当時、シリア政府は自国領域で拷問、恣意的逮捕を行うなど、一定の人間的利益を主体的に侵害していたと思われるが[131]、イスラエルはそれらに触れていない。

Ⅱ-5. 2006年のイスラエルによるレバノンでの武力行使

2006年7月12日、ヒズボラがレバノン領域内からイスラエルに向けてロケットを発射し、その後にイスラエルに侵入し、イスラエル兵8人を殺害し2人を誘拐しレバノンに連れ去った。これに対しイスラエルは同日、レバノンにおいて空爆を開始した。イスラエルは国連事務総長と安保理議長に宛てた書簡において、以下のように述べて正当化の主張を行った。

この敵対的な戦争行為に対する責任は、これらの行為をその領土からイスラエルに向けて行ったレバノン政府にある。（中略）レバノン政府の不適当な言動と怠惰により、同国は長年にわたり自国の領域に対する管轄権を行使し

---

123 *Ibid.*, p. 3 (Syria); *ibid.*, p. 8 (Pakistan); *ibid.*, p. 14 (Leagues of Arab States); *ibid.*, p. 16 (Lebanon); *ibid.*, p. 17 (Morocco); *ibid.*, p. 18 (Jordan); *ibid.*, p. 20 (Kuwait); *ibid.*, p. 20 (Saudi Arabia); *ibid.*, p. 21 (Iran); *ibid.*, p. 24 (Yemen).

124 *Ibid.*, p. 9.

125 *Ibid.*

126 *Ibid.*, p. 10.

127 *Ibid.*

128 *Ibid.*, p. 9.

129 *Ibid.*, p. 14.

130 *Ibid.*

131 Human Right Watch, "World Report 2003: Syrian," at https://www.hrw.org/legacy/wr2k3/mideast7.html (as of 30 June 2024); U. S. Department of State, "Country Report on Human Rights Practices 2003 - Syria" (25 February 2004), at https://www.refworld.org/reference/annualreport/usdos/2004/en/35052 (as of 30 June 2024).

ていない状況に陥っている。安全保障理事会は、その討議と決議において、この状況を何度も取り上げてきた。また、イスラエルがこの危険かつ潜在的に不安定な状況について、国際社会に繰り返し警告してきたことも忘れてはならない。（中略）したがって、イスラエルは、国際連合加盟国に対して武力攻撃が行われた場合には、国際連合憲章第51条に従って行動し、自衛権を行使する権利を有する[132]。(括弧内筆者)

　この安保理での討議において各国の立場は2つに分かれていた。西側諸国[133]やEU[134]は主に、イスラエルに自制を求めつつも、イスラエルの自衛権を承認していた。ただし、いかなる論理でイスラエルの自衛権行使が認められるのか、ヒズボラの行為がレバノンに帰属するのか、あるいはヒズボラに対する自衛権行使なのかを明言したものはなかった。対してアラブ諸国[135]は主に、イスラエルの行為は侵略行為であり国際法ないし国連憲章に違反するとした。なお当時のレバノンの人権状況は改善の傾向にあり、不法な生命の剥奪や拷問などの人権侵害があったものの、レバノン政府は自国領域で一定の人間的利益を主体的に侵害していたとまでは評価できないと思われる[136]。いずれにせよイスラエルはそれらに触れていない。

Ⅱ-6. 2008年のコロンビアによるエクアドルでの武力行使

　コロンビア革命軍（Fuerzas Armadas Revolucionarias de Colombia：以下、FARC）はコロンビアの反政府武装集団であり、エクアドルをコロンビアに対する攻撃の

132　U. N. Doc. A/60/937-S/2006/515.

133　U. N. Doc. S/PV. 5489, p. 12 (UK); *ibid.*, p. 15 (Denmark); *ibid.*, p. 17 (Greece); U. N. Doc. S/PV. 5493, p. 17 (USA); U. N. Doc. S/PV. 5493 (Resumption 1), p. 23 (Norway); *ibid.*, p. 27 (Australia); *ibid.*, p. 28 (Turkey).

134　U. N. Doc. S/PV. 5493 (Resumption 1), *ibid.*, p. 16.

135　U. N. Doc. S/PV. 5493, *supra* note 133, p. 14 (Qatar); U. N. Doc. S/PV. 5493 (Resumption 1), *ibid.*, p. 14 (Syria); *ibid.*, p. 27 (League of Arab States); *ibid.*, p. 30 (Iran); *ibid.*, p. 42 (UAE); *ibid.*, p. 44 (Pakistan).

136　Amnesty International, "Amnesty International Report 2005 - Lebanon" (25 May 2005), at https://www.refworld.org/docid/429b27ea14.html (as of 30 June 2024); U. S. Department of State, "Country Report on Human Rights Practices 2005 - Lebanon" (8 March 2006), at https://www.refworld.org/docid/441821a41a.html (as of 30 June 2024).

基地として利用していた。安保理は2003年の段階で、FARCのコロンビアへの攻撃をテロ行為として非難していた[137]。コロンビアは2008年3月、国境を越えてエクアドルに所在するFARCのキャンプを急襲した（「フェニックス作戦」：Operation Phoenix）[138]。これに対してエクアドルは、安保理に書簡を送り、エクアドルはコロンビアの当該作戦を許可しておらず、コロンビアの行為は国家の主権と領土保全の侵害であると非難した[139]。コロンビアはエクアドルに対し、国境地帯で行われた行動について謝罪するも[140]、同時に「エクアドルの主権を侵害したのではなく、自衛の原則に従って行動した」旨を述べて正当化を図った[141]。またコロンビアは、FARCが「コロンビア国内で殺人を犯し、近隣諸国の領土に侵入して避難する習慣がある」と述べるなど、エクアドルが国境を守るための適切な行動をとっていないことに対する懸念を表明した[142]。コロンビアは必ずしも「黙認」や「意思の欠如（unwilling）」といった文言は使用しておらず自衛権行使の根拠の詳細を明らかにしていないが、本件の状況は「黙認」や「意思の欠如（unwilling）」に当てはまるだろう。しかしコロンビアから安保理への自衛権行使の報告はなかった。

　コロンビアへは、中南米の諸国からの批判が向けられた。例えばブラジルは、「ブラジルはいかなる領域侵害も非難する」とし、コロンビアは「明確な」謝罪を行うべきであると述べた[143]。ベネズエラ[144]、チリ[145]、ペルー[146]も同様にコロン

137　UN. Doc. S/RES/1465.

138　OAS, "Report of the OAS Commission that Visited Ecuador and Colombia," Meeting of Consultation of Ministers of Foreign Affairs, Doc. RC. 25/doc. 7/08 (16 March 2008), p. 6.

139　UN. Doc. S/2008/146.

140　Government of Colombia, "Reply of the Ministry of External Affairs to Government of Ecuador" (2 March 2008), at https://www.cancilleria.gov.co/newsroom/publiques/reply-ministry-external-affairs-government-ecuador (as of 30 June 2024).

141　Ministry of Foreign Affairs of Colombia, "Comunicado No. 081" (2 March 2008), at http://historico.presidencia.gov.co/comunicados/2008/marzo/81.html (as of 30 June 2024), cited in Mónica Pinto and Marcos Kotlik, "'Operation Phoenix', the Colombian Raid Against the FARC in Ecuador – 2008," in Tom Ruys, Olivier Corten and Alexandra Hofer (eds), *supra* note 38, p. 704, n. 21.

142　Ministry of Defence of Colombia, "Comunicado No. 083" (3 March 2008), at http://historico.presidencia.gov.co/comunicados/2008/marzo/83.html (as of 30 June 2024), cited in Tom Ruys, *'Armed Attack' and Article of 51 UN Charter: Evolutions in Customary Law and Practice* (Cambridge University Press, 2010), p. 462.

143　Raymond Collit, "Brazil Condemns Colombia's Ecuador Raid," *Reuters* (3 March 2008), at https://www.reuters.com/article/idUSN03395934/ (as of 10 may 2024).

ビアの行為を主権および領土保全の侵害であるとして非難した。またOASの常設理事会はこの事件を審議し、コロンビアがエクアドルの明確な同意なしに行った同作戦は、「エクアドルの主権と領土保全および国際法の原則に対する違反」であると非難する決議を採択した[147]。同決議は、FARCがエクアドルの明確な同意なしに「秘密裏に野営していた」とするのみで、エクアドルがこれに実効的に対処しなかったことを指摘したり、エクアドルにFARCの武力行為が帰属することを論じたりすることはなく、ましてや自衛権に関する記述もなかった。米国は地域の中で唯一、「テロとの戦いに対するコロンビアの努力を強く支持する」とした[148]。米国はこれまで分析した実行からもわかるように、帰属要件を非常に緩やかに解釈しており、コロンビアを支持するのは米国の立場としては一貫している。対して中南米諸国およびOASは、領域国が非国家主体の行為を取り締まらずに匿っているといった基準、すなわち「黙認」や「意思の欠如（unwilling）」によって帰属を認定し自衛権行使を認めることには否定的であると解される[149]。

なお当時のエクアドルの人権状況は概ね良好であり、政府は国民の人権保護に努めていたと一般的に評価されている[150]。治安部隊による恣意的・超法規的な殺人、恣意的な逮捕・拘留、刑務所内の環境の劣悪さ等は指摘されているものの、エクアドル政府は自国領域で一定の人間的利益を主体的に侵害していたとはいえない。またコロンビアはそれらに触れていない。

144　"Colombia Raid 'Must Be Condemned'," *BBC News*（6 March 2008）, at http://news.bbc.co.uk/1/hi/world/americas/7280590.stm（as of 30 June 2024）.

145　"Bachelet: Colombia le debe una explicación a Ecuador y a toda la region," *Emol*（3 March 2008）, at https://www.emol.com/noticias/nacional/2008/03/03/294795/bachelet-colombia-le-debe-una-explicacion-a-ecuador-y-a-toda-la-region.html（as of 30 June 2024）, cited in Mónica Pinto and Marcos Kotlik, *supra* note 141, p. 705.

146　"Alan García pide a Uribe que se disculpe ante pueblo y Gobierno de Ecuador," *El Tiempo*（4 March 2008）, at https://www.eltiempo.com/archivo/documento/CMS-3985182（as of 30 June 2024）, cited in Mónica Pinto and Marcos Kotlik, *supra* note 141, p. 705.

147　OAS, "Convocation of the meeting of consultation of ministers of foreign affairs and appointment of a commission," Resolution of the OAS Permanent Council（5 March 2008）, Doc. OEA/Ser. G, CP. RES. 930（1632/08）, p. 11.

148　US State Department, "Daily Press Briefings by T. Casey, Deputy Spokesman"（5 March 2008）, at https://www.c-span.org/video/?204309-1/state-department-daily-briefing（as of 30 June 2024）.

149　浅田も同様の評価をしている。浅田正彦「前掲論文」（注78）853頁。

Ⅲ．実行に照らした考察

　国家実行に照らせば、以下の2点が読み取れる。

　第1に、自衛権の文脈において、非国家主体の武力行為の国家（A′）への帰属は、ニカラグア基準である「派遣」や「実質的関与」よりも緩やかな基準で認められる可能性がある。本節で分析した国家実行のうち、少なくとも1998年の米国によるスーダンおよびアフガニスタンでの武力行使（Ⅱ-2.）と2001年の米国によるアフガニスタンでの武力行使（Ⅱ-3.）は、いずれもそのような傾向を示す実行として挙げられよう。しかしながら、それらが「組織、教唆、援助、参加、黙認」あるいは「意思または能力の欠如（unwilling or unable）」のどの程度の帰属基準を支持するものかは必ずしも明らかでない。1993年の米国によるイラクでの武力行使（Ⅱ-1.）ではイラクによる「関与」が指摘されたにとどまった。一方、1998年の米国によるスーダンおよびアフガニスタンでの武力行使（Ⅱ-2.）ではスーダンとアフガニスタンによるテロ集団との「協力」と、テロ集団を防止する「意思の欠如（unwilling）」が指摘された。2001年の米国によるアフガニスタンでの武力行使（Ⅱ-3.）では、アフガニスタンがアルカイダを「支援」し、領土の使用を許可するなどして「匿った」ことが指摘された。したがって、「派遣」や「実質的関与」よりも緩やかな基準を認めるとして、領域国がなんらかのかたちで非国家主体を「援助」している必要があるのか、「黙認」や「意思の欠如（unwilling）」のみでも帰属を認めるのかは不明瞭である。また分析した事例のうち2001年の米国によるアフガニスタンでの武力行使（Ⅱ-3.）を除いては、自衛権行使に対し批判的見解を述べる国家が複数あった。さらに2003年のイスラエルによるシリアでの武力行使（Ⅱ-4.）では「援助」が、2006年のイスラエルによ

150　Amnesty International, "Amnesty International Report 2007 – Ecuador" (23 May 2007), at https://www.refworld.org/reference/annualreport/amnesty/2007/en/36534 (as of 30 June 2024); Amnesty International, "Amnesty International Report 2008 – Ecuador" (28 May 2008), at https://www.refworld.org/reference/annualreport/amnesty/2008/en/58586 (as of 30 June 2024); U. S. Department of State, "Country Report on Human Rights Practices 2007 – Ecuador" (11 March 2008), at https://www.refworld.org/reference/annualreport/usdos/2008/en/56976 (as of 30 June 2024); U. S. Department of State, "Country Report on Human Rights Practices 2008 – Ecuador" (25 February 2009), at https://2009-2017.state.gov/j/drl/rls/hrrpt/2008/wha/119158.htm (as of 30 June 2024).

るレバノンでの武力行使（Ⅱ-5.）および2008年のコロンビアによるエクアドルにおける武力行使（Ⅱ-6.）では「意思の欠如（unwilling）」が、それぞれ指摘されつつも、自衛権行使は多くの非難を受けた。よってこれらの帰属基準が国際社会の総意を獲得したとまではいえないことには注意すべきである。

　第2に、自衛権の文脈において、非国家主体の武力行為の国家（A'）への帰属を判断する際には、基本的に国家（A'）が自国領域で一定の人間的利益を主体的に侵害しているか否かは関係がない。本節で分析したすべての事例において、国家（A'）による人権法・人道法の違反は言及されなかった。とりわけ、米国（B'）が自衛権を行使した3つの事例（Ⅱ-1．Ⅱ-2．Ⅱ-3.）において、米国務省はそれぞれ（イラク、スーダン、アフガニスタン）の政府による重大な人権侵害を了知していたのにも拘らず、米国は帰属を論ずる際にそのような要素には触れなかった。帰属の問題は、当該国家（A'）が自国領域内で一定の人間的利益を主体的に侵害しているか否かではなく、帰属が議論される当該非国家主体と当該国家（A'）との関係で判断される。しかし「黙認」または「意思の欠如（unwilling）」程度でも帰属が認められるというためには、武力行使国（B'）は、帰属を認定し領域国（A'）に対する自衛権を行使する前に、当該領域国（A'）の同意を求めそれが拒否されなければならないと思われる。つまり、「黙認」または「意思の欠如（unwilling）」程度でも帰属が認められるという場合に限り、当該非国家主体の存在する領域国（A'）が自国領域で一定の人間的利益を主体的に侵害しているか否かが関係する。ゆえに領域国（A'）に、実効的保護をしている（しようとする）政府が存在する場合（言い換えれば、その領域内の人々を保護する第一義的な責任を放棄していない政府が存在する場合）は、まず当該政府の同意を求めなければならない。これが領域国（A'）によって拒否された時にはじめて、「黙認」または「意思の欠如（unwilling）」を理由として帰属が認められるかどうかを検討することになる。本節で分析した事例でいえば、2006年のイスラエルによるレバノンでの武力行使（Ⅱ-5.）において、イスラエルはレバノンの「意思の欠如（unwilling）」を主張したが、実効的保護の基準によればレバノン政府は当時同意能力を有していたと思われるので、イスラエルは自衛権を主張する前にレバノン政府の同意を求めるべきであったということになる。また2008年のコロンビアによるエクアドルにおける武力行使（Ⅱ-6.）でも、コロンビアはエクアドルが非国家主体の行為を取り締まらずに匿っていることを指摘したが、実効的保護の基準によればエクアドル政府は当時同意能力を有していたと思われるので、コロン

ビアは自衛権を主張する前にレバノン政府の同意を求めるべきであった。実際に
OASは、コロンビアがエクアドルの同意を求めることなく本作戦を実行したこ
とを批判していた。

　さて、帰属基準の緩和傾向が実行から導き出されたので、次にこの傾向が同意
に基づく武力行使といかなる関係にあるのかについて考察したい。ここで注意し
たいのが、非国家主体がどちらの国家に所在するかである。「黙認」または「意
思の欠如（unwilling）」という基準が適用されるには、武力行為を行う非国家主体
はその行為が帰属する国家（A'）に所在する必要があるが、それ以外の基準（派
遣、実質的関与、組織、教唆、援助、参加など）が適用される場合は、非国家主体は
その行為が帰属する国家（A'）に所在することもあれば、攻撃対象となる国家
（B'）に所在することもある。ここまでは、非国家主体がどちらの国家に所在す
るかを特に問題とせずに論じてきたが、帰属基準と同意に基づく武力行使との関
係を論じる際には、非国家主体がその行為が帰属する国（A'）と被攻撃国（B'）
のどちらの領域に所在するかによって場合分けをする必要がある。

　まず、非国家主体がその行為が帰属する国家（A'）に所在する場合は、帰属
が認められる基準が緩和されるほど、非国家主体所在国（A'）に対する個別的
自衛権の行使が認められる可能性が高くなり、被攻撃国（B'）は非国家主体所
在国（A'）の同意を得なくても非国家主体所在国（A'）における武力行使を正
当化することができることになる。ただし上述の通り、「黙認」または「意思の
欠如（unwilling）」で帰属を認めるには、まず非国家主体所在国（A'）に同意を
求め、それが拒否される必要がある。第３国（C'）との関係でも、帰属が認め
られる基準が緩和されるほど、第３国（C'）は被攻撃国（B'）の同意に基づく
武力行使ではなく被攻撃国（B'）の要請に基づく集団的自衛権を行使できる可
能性が高くなる。そしてその場合は、被攻撃国（B'）のみならず非国家主体所
在国（A'）でも武力行使が可能である。

　これに対して非国家主体が被攻撃国（B'）に所在する場合とは、被攻撃国
（B'）内に存在する非国家主体を他国（A'）が外部から支援するなどの関与を行
なっている場合である。これをもって非国家主体の武力行為の他国（A'）への
帰属が認められれば、他国（A'）に対する被攻撃国（B'）による個別的自衛権
の行使が可能となる。しかしこの場合は、そもそも被攻撃国（B'）が他国（A'）
の同意を得て当該他国（A'）の領域内で武力行使をしなければならない状況が
考えられない。非国家主体は被攻撃国（B'）に所在するためである。したがって、

帰属が認められる基準が緩和されることによって同意に基づく武力行使が用いられる可能性が低くなるという関係にはない。一方で第3国（C'）は帰属が認められる基準が緩和されるほど、被攻撃国（B'）の同意に基づく武力行使ではなく被攻撃国（B'）の要請に基づく集団的自衛権を行使できる可能性が高くなる。そしてその場合は、被攻撃国（B'）のみならず非国家主体の行為が帰属する国家（A'）でも武力行使が可能となる。

Ⅳ. 武力行使禁止原則の2元的理解に基づく説明

　帰属の判断においては、「黙認」または「意思の欠如（unwilling）」といった基準を用いる場合を除いては、領域国（A'）が自国領域で一定の人間的利益を主体的に侵害しているか否かは関係がないことが明らかとなった。しかし帰属基準の緩和が主張される背景には、国家主権概念の変容が論じられることに触れておきたい。第2章第3節Ⅲ.「武力行使禁止原則の2元的理解の基盤」において、武力行使禁止原則に人間的視座が導入されることの基盤の1つとして、「責任としての主権」という考え方を挙げた。国際法における伝統的な国家主権概念は変容しつつあり、国家は人間の保護を目的とした手段と考えられ相対化される。したがって主権国家は、自国領域に対する排他的権利と、人間的利益を保護する責任の両方を有し、前者の権利の存在の究極的な存在意義は後者の責任の存在にある。そしてこの「責任としての主権」概念が、非国家主体の武力行為の帰属基準の緩和の根拠として一部の論者によって言及されていることは注目されよう。そのようなものとして例えば Reinold は、「世界的なテロとの闘いは、主権には自国の領域を実効的に支配する責任があり、この義務を果たさない場合は軍事的対応が正当化されるという考え方を強めた」[151]として、それが反映されたものの1つとして自衛の文脈における帰属の基準を検討し、国家実行は曖昧でありながらも「意思または能力の欠如（unwilling or unable）」テストを使用するなど、主権に伴う責任を果たさなかった場合に軍事的責任を問われる可能性があることを示しているとする[152]。「責任としての主権」の観点から帰属基準の緩和を語ることは、本書の主張する武力行使禁止原則の2元的理解と調和的である。そこでは、国家

151　Theresa Reinold, "State Weakness, Irregular Warfare, and the Right to Self-Defense Post-9/11," *American Journal of International Law*, Vol. 105 (2011), p. 245.

152　*Ibid.*, p. 285.

は自国内の一定の人間的利益を保護する責任のみならず、自国領土が他国内の一定の人間的利益の侵害に利用されないように管理しなければならないという責任を有するということになり、国家が非国家主体になんらかの関与を行うことでその責任を果たさない場合は、当該非国家主体の武力行為が国家に帰属することとなる。

　ただし、本節で論じたように、帰属には少なくとも「黙認」または「意思の欠如（unwilling）」が必要であり、「能力の欠如（unable）」のみでは帰属は認められない。これは、第2章第3節Ⅳ．「*jus ad bellum* に関する他の議論との関連」において、本書の主張する武力行使禁止原則の2元的理解が、人道的介入ないしそれの焼き直しとも言われる「保護する責任」の考え方とは、異なる部分があるとして説明した点とつながる。自衛であれ武力という手段は、相対的高次性を有する抽象的国家利益の一方的な侵害が必然であり、そのことは抽象的国家利益の存在理由たる人間的利益の侵害を引き起こす可能性があるのである。したがって、非国家主体の領域国（A'）に対し自衛権を行使するには当該領域国になんらかの帰責事由（その抽象的国家利益が一方的に侵害されることを正当化しうる事由）が必要であり、「能力の欠如（unable）」のみではそれを満たさない。領域国（A'）には少なくとも「黙認」または「意思の欠如（unwilling）」が必要であり、かつ、「黙認」または「意思の欠如（unwilling）」により帰属が認められるには、実効的保護をしている領域国（A'）の同意が得られないことが必要である。領域国（A'）が被害国（B'）による自国（A'）領域での武力行使に同意をしないときにはじめて、「黙認」または「意思の欠如（unwilling）」で帰属が認められるか否かの問題になる。このことは、自衛権には必要性要件が課されていることとも符合しよう。なお「能力の欠如（unable）」は、次の第3節で述べるように、帰属の文脈よりも非国家主体に対する自衛権の文脈で認められやすい。

第3節　非国家主体に対する自衛権をめぐる議論との関係

　国際法は伝統的に主権国家間の関係を規律する法であり、自衛権も国家が他国による武力攻撃に対して行使するものとして理解されてきた。前節で論じた非国家主体の武力行為の国家への帰属をめぐる議論は、非国家主体が国家安全保障上の脅威として認識されるようになったとしてもなお、自衛権をそのように国家対国家的に捉えているという意味で伝統的な理解である。しかし近年のより新しい

議論としては、非国家主体に対する自衛権が認められるかという、武力攻撃の主体をめぐる論争がある。この背景には、近年、国境を超えて大規模な攻撃を国家に対して行うテロリズムが台頭してきたことがある。非国家主体に対する自衛権そのものの許容性に関しては、先行研究において既に多数の議論の蓄積があるが、仮に非国家主体に対する自衛権を許容する見解に立てば、同意に基づく武力行使と非国家主体に対する自衛権との関係が問題になる。

　ある国家（A"）に非国家主体が所在し、この非国家主体が他国（B"）に対し武力攻撃を行なっている場合を想定しよう。被攻撃国（B"）は領域国（A"）の同意を得て領域国（A"）内で当該非国家主体に対抗するために、武力行使を行うこともできるが、領域国（A"）の同意が得られなくとも、非国家主体に対する個別的自衛権を行使することができる。このとき、被攻撃国（B"）は、同意に基づく武力行使か、非国家主体に対する自衛権か、どちらに拠るかを自由に決めることができるのだろうか。また第3国（C"）は、被攻撃国（B"）の要請を得て、被攻撃国（B"）内で被攻撃国（B"）に対する軍事支援を行うこともできるが、被攻撃国（B"）の要請を得て非国家主体に対する集団的自衛権を行使することもできる。そしてこの集団的自衛権は、領域国（A"）でも行使可能であるから、被攻撃国（B"）が同意に基づく武力行使ではなく非国家主体に対する自衛権に拠ることを選択した場合、領域国（A"）は同意を与えてないのにも拘らず、被攻撃国（B"）と第3国（C"）の両方による自国での自衛権行使を受忍しなければならないことになる[153]。このように、非国家主体に対する自衛権を許容するのであれば、同意に基づく武力行使と非国家主体に対する自衛権との関係が明らかにされる必要があるが、このような論点を扱った先行研究は僅かである。

　以上を問題意識として、本節ではまず理論的側面の分析として、非国家主体に対する自衛権をめぐる学説および判例での議論と、同意に基づく武力行使と非国家主体に対する自衛権との関係を検討した先行研究をそれぞれ整理する（I.）。続いて、同意に基づく武力行使と非国家主体に対する自衛権の両方が関わる国家実行を分析する（II.）。これらの分析を踏まえ、同意に基づく武力行使と非国家主体に対する自衛権がいかなる関係にあるのかについて考察し（III.）、最後に武力行使禁止原則の2元的理解からの説明を行う（IV.）。

153　このとき第3国（C"）による集団的自衛権の行使が被攻撃国（B"）内に留まったとしても、本章第1節で結論した通り、同意に基づく武力行使と集団的自衛権は全く異なる正当化根拠であるから、両者が「重なる（または融合する）」ことはない。

第 3 節　非国家主体に対する自衛権をめぐる議論との関係

本来であれば、この問いに答えるには、まず「武力行使禁止原則の 2 元的理解の下で非国家主体に対する自衛権が許容されるのか否か」に取り組まなければならない。しかしそれは、同意に基づく武力行使を扱う本書の射程から大きく外れることになるので、最後の「武力行使禁止原則の 2 元的理解からの説明」(Ⅳ.) において若干の考察を行うにとどめたい。包括的な研究は別稿に譲ることとする。

本節で議論の対象となる 3 国および非国家主体の関係は、以下の【図 4】および【図 5】に示す。【図 4】は、非国家主体（図中では NSA と表記する）に対する

【図 4】非国家主体に対する自衛権の場合の 3 国の関係

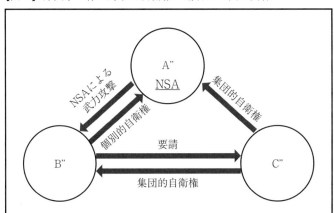

【図 5】同意に基づく武力行使の場合の 3 国の関係

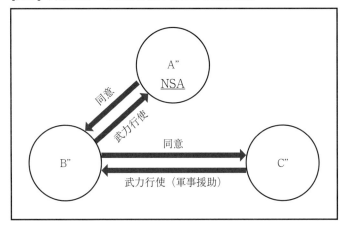

自衛権の場合であり、【図5】は同意に基づく武力行使の場合である。【図4】において、A"は武力攻撃を行う非国家主体が所在する国家である。B"は非国家主体による攻撃を受けた国家であり、非国家主体に対する個別的自衛権を行使する国家である。B"が集団的自衛権を援用する際にはB"は要請国となり、C"は第3国かつ集団的自衛権行使国として登場する。B"が非国家主体に対する自衛権を行使せず、同意に基づく武力行使に拠る場合は、【図5】のようになる。B"はA"の同意を得てA"領域内で武力行使を行い、C"の軍事援助を要請する場合はC"はB"領域内でのみ、それを行うことができる。

　なお、帰属の問題を扱った前節とは異なり、本節では非国家主体がB"に所在する場合は問題にならない。なぜなら、B"は非国家主体に対する自衛権を行使する可能性がある国家であり、自国内に存在する非国家主体に対して自衛権を行使するような状況が考えられないからである。また自国内に非国家主体が存在するにも拘らず、なんら関係のないA"の同意を得てA"領域内で武力行使をするような状況もおよそ考えられない。

Ⅰ．理論的側面の分析

　ここでは理論的側面の分析として、非国家主体に対する自衛権をめぐる学説および判例上の議論を概観した後に（Ⅰ-1.）、非国家主体に対する自衛権と同意に基づく武力行使がどのような関係にあるものとして論じられているかを分析する（Ⅰ-2.）。

Ⅰ-1．非国家主体に対する自衛権をめぐる議論の分析

　非国家主体に対する自衛権をめぐっては、自衛権行使の対象は国家に限られるとする国家限定説と、非国家主体に対する自衛権行使も認められるとする非国家主体許容説とが対立している[154]。国家限定説の理論的根拠は、武力行使禁止原則は国家間の武力行使を禁止する規範であり、自衛権は当該規範の例外であるから、自衛権は国家間の武力行使が例外的に正当化される事由であるということにあ

154　それぞれの学説名は以下の論文に倣った。川岸伸「非国家主体と国際法上の自衛権（一）—九・一一同時多発テロ事件を契機として—」『法学論叢』第167巻第4号（2010年）104頁。

る[155]。例えば松井芳郎は、「忘れてならないのは、現代国際法では国際関係における武力行使が禁止されており、この禁止に違反する違法な武力攻撃に対抗するためだけに自衛権の行使が合法とされる（中略）国際法主体ではない、言い換えれば国際義務の違反を犯しようがないテロ集団の攻撃に対して、自衛権を持ち出すのは場違いなのである」[156]（括弧内筆者）と述べる。加えて国家限定説には実際上の根拠もあり、それは、非国家主体に対する自衛権は公海上または宇宙空間などで行使されない限り、ほとんど必然的に当該非国家主体の所在する領域国への攻撃も伴うということである[157]。また国際判例の見解も国家限定説に拠ったものとみることができる。ICJはパレスチナ壁勧告的意見において、非国家主体に対して自衛権を行使したというイスラエル（B"）の主張を確認し[158]、「憲章第51条は一国の他国に対する武力攻撃の場合につき自衛の固有の権利を認める」ものであるとした上で、イスラエルは自国（B"）への攻撃が外国（A"）に帰属するとは主張していないとしてイスラエルの主張を退けている[159]。ここでの理論構成をみると、ICJは、自衛権は国家による武力攻撃が存在する場合にのみ認められるものであると解していると評価できる。

　一方で非国家主体許容説の理論的根拠は、憲章第51条は「武力攻撃」によって自衛権が発生すると述べているだけで、そのような武力攻撃の実行者が誰である

155　国家限定説の代表的な論者として、以下を参照。Olivier Corten, *The Law Against War: The Prohibition on the Use of Force in Contemporary International Law* (Hart Publishing, 2nd ed., 2021), pp. 165-203; Michael Bothe, "Terrorism and the Legality of Pre-emptive Force," *European Journal of International Law*, Vol. 14 (2003), p. 233; Stanimir Alexandrov, *Self-Defense Against the Use of Force in International Law* (Kluwer Law International, 1996), pp. 182-183; Inger Österdahl, "Scarcely Reconcilable with the UN Charter," in Anne Peters and Christian Marxsen (eds), *Self-Defence Against Non-State Actors: Impulses From the Max Planck Trialogues on the Law of Peace and War* (Max Planck Institute for Comparative Public Law & International Law (MPIL) Research Paper No. 2017-07), pp. 21-23; 浅田正彦「前掲論文」（注79）76頁；植木俊哉「国際テロリズムと国際法理論」『国際法外交雑誌』第105巻第4号（2007年）9 -10頁；村瀬信也「自衛権の新展開」『国際問題』第556号（2006年）3頁；宮内靖彦「『非国家主体への自衛権』論の問題点」『国際問題』第556号（2006年）5 -14頁；松田竹男「国際テロリズムと自衛権―集団安全保障との関わりの中で―」『国際法外交雑誌』第101巻第3号（2003年）1 - 9頁。

156　松井芳郎『武力行使禁止原則の歴史と現状』（日本評論社、2018年）79頁。

157　同上、81頁。

158　*Legal Consequences of the Construction of a Wall in the Occupied Palestinian Territory, Advisory Opinion, I. C. J. Reports 2004*, p. 194, para. 138.

159　*Ibid.*, p. 194, para. 139.

かは明示していないことである[160]。すなわち憲章第51条の起草過程において、当初は「国家による」武力攻撃に対して自衛権を認める旨の文言が含まれていたが、これが削除されたことや、同条は憲章制定以前から存在する慣習法上の自衛権の「固有の」権利を保全していることが挙げられる[161]。非国家主体許容説によれば、このような解釈は9.11事件でみられる国家実行や、同事件に関連して採択された安保理決議1383および1373からも支持される。国家限定説の立場として上に挙げたICJのパレスチナ壁勧告的意見においても、判事の中には少数意見において、非国家主体許容説を支持していた者が複数ある。例えばHiggins判事は個別意見で「（憲章）第51条の文言には、武力攻撃が国家によって行われる場合にのみ自衛権が行使可能であることを定めるものはない」と述べている[162]。Kooijmans判事[163]とBuergenthal判事[164]も同様に、第51条は自衛権行使を他国による武力攻撃に条件付けていないことを挙げ、また安保理決議1383も決議1373も自衛権をそのようなものに限定していないことを述べている。Kooijmans判事については、続く2005年のコンゴ・ウガンダ事件判決での個別意見においても、不正規部隊の攻撃が国家（A″）に帰属しない場合でも武力攻撃が認められうるとしている[165]。同判決ではSimma判事もこのKooijmans判事の個別意見に完全に同意すると述べている[166]。このような非国家主体許容説の各論拠に対しては、国家限定説から批判が向けられているところであるが、本書の目的上、ここではそれらを詳細に扱

---

160 非国家主体許容説の代表的な論者として、以下を参照。Christopher Greenwood, "War, Terrorism, and International Law," *Current Legal Problems*, Vol. 56 (2003), pp. 516-518; Thomas M. Frank, "Terrorism and the Right of Self-Defence," *American Journal of International Law*, Vol. 95 (2001), p. 840; Jordan J. Paust, "Use of Armed Force against Terrorists in Afghanistan, Iraq, and beyond," *Cornell International Law Journal*, Vol. 35, No. 3 (2002), pp. 533-540; Sean D. Murphy, "Terrorism and the Concept of 'Armed Attack' in Article 51 of the U. N. Charter," *Harvard Intervational Law Journal*, Vol. 43, No. 1 (2002), p. 50; 西井正弘「大規模国際テロと国際法」『国際問題』第505号（2002年）15-16頁。

161 同上。

162 *Legal Consequences of the Construction of a Wall in the Occupied Palestinian Territory*, Separate opinion of Judge Higgins, *I. C. J. Reports 2004, supra* note 158, p. 215, para. 33.

163 *Legal Consequences of the Construction of a Wall in the Occupied Palestinian Territory*, Separate opinion of Judge Kooijmans, *I. C. J. Reports 2004, ibid.*, pp. 229-230, para. 35.

164 *Legal Consequences of the Construction of a Wall in the Occupied Palestinian Territory*, Declaration of Judge Buergenthal, *I. C. J. Reports 2004, ibid.*, p. 242, para. 6.

165 *Armed Activities on the Territory of the Congo (Democratic Republic of Congo v Uganda)*, Separate Opinion of Judge Kooijmans, *I. C. J. Reports, 2005, supra* note 83, pp. 313-314, paras. 28-29.

うことはしない。

　非国家主体許容説に立つ論者の一部によって、非国家主体に対する自衛権行使の必要性要件として提唱されているのが、「意思または能力の欠如（unwilling or unable）」テストである[167]。代表的な論者である Deeks によれば、このテストに関して学説上統一かつ精緻化された定義はないが、概ね次のようなものであるという。すなわち、「国家（「被害国」）が、自国の領域外で活動する非国家主体から武力攻撃を受け、その継続的な脅威に対応するために自衛のための武力行使が必要であると判断する場合」に、「その集団が活動している国（「領域国」）が、被害国に代わって脅威を抑圧することに同意するかどうか」が問題となるが、「意思または能力の欠如（unwilling or unable）」テストは「被害国が、領域国で同意なしに武力を行使する前に、領域国が非国家主体のもたらす脅威に対処する意思と能力があるかどうかを確認することを求めるもの」である[168]。したがって、「領域国が意思と能力を有している場合、被害国は領域国で武力を行使することができず、領域国は非国家集団に対して適切な措置をとることが期待される」ことになる[169]。対して意思または能力が欠如している場合には、被害国（B''）は領域国（A''）の同意を得ずに領域国（A''）内で武力を行使して自ら脅威に対処することができる。本節Ⅱ-6．において後に述べるように、米国（C''）が、イラク（B''）の要請に基づいて2014年においてシリア（A''）所在の ISIL に対する集団的自衛権を正当化する際に「意思または能力の欠如（unwilling or unable）」という文言を用いたことから、本テストをめぐる議論はいっそう盛んになっている。一方で学説上は、「意思または能力の欠如（unwilling or unable）」テストはまだ実定法化していないとの批判も強い[170]。

166　*Armed Activities on the Territory of the Congo （Democratic Republic of Congo v Uganda）*, Separate Opinion of Judge Simma, *I. C. J. Reports, 2005, ibid.*, p. 337, para. 12.

167　Ashley S. Deeks, "'Unwilling or Unable': Toward a Normative Framework for Extraterritorial Self-Defense," *Verginia Journal of International Law*, Vol. 52, No. 3 (2012), pp. 483-550; Daniel Bethlehem, "Self-Defense Against Imminent or Actual Armed Attack by Nonstate Actors," *The American Journal of International Law*, Vol. 106, Issue. 4 (2012), pp. 770-777; Daniel Bethlehem, "Principles of Self-Defense – A Brief Response," *The American Journal of International Law*, Vol. 107, Issue. 3 (2013), pp. 579-585; 本吉祐樹「'Unwilling or Unable' 理論をめぐる議論の現状―その起源、歴史的現状を中心に―」『横浜法学』第26巻第1号（2017年）153-191頁。

168　Ashley S. Deeks, *ibid.*, p. 487.

169　*Ibid.*

Ⅰ-2．非国家主体に対する自衛権と同意に基づく武力行使の関係をめぐる議論の分析

　さて本節での主要な論点は、このような非国家主体に対する自衛権をめぐる議論が、同意に基づく武力行使とどのような関係にあるのかを検討することである。国家限定説の論者にとっては、非国家主体に対する自衛権は許容されないのであるから、非国家主体の所在する領域国（A"）内での武力行使が正当化されるには、当該領域国（A"）の同意があるか、当該領域国（A"）に対する自衛権行使であるか（この文脈での非国家主体の行為の国家への帰属については第2節で検討した）、あるいは安保理の授権があるか、でなければならない。よって非国家主体に対する自衛権と同意に基づく武力行使との関係が問題となるのは、非国家主体許容説の立場である。非国家主体許容説に立てば、他国（A"）に所在する非国家主体から武力攻撃を受けた国家（B"）は、当該非国家主体に対する自衛権を行使するか、当該他国（A"）の同意を得て当該他国（A"）内で武力行使するかを、自由に選択することができるのだろうか。非国家主体許容説の中でも特に、「意思または能力の欠如（unwilling or unable）」テストを必要性要件として認める場合は、領域国（A"）が武力行使に同意しなければ「意思の欠如（unwilling）」とみなされ非

170　Olivier Corten, "The 'Unwilling or Unable' Test: Has it Been, and Could it Be, Accepted?," *Leiden Journal of International Law*, Vol. 29, Issue. 3 (2016), pp. 777-799; Craig Martin, "Challenging and Refining the 'Unwilling or Unable' Doctrine," *Vanderbilt Journal of Transnational Law*, Vol. 52, No. 2 (2019), p. 387; Théodore Christakis, "Challenging the 'Unwilling or Unable' Test," in Anne Peters and Christian Marxsen (eds), *supra* note 155, pp. 17-20; Kevin Jon Heller, "The Absence of Practice Supporting the 'Unwilling or Unable' Test," *Opinio Juris* (15 February 2015), at http://opiniojuris.org/2015/02/17/unable-unwilling-test-unstoppable-scholarly-imagination/ (as of 30 June 2024); Alonso Gurmendi, "Leticia & Pancho: The Alleged Historic Precedents for Unwilling or Unable in Latin America, Explored (Part I, Leticia)," *Opinio Juris* (7 November 2018), at http://opiniojuris.org/2018/11/07/leticia-pancho-the-alleged-historic-precedents-for-unwilling-or-unable-in-latin-america-explored-part-i-leticia/ (as of 30 June 2024); Alonso Gurmendi, "State Practice regarding Self-Defence against Non-State Actors: An Incomplete Picture," *Opinio Juris* (22 October 2018), at http://opiniojuris.org/2018/10/17/state-practice-regarding-self-defence-against-non-state-actors-an-incomplete-picture/ (as of 30 June 2024); Alonso Gurmendi, "The Latin American View of Jus ad Bellum," *Just Security* (16 May 2018), at https://www.justsecurity.org/56316/latin-american-view-jus-ad-bellum/ (as of 30 June 2024).

国家主体への自衛権行使が援用されることになるのであろうか。さらには「能力の欠如（unable）」というだけで、領域国（A"）の意思とは関係なく（つまり領域国の同意の有無は関係なく）、非国家主体への自衛権行使が援用されることになるのであろうか。

　この問題を扱った先行研究は僅かであるが、それらに共通しているのは、国家主権尊重の重要性や、自衛権行使の必要性要件から、原則として、領域国（A"）の主権を尊重した正当化事由が優先されるべきであるという主張である。つまり、基本的に同意に基づく武力行使が非国家主体に対する自衛権に優先する（すべき）という。しかしいかなる場合に、この原則に対する例外が許されるのか、すなわち非国家主体に対する自衛権の行使が可能となるのかは、見解の一致をみていない。以下、各論者の見解を順に紹介する。

　第1に、Hasar によれば、領域国（A"）が同意を与える際に付した条件（武力行使の期間、地理的範囲、武力行使の形態）によって、非国家主体の武力攻撃を抑止するために必要な行動をとることが妨げられる場合に、非国家主体に対する自衛権が行使されうる[171]。第2に Kreß によれば、能力がない（unable）というだけで非国家主体への自衛権が援用されることにはならないが、領域国（A"）の同意があったとしても（willing であっても）、当該領域国（A"）政府が国際犯罪に該当する国際法違反を犯しており、当該政府が同意に付した条件に従って同意に基づく武力行使を行うならば、当該政府による将来の残虐行為を違法に支援するか、少なくとも当該政府の立場を強化することにつながるとき、非国家主体に対する自衛権を行使することになる[172]。Hasar と Kreß の両見解と共通するのが、Couzigou である。Couzigou によれば、非国家主体の武力攻撃を撃退するための領域国（A"）との協力が、領域国（A"）による重大な国際法違反を幇助することになる場合や、そのような協力が非国家主体の武力攻撃に対抗するために明らかに非効率的である場合に、同意に基づく武力行使ではなく非国家主体に対す

171　Seyfullah Hasar, *State Consent to Foreign Military Intervention during Civil Wars*（Martinus Nijhoff, 2022）, pp. 296-297. Hasar は、非国家主体に対する自衛権に課される要件の詳細（例えば意思または能力の欠如（unwilling or unable）」テストを必要性要件として認めるかどうか）については、論じていない。

172　Claus Kreß, "The Fine Line Between Collective Self-Defense and Intervention by Invitation: Reflections on the Use of Force against 'IS' in Syria," *Just Security*（17 February 2015）, at https://www.justsecurity.org/20118/claus-kreb-force-isil-syria/（as of 30 June 2024）.

る自衛権が適用されうる[173]。第3に、de Wet は、非国家主体に対する自衛権の行使要件につき独自の理論を構築しているが、非国家主体に対する自衛権が領域国（A"）の同意に優先することが許される場合としては、Kreß の見解と大筋合意が得られそうである。すなわち de Wet は、領域国（A"）が自国領域に実効的支配を及ぼしていない場合には、非国家主体に対処する能力がない（unable）として、非国家主体に対する自衛権が援用されうるが[174]、能力の欠如のみでは自衛権の必要性要件として十分でなく、非国家主体に対する自衛権を援用する以外の方法をとることができない理由、特に領域国（A"）の同意が援用できない理由を説得的に立証しなければならないとする[175]。そしてそのような理由がありうるのは、領域国（A"）が国際犯罪を実行しており、領域国（A"）の同意に基づけば国際犯罪を幇助することになりうるという危険性がある場合であるという。

なおここで紹介した先行研究のうち、非国家主体に対する集団的自衛権と同意に基づく武力行使との関係について論じたものは、de Wet のみである。de Wet によれば、被害国（B"）の同意（要請）がどのように表現されているかに応じて、同意に基づく武力行使なのか、または集団的自衛権なのかが区別される。被害国（B"）が非国家主体に対する軍事援助を自国内で行うことを第3国（C"）に要求し、国連憲章第51条を参照せず、被害国（B"）および軍事援助国（C"）が、安保理に通知しない場合は、同意に基づく武力行使が援用されていると評価される[176]。de Wet は、本書が本章第1節Ⅳ．で指摘したような、同意に基づく武力行使と集団的自衛権の諸要件の違い（例えば、要請する能力の政府の要件や、アドホックな同意の必要性要件が、両者で異なること）については触れていない。

以上のように、学説上は、そもそも非国家主体に対する自衛権を認めるか否かについて、国家限定説と非国家主体許容説が対立しており、収束は見られない（I - 1.）。しかし国家実行上は、非国家主体に対する自衛権が援用される事例が

173　Irene Couzigou, "Respect for State Sovereignty: Primacy of Intervention by Invitation over the Right to Self-Defence," *Zeitschrift für ausländisches öffentliches Recht und Völkerrecht*, Vol. 79, No. 3 (2019), p. 698.

174　de Wet は、領域国が非国家主体に対処する意思を欠く（unwilling）場合は、非国家主体の武力攻撃が領域国に帰属するとする見解である。Erika de Wet, *supra* note 1, pp. 202-205.

175　*Ibid.,* pp. 205-211. de Wet は非国家主体に対する自衛権の必要性要件をより厳密に定めるために、必要性要件の解釈の際に国家責任条文第25条の緊急避難を類推適用するという独自の見解を主張している。

176　*Ibid.,* p. 213.

増加する一方であり、かつ領域国（B”）の同意も同時に援用されることがある。その場合は、非国家主体に対する自衛権と同意に基づく武力行使の関係が問題になるものの、非国家主体に対する自衛権を認めるか否かの問題に決着がみられないままであるため、両者の関係の問題を論じる先行研究は数が限られている（I-2.）。そこで以下では関連する国家実行を分析し、実行上は、非国家主体に対する自衛権と同意に基づく武力行使がいかなる関係にあるものと理解されているのか分析することとする。

Ⅱ．実行の分析

　ここでは、①本書ですでに分析した同意に基づく武力行使の事例のうち、非国家主体に対する自衛権が同時に援用された事例、②本書ですでに分析した同意に基づく武力行使の事例のうち、対テロ介入の事例、そして③本書でまだ取り上げていないが、非国家主体に対する自衛権が援用された事例を分析する。①に当たるのは、2004年以降の米国によるパキスタンでの武力行使（Ⅱ-1.）である。②に当たるのは、2014年以降の米国主導の連合軍、ロシアおよびイランによるイラクでの武力行使（Ⅱ-5.）および、2014年以降の米国主導の連合軍によるシリアでの武力行使（Ⅱ-6.）である。③に当たるのは、2006年のエチオピアによるソマリアでの武力行使（Ⅱ-2.）、2007年以降の米国によるソマリアでの武力行使（Ⅱ-3.）、2011年のケニアによるソマリアでの武力行使（Ⅱ-4.）、2015年のエジプトによるリビアでの武力行使（Ⅱ-7.）、2015年以降の米国によるリビアでの武力行使（Ⅱ-8.）である。

　【表9】は、これから行う各事例の分析を一覧としたものであるが、先に示しておくこととする。当事国はそれぞれA”・B”・C”のどれに当たるか、A”は自国領域において実効的保護をしているか、B”・C”は自身の武力行使をいかなる根拠で正当化したか、国際社会はB”・C”の武力行使の適法性をいかに評価したか、についてまとめたものである。

Ⅱ-1．2004年以降の米国によるパキスタンでの武力行使

　第4章第2節Ⅱ．で、同意が秘密裏に与えられた事例としてパキスタンへの米国の介入の事例を取り上げた。そこで述べたように、米国は2004年以降パキスタ

【表9】 第5章第3節での国家実行の分析一覧

	当事国	A"による実効的保護	援用された正当化根拠	B"・C"の武力行使の国際社会からの評価
Ⅱ-1	A":パキスタン B":米国	なし	NSAに対する個別的自衛権	一部により支持 他反応なし
Ⅱ-2	A":ソマリア B":エチオピア	なし	同意・NSAに対する個別的自衛権	一部により非難 他反応なし
Ⅱ-3	A":ソマリア B":米国	なし（2013年以降はあり？）	NSAに対する個別的自衛権（2013年以降は同意も）	反応なし
Ⅱ-4	A":ソマリア B":ケニア	なし	同意・NSAに対する個別的自衛権	支持
Ⅱ-5	A":イラク B":米国等	あり	同意	支持
Ⅱ-6	A":シリア B":イラク C":米国等	なし	NSAに対する個別的・集団的自衛権	一部により支持 一部により非難
Ⅱ-7	A":リビア B":エジプト	なし（HOR*)	同意・NSAに対する個別的自衛権	一部により支持
Ⅱ-8	A":リビア B":米国	なし（HOR*) なし（GNA**)	NSAに対する個別的自衛権（2016年以降は同意も）	反応なし

＊当時のリビアは、Tobrukを拠点とし民主的に選出された代表議会（HOR）と、Tripoliに拠点を置き首都とリビア北西部の大部分を支配する国民議会（GNC）の2つの勢力が存在している状態であった。
＊＊2015年12月17日に「リビア政治合意」が締結され、これにより統一政府として国民合意政府（GNA）が樹立された。

ンのアルカイダやタリバンに対しドローン攻撃を行っている。パキスタンは2007年から2011年の間、米国に秘密裡に同意を与えていた[177]が、その前後の期間にパキスタンの同意があったのかは明らかでない。とりわけ有名な事件である2011年

第 3 節　非国家主体に対する自衛権をめぐる議論との関係 | 281

5 月の bin Laden 殺害に際しても、その時点でパキスタンの同意があったのかは
明らかでない。当時、bin Laden 殺害に対してパキスタン外務省は、米国がパキ
スタンに無断で一方的に作戦を実行したことに「深い懸念」を表明した[178]。パキ
スタンの両院合同会議決議や Kayani 幕僚長も、米国による急襲作戦は主権侵害
であり、強く非難するとしている[179]。これに対して、パキスタンの Zardari 大統
領は肯定的な発言をしており、「新世紀最大の悪の源が沈黙し、その犠牲者に正
義が与えられたことに満足感を抱いている。（中略）日曜日の出来事は共同作戦
ではなかったが、米国とパキスタンの10年にわたる協力と連携は、文明世界に対
する継続的な脅威である bin Laden の排除につながった。」[180]（括弧内筆者）と述
べた。

　このように bin Laden の殺害時点でパキスタンの同意が存在していたのかは不
透明であるが、bin Laden 殺害後のどこかの時点で、2007年以降秘密裏に与えら
れていたはずのパキスタンの同意が撤回されたことは明白である。2011年末には、
パキスタン国境での米軍による誤爆により、パキスタン軍の犠牲者を出したこと
を受けて、アフガニスタンでのドローン攻撃の重要な発射台として使われている
パキスタンの空軍基地から米軍が追放された[181]。2012年 6 月 4 日にはパキスタン
の外務大臣が、米国によるドローン攻撃はパキスタンの主権の侵害であるとして
非難した[182]。2013年 6 月 8 日には Nawaz Sharif 大統領が、当該米国の行為はパ
キスタンの主権を侵害しているとして米国に抗議し、ドローン攻撃の即時中止を

177　"Secret memos show Pakistan endorsed US drone strikes," *BBC* (24 October 2013), at
　　http://www.bbc.com/news/world-asia-24649840 (as of 30 June 2024); Greg Miller and Bob
　　Woodward, "Secret Memos Reveal Explicit Nature of US, Pakistan Agreement on Drones,"
　　Washington Post (24 October 2013), at https://www.washingtonpost.com/world/national-
　　security/top-pakistani-leaders-secretly-backed-cia-drone-campaign-secret-documents-
　　show/2013/10/23/15e6b0d8-3beb-11e3-b6a9-da62c264f40e_story.html (as of 30 June 2024).
178　Chris Allbritton and Augustine Anthony, "Pakistan says had no knowledge of U. S. bin
　　Laden raid," *Reuters* (4 May 2011), at https://www.reuters.com/article/us-binladen-
　　pakistan-statement-idUSTRE74242R20110503/ (as of 30 June 2024).
179　"Pakistani Army Chief Warns U. S. on Another Raid," *New York Times* (5 May 2011),
　　at https://www.nytimes.com/2011/05/06/world/asia/06react.html (as of 30 June 2024).
180　"Pakistan Did its Part," *Washington Post Opinions* (3 May 2011), at https://www.
　　washingtonpost.com/opinions/2011/05/02/AFHxmybF_story.html (as of 30 June 2024).
181　Saeed Shah, "Pakistan Orders US to Leave Airbase in Row Over Deadly NATO Assault,"
　　The Guardian (27 November 2011), at https://www.theguardian.com/world/2011/nov/27/
　　pakistan-orders-us-leave-shamsi-airbase (as of 30 June 2024).

要請した[183]。さらに2015年4月23日にパキスタンの外務省が同様の立場を表明した[184]。従ってパキスタンは遅くとも2013年6月8日にこの同意を撤回したと解され、それ以降の米国のドローン攻撃はパキスタンの同意に基づいて法的に正当化することはできない。

　一方で実行者の米国は、必ずしも明確ではないものの、2004年以降のパキスタンでの武力行使を、パキスタンの同意ではなく非国家主体に対する自衛権に拠って正当化しているように思われる。米国は他の諸国に所在する同じテロ集団に対する措置については、当該諸国の同意と非国家主体に対する自衛権の両方を援用しているのにも拘らず、パキスタンに所在する非国家主体に対する措置については、秘密裏の同意があったとされる2007年から2011年の期間を含めて、パキスタンの同意を援用していない[185]。米国は、アルカイダ、タリバンその他の勢力を対象とした「対テロ戦争」の一環に、パキスタン所在のこれらの集団へのドローン攻撃を含めているように解されるのである[186]。例えば2011年の bin Laden 殺害時に、当時の米国務省法律顧問である Koh は、「米国は恐ろしい9.11事件への反応としてアルカイダとの武力紛争を戦っており、国際法上の自衛の固有の権利に合致する武力を行使することができる。（中略）ある場所である人物が標的となるかどうかは事案ごとの考慮にかかっており、考慮事項には脅威の急迫性、関係国の主権、当該脅威を鎮圧する関係国の意思・能力が含まれる」[187]（括弧内筆者）と述べていた。ここでは非国家主体に対する自衛権行使の必要性要件の一判断基準

182　Qasim Nauman, "Pakistan Condemns US Drone Strikes," *Reuters*（4 June 2012）, at https://www.reuters.com/article/us-pakistan-usa-drones-idUSBRE8530MS20120604（as of 30 June 2024）.

183　"Pakistan summons US ambassador to protest against latest drone killings," *The Guardian*（8 June 2013）, at http://www.theguardian.com/world/2013/jun/08/pakistan-us-drone-killings（as of 30 June 2024）.

184　Jon Boone and Stephanie Kirchgaessner, "Pakistan Uses Hostage Killings to Underline Risk of US Drone Strikes," *The Guardian*（23 April 2015）, at https://www.theguardian.com/world/2015/apr/24/pakistan-us-hostage-killings-drone-strikes-weinstein-lo-porto（as of 30 June 2024）.

185　Zohra Ahmed, "Strengthening Standards for Consent: The Case of U. S. Drone Strikes in Pakistan," *Michigan State International Law Review*, Vol. 23, No. 2（2015）, p. 492.

186　Seyfullah Hasar, *supra* note 171, p. 206.

187　Harold Hongju Koh, "The Lawfulness of the U. S. Operation Against Osama bin Laden," *Opinio Juris*（19 May 2011）, at http://opiniojuris.org/2011/05/19/the-lawfulness-of-the-us-operation-against-osama-bin-laden/（as of 30 June 2024）.

として「意思または能力の欠如（unwilling or unable）」テストが捉えられているものと推測できる[188]。

そもそもパキスタン政府は2007年から2011年の期間も、武力行使に同意する能力を有していたとは評価できない。これらの期間中パキスタンでは、テロ集団や武装勢力によるもののみならず、政府や治安部隊、警察による重大な人権侵害が多々報告されていた[189]。例えば、超法規的殺人、拷問、強制失踪、恣意的な逮捕・拘留などがあった。米国務省によってもそのように報告されていたが、米国がパキスタン政府の人間的利益の侵害に着目してパキスタンの同意能力を疑問視していた、ということを示す確かな証拠はない。

国際社会による2004年以降の米国によるパキスタンでの武力行使に対する評価は必ずしも明らかでないが、2011年の bin Laden 殺害に対しては、多くの国および安保理はじめ国際機関から好意的な反応があった。カナダ、イギリス、スウェーデン、フランス、ドイツ、トルコ、サウジアラビア、イスラエル、ロシア、中国など多くの国家が、bin Laden の殺害に満足を示した[190]。当時の潘基文国連

188　bin Laden 殺害における米国の法的正当化については、以下も参照。Charlie Savage, *Power Wars: Inside Obama's Post-9/11 Presidency* (Boston: Little, Brown & Co. 2015), p. 263.

189　U. S. Department of State, "2007 Country Reports on Human Rights Practices – Pakistan" (11 March 2008), at https://2009-2017.state.gov/j/drl/rls/hrrpt/2007/100619.htm (as of 22 June 2024); U. S. Department of State, "2008 Country Reports on Human Rights Practices – Pakistan" (25 February 2009), at https://2009-2017.state.gov/j/drl/rls/hrrpt/2008/sca/119139.htm (as of 22 June 2024); U. S. Department of State, "2009 Country Reports on Human Rights Practices – Pakistan" (11 March 2010), at https://2009-2017.state.gov/j/drl/rls/hrrpt/2009/sca/136092.htm (as of 22 June 2024); U. S. Department of State, "2010 Country Reports on Human Rights Practices – Pakistan" (8 April 2011), at https://2009-2017.state.gov/j/drl/rls/hrrpt/2010/sca/154485.htm (as of 22 June 2024); U. S. Department of State, "2011 Country Reports on Human Rights Practices – Pakistan" (24 May 2012), at https://www.refworld.org/docid/4fc75a7337.html (as of 22 June 2024); Human Right Watch, "Pakistan Events of 2006," at https://www.hrw.org/world-report/2007/country-chapters/Pakistan (as of 22 June 2024); Human Right Watch, "Pakistan Events of 2009," at https://www.hrw.org/world-report/2010/country-chapters/pakistan (as of 22 June 2024).

190　Alistair MacDonald and Matt Bradley, "World Cheers Bin Laden Killing, Prepares for Strikes," *The Wall Street Journal* (2 May 2011), at https://www.wsj.com/articles/SB10001424052748704569404576298362912711604 (as of 30 June 2024); "World Leaders React to News of Bin Laden's Death," *CNN* (3 May 2011), at http://edition.cnn.com/2011/WORLD/asiapcf/05/02/bin.laden.world.reacts/ (as of 30 June 2024).

事務総長は、bin Laden 殺害のニュースに安堵したと述べ、bin Laden の死を「テロとの世界的な共通の闘いにおける分岐点」であると表現した[191]。安保理議長はプレス・ステートメントにおいて、「bin Laden が2度とこのようなテロ行為を行わないというニュースを歓迎する」とした[192]。しかし、bin Laden 殺害の合法性については、安保理も上記の国々も明確な主張をしなかった。bin Laden の死に満足していると単に述べることは、必ずしも米国の行動の合法性を支持しているとは限らない[193]。

Ⅱ-2. 2006年のエチオピアによるソマリアでの武力行使

ソマリアは、1991年に Barre 政権が崩壊した後、内戦状態に陥り、2005年に周辺諸国の仲介によってケニアで暫定連邦政府（Transitional Federal Government、以下 TFG）が樹立された。TFG は2005年3月にソマリアへ移転を開始した[194]。2006年7月に安保理は、TFG と暫定連邦議会を「ソマリアの平和、安定、統治を回復するための国際的に認められた当局」とした[195]。このように TFG は国際社会からの支持を受けていたものの、実効的支配も民主的正統性も欠いており、事実上の無政府状態（破綻国家状態）であった[196]。したがって TFG が法律上の政府であったかどうかは評価が分かれる。2006年後半には、イスラム主義反政府連合組織「イスラム法廷連合」（Islamic Courts Union、以下 ICU）が首都モガディシュを制圧し、中南部の大部分を支配下に置き、経済、軍事、政治上の最大勢力となった[197]。12月23日には、ICU の指導者らはエチオピア軍に対する聖戦を呼びかけた[198]。翌日以降、エチオピアと TFG は共同で ICU 掃討作戦を行い、2007年1

191　U. N. Doc. SG/SM/13535.

192　U. N. Doc. /PRST/2011/9.

193　David Kretsmer, "UN Extra-Territorial Actions Against Individuals: Bin Laden, Al Awlaki, and Abu Khattalah - 2011 and 2014," in Tom Ruys, Olivier Corten and Alexandra Hofer（eds.）, *supra* note 38, p. 764.

194　U. N. Doc. S/2005/392, para. 6.

195　U. N. Doc. S/PRST/2006/31, p. 1.

196　Awol K. Allo, "Counter-Intervention, Invitation, Both, or Neither? An Appraisal of the 2006 Ethiopian Military Intervention in Somalia," *Mizan Law Review*, Vol. 3, No. 2（2009）, pp. 219-233.

197　U. N. Doc. S/2006/913, pp. 34-37, 39-41, paras. 174-190, 200-210.

198　U. N. Doc. S/2007/115, para. 5.

月上旬には首都を含む ICU 支配地域を奪還した[199]。

エチオピアは自身の軍事介入を、ソマリア所在の非国家主体に対する個別的自衛権と、TFG からの要請とによって正当化する主張をしている。自衛権については、Meles Zenawi エチオピア首相は公式声明で「政府は自衛措置をとり、イスラム法廷の攻撃的な過激派勢力と外国人テロリストグループへの反撃を開始した」と述べた[200]。またテレビ放送においては、「われわれは自国の安全を守っていたのであり、国際法に従って自国の安全を守ることは世界のすべての国の権利である」[201]、「エチオピア軍は国家主権を守るために参戦を余儀なくされた。我々はソマリアに政府を樹立しようとしているわけではないし、ソマリアの内政に干渉するつもりもない。我々は状況によってそうせざるを得なかっただけだ」と説明した[202]。

TFG からの要請については、同首相は報道機関のインタビューで、「我々はソマリアに侵攻したのではない。国際的に承認されたソマリア政府から、テロの脅威を回避するための支援を要請されたのである」と述べている[203]。しかし TFG が法律上の政府であったかは不明であることに加え、たとえそうであったとしても、エチオピアに要請を与えたとされる2006年当時、ソマリアでは TFG、ICU その他の勢力によるものを含め、あらゆるアクターによる多数の重大な人権侵害が報告されていた[204]。したがって TFG の同意能力は実効的保護の観点から疑わしい[205]。さらに、実際に TFG がエチオピアに要請をしたか否か自体についても、

---

199 *Ibid.*, para. 2.

200 *Ibid.*, para. 5.

201 "US Role in Planning Ethiopia's Invasion," *Channel 4 News* (30 January 2007), at https://www.youtube.com/watch?v=7VJka6q16Os (as of 30 June 2024).

202 Jeffrey Gettleman, "Ethiopia Hits Somali Targets, Declaring War," *The New York Times* (25 December 2006), at https://www.nytimes.com/2006/12/25/world/africa/25somalia.html (as of 30 June 2024).

203 "Interview: Meles Zenawi," *Al Jazeera* (26 March 2007), at https://www.aljazeera.com/news/2007/3/26/interview-meles-zenawi (as of 30 June 2024).

204 Human Right Watch, "Somalia: War Crimes in Mogadishu" (13 August 2007), at https://www.hrw.org/news/2007/08/13/somalia-war-crimes-mogadishu (as of 30 June 2024); U. S. Department of State, "Country Report on Human Rights Practices 2006 - Somalia" (6 March 2007), at https://www.refworld.org/docid/45f0567da.html (as of 30 June 2024).

205 当時の TFG の実効的支配の欠如を根拠に、TFG の同意を無効と評価する論者もある。See, Awol K. Allo, *supra* note 196, pp. 231-233.

学説上では明確な証拠がないとして否定するものがある[206]。エチオピアによる個別的自衛権の行使についても、武力攻撃の発生が認められないことから、批判する論者が存在する[207]。

　国連総会や安保理はエチオピアの軍事介入を非難せず、国際社会は介入を黙認しているように見えた。しかし介入から僅か数日後の2006年12月27日には、AU、アラブ連盟、政府間開発機構（Inter-Governmental Authority on Development：以下、IGAD）などが共同コミュニケで「ソマリアの主権、領土保全、不干渉原則の尊重、政治的独立、統一に対する約束を再確認し（中略）エチオピア軍の撤退を求める」[208]（括弧内筆者）とした。

Ⅱ-3. 2007年以降の米国によるソマリアでの武力行使

　米国は、Ⅱ-2．で分析したエチオピアによるソマリアでの武力行使を支援し、さらに自身も2007年1月および6月にソマリア所在のテロ集団（アル・シャバブ、アルカイダ、ISIL）に対し空爆を行った。エチオピアとは異なり、米国はソマリアの要請を援用せず、非国家主体に対する自衛権を援用していたことは注目される。国連ソマリア監視団がソマリアにおける米国の作戦について情報を求める書簡に対し、「アルカイダとその関係者による米国への脅威が続いているため、ソマリアにおいてアルカイダに対し自衛のために複数の空爆を行った」と応答している[209]。一方でソマリアは当初から米国の軍事介入を歓迎しており、例えば初期の

206　Ahmed Ali M. Khayre, "Self-Defence, Intervention by Invitation, or Proxy War? The Legality of the 2006 Ethiopian Invasion of Somalia," *African Journal of International and Comparative Law*, Vol. 22, No. 2 (2014), pp. 227-228.

207　Awol K. Allo, "Ethiopia's Armed Intervention in Somalia: The Legality of Self-Defense in Response to the Threat of Terrorism," *Denver Journal of International Law & Policy*, Vol. 39 (2010), pp. 145-147. さらに安保理の武器禁輸措置との関係も議論されている。See, Olivier Corten, "La licéité douteuse de l'intervention militaire éthiopienne en Somalie et ses implications sur l'argument de l' "intervention consentie"," *Revue Generale de Droit International Public*, Vol. 111, No. 3 (2007), pp. 529-531.

208　"Joint Communiqué of the African Union, League of Arab States and the Inter-Governmental Authority on Development on the current situation in Somalia," *IGAD* (27 December 2006), at https://reliefweb.int/report/somalia/joint-communiqu%C3%A9-african-union-league-arab-states-and-inter-governmental-authority-0 (as of 30 June 2024); "Ethiopia Urged to Leave Somalia," *BBC News* (27 December 2006), at http://news.bbc.co.uk/1/hi/world/africa/6212807.stm (as of 30 June 2024).

段階の2007年1月に Abdullahi Yusuf 大統領は、「米国はケニアとタンザニアの大使館を攻撃したテロリストの容疑者を空爆する権利がある」と述べて米国の空爆を認めていた[210]。このようにソマリアの同意があったにも拘らず、米国がこれを援用しなかったのは、当時ソマリアは事実上の無政府状態であり、米国もTFG を政府として承認していなかったためであると考えられている[211]。

ソマリアでは2012年9月に、21年ぶりに統一政府が誕生した。新連邦政府（Federal Government of Somalia：以下、FGS）は、少なくとも首都 Mogadishu を支配しており、広く諸国から政府承認を得た[212]。米国がソマリアの FGS をソマリア政府として承認したのは、2013年1月17日であり[213]、それ以降は、米国はソマリアでの武力行使を正当化する根拠として FGS の同意も援用している。例えば2016年には、米国による軍事力行使と関連する国家安全保障活動の指針となる法的・政策的枠組みに関する報告書において、「空爆を含む米国のソマリアにおけるテロ対策活動は、アル・シャバブとの武力紛争に伴うソマリアの活動を支援し、米国の自衛を促進するために、ソマリア政府の同意を得て実施されてきた」と説明されている[214]。

しかしソマリアの人権状況は統一政府誕生後も改善されておらず、とりわけアル・シャバブによる無差別攻撃、超法規的殺人、強制失踪、拷問、性的虐待が凄惨であるが、アル・シャバブと対抗する勢力である政府の治安部隊、警察、テロ集団、エチオピア軍、ケニア軍など、あらゆるアクターによる重大な人権侵害も多数報告されている[215]。ソマリア政府は治安部隊を実効的に統制できず、不処罰が常態化している。しかし政府当局は、虐待を行った役人、特に民間人に対する

209　U. N. Doc. S/ 2007/ 436, p. 46.

210　"US Somali Air Strikes 'Kill Many7," *BBC* (9 January 2007), at http://news.bbc.co.uk/1/hi/world/africa/6243459.stm (as of 30 June 2024).

211　Seyfullah Hasar, *supra* note 171, p. 216.

212　Matt Bryden, *Somalia Redux? Assessing the New Somali Federal Government* (Report of the CSIS Africa Program, 2013), p. 19, 23.

213　U. S. Department of State, "U. S. Relations With Somalia, Bilateral Relations Fact Sheet" (18 March 2022), at https://www.state.gov/u-s-relations-with-somalia/#:~:text=With%20the%20adoption%20of%20a,)%20on%20January%2017%2C%202013 (as of 30 June 2024).

214　The White House, "Report on the Legal and Policy Frameworks Guiding the United States' Use of Military Force and Related National Security Operations" (December 2016), p. 17, at https://www.justsecurity.org/wp-content/uploads/2016/12/framework.Report_Final.pdf (as of 30 June 2024).

288 | 第 5 章　自衛権の議論における同意に基づく武力行使の位置付け

レイプ、殺害、恐喝を行ったとされる軍や警察の役人を起訴し、罰するための最小限の措置を取っているともされる[216]。この点で、ソマリア政府自身は一定の人間的利益を主体的に侵害していないと評価できるかもしれない。なお2007年以降の米国によるソマリアでのこれら一連の武力行使に対して、国際社会からの非難は特にみられない。

Ⅱ–4．2011年のケニアによるソマリアでの武力行使

　アル・シャバブによるケニア国内での外国人誘拐事件を受けて、ケニアは2011年10月16日から2012年2月にかけて、アル・シャバブ対するソマリア領内での軍事作戦を行った[217]。ケニアは数日後に国連へ宛てた書簡で、「ソマリアから行動しているアル・シャバブによるテロ攻撃を受けて、ソマリア暫定連邦政府の同意を得て」標的型措置を取ったと宣言した[218]。同書簡には付属資料としてケニアとソマリアの共同コミュニケが付されており、そこでは、両国は「アル・シャバブが両国にとって共通の敵であり、したがってこの脅威に対処するために共通の政治・安全保障戦略を発展させるべきである」と合意した上で、「ソマリアを安定させ、特にテロ、海賊、拉致、恐喝、身代金要求、その他の国際犯罪など、アル・シャバブ勢力の脅威を一掃するため、引き続き協力すること」が約束されている[219]。しかし、2011年10月24日の報道で、ソマリアの Sharif Sheikh Ahmed 大統領がケニアの作戦を支持していないことが示唆された[220]。これを受けてか、同

215　Human Right Watch, "World Report 2013: Somalia," at https://www.hrw.org/world-report/2013/country-chapters/somalia (as of 30 June 2024); U. S. Department of State, "2013 Country Reports on Human Rights Practices – Somalia" (27 February 2014), at https://www.refworld.org/docid/53284a6f14.html (as of 30 June 2024).

216　*Ibid.*

217　詳細は、以下論文を参照。Daley J. Birkett, "The Legality of the 2011 Kenyan Invasion of Somalia and its Implications for the Jus Ad Bellum," *Journal of Conflict and Security Law*, Vol. 18, No. 3 (2013), pp. 427–451. Birkett は、ケニアによるソマリア所在の非国家主体に対する自衛権行使を合法であると認めている。一方、本件でのアル・シャバブによる行為は「武力攻撃」の閾値に満たないとして、ケニアによる自衛権行使を否定的に捉える見解として、Vidan Hadzi-Vidanovic, "Kenya Invades Somalia Invoking the Right of Self-Defence," *EJIL: Talk!* (18 October 2011), at https://www.ejiltalk.org/kenya-invades-somalia-invoking-the-right-of-self-defence/ (as of 30 June 2024).

218　U. N. Doc. S/2011/646, p. 1.

219　*Ibid.*, p. 3.

年10月31日に発表されたソマリアとケニアの追加の共同コミュニケは、ケニアのソマリア国内での治安維持活動は、アル・シャバブがケニアの国家安全保障と経済的福利にもたらす脅威を排除することを目的とし、憲章第51条に基づく正当な自衛権に基づいていることを明らかにした[221]。この共同コミュニケは同時に、「この脅威に対しては、国際社会からの支援を受けて、両国が共同で戦う必要がある」とも述べている[222]。したがってケニアはソマリア政府の同意と非国家主体に対する自衛権の両方を援用していたと解される。

　ケニアによる軍事介入は、AU および IGAD によって称賛された[223]。国連安保理は2012年2月22日に憲章第7章の下で決議2036を採択し、ケニア軍をアフリカ連合ソマリアミッション（African Union Mission in Somalia：AMISOM）に統合した[224]。なお、ケニアによる軍事介入に対してソマリア「政府」から同意が与えられたとされている期間中も、すでに述べた通りソマリアは事実上の無政府状態であり、ソマリア「政府」たる TFG を含むあらゆるアクターによる多数の重大な人権侵害や、無差別攻撃などの人道法違反が報告されていた[225]。とりわけ、アル・シャバブや治安部隊による、超法規的な殺人、強制失踪、拷問、性的虐待が顕著であり、TFG はそれらを起訴または処罰する措置を取らず、免責が常態化していた[226]。

220　Josh Kron, "Kenyan Offensive is Not Welcome, Somalia's President Says," *The Tech*（25 October 2011）, at https://thetech.com/2011/10/25/long2-v131-n47（as of 30 June 2024）.

221　U. N. Doc. S/2011/759, para. 5.

222　*Ibid.*

223　*Ibid.*

224　U. N. Doc. S/RES/2036, para. 1. ただし、国連事務総長の報告書では、ケニア軍は「AMISOM の指揮下にはなく、ソマリアと二国間で活動を続けていた」ことが明らかにされている。U. N. Doc. S/2016/1098, para. 10.

225　U. N. Doc. S/2012/283, paras. 68, 70; Erika de Wet, *supra* note 1, pp. 131-132.

226　Human Right Watch, "World Report 2011: Somalia," at https://www.hrw.org/world-report/2011/country-chapters/somalia（as of 30 June 2024）; U. S. Department of State, "Somalia, Country Reports on Human Rights Practices‐2011"（24 May 2012）, at https://www.refworld.org/reference/annualreport/usdos/2012/en/86378（as of 30 June 2024）.

290 │ 第 5 章　自衛権の議論における同意に基づく武力行使の位置付け

Ⅱ−5．2014年以降の米国主導の連合軍、ロシアおよびイランによるイラクでの武力行使

　本事例は第 3 章第 2 節Ⅱ−4．で取り上げたように、対テロ介入の事例である。イラク政府は2014年 6 月末、国連への書簡で、ISIL の進出と残虐行為を指摘し、これに対抗するために国連加盟国に軍事支援を要請した[227]。2014年 8 月 8 日には、米国主導の連合軍（フランス、オランダ、ベルギー、イギリス、オーストラリア、デンマーク、カナダ、モロッコ、アラブ諸国等）が、それぞれこの書簡による要請に基づき、イラクに存在する ISIL に対し空爆を開始した[228]。このような米国主導の連合軍と並行して、イランとロシアも ISIL との戦いのためにイラク政府の要請を受けてイラクに軍事介入している[229]。これらの軍事行動は国際社会によって受け入れられ、批判はみられない。なおイラクでは ISIL との戦いにおいて治安部隊による ISIL への人道法・人権法違反があったものの、イラク政府がこれに対する処罰の手続を確立しようとしていた[230]。

Ⅱ−6．2014年以降の米国主導の連合軍によるシリアでの武力行使

　本事例は上と同じく ISIL に対するものであるが、第 5 章第 1 節Ⅱ−4．で取り上げたように、米国はシリア政府から軍事援助の要請を受けていたのにも拘らず、これに応えることを拒否し、シリア領域内に存在する非国家主体によってイラクが「武力攻撃」を受けているとして、イラクの要請を受けてシリアで集団的自衛権を行使した。シリアでは当時、政府側・反政府側を含むあらゆる紛争当事者に

227　U. N. Doc. S/2014/440, *supra* note 47. See also, Karine Bannelier, *supra* note 47, p. 750.

228　The White House, Office of the Press Secretary, *supra* note 48; Rob Page, *supra* note 48, pp. 23–24.

229　Raphael Van Steenberghe, "The Alleged Prohibition on Intervening in Civil Wars Is Still Alive after the Airstrikes against Islamic State in Iraq: A Response to Dapo Akande and Zachary Vermeer," *EJIL: Talk!* (12 February 2015), at https://www.ejiltalk.org/the-alleged-prohibition-on-intervening-in-civil-wars-is-still-alive-after-the-airstrikes-against-islamic-state-in-iraq-a-response-to-dapo-akande-and-zachary-vermeer/ (as of 30 June 2024).

230　Angela Dewan, "Amnesty International: Iraqi Forces Must Not Repeat "War Crimes" in Mosul Offensive," *CNN* (18 October 2016), at https://edition.cnn.com/2016/10/18/middleeast/iraq-mosul-amnesty-international/index.html (as of 30 June 2024).

よって人道法・人権法の重大な違反が行われていた。それらは、拷問、超法規的殺人、性暴力、文民の無差別攻撃、化学兵器やクラスター弾の使用、医療・教育施設への攻撃など多岐にわたっており、戦争犯罪や人道に対する罪にあたるとされていた。米国、カナダ、EU諸国などの欧米諸国は、Assad政権によるシリア国民への国際人道法違反を批判し、Assad政権はもはやシリアの正統な政府とはみなされないと宣言した。ただしこれら諸国は法的な意味で政府承認を撤回しているわけではおそらくないことは重要である。以上はすでに本書で紹介した通りであるが、以下では米国主導の連合軍によるISILに対する自衛権行使について、より詳細に事実関係を分析する。

　シリアにおけるISILの影響力と実効的支配が増大したことから、米国主導の連合軍は、2014年9月に、シリアのISILに対する空爆を開始した[231]。これらの国は一貫して、ISILに対する個別的または集団的自衛権をもってその行動を正当化してきた。例えば米国は「意思または能力の欠如（unwilling or unable）」テストを援用して、非国家主体に対する自衛権に基づいて軍事介入を正当化した。2014年9月23日付けで国連事務総長へ宛てた書簡において、米国は「脅威が所在している国の政府が自国領域を攻撃のために使用されることを防止する意思または能力を有しない（unwilling or unable）場合には、諸国は個別的および集団的自衛の固有の権利に従って自国を防衛することが認められなければならない。シリアは自ら、（ISILの）避難地に実効的に対抗する意思も能力もないことを示した。」[232]（括弧内筆者）と述べている。米国はイラクに対するISILの継続する脅威を除去するため、並びに米国および同盟国に対するテロリストの脅威に対処するため、シリアに所在するISILに対する軍事行動を開始した。したがって米国は、イラクの要請に基づく非国家主体に対する集団的自衛権と、非国家主体に対する個別的自衛権を行使している。他に、米国主導の連合軍に参加した他の西側諸国およびトルコも同様に、非国家主体に対する個別的・集団的自衛権を援用している[233]。その中でオーストラリア、カナダ、英国、トルコが「意思または能力の欠

231　U. N. Doc. S/2014/695, *supra* note 49.

232　*Ibid.*

233　U. N. Doc. S/2015/693 (Australia); U. N. Doc. S/2016/523 (Belgium); U. N. Doc. S/2015/221 (Canada); U. N. Doc. S/2016/34 (Denmark); U. N. Doc. S/2015/745 (France); U. N. Doc. S/2015/946 (Germany); U. N. Doc. S/2016/132 (Netherlands); U. N. Doc. S/2016/513 (Norway): U. N. Doc. S/2014/851 (United Kingdom); U. N. Doc. S/2015/563 (Turkey).

如（unwilling or unable）」テストを援用して正当化の主張を行った[234]。一方バーレーン、カタール、ヨルダン、サウジアラビア、アラブ首長国連邦の湾岸5カ国は、米国主導の空爆に参加したことを法的に正当化する主張をしなかった[235]。

当初、Assad政権はISILに対する空爆については抗議をせず、上記諸国がシリアの反政府勢力に軍事支援を提供していることについてのみ抗議をしていた[236]。しかしAssad政権は2015年9月に態度を変え、安保理に宛てた書簡において米国らによる軍事行動がシリア政府との協調のもとに行われていないことを批判した[237]。同書簡でシリアはISILを含む武装集団と継続的に軍事衝突しており、これに対処するために国連と協力する用意があることを強調した[238]。またISILとの戦いに関して憲章第51条を援用することは、国連憲章の歪曲にあたると主張した[239]。他に、ロシアとイランは、米国主導の連合軍によるシリアでのISILに対する空爆は違法であるとして初期から非難していた[240]。これらは、シリアのAssad政権との政治的結びつきの強い諸国であり、すでに第3章で検討したように、一定の人間的利益を主体的に侵害している（したがって同意能力のない）Assad政権の同意にもとづきシリアへ軍事介入している。

Ⅱ-7．2015年のエジプトによるリビアでの武力行使

「アラブの春」が始まった2011年2月、リビアでは反政府デモが始まり、その

234　*Ibid.*

235　Phil Stewart and Tom Perry, "US and Arab Allies Launch First Strikes on Militants in Syria," *Reuters* (23 September 2014), at https://www.reuters.com/article/us-syria-crisis-usa-strikes-idUSKCN0HI03A20140923 (as of 30 June 2024).

236　U. N. Doc. A/69/411–S/2014/705, para. 4; U. N. Doc. A/69/912–S/2015/371, p. 1; U. N. Doc. A/69/969–S/2015/487, pp. 1–3.

237　U. N. Doc. S/2015/719, pp. 1–2.

238　*Ibid.*

239　*Ibid.*

240　Alexei Anishchuk and John Irish, "Russia Says Air Strikes in Syria Would Be an Act of Aggression Without UN Vote," *Reuters* (11 September 2014), at https://jp.reuters.com/article/uk-russia-u-s-syria-airstrikes/russia-says-air-strikes-in-syria-would-be-act-of-aggression-without-u-n-vote-idUKKBN0H61BF20140911 (as of 30 June 2024); Ian Black and Dan Roberts, "Isis Air Strikes:Obama's Plan Condemned by Syria, Russia and Iran," *The Guardian* (12 September 2014), at https://www.theguardian.com/world/2014/sep/11/assad-moscow-tehran-condemn-obama-isis-air-strike-plan (as of 30 June 2024).

月の終わりには事態が悪化し内戦が発生した。同年6月までに、多数の国が Gaddafi 政権の正統性の喪失を宣言し、野党グループの主導権を握る国民暫定評議会（National Transitional Council：以下、NTC）をリビア国民の代表として承認した[241]。2011年8月に Gaddafi 政権が崩壊すると、NTC は翌年の選挙実施を目指して暫定政府を樹立した[242]。2012年6月8日に選挙が実施され、NTC は新たに選出された国民議会（以下、GNC）に政権を移譲した[243]。しかし新政府は直ちに治安の問題に直面した。2012年から2013年にかけて、リビアの武装勢力や多くの部族との間で戦闘が発生したのである[244]。2014年半ばには状況がさらに悪化し内戦に発展した。2014年6月25日には選挙によって GNC に代わり代表議会（以下、HOR）が発足したが、GNC のメンバーの多くが退陣を拒否した[245]。その結果、HOR は Tripoli ではなく Tobruk を拠点とすることとなった[246]。これによりリビアには Tobruk を拠点とし民主的に選出された HOR と、Tripoli に拠点を置き首都とリビア北西部の大部分を支配する GNC の2つの勢力が存在している状態となった。国際的に支持され、国連代表として認められていたのは HOR 側であったが、これは法律上の政府であることを必ずしも意味しない。このような状況をさらに複雑にしていたのは、リビア国内で多数のジハード主義グループと ISIL が活動していたことである[247]。

エジプトがリビアに軍事介入したのは、このようにリビアが1国2政府状態にある時期であった。2015年2月、ISIL によって21人のエジプト人キリスト教徒が斬首されたことを受けて、エジプト空軍はリビア空軍と連携し、リビア所在の ISIL に対して空爆を実施した[248]。この空爆により ISIL の戦闘員64名が死亡した

241　ただし、「国民の代表としての」承認は、法的な意味での政府承認ではない（ゆえに Gaddafi 政権の承認は取り消されない）とされている。Stefan Talmon, "Recognition of the Libyan National Transitional Council Recognition of the Libyan," *American Society International Law Insights*, Vol. 15, No. 16 (2011), at https://www.asil.org/insights/volume/15/issue/16/recognition-libyan-national-transitional-council (as of 30 June 2024).

242　Aidan Lewis, "Libya after Gaddafi Who's in charge?," *BBC* (13 September 2011), at https://www.bbc.com/news/world-africa-14901175 (as of 30 June 2024).

243　U. N. Doc. S/2012/675, para. 2.

244　Sari Arraf, "Libya: Conflict and Instability Continue," in Annyssa Bellal (ed.), *The War Report: Armed Conflict in 2017* (Geneva Academy of International Humanitarian Law and Human Rights, 2018), p. 71.

245　U. N. Doc. S/2014/653, p. 2, para. 10.

246　U. N. Doc. S/2015/144, p. 2, para. 7.

247　U. N. Doc. S/2015/624, pp. 1, 5, paras. 2, 29.

といわれている[249]。エジプトは、「国連憲章の規定に従い、正当な自衛権と在外国民をあらゆる脅威から保護する固有の権利を強調して」空爆を正当化した[250]。その後の安保理会議でリビア代表（HOR の Dayri 氏）は、「政府はテロに立ち向かうリビア軍を支援するために兄弟国エジプトに呼びかけた」と述べた[251]。これに応じてエジプト代表も、「エジプトはリビア政府の要請とニーズに応じて軍事支援を提供することを決定した」と述べた[252]。この安保理会議においては個別的自衛権は援用されなかった。

　エジプトによる軍事介入に対し、国連安保理はリビアへの武力行使に関する決定をしなかった[253]。アラブ連盟は全体としてエジプトの行動に「完全な理解」を示した[254]。ただし、アラブ連盟の諸国のうちカタールのみは、「エジプトの空爆はリビア紛争の一方当事者に不公平な利益を与える可能性がある」として批判した[255]。エジプトとカタールの関係は2013年以降、緊張関係にあったことには注意が必要である。一方で米国は、「各国が自衛のために独自の決定を行う権利を尊重する」と表明し、エジプトの軍事介入は要請に基づくものではなく個別的自衛権に基づくものであることをほのめかした[256]。

　リビアによる要請の前後には、紛争のあらゆる当事者や武装勢力よる国際人道法や人権法の違反が報告されている[257]。とりわけ、政治的意見や家族や部族のア

248　U. N. Doc. S/PV. 7387, p. 7.

249　Jared Malsin and Chris Stephen, "Egyptian Air Strikes in Libya Kill Dozens of Isis Militants," *The Guardian*, (7 February 2015), at https://www.theguardian.com/world/2015/feb/16/egypt-air-strikes-target-isis-weapons-stockpiles-libya (as of 30 June 2024).

250　Tom Ruys, Nele Verlinden and Luca Ferro, "Digest of State Practice 1 January – 30 June 2015," *Journal on the Use of Force and International Law*, Vol. 2, No. 2 (2015), p. 264.

251　U. N. Doc. S/PV. 7387, p. 5.

252　*Ibid.*, p. 7

253　Karine Bannelier, *supra* note 47, p. 757.

254　"CORRECTED UPDATE-4-Egypt, Qatar Trade Barbs in Dispute Over Libya Strikes," *Reuters* (19 February 2015), at https://jp.reuters.com/article/mideast-crisis-egypt-qatar/corrected-update-4-egypt-qatar-trade-barbs-in-dispute-over-libya-strikes-idUSL5N0VT06C20150219 (as of 30 June 2024).

255　*Ibid.*

256　"US 'Respects Egypt's Right to Self-Defence' After Libya Airstrikes," *Egyptian Streets* (18 February 2015), at https://egyptianstreets.com/2015/02/18/u-s-respects-egypts-right-to-self-defence-after-libya-airstrikes/ (as of 30 June 2024).

257　U. N. Doc. S/2016/1011, para. 33; U. N. Doc. A/HRC/31/47.

イデンティティを理由に民間人を虐待し不法に殺害したとして非難されている[258]。また恣意的な拘束や拷問も、政府の拘置所や武装勢力が運営するセンターで発生していることが報告されている[259]。

Ⅱ-8. 2015年以降の米国によるリビアでの武力行使

リビアにおける ISIL に対する最初の米軍の軍事活動は、2015年11月13日に実施され、空爆によってイラク人の ISIL 指導者が殺害された[260]。米国は法的根拠について明確には説明をしていないが、米国防総省は、攻撃目標が ISIL の上級指導者であり、「これはリビアのテロリストに対する米国の最初の攻撃ではないが、リビアの ISIL 指導者に対する米国の最初の攻撃であり、ISIL 指導者がどこで活動しようと米国が追撃することを示すものである」と述べている[261]。したがってこの軍事活動は米国の対テロ作戦の一部であり、法的根拠は非国家主体に対する個別的自衛権であったと考えられる。米国の行為に対し国際社会からの批判は特になく、黙認しているようである。

リビアでは2014年10月以降国連の仲介により HOC と GNC の間で交渉が行われていたが、2015年12月17日に「リビア政治合意」が締結された[262]。この合意により、統一政府として国民合意政府（以下、GNA）が樹立され、安全保障理事会はこの合意を支持し、GNA を「リビアの唯一の正統な政府」と認めた[263]。さらに安保理は加盟国に対し、GNA の要請に応じて、ISIL、アルカイダおよびそれ

---

258 *Ibid.*

259 *Ibid.* なおエジプトは2017年5月にも、リビア所在の非国家主体に対し空爆を行い、その正当化根拠として、非国家主体に対する自衛権とリビア政府の同意を挙げている。しかし、エジプトの言うリビア政府の同意は HOR の同意であって、当時のリビアの法律上の政府は国民合意政府（GNA）であるから、エジプトの主張は妥当でないと評価されている。詳細は、Daley J. Birkett, "Another Hole in the Wall? Evaluating the Legality of Egypt's 2017 Airstrikes Against Non-State Targets in Libya Under the Jus ad Bellum," *Netherlands International Law Review*, Vol. 69, Issue. 1 (2022), pp. 106-109.

260 Karine Bannelier, *supra* note 47, p. 758.

261 U. S. Department of Defense, "Statement from Pentagon press-secretary Peter Cook on U. S. strike in Libya" (14 February 2015), at https://www.defense.gov/News/Releases/Release/Article/628954/statement-from-pentagon-press-secretary-peter-cook-on-us-strike-in-libya/ (as of 30 June 2024).

262 U. N. Doc. S/RES/2259, p. 1.

263 *Ibid.*, p. 4, para. 3.

らに関連するグループの打倒を積極的に支援するよう推奨した[264]。米国はこの決議の後も ISIL に対する軍事活動を続け、2016年2月の攻撃に関しては、GNA の要請および自衛権に基づき法的正当化の主張を行っている[265]。しかし一方で、2016年2月初旬に匿名で報道機関に語った米国当局者は、米軍の関与拡大を阻む最大の「ハードル」は、外国の軍事支援を要請し受け入れるのに十分強い統一政府の形成だと述べていた[266]。さらに英国下院外交委員会は、2016年9月の報告書で、リビアが政治的支配を確立し国内情勢が安定し英国に正式な要請を出すまで、英国軍をリビアに展開すべきではないと述べている[267]。同様に、NATO と EU も要請に基づく介入には慎重な姿勢であった[268]。このように諸国は他国による軍事介入を要請する意思と能力のある領域国政府の確立を重視しているようである。

上で述べたように、リビア政府による要請の前後には、紛争のあらゆる当事者や武装勢力よる国際人道法や人権法の違反が報告されていた[269]。2015年12月に統一政府 GNA が樹立された後も、GNA は支配を確立できず、政府側によるものも含め、あらゆる勢力による、恣意的な拘束、拷問、超法規的な殺人、無差別攻撃、拉致、強制失踪が報告されていた[270]。国内の刑事司法制度は機能不全のままであった。

264　*Ibid.*, p. 4, para. 4.

265　The White House, "Report on the Legal and Policy Frameworks Guiding the United States' Use of Military Force and Related National Security Operations" *supra* note 214, p. 17.

266　Phil Stewart, Warren Strobel and Jonathan Landay, "Despite Libya Urgency, Hurdles to Quick Action against Islamic State," *Reuters* (5 February 2016), at https://jp.reuters.com/article/us-usa-libya/despite-libya-urgency-hurdles-to-quick-action-against-islamic-state-idUSKCN0VE2OJ (as of 30 June 2024).

267　UK House of Commons, "Libya: Examination of Intervention and Collapse and the UK's Future Policy Options – Third Report of Session 2016 – 17" (14 September 2016), para. 127, at https://publications.parliament.uk/pa/cm201617/cmselect/cmfaff/119/119.pdf (as of 30 June 2024).

268　Karine Bannelier, *supra* note 47, p. 759.

269　U. N. Doc. S/2016/1011, para. 33; U. N. Doc. A/HRC/31/47.

270　Human Right Watch, "Libya Events of 2016," at https://www.hrw.org/world-report/2017/country-chapters/libya (as of 30 June 2024).

Ⅲ．実行に照らした考察

　非国家主体に対する自衛権については、学説における国家限定説と非国家主体許容説との対立がなお決着をみていない。しかし国家実行の分析（Ⅱ．）で確認されたように、実際は非国家主体に対する自衛権は多くのケースで援用されている。ここでは、非国家主体に対する自衛権が認められるか否かという議論自体については予断せず、国家実行において非国家主体に対する自衛権と同意に基づく武力行使とがどのような関係をもつものとして扱われているかを検討する。

　国家実行に照らせば、以下の3点が読み取れる。

　第1に、領域国（A"）政府が武力行使に同意する能力を有している場合（自国領域内で一定の人間的利益を主体的に侵害していない場合）で同意が与えられた場合は、非国家主体に対する自衛権ではなく領域国の同意が援用される。2014年以降の米国主導の連合軍によるイラクでの武力行使（Ⅱ-5．）では、イラク（A"）は武力行使に同意する能力を有していると評価でき[271]、米国（B"）主導の連合軍はイラク領域内での軍事介入を自衛権ではなくイラク政府の要請に基づいて正当化していた。

　第2に、反対に、領域国（A"）政府が武力行使に同意する能力を有していない場合（自国領域内で一定の人間的利益を主体的に侵害している場合）には、同意があったとしてもそれを援用せず、代わりに非国家主体に対する自衛権が援用される。2004年以降の米国によるパキスタンでの武力行使（Ⅱ-1．）では、パキスタン（A"）は2007年から2011年の間、米国（B"）に秘密裡に同意を与えていたが、米国はその期間も含めて、パキスタンの同意ではなく非国家主体に対する自衛権に拠って正当化しているようであった。当時パキスタンは武力行使に同意を与える能力を有していなかったと評価でき、また少なくとも2013年には同意を撤回している。米国は同意にあった期間の前後を問わず、常に対テロ戦争の一環として、非国家主体に対する個別的自衛権の行使としてパキスタンで軍事行動を行なっていた。ただし米国がパキスタン政府による一定の人間的利益の侵害を根拠に、非国家主体に対する個別的自衛権を援用していたとは明示されていない。対してこの点が比較的明確なのは、2014年以降の米国主導の連合軍によるシリアでの武力

　271　詳細は、第3章第3節Ⅳ．「実効的保護説の評価」を参照。

行使（Ⅱ-6.）である。米国（C"）はシリア（A"）の要請に応答することを拒否し、イラク（B"）の要請をうけてシリア所在の非国家主体に対する集団的自衛権に基づいて正当化した。当時シリアの Assad 政権は自国領域内で一定の人間的利益を主体的に侵害しており、米国、カナダ、EU 諸国などの欧米諸国は、Assad 政権によるシリア国民への国際人道法違反を批判し、Assad 政権はもはやシリアの正統な政府とはみなされないと宣言していた。

　第3に、領域国（A"）に法律上の政府が存在するかどうか評価の分かれる場合か、あるいは領域国（A"）政府が武力行使に同意する能力を有しているのかが疑わしい場合には、同意と非国家主体に対する自衛権の両方が援用される傾向にある。2006年のエチオピアによるソマリアでの武力行使（Ⅱ-2.）および2011年のケニアによるソマリアでの武力行使（Ⅱ-4.）では、エチオピアおよびケニア（B"）はソマリア（A"）の「政府」とされる TFG からの要請だけでなく、非国家主体に対する個別的自衛権も併せて援用していた。当時、TFG が法律上の政府であったかは不明であり、仮にそうであったとしても、実効的保護の基準を満たしていなかった。ただし、エチオピアもケニアも TFG の発足を支援していたという政治的関係に注目すれば、エチオピアとケニアが TFG の同意を援用するのは自然かも知れない。この意味で2007年以降の米国によるソマリアでの武力行使（Ⅱ-3.）はより注目に値する。米国（B"）は2013年1月17日にソマリアの新連邦政府（FGS）の政府承認を行うまでは非国家主体に対する個別的自衛権のみを援用し、承認以降は、それに加えてソマリア政府からの要請を援用した。FGS は一定の人間的利益を主体的に侵害していたとは言い切れないことは上で述べたが、依然疑わしく、したがって上のイラクの事例（Ⅱ-5.）とは異なり、米国はソマリア政府の同意のみに依っていない。同様に、1国2政府状態であったリビア（A"）においては、エジプト（B"）は個別的自衛権とリビア「政府」（HOR）からの同意の両方に基づいて軍事介入を正当化した（Ⅱ-7.）。エジプトと同時期にリビアに軍事介入した米国（B"）は、統一政府である GNA が樹立されるまでは非国家主体に対する個別的自衛権を援用し、GNA の樹立以降は、それに加えてリビア政府からの要請を援用した（Ⅱ-8.）。しかし GNA も法律上の政府であるかは確定的ではない。また実効的保護基準を満たしているはいえず、したがってソマリアの事例（Ⅱ-3.）と同様に、リビア政府の要請のみに依っていないことが注目されよう。英国や EU、NATO などの反応からも、国際社会は武力行使を要請する意思と能力のある政府が樹立されるまで、リビアの要請に

基づくことは困難であるという見解を示唆していたことが読み取れる。ソマリアやリビアのようなケースにおいて自衛権に加えて同意が援用されるのは、同意によって軍事介入を正当化するためというよりは、（政府であると主張している）当該実体との間で政治的な軋轢を生じさせないためであろう。

　以上の分析が正しいとすると、武力行使に同意を与えることのできる領域国政府が存在する限りは、同意に基づく武力行使が非国家に対する自衛権に優先すると結論できる。武力行使に同意を与えることのできる領域国政府は、実効的保護の基準により判断される。政府が自国領域内で一定の人間的利益を侵害しているかその疑いがある場合や、法律上の政府が存在するか評価の割れる場合は、非国家主体に対する自衛権が援用可能となる。よって、国家実行は、理論的分析（Ⅰ-2.）で整理した先行研究の中でも、領域国（A"）政府が国際犯罪に該当する国際法違反を犯している場合に、領域国（A"）の同意の有無に関わらず、非国家主体に対する自衛権が援用されるとする主張（Kreß や de Wet の見解）と整合的であろう。また非国家主体許容説の論者の一部が主張する「意思または能力の欠如（unwilling or unable）」テストを、以上のような本書の見解から評価すれば、「（非国家主体に対処する）能力の欠如（unable）」を、「（武力行使に同意する）能力の欠如（実効的保護の欠如）」と読み替えることによって、非国家主体に対する自衛権についてはこの「能力の欠如（unable）」テストが必要性要件として妥当するといえよう。「意思の欠如（unwilling）」は、同意に基づく武力行使という正当化根拠を差し置いて非国家主体に対する自衛権が適用される理由にはならず、本章第２節で明らかにしたように非国家主体の武力行為の国家への帰属基準に関連する。

Ⅳ. 武力行使禁止原則の２元的理解に基づく説明

　さて、ここまでは非国家主体に対する自衛権が認められるかについての論争（国家限定説と非国家主体許容説の対立）自体については予断せずに論じてきた。国家限定説によれば、他国での武力行使が正当化されるには、当該他国の同意があるか、当該他国に対する自衛権行使であるか、あるいは安保理の授権があるかでなければならない。これに対して非国家主体許容説は非国家主体に対する自衛権を認めるので、同意に基づく武力行使との関係が問題となった。

　そこで最後に、武力行使禁止原則の２元的理解からいかに説明されるかについて考察を加えたい。武力行使禁止原則の２元的理解は、国家は武力によって他国

の抽象的国家利益も一定の人間的利益も侵害してはならないということを意味するのであるから、この理論的認識枠組は、武力行使禁止原則に違反することができるのは依然として国家であるとする国家限定説と調和的である。しかしこのことは、本節で分析した「同意に基づく武力行使と非国家主体に対する自衛権との関係」を無意味なものとはしない。というのは、国家限定説にとっては、非国家主体許容説および国家実行が「非国家主体に対する自衛権」として論じているものは、自衛権ではなく「域外法執行」であると解釈できる可能性があるのである。そして、仮に本節で論じてきた「同意に基づく武力行使と（非国家主体許容説にとっての）非国家主体に対する自衛権との関係」を、「同意に基づく武力行使と（国家限定説にとっての）域外法執行との関係」として置き替えれば、その関係を説明する際に武力行使禁止原則の2元的理解は有用であると思われる。以下ではこの点につき検討する。

　国家限定説にとっては、非国家主体は武力行使禁止原則に違反しえないから、非国家主体の武力行為は国家に帰属しない限り国内刑法上の犯罪でしかない。被害国（B”）はその領域内においては国内法上の執行管轄権を行使することができ、他国（A”）領域においては当該他国の同意を得られた場合にのみ執行管轄権を行使することができる[272]。問題は後者の場合で、当該他国（A”）が破綻国家であるか非国家主体を取り締まる能力がないとき、被害国（B”）が当該他国（A”）において強制的に法執行を行うことができるか否かである。ここで、域外での強制的な法執行を例外的に正当化する論理として提唱されるのが「域外法執行」である。非国家主体側が高度な武装水準を保持していることから警察ではなく軍隊が関わることが多いが、いかに軍隊による活動であるとしても、域外法執行は被疑者の捜査・逮捕を目的とした警察活動であると説明される[273]。確かに上で分析したように、「非国家主体に対する自衛権」は、武力行使に同意する能力のある政府が存在しない（政府が自国領域内で一定の人間的利益を侵害しているか、そもそも法律上の政府が存在しない）疑いのある場合に援用された。「域外法執行」概念が認められるならば、これによって説明できる可能性があり、そして捜査・逮捕のために必要な限度での武器使用である限りで正当化される可能性がある。

　もっともこれは、同じ事象を「域外法執行」と呼ぶか「非国家主体への自衛

272　松井芳郎『前掲書』（注156）80頁。

273　村瀬信也「国際法における国家管轄権の域外執行」『上智法学論集』第49巻第3・4号
　　　併号（2006年）145頁。

権」と呼ぶかのラベル付けの違いともいえる[274]。ICJ のコンゴ・ウガンダ事件で Kooijmans 判事はその個別意見において、「このような被攻撃国の反応を自衛行為と呼ぶか、緊急避難と呼ぶか、あるいは（中略）『域外法執行』など別の名称を与えるかは、本目的には関係のない問題である」[275]（括弧内筆者）と述べていた。国家実行において「非国家主体に対する自衛権」という呼称が好まれるのは、それが軍隊の関わる行為であるからともいえるし[276]、国内刑法上の手続に則るよりも、より柔軟な正当化を望むからであるともいえよう。このような武力行使と法執行との棲み分けも含めて、非国家主体に対する自衛権をめぐる議論と同意に基づく武力行使との関係はさらなる検討が必要である。ひとまず本節での結論は、武力行使禁止原則の2元的理解は国家限定説と調和的であることと、同意に基づく武力行使と「非国家主体への自衛権」ないし「域外法執行」との分水嶺は、領域国（B''）に武力行使への同意を与える能力のある政府が存在するか否かであるということである。同意を与える能力のある政府とは、法律上の政府であり（第4章「同意の手続的要件」）、かつ、自国内で一定の人間的利益を主体的に侵害していない政府（第3章「同意の実体的要件」）である。このように武力行使禁止原則の2元的理解は、同意に基づく武力行使と「非国家主体への自衛権」ないし「域外法執行」との関係を論じる際にも有用である。

第4節　国家の同意と自衛権の関係性──第5章の検討結果を踏まえて

　他に検討すべき問題がなお残されていることが明らかとなったものの、領域国の同意と伝統的な集団的自衛権の関係（第1節）、非国家主体の武力行為の国家への帰属基準との関係（第2節）、および非国家主体に対する自衛権との関係（第3節）が、それぞれ武力行使禁止原則の2元的理解によって説明された。これをま

274　複雑なのは、非国家主体許容説の論者でも、自衛権行使の一形態として「域外法執行」を挙げることである。例えば Dinstein はその著書において、「本書では、『域外法執行』という慣用句を用いて、外国に存在する敵対的な組織武装集団に対して、自衛のために非合意で国境を越えた反撃に出るという現象を説明する。」としている。Yoram Dinstein, *War, Aggression and Self-Defence* (Cambridge University Press, 6th ed., 2017), p. 293, para. 768.

275　*Armed Activities on the Territory of the Congo (Democratic Republic of Congo v Uganda)*, Separate Opinion of Judge Kooijmans, *I. C. J. Reports, 2005, supra* note 165, para. 31.

276　古谷修一「自衛と域外法執行措置」村瀬信也（編）『前掲書』（注73）169-172頁。

302 | 第5章　自衛権の議論における同意に基づく武力行使の位置付け

【表10】領域国の同意、非国家主体の武力行為の国家への帰属、および非国家主体に
　　　　対する自衛権の関係

	Aの内情	Bのとりうる措置
1.	・他国Bに「武力攻撃」を行うNSAへ関与しており、帰属基準を満たす。	・Aに対する個別的自衛権（Aに同意を求める必要なし）。 ・Cへ集団的自衛を要請。 ・Bが実効的保護基準を満たしていれば、CにB領域への軍事介入を要請可能。
2.	・他国Bに「武力攻撃」を行うNSAへ関与しておらず、帰属基準を満たさない。 ・実効的保護基準を満たす。	・Aの同意を得てA領域で武力行使。 ・Aの同意が得られない場合に初めて、「黙認」または「意思の欠如」としてNSAの行為がAに帰属し、Aに対する個別的自衛権行使が認められる可能性がある。その場合はCに集団的自衛を要請可能。
3.	・他国Bに「武力攻撃」を行うNSAへ関与しておらず、帰属基準を満たさない。 ・実効的保護基準を満たさない（疑いがある）か、法律上の政府が存在しない（可能性がある）。	・A所在のNSAに対する個別的自衛権または域外法執行（Aに同意を求める必要なし）。 ・Cへ集団的自衛を要請。 ・Bが実効的保護基準を満たしていれば、CにB領域への軍事介入を要請可能。

とめたものが、【表10】である。Aがなんらかの関与をしている非国家主体、またはAに所在の非国家主体による「武力攻撃」を、Bが被った場合を想定している。Cは第3国であり、Bの要請に応じてAまたはBの領域で集団的自衛権を行使するか、Bの同意に基づきB領域で武力行使を行う。本章では文脈に応じて、（A, B, C）（A′, B′, C′）（A″, B″, C″）と使い分けてきたが、【表10】はまとめであるので、（A, B, C）に統一している。

　このように、非国家主体の軍事的脅威の増大を受けて、非国家主体の武力行為の国家への帰属基準の緩和や、非国家主体に対する自衛権（または域外法執行）の可能性が高まる中でも、同意に基づく武力行使は、それらよりも優先的に適用される場合がある。その場合とはすなわち、領域国政府（A）が実効的保護をしており、かつ「武力攻撃」を行うNSAに関与していない場合である（【表10】でいうところの2．の場合である）。この場合には、同意に基づく武力行使が優先され、同意が与えられない場合にはじめて、「黙認」または「意思の欠如（unwilling）」として帰属が認められる可能性が出てくる。すなわち武力行使禁止原則の2元的

理解は、武力行使に同意を与える能力のある政府（自国領域内で一定の人間的利益を主体的に侵害していない政府）が領域国に存在するか否か、存在するとして同意を与えることを拒否するか否かに注目するという視点を提供しうるのである。

武力行使禁止原則の従来的な国家対国家的視座に人間的視座を導入するという本書の主張は、国家でないもの（人間）に光を当てるものであるが、これは、同じく国家でないもの（非国家主体）が登場する近年の自衛権をめぐる議論においても有用であることが明らかとなった。そこでは、抽象的国家利益と人間的利益の関係ないしバランスが要となるのである。

ニューヨーク国連本部の広場にある『イザヤの壁（Isaiah Wall）』
「彼らはその剣を鋤に、その槍をかまに打ち直し、国は国に向かって剣を上げず、
二度と戦いのことを習わない。（イザヤ書2章4節）」

終　章　理論と実践の狭間で

　　　　　　　　　　　　第1節　結　　論
　　　　　　　　　　　　第2節　今後の課題

現代国際法の基本原則の１つとして確立している武力行使禁止原則は、従来、国家による他国に対する武力の使用または武力による威嚇を禁止しているとして、国家対国家的に理解されてきた。同意に基づく武力行使という事象についても、この理解のもとで把握され議論されてきた。そこでの議論は、なぜ武力行使が領域国の同意により正当化されるのかという理論的問題に関するものと、それがいかなる場合に正当化されるのかという実践的問題に関するものとがある。しかし理論的問題に対する伝統的な国家対国家的視座からの先行研究は、論理上解決されねばならない点を含んでいることに加えて、理論的問題に関する見解の対立が実践的問題の議論に関連していないという不可解な状態にある。

本書は、その原因が、武力行使禁止原則の国家対国家的視座のみによる理解であると指摘し、理論的問題と実践的問題を整合的に把握し説明するために、武力行使禁止原則自体を捉え直す新しい理論的認識枠組を提示した。以下では、本書での検討によって得られた結論を述べた上で（第１節）、今後の課題を示す（第２節）。

第１節　結　　論

国際法上、なぜ武力行使が領域国の同意により正当化されるのかという理論的問題についての見解の対立（第１章）は、結局は武力行使禁止原則の強行規範性の問題に原因があり、いずれの見解もその問題を回避するための理論を構築しているが、実際には回避しきれていないことが明らかになった。この問題を克服するには、既存の理論が総じて拠って立つ武力行使禁止原則の国家対国家的理解では不十分であり、国際法において発展してきた人間的視座（国籍に関わらず人間に直接関わる利益に着目する視座）を導入することが必要であった。そこで本書は、武力行使禁止原則を国家対国家的視座と人間的視座の両視座から把握するという、武力行使禁止原則の２元的理解を提唱した。これは、武力行使禁止原則を「すべての国家は、武力によって、他国の抽象的国家的利益も、一定の人間的利益も侵害してはならない」という内容を有するものとして理解するものである。これによれば、同意に基づく武力行使は、抽象的国家による抽象的利益の放棄であると捉えられ、一定の人間的利益は放棄が許されないものであるとされた（第２章）。

武力行使禁止原則の２元的理解は、理論的問題を解決するのみならず、理論的問題と実践的問題とを統一的・整合的に論じることを可能にした。それは、これ

までの武力行使禁止原則の国家対国家的視座のみでは捉えきれない価値が実践においても光を当てられるようになってきたことを示していた。そのようなものとしてまず、同意に基づく武力行使の実体的要件を検討した。「領域国政府からの同意が、抽象的国家利益のみの放棄であり一定の人間的利益の侵害を意図したものではないこと」、「領域国政府からの同意に基づいて武力行使をする国家が、当該領域国の抽象的国家利益のみを侵害しており一定の人間的利益を侵害するものではないこと」を判断するために、①同意時において、領域国政府が自国内で一定の人間的利益を主体的に侵害していないことと、②同意に基づき武力行使する際において、武力行使国が領域国で一定の人間的利益を侵害しないことという2つの要件が課されることが明らかになった（第3章）。続いて武力行使への同意が有効に与えられるために満たすべき手続的要件を検討した。結果、同意を与える主体、同意の態様、同意の与える時期のうち同意が事前に与えられることについては、武力行使への同意と他の文脈における同意とで要件の相違はみられなかった。一方で、事前の条約に基づく同意のみでも有効か、あるいはアドホックな同意が必要かについては、同意の内容および人間的利益が関わるものであり、武力行使への同意の場合は他の文脈における同意と異なる要件が課されることが明らかになった（第4章）。さらに、同意に基づく武力行使の現代的意義を探るため、自衛権の議論において同意に基づく武力行使がいかなる位置付けを与えられているのかを検討した。非国家主体の軍事的脅威の増大を受けて、非国家主体の武力行為の国家への帰属基準の緩和や、非国家主体に対する自衛権の可能性が高まる中でも、領域国政府が実効的保護基準を満たしており、かつ他国へ「武力攻撃」を行う非国家主体に関与をしていない場合は、同意に基づく武力行使は自衛権に優先して適用されることが明らかになった。武力行使禁止原則の従来的な国家対国家的視座に人間的視座を導入するという本書の主張は、自衛権をめぐる議論においても有用であった（第5章）。

　このように本書は、武力行使禁止原則を国家対国家的視座と人間的視座の両視座から2元的に理解することは、同意に基づく武力行使の理論的問題を解決でき、かつ、実践的にも国際社会の現実を捉えるに有用であることを示した。武力行使への同意という、すでに武力行使の正当化事由として認められている事象、そして同意国による一見強力な国家主権の行使とみえる事象を論ずることで、国際法における国家・人間・武力行使の意味を捉え直すこととなった。

　しかし、武力行使禁止原則の2元的理解は、現時点において同意に基づく武力

行使のすべての国家実行を最も適切に説明できる理論的認識枠組であるわけではない。なぜなら国家実行上は、人間的視座を明確に用いていない事例が散見されるだけでなく、国家対国家的視座のみに立っているかのように解される事例もあるからである。例えば、第3章第2節で分析したように、2002年にコートジボワールからの軍事支援の要請をフランスが拒否した事例（II-2）で、フランスはコートジボワール政府が反乱を抑圧するために広範な人権侵害を行っていることを理由としていた一方で、2019年のフランスによるチャドでの武力行使（I-7）では、チャド政府による重大な人権侵害が報告されていたにも拘らず、フランスはそれを理由に要請を拒否することがなかった。すなわち前者の事例ではフランスは人間的視座を用いつつ、後者の事例ではそれを用いずに国家対国家的視座のみによったという点で、フランスは一貫性に欠ける。理論と実践の狭間にあるこのような現状に対して、武力行使禁止原則の2元的理解は、政治の分野として今後開拓していかなければならない「*lex ferenda*（在るべき法）」を指し示すものとなる。

第2節　今後の課題

　最後に今後の検討課題として、武力行使禁止原則の2元的理解に基づき *jus ad bellum* に関する他の諸論点の検討を進める必要があること（I）、および武力行使禁止原則を含めた国際法一般において人間的視座を語りうる理論を構築する必要があること（II）について触れたい。

I．*jus ad bellum* に関する他の諸論点の検討

　本書は、人間的視座との対極にあるようにみえる、国家主権を介した国家の同意を論ずることで、逆説的に国家主権の意味を捉え直すものであった。そのため、本書の検討対象は主に同意に基づく武力行使に限られていた。第5章においては自衛権の問題を取り扱ったものの、それは総じて同意に基づく武力行使との関係を論じるために必要な範囲での検討に限られていた。国家対国家的な性格の強い武力行使の分野にどれだけ人間的視座が浸透しているかをより包括的に明らかにするには、同意に基づく武力行使のみならず、広く *jus ad bellum* に関する他の諸論点を検討する必要がある。

例えば自衛権に関してより精緻な議論をするには、自衛権に関わる諸概念を分析し武力行使禁止原則の2元的理解からいかに解されるのかを検討する必要がある。そのようなものとして例えば、「武力攻撃」の認定における武力行使の程度とは何か、必要性・均衡性要件の内実は何かといったものが考えられよう。前者の「武力攻撃」については第5章第1節Ⅳ．で触れたように、「より重大な武力行使」として、強行規範の違反になるような「一定の人間的利益の侵害を伴う武力行使」と解される可能性がある。後者の必要性・均衡性要件については第2章第4節Ⅳ．で触れたように、jus ad bellum の継続適用説が関わるものであり、jus ad bellum と jus in bello の関係性の問題に繋がるものでもある。jus ad bellum 上の必要性・均衡性要件が、武力紛争中も継続的に適用され、戦闘方法の規制に関する人道法などが関連するのであれば、そこでは武力行使禁止原則の人間的視座が作用していると想定できる。他に、人間的視座が関わりうるものとして、在外自国民保護（非戦闘員退避活動）の自衛権、人道的介入、国際人道組織と軍隊の協働連携の問題がある。特に在外自国民保護の自衛権や人道的介入については国際法上その適法性がなお議論されているが、本書の提唱する武力行使禁止原則の2元的理解からはいかに説明されるかにつき、検討が必要である。

Ⅱ．武力行使禁止原則を含めた国際法一般における人間的視座の理論化

　本書では、序章第2節Ⅰ．において国際法には一般に人間的視座が存在するとした上で（つまり国際法における人間的視座を所与のものとして）、本論においてそれを武力行使禁止原則に導入することを論じてきた。確かに人間的視座は、国家よりも人間に着目する国際人権法・人道法の発展、さらには対世的義務および強行規範の実定法化に特に見られるように、国際法一般においてすでに存在する。それは、国際法は必ずしも国家対国家的に語ることができないことを意味する。国家がそれ自体として固有の価値を与えられてきた近代の国家観そして国際法観は、国家主権を相対化するかたちで変容しているのである。

　しかしそれをいかに理論化するかについては、多様な見解がある。すでに本書で紹介したものでも、Peters によるグローバル立憲主義[1]、Criddle と Fox-Decent

---

1　Anne Peters, "Membership in the Global Constitutional Community," in Jan Klabbers, Anne Peters and Geir Ulfstein (eds.), *The Constitutionalization of International Law* (Oxford University Press, 2009), pp. 153-262.

による人間性の「受認者（fiduciary）としての国家」概念[2]、Cançado Trindade による「新しい万民法」[3]、寺谷による個人基底的立憲主義[4]、最上による批判的国際立憲主義[5]、がある。そしてこれらの論者は、武力行使禁止原則においてそれぞれの見解がどのような意味をもつかについて必ずしも詳細な検討はしていない。いわんや同意に基づく武力行使の検討はない。

本書において、同意に基づく武力行使という事象の検討を通して、武力行使禁止原則の2元的理解が提唱された今、国際法における人間的視座に関する既存の理論の中で、いずれが最も整合的に武力行使禁止原則の2元的理解と結びつくのだろうか。あるいは武力行使禁止原則を含めて国際法一般において人間的視座を語りうる理論は、全く新しく構築される必要があるのだろうか。それとも、そもそも武力行使禁止原則が2元的に理解されるべきというのは、国際法の他の分野とは異なる特殊なものであり、国際法一般として把握しうる理論を構築することは不可能な（または望ましくない）のだろうか。この点の検討も今後の課題である。

2　Evan J. Criddle and Evan Fox-Decent, *Fiduciaries of Humanity: How International Law Constitutes Authority* (Oxford University Press, 2016), pp. 1-43.

3　Antônio Augusto Cançado Trindade, *International Law for Humankind: Toward a New Jus Gentium* (Martinus Nijhoff, 2nd ed., 2013), pp. 3-4.

4　寺谷広司「断片化問題の応答としての個人基底的立憲主義―国際人権法と国際人道法の関係を中心に―」『世界法年報』第28号（2009年）42-76頁。また、同「国際法における人権基底的思考の背景と展開」『国際人権』第27号（2016年）19-28頁も参照。

5　最上敏樹「国際立憲主義批判と批判的国際立憲主義」『世界法年報』第33号（2014年）1-32頁；同「国際立憲主義の新たな地平―ヒエラルキー、ヘテラルキー、脱ヨーロッパ化」『法律時報』第85巻第11号（2013年）6-12頁。

あとがき

　本書は、2023年1月に京都大学大学院法学研究科法政理論専攻に提出した博士（法学）学位請求論文「同意に基づく武力行使の理論と実践―武力行使禁止原則への人間的視座の導入―」に加筆修正を施したものである。

　国家（の同意）とはなにか、強行規範とはどこから来るのか、武力行使の禁止は強行規範なのか。こうした問題意識を抱いていたことから、同意に基づく武力行使という事象については、修士課程の1年目から興味を持ち研究を開始した。しかし当初から「人間的視座」が念頭にあったのではない。修士課程では単に先行研究と国家実行を渉猟し、整理・分析するのみであった。国際法の根幹に関わるとされてきたと言って良い、「国家（の同意）」と「武力行使」。この2つのキーワードだけで、大量のマテリアルに翻弄され、修士論文ではそれらを四苦八苦しながらまとめるのが関の山であった。しかしその結果、先行研究では「なぜ武力行使が国家の同意により正当化されるのか」という理論的問題と、「いかなる場合に武力行使が国家の同意により正当化されるのか」という実践的問題が、リンクして論じられていないことに気付かされた。同時に、理論的問題は、武力行使禁止の強行規範性との関係で議論が頓挫しているように見え、一方で実践的問題に関しては、「保護する責任」や国際人権法・人道法に着目するという最近の傾向が伺えた。そこで、思い切って「人間的視座」を導入し、両問題を連動させ、解決しようとした。その試みが上記の博士論文となった。この試みが成功しているか否かは、読者からのご意見と、それを踏まえた今後の研究によって明らかにしていきたい。

　さて今回の研究を通し、筆者の興味関心には、国際法における「人間」が加わった。それが中心になったともいえる。しかし安全保障というハイポリティクスの舞台で、国際人道法に着目するのではなく、武力行使禁止原則そのものに人間的視座を組み込むことには、異論もあろう。とりわけ厳格な実証主義の見地からは、人間的視座など微塵も看取されない国家実行があることが指摘されよう。本書でも指摘したように、領域国で甚だしい人権侵害が報告されていても、実際に他国が武力を（いずれの正当化根拠で）行使するかを検討する際の考慮事項として、当該人権状況が含まれていたか不明な事例が複数ある。一方、人間的視座が用いられていると評価できる実行も、そこで考慮される「一定の」人間的利益の

範囲は限定的であることが第3章で結論された。しかし、武力行使禁止原則とそれに関する国家実行に、人間的視座がどれだけ浸透しているかという現状が、いまだ国家中心の布置となっている限界とともに実証的に明らかにされたのであれば、本書は細やかながら1つの役割を果たせたのではないか。

＊＊＊

　本書の上梓に至る過程では、多くの方々にご指導・ご助力をいただいた。

　国際法に関心を持ち、研究者を志すようになったきっかけは、金沢大学の稲角光恵教授の講義およびゼミである。20歳前後の無知な筆者に対し、国際法研究の魅力だけでなく、研究者として生きる道の険しさや覚悟の必要性を教えてくださり、その上で京都へ送り出してくださった。京都大学大学院法学研究科修士課程の2年間と博士後期課程の最初の1年間は、淺田正彦教授に指導していただいた。突然金沢から京都にやってきた筆者をあたたかく受け入れ、研究テーマの選択の段階にあるときも、先行研究を渉猟・分析している最中も、また研究の進行が停滞したときにも、状況に応じて常に適切かつ懇切丁寧なご助言をくださった。本書のテーマである同意に基づく武力行使に関心を抱くようになったのも、淺田先生の影響が大きい。博士後期課程の残りの2年間は、酒井啓亘教授に指導していただいた。扱いたいテーマの大きさに対し自身の処理能力が追いつかないのか、上手く形にできず迷走していた筆者を前に、「博士論文はもっと若々しく書いてね」と仰った。その一言は、筆者の背中を押し、論文の構成を大きく変えることになった。筆者が博士後期課程を修了し同研究科の特定助教に採用された後も、世話教授として事あるごとに相談に乗って下さった。本書を出版する決断に至ったのも、酒井先生のご助言のゆえである。

　お世話になったのは以上のような指導教員の先生方にとどまらない。金沢大学の堤敦朗教授は、ご専門がかけ離れている（国際保健学）ものの、国際連合で勤務しておられたご経験から、その内情や、広く国際的な舞台で働くための心構えを伝授してくださった。日本各地やニューヨークやフィリピンで、堤先生から頂戴した叱咤激励のお言葉は、今日まで筆者の心を支えてきた。京都大学の濱本正太郎教授は、修士課程以降、大学院での講義において幅広いご見識を惜しみなく授けて下さった。それだけでなく、海外の大学との共同セミナーで研究報告をする機会を毎年設けて下さった。そこで濱本先生からいただく質問は、筆者が自覚

あとがき　313

できていなかった隙を鋭くつき、その後の研究を後押しした。酒井先生の次に筆者の世話教授を引き受けてくださった玉田大教授からも、折に触れて研究や出版に関する有益なアドバイスを賜った。

　学界の先生方には様々な形でお世話になった。毎週土曜日に開催されている京都大学国際法研究会では、博士論文を章ごとに研究報告したが、その度に先生方から頂戴した有益な質問の数々は、枚挙にいとまがない。毎週のように参加され率直なご意見を下さる繁田泰宏教授、同テーマですでにご論文を執筆されている阿部達也教授、研究会閉会後も何度もメールで議論をさせていただいた福島涼史准教授。他に、紙面の都合からお名前を挙げることのできない多くの名だたる先生方から、数多のご指摘を受け、博士論文はよりよいものとなった。なお消化しきれていない点があることは否めないが、それは筆者自身の限界のゆえであり、今後の研究に生かす所存である。またオランダ・ハーグの国際司法裁判所で裁判官として務めていらっしゃる岩沢雄司判事は、筆者がハーグ・アカデミーに参加した際に、ご多忙のところ2度もお会いする時間を割いてくださった。平和宮図書館や先生の執務室を訪れ、裁判所や研究生活につき直接お話をお伺いできたことは、大きな知的刺激となった。岩沢先生に提出直後の博士論文をご覧いただけたことも光栄であった。学会で何度かお話しをさせていただいた早稲田大学の郭舜教授にも、提出直後の博士論文をお送りした。大学の入試シーズンと重なりお忙しい時期にも拘らず、拙稿をご覧の上、貴重なコメントとあたたかいお祝いのお言葉を下さった。法政大学の田中佐代子准教授は、同大学の通信教育課程「国際法総論」のゲスト講師として招待してくださり、博士論文の内容を学生のみなさまに噛み砕いてご紹介する機会を賜った。田中先生からも直々に数多くのご質問を頂戴した。

　優秀な同僚・研究仲間にも恵まれた。筆者と同時期に日本で博士号を取得された、早稲田大学大学院の吉田曉永さん（現在は同大学助教）と神戸大学大学院の山下毅さん（現在は東北大学学術研究員）は、博士課程修了後に京都までお越しくださり、博士論文講評会にてお互いの博士論文につき大変有意義な議論を行なった。本講評会は趣向を凝らしたもので、それぞれの筆者以外の者がいずれかの博士論文を担当し、筆者になりきって内容を報告し質疑に応答するというものであった。筆者（村角）の論文は早稲田大学大学院の長澤宏さんが担当され、非常に丁寧に読み込んでくださった。論文がいかに他者によって読解されるかを学ぶことができた。京都大学大学院の同僚である前田原作さんには、外務省の専門調査員とし

てニューヨークで勤務する傍ら、筆者の博士論文の草稿を読んでいただき、長電話でいくつもの建設的なご意見をいただいた。同じく京都大学大学院の同僚である河合慶一郎さんは、ドイツ・ケルン大学博士課程で自身の研究に励みながらも、時にはオンライン会議で、時にはハーグ、ケルン、ハイデルベルクで落ち合い、本研究に関して貴重なアドバイスをくださった。またケルン大学で、筆者とほぼ同時期に同テーマで博士論文を執筆した Svenja Raube 氏と筆者を繋げてくださった。筆者は丁度ハイデルベルクのマックスプランク比較公法・国際法研究所で在外研究をしている最中であったため、直接ケルンの Raube 氏を訪れ、直接意見交換を行なった。Raube 氏は翻訳アプリを使いながら本書の草稿を解読した上で、極めて専門的かつ貴重なご意見をくださった。

　最後に、本書の編集作業に際しては、京都大学学術出版会・編集室の大橋裕和氏に大変お世話になった。ここにお名前を挙げることのできなかった方々を含め、これまで筆者に関わって下さったすべての方々に、心から御礼を申しあげたい。

　本書のもととなる博士論文は、そのほとんどがコロナ渦で自由な外出・交流が許されない時期に執筆された。社会全体が「非常事態」にある中で、研究に専念できる環境が与えられたことは有り難い限りである。翻って、その恵まれた環境で生み出された研究成果である本書が、社会にどれだけ還元できる代物なのかは不明である。引き続き、感謝しつつ精進するのみである。

2024年7月　ドイツ・ハイデルベルクにて
村角愛佳

＊本書の研究遂行と出版にあたり、日本学術振興会・特別研究員奨励費（JP20J21222）、同・科学研究費（23K18746）、野村財団・社会科学国際交流助成（研究者の海外派遣）および京都大学人と社会の未来研究院・若手出版助成を受けた。

主要参考文献一覧

Ⅰ．日本語文献

A．書　籍

岩沢雄司『国際法』（東京大学出版会、2020年）。

近江幸治『事務管理・不当利得・不法行為』（成文堂、2018年）。

長有紀枝『入門 人間の安全保障―恐怖と欠乏からの自由を求めて―』（中央公論新社、増補版、2021年）。

掛江朋子『武力不行使原則の射程　人道目的の武力行使の観点から』（国際書院、2012年）。

川合健『債権各論』（有斐閣、2010年）。

黒﨑将広・坂元茂樹・西村弓・石垣友明・森肇志・真山全・酒井啓亘『防衛実務国際法』（弘文堂、2021年）。

国際法学会（編）『国際関係法辞典』（三省堂、1995年）。

小森光夫『一般国際法秩序の変容』（信山社、2015年）。

酒井啓亘・寺谷広司・西村弓・濵本正太郎『国際法』（有斐閣、2011年）。

須之内克彦『刑法における被害者の同意』（成文堂、2004年）。

曽我英雄『自決権の理論と現実』（敬文堂、1987年）。

田畑茂二郎『国際化時代の人権問題』（岩波書店、1988年）。

――『現代国際法の課題』（東信堂、1991年）。

ディ・アンチロッチ『国際法の基礎理論』（酒井書店・育英堂、1971年）。

寺谷広司『国際人権の逸脱不可能性　緊急事態が照らす法・国家・個人』（有斐閣、2003年）。

東澤靖『国際人道法講義』（東信堂、2021年）。

前田雅英『刑法総論講義』（東京大学出版会、2019年）。

松井芳郎『武力行使禁止原則の歴史と現状』（日本評論社、2018年）。

松隈潤『地球共同体の国際法』（国際書院、2018年）。

水辺芳郎『債権各論』（三省堂、2006年）。

最上敏樹『国際立憲主義の時代』（岩波書店、2007年）。

――『国際機構論』（岩波書店、2016年）。

森肇志『自衛権の基層　国連憲章に至る歴史的展開』（東京大学出版会、2009年）。

山口厚『刑法総論』（有斐閣、2016年）。

B．論文・記事

秋葉悦子「生命に対する罪と被害者の承諾」『現代刑事法』第6巻第3号（2004年）42頁。

浅田正彦「同時多発テロと国際法─武力行使の法的評価を中心に─」『国際安全保障』第30巻第1・2号併号（2002年）68頁。

──「国際法における先制的自衛権の位相」浅田正彦（編）『二一世紀国際法の課題：安藤仁介先生古稀記念』（有信堂、2006年）289頁。

──「非国家主体の行為の国家への帰属─包括的帰属関係と個別的帰属関係をめぐって─」『国際法外交雑誌』第111巻第2号（2012年）189頁。

──「非国家主体と自衛権─侵略の定義に関する決議第3条（ｇ）項を中心に─」坂元茂樹・薬師寺公夫（編）『普遍的国際社会への法の挑戦：芹田健太郎先生古稀記念』（信山社、2013年）821頁。

──「クリミア問題と国際法」『公共空間』第13号（2014年）43頁。

阿部達也「領域国の同意に基づく武力行使の今日的展開─国連安全保障理事会の関与の動きに着目して─」『世界法年報』第36号（2011年）84頁。

井田良「被害者の同意をめぐる諸問題」『法学教室』第345号（2009年）64頁。

植木俊哉「国際テロリズムと国際法理論」『国際法外交雑誌』第105巻第4号（2007年）1頁。

郭舜「国際法の課題としての世界正義」『世界法年報』第34号（2015年）34頁。

金子大「国家の同意と国家責任（一）」『山梨学院大学法学論集』第15巻（1989年）88頁。

川岸伸「非国家主体と国際法上の自衛権（一）─九・一一同時多発テロ事件を契機として─」『法学論叢』第167巻第4号（2010年）101頁。

──「非国家主体と国際法上の自衛権（二）─九・一一同時多発テロ事件を契機として─」『法学論叢』第168巻第2号（2010年）18頁。

小林憲太郎「被害者の同意の体系的位置づけ」『立教大学』第84号（2012年）18頁。

小森雅子「『平和に対する脅威』についての一考察」『沖縄大学法経学部紀要』第4号（2004年）53頁。

近藤航「テロ支援国家に対する自衛権行使の『帰属の要件』─9.11テロ事件に関する学説の整理─」『横浜国際社会科学研究』第13巻第6号（2009年）55頁。

酒井啓亘「国連憲章第三十九条の機能と安全保障理事会の役割」山手治之・香西茂（編）『現代国際法における人権と平和の保障─21世紀国際社会における人権と平和：国際法の新しい発展をめざして（下）』（東信堂、2003年）241頁。

──「コートジボワール内戦における国連平和維持活動：ECONOMICI から ONUCI へ」『国際協力論集』第12巻第3号（2005年）29頁。

──「『アフガニスタン・イスラム首長国』タリバン政権と政府承認」『法学教室』第498号（2022年）46頁。

佐伯仁志「被害者の同意とその周辺（1）」『法学教室』第295号（2005年）107頁。

瀬岡直「政府承認論の最近の展開─『シリア人民の正統な代表』としての『シリア国民連合』の承認の意味合い」芹田健太郎・坂元茂樹・薬師寺公夫・浅田正彦・酒井啓亘（編）『実証の国際法学の継承』（信山社、2019年）255頁。

芹田健太郎「国際法における人間」芦部信喜ほか（編）『岩波講座基本法学　1─人』（岩

波書店、第2次刊行、1985年）249頁。

寺谷広司「断片化問題の応答としての個人基底的立憲主義—国際人権法と国際人道法の関係を中心に—」『世界法年報』第28号（2009年）42頁。

―――「国際法における人権基底的思考の背景と展開」『国際人権』第27号（2016年）19頁。

田中佐代子「非国家行為体に対する越境軍事行動の法的正当化をめぐる一考察：『領域国の意思・能力の欠如』理論（'unwilling or unable' doctrine）の位置づけ」『法学志林』第116巻第2・3号併号（2019年）271頁。

ドイツ刑法研究会、「ロクシン『被害者の承諾』」『帝京法学』第21巻第2号（2000年）100頁。

東北大学国際判例研究会「コンゴ領域における軍事活動事件（コンゴ民主共和国対ウガンダ）国際司法裁判所本案判決（2005.12.19）」『法学』第70巻第6号（2007年）70頁。

中谷和弘「集団的自衛権と国際法」村瀬信也（編）『自衛権の現代的展開』（東信堂、2007年）29頁。

中山雅司「『人間の安全保障』と『武力行使』の交錯（1）—国連体制の試練の時代における国際平和法秩序の模索—」『創価法学』第34巻第1号（2004年）1頁。

―――「『人間の安全保障』と『武力行使』の交錯（2）—国連体制の試練の時代における国際平和法秩序の模索—」『創価法学』第35巻第1号（2005年）61頁。

楢林建司「リベリア内戦への西アフリカ諸国経済共同体と国際連合による介入」『愛媛法学会雑誌』第22巻第2号（1995年）99頁。

―――「シエラレオネ内戦に対する西アフリカ諸国経済共同体と国際連合による介入」『愛媛法学会雑誌』第27巻第4号（2001年）119頁。

西井正弘「大規模国際テロと国際法」『国際問題』第505号（2002年）2頁。

西元加那「刑法における推定的同意の理論—患者の意思との関係を考察するために—」『東洋大学大学院紀要』第53巻（2016年）37。

比較刑法研究会「同意—比較研究ノート（6）—」『刑事法ジャーナル』No.49（2016年）139頁。

藤田久一「国際人合法の機能展開—国連法との相互浸透」藤田久一・松井芳郎・坂本茂樹（編）『人権法と人道法の新世紀　竹本正幸先生追悼記念論文集』（東信堂、2001年）65頁。

古谷修一「自衛と域外法執行措置」村瀬信也（編）『自衛権の現代的展開』（東信堂、2007年）165頁。

星野俊也「『平和強制』の合法性と正当性—『集団的人間安全保障』の制度化を目指して—」『国際法外交雑誌』第101巻第1号（2002年）77頁。

松田竹男「国際テロリズムと自衛権—集団安全保障との関わりの中で—」『国際法外交雑誌』第101巻第3号（2003年）1頁。

丸山雅夫「生命・身体に対する犯罪と被害者の同意」『南山法学』第37巻第3・4号（2014年）1頁。

丸山政己「国際組織の『事後の実行』再考—ILC 結論草案を手がかりに—」『一橋法学』

第17巻第 3 号（2018年）95頁。

真山全「国際法上の侵略の定義」『戦争と平和』第 6 巻（1997年）30頁。

──「自衛権行使と武力紛争法」村瀬信也（編）『自衛権の現代的展開』（東信堂、2007年）201頁。

宮内靖彦「新たな脅威をとらえる枠組みは？」『法律時報』第73巻第13号（2001年） 1 頁。

──「『非国家主体への自衛権』論の問題点」『国際問題』第556号（2006年） 5 頁。

三好正弘「国際連合による侵略の定義」『ジュリスト』No. 584（1975年）118頁。

村角愛佳「［書評］Erika de Wet, *Military Assistance on Request and the Use of Force* （Oxford University Press, 2020）」『国際法外交雑誌』第120巻第 3 号（2021年）64頁。

村瀬信也「自衛権の新展開」『国際問題』第556号（2006年） 1 頁。

──「国際法における国家管轄権の域外執行」『上智法学論集』第49巻第 3 ・ 4 号併号（2006年）119頁。

最上敏樹「国際立憲主義の新たな地平 ─ヒエラルキー、ヘテラルキー、脱ヨーロッパ化」『法律時報』第85巻第11号（2013年） 6 頁。

──「国際立憲主義批判と批判的国際立憲主義」『世界法年報』第33号（2014年） 1 頁。

本吉祐樹「'Unwilling or Unable' 理論をめぐる議論の現状─その起源、歴史的現状を中心に─」『横浜法学』第26巻第 1 号（2017年）153頁。

森肇志「集団的自衛権の法的構造─ニカラグア事件判決の再検討を中心に─」『国際法外交雑誌』第115巻第 4 号（2017年）25頁。

──「集団的自衛権概念の明確化─援用事例とニカラグア事件判決」岩沢雄司、森川幸一、森肇志、西村弓（編）『国際法のダイナミズム　小寺彰先生追悼論文集』（有斐閣、2019年）703頁。

森本清二郎「間接武力行使・侵略に対する自衛権行使の許容性（一）─友好関係原則宣言及び侵略の定義決議を手がかりにして」『早稲田政治公法研究』第78号（2005年）239頁。

──「間接武力行使・侵略に対する自衛権行使の許容性（二）─友好関係原則宣言及び侵略の定義決議を手がかりにして」『早稲田政治公法研究』第81号（2006年）229頁。

Ⅱ．外国語文献

Ａ．書　　籍

Alexandrov, Stanimir, *Self-Defense Against the Use of Force in International Law* （Kluwer Law International, 1996）.

Bohlander, Michael, *Principles of German Criminal Law* （Hart Publishing, 1980）.

Bowett, Derek W., *Self-Defence in International Law* （Manchester University Press, 1958）.

Brownlie, Ian, *International Law and the Use of Force by States* （Oxford University

Press, 1963).

Cançado Trindade, Antônio Augusto, *International Law for Humankind* (Martinus Nijhoff, 2nd ed., 2010).

Casey-Maslen, Stuart, and Vestner, Tobias , *International Law and Policy on the Protection of Civilians* (Cambridge University Press, 2022).

Cassese, Antonio, *International Law* (Oxford University Press, 2nd ed., 2005).

Christófolo, João Ernesto, *Solving Antinomies between Peremptory Norms in Public International Law* (Schulthess, éditions romandes, 2016).

Corten, Olivier, *The Law Against War: The Prohibition on the Use of Force in Contemporary International Law* (Hart Publishing, 2nd ed., 2021).

Crawford, James, *Brownlie's Principles of Public International Law* (Oxford University Press, 8th ed., 2012).

Criddle, Evan J. and Fox-Decent, Evan, *Fiduciaries of Humanity: How International Law Constitutes Authority* (Oxford University Press, 2016).

Danilenko, Gennady M., *Law-Making in the International Community* (Springer, 1993).

de Wet, Erika, *Military Assistance on Request and the Use of Force* (Oxford University Press, 2020).

Dinstein, Yoram, *War, Aggression and Self-Defence* (Cambridge University Press, 6th ed., 2017).

Gazzini, Tarcisio, *The Changing Rules on the Use of Force in International Law* (Manchester University Press, 2005).

Gray, Christine, *International Law and the Use of Force* (Oxford University Press, 4th ed., 2018).

Green, James, Collective Self-Defence in International law (Cambridge University Press, 2024).

Hannikainen, Lauri, *Peremptory Norms (Jus Cogens) in International Law: Historical Development, Criteria, Present Status* (Finnish Lawyers' Publishing Company, 1998).

Hasar, Seyfullah, *State Consent to Foreign Military Intervention during Civil Wars* (Martinus Nijhoff, 2022).

Henderson, Chirstian, *The Use of Force and International Law* (Cambridge University Press, 2018).

Higgins, Rosalyn, *Problems and Process: International Law and How We Use It* (Clarendon Press, 1994).

Iyi, John-Mark, *Humanitarian Intervention and the AU-ECOWAS Intervention Treaties Under International Law: Towards a Theory of Regional Responsibility to Protect* (Springer, 2016).

Kolb, Robert, *Peremptory International law – Jus cogens: A General Inventory* (Hart Publishing, 2015).

320 │ Ⅱ．外国語文献

———, *The International Law of State Responsibility: An Introduction*（E. Elgar, 2017）.

Lieblich, Eliav, *International Law and Civil Wars: Intervention and Consent*（Routledge, 2013）.

O'Connell, Mary Ellen, *The Art of Law in the International Community*（Cambridge University Press, 2019）.

Paddeu, Federica I., *Justification and Excuse in International Law: Concept and Theory of General Defences*（Cambridge University Press, 2018）.

Raič, David, *Statehood and the Law of Self-Determination*（Kluwer Law International, 2002）.

Raube, Svenja, *Die antizipierte Einladung zur militärischen Gewaltanwendung im Völkerrecht*（Nomos, 2023）.

Redaelli, Chiara, *Intervention in Civil Wars: Effectiveness, Legitimacy, and Human Rights*（Hart Publishing, 2021）.

Reed, Alan *et al.* (eds), *Consent: Domestic and Comparative Perspectives*（Routledge, 2020）.

Roth, Brad R., *Governmental Illegitimacy in International Law*（Oxford University Press, 2000）.

———, *Sovereign Equality and Moral Disagreement: Premises of a Pluralist International Legal Order*（Oxford University Press, 2011）.

Ruys, Tom, *'Armed Attack' and Article 51 of the UN Charter: Evolutions in Customary Law and Practice*（Cambridge University Press, 2010）.

Savage, Charlie, *Power Wars: Inside Obama's Post-9/11 Presidency*（Boston: Little, Brown & Co., 2015）.

Shaw, Malcolm N., *International Law*（Cambridge University Press, 2003）.

Talmon, Stefan, *Recognition of Governments in International Law with Particular Reference to Government in Exile*（Oxford University Press, 1998）.

Tanca, Antonio, *Foreign Armed Intervention in Internal Conflict*（Martinus Nijhoff, 1993）.

Viney, Geneviève *et al.*, *Les Conditions de la Responsabilité*（Librairie Générale de Droit et de Jurisprudence, 2013）.

Wilson, George Grafton, *Handbook of International Law*（St. Paul, Minn.: West Pub., 1910）.

Ｂ．論文・記事

Abass, Ademola and Baderin, Mashood A., "Towards Effective Collective Security and Human Rights Protection in Africa: An Assessment of the Constitutive Act of the New African Union," *Netherlands International Law Review*, Vol. 49, Issue 1 (2002), 1.

Abass, Ademola, "Consent Precluding State Responsibility: A Critical Analysis," *The*

International and Comparative Law Quarterly, Vol. 53, No. 1 (2004), 211.

Ago, Robert, "Le Délit International," *Recueil de Cours, Académie de Droit International*, Vol. 68 (1939), 417.

Ahmed, Zohra, "Strengthening Standards for Consent: The Case of U. S. Drone Strikes in Pakistan," *Michigan State International Law Review*, Vol. 23, No. 2 (2015), 459.

Akande, Dapo and Vermeer, Zachary, "The Airstrikes against Islamic State in Iraq and Alleged Prohibition on Military Assistance to Governments in Civil Wars," *EJIL: Talk!* (2 February 2015), at https://www.ejiltalk.org/the-airstrikes-against-islamic-state-in-iraq-and-the-alleged-prohibition-on-military-assistance-to-governments-in-civil-wars/.

Akehurst, Michael, "The Hierarchy of the Sources of International Law," *British Yearbook of International Law*, Vol. 47, Issue 1 (1975), 273.

Allo, Awol K., "Counter-Intervention, Invitation, Both, or Neither? An Appraisal of the 2006 Ethiopian Military Intervention in Somalia," *Mizan Law Review*, Vol. 3, No. 2 (2009), 201.

――, "Ethiopia's Armed Intervention in Somalia: The Legality of Self-Defense in Response to the Threat of Terrorism," *Denver Journal of International Law & Policy*, Vol. 39 (2010), 139.

Arraf, Sari, "Libya: Conflict and Instability Continue," in Annyssa Bellal (ed.), *The War Report: Armed Conflict in 2017* (Geneva Academy of International Humanitarian Law and Human Rights, 2018), 70.

Baimu, Evarist, and Sturman, Kathryn, "Amendment to the African Union's Right to Intervene, a Shift from Human Security to Regime Security," *African Security Review*, Vol. 12, Issue. 2 (2004), 37.

Bannelier, Karine, and Christakis, Théodore, "Under the UN Security Council's Watchful Eyes: Military Intervention by Invitation in the Malian Conflict," *Leiden Journal of International Law*, Vol. 26, Issue. 4 (2013), 855.

――, "The Intervention of France and African Countries in Mali – 2013," in Tom Ruys, Olivier Corten and Alexandra Hofer (eds.), *The Use of Force in International Law* (Oxford University Press, 2018), 812.

Bannelier, Karine, "Military Interventions Against ISIL in Iraq, Syria and Libya and the Legal Basis of Consent," *Leiden Journal of International Law*, Vol. 29, Issue. 3 (2016), 743.

Bethlehem, Daniel, "Self-Defense Against Imminent or Actual Armed Attack by Nonstate Actors," *The American Journal of International Law*, Vol. 106, Issue. 4 (2012), 770.

――, "Principles of Self-Defense – A Brief Response," *The American Journal of International Law*, Vol. 107, Issue. 3 (2013), 579.

Birkett, Daley J., "The Legality of the 2011 Kenyan Invasion of Somalia and its Implications for the Jus Ad Bellum," *Journal of Conflict and Security Law*, Vol. 18, No. 3 (2013), 427.

――, "Another Hole in the Wall? Evaluating the Legality of Egypt's 2017 Airstrikes Against Non-State Targets in Libya Under the Jus ad Bellum," *Netherlands International Law Review*, Vol. 69, Issue. 1 (2022), 83.

Bothe, Michael, "Terrorism and the Legality of Pre-emptive Force," *European Journal of International Law,* Vol. 14 (2003), 227.

Breau, Susan, "The ECOWAS Intervention in Sierra Leone – 1997–1999," in Tom Ruys, Olivier Corten and Alexandra Hofer (eds.), *The Use of Force in International Law* (Oxford University Press, 2018), 527.

Bruha, Thomas, "The General Assembly's Definition of the Act of Aggression," in Claus Kreß and Stefan Barriga (eds.), *The Crime of Aggression: A Commentary* (Cambridge University Press, 2017), 142.

Buchan, Russell and Tsagourias, Nicholas, "Intervention by invitation and the scope of state consent," *Journal on the Use of Force and International Law*, Nol. 10, No. 2 (2023), 252.

――, "The Niger Coup and the Prospect of ECOWAS Military Intervention: An International Law Appraisal," *Lieber Institute, West Point* (21 August 2023), at https://lieber.westpoint.edu/niger-coup-ecowas-military-intervention-international-law-appraisal/.

Butchard, Patrick, "Territorial Integrity, Political Independence, and Consent: The Limitations of Military Assistance on Request Under the Prohibition of Force," *Journal on the Use of Force and International Law*, Vol. 7, Issue. 1 (2020), 35.

Byrne, Max, "Consent and the Use of Force: An Examination of 'Intervention by Invitation' as a Basis for US Drone Strikes in Pakistan, Somalia and Yemen," *Journal on the Use of Force and International Law*, Vol. 3 (2016), 97.

――, "Intervention by (Secret) Invitation: Searching for a Requirement of Publicity in the International Law on the Use of Force with Consent," *Journal on the Use of Force and International Law*, Vol. 7, Issue. 1 (2020), 74.

Bílková, Veronika, "Reflections on the Purpose-Based Approach," *Zeitschrift für ausländisches öffentliches Recht und Völkerrecht*, Vol. 79, No. 3 (2019), 681.

Christakis, Théodore, and Bannelier, Karine, "*Volenti non fit injuria*? Les effets du consentement à l'intervention militaire," *Annuaire français de droit international*, Vol. 50 (2004), 102.

――, "French Military Intervention in Mali: It's Legal but...Why? Part 1: The Argument of Collective Self-Defense," *EJIL: Talk!* (23 January 2013) at https://www.ejiltalk.org/french-military-intervention-in-mali-its-legal-but-why-parti/.

Christakis, Théodore, "Les circonstances excluant l'illicéité: une illusion optique?," in *Droit de pouvoir du droit, Mélanges offerts à Jean Salmon* (Bruylant, 2007), 223.

――, "Challenging the 'Unwilling or Unable' Test," in Anne Peters and Christian Marxsen (eds), *Self-Defence Against Non-State Actors: Impulses From the Max Planck Trialogues on the Law of Peace and War* (Max Planck Institute for Comparative Public Law & International Law (MPIL) Research Paper No. 2017-07), 17.

Cohen, Gal, "Mixing Oil and Water? The Interaction Between *Jus ad Bellum* and *Jus in Bello* During Armed Conflicts," *Journal on the Use of Force and International Law*, Vol. 9, Issue. 2 (2022) 352.

Corten, Olivier, "La licéité douteuse de l'intervention militaire éthiopienne en Somalie et ses implications sur l'argument de l' "intervention consentie"," *Revue Generale de Droit International Public*, Vol. 111, No. 3 (2007), 513.

――, "Article 52. Coercion of a State by the threat or use of force," in Olivier Corten and Pierre Klein (eds) *The Vienna Conventions on the Law of Treaties: A Commentary* (Oxford University Press, 2011), 1201.

――, "The 'Unwilling or Unable' Test: Has it Been, and Could it Be, Accepted?," *Leiden Journal of International Law*, Vol. 29, Issue. 3 (2016), 777.

――, "L'intervention de la Russie en Syrie: que reste-t-il du principe de non-intervention dans les guerres civiles?," *Questions of International Law* (30 September 2018), at http://www.qil-qdi.org/lintervention-de-la-russie-en-syrie-que-reste-t-il-du-principe-de-non-intervention-dans-les-guerres-civiles/.

――, "The Military operations Against the 'Islamic State' (ISIL or Da'esh) – 2014," in Tom Ruys, Olivier Corten and Alexandra Hofer (eds.), *The Use of Force in International Law* (Oxford University Press, 2018), 873.

――, "Is an Intervention at the Request of a Government Always Allowed? From a 'Purpose-Based Approach' to the Respect to Self-Determination," *Zeitschrift für ausländisches öffentliches Recht und Völkerrecht*, Vol. 79, No. 3 (2019), 677.

――, "Intervention by Invitation: The Expanding Role of the UN Security Council," in Dino Kritsiotis, Olivier Corten and Gregory H. Fox (eds.), *Armed Intervention and Consent* (Cambridge University Press, 2023), 101.

Couzigou, Irene, "Respect for State Sovereignty: Peimacy of Intervention by Invitation over the Right to Self-Defence," *Zeitschrift für ausländisches öffentliches Recht und Völkerrecht*, Vol. 79, No. 3 (2019), 695.

Crawford, James, "Circumstances Precluding Wrongfulness," in James Crawford, *State Responsibility: The General Part* (Cambridge University Press, 2013), 274.

Czaplinski, Władysław, and Danilenko, Gennadiĭ Mikhaĭlovich, "Conflicts of Norms in International Law," *Netherlands Yearbook of International Law*, Vol. 21 (1990), 3.

d'Almeida, Luís Duarte, "Defences in the Law of State Responsibility: A View from

Jurisprudence," in Lorand Bartels and Federica Paddeu (eds.), *Exceptions in International Law* (Oxford University Press, 2020), 179.

d'Aspremont, Jean, "Legitimacy of Governments in the Age of Democracy," *New York University Journal of International Law and Politics*, Vol. 38 (2006), 877.

de Cara, Jean-Yves, "The Arab Uprisings Under the Light of Intervention," *German Yearbook of International Law*, Vol. 55 (2012), 11.

Deeks, Ashley S., "'Unwilling or Unable': Toward a Normative Framework for Extraterritorial Self-Defense," *Verginia Journal of International Law*, Vol. 52, No. 3 (2012), 483.

――, "International Legal Justification for the Yemen Intervention: Blink and Miss It," *LAWFARE* (30 March 2015), at https://www.lawfareblog.com/international-legal-justification-yemen-intervention-blink-and-miss-it.

de Wet, Erika, "The Evolving Role of ECOWAS and the SADC in Peace Operations: A Challenge to the Primacy of the United Nations Security Council in Matters of Peace and Security?," *Leiden Journal of International Law*, Vol. 27 (2014), 353.

――, "The Modern Practice of Intervention by Invitation in Africa and Its Implications for the Prohibition of the Use of Force," *European Journal of International Law*, Vol. 26, Issue. 4 (2015), 979.

――, "The (im) permissibility of military assistance on request during a civil war," *Journal on the Use of Force and International Law*, Vol. 7, Issue. 1 (2020), 26.

Dersso, Solomon, "To Intervene or Not to Intervene? An Inside View of the AU's Decision-Making on Article 4 (h) and Burundi," *World Peace Foundation* (26 February 2016), at https://sites.tufts.edu/wpf/files/2017/05/AU-Decision-Making-on-Burundi_Dersso.pdf.

Doswald-Beck, Louise, "The Legal Validity of Military Intervention by Invitation of the Government," *British Yearbook of International Law*, Vol. 56, Issue. 1 (1985), 189.

Dörr, Oliver, "Prohibition of Use of Force," in *Max Planck Encyclopedia of Public International Law* (Oxford University Press, 2019), online version.

Feinstein, Barry A., "A Paradigm for the Analysis of the Legality of the Use of Armed Force Against Terrorists and States that Aid and Abet Them," *The Transnational Lawyer*, Vol. 17 (2004), 51.

Ferro, Luca, and Ruys, Tom, "The Saudi-led Military Intervention in Yemen's Civil War – 2015," in Tom Ruys, Olivier Corten and Alexandra Hofer (eds.), *The Use of Force in International Law* (Oxford University Press, 2018), 899.

Ferro, Luca, "The Doctrine of 'Negative Equality' and the Silent Majority of States," *Journal on the Use of Force and International Law*, Vol. 8, No. 1 (2021), 4.

Flasch, Olivia, "The Legality of the Air Strikes Against ISIL in Syria: New Insights on the Extraterritorial Use of Force Against Non-State Actors," *Journal on the Use of*

Force and International Law, Vol. 3, Issue. 1 (2016), 37.

Fox, Gregory H., and Roth, Brad R., "Introduction: the spread of liberal democracy and its implications for international law," in Gregory H. Fox and Brad R. Roth (eds.), *Democratic Governance and International Law* (Cambridge University Press, 2000), 1.

Fox, Gregory H., "Intervention by Invitation," in Marc Weller (ed.) *The Oxford Handbook of the Use of Force in International Law* (Oxford University Press, 2015), 816.

——, "Invitations to Intervene after the Cold War Towards a New Collective Model," in Dino Kritsiotis, Olivier Corten and Gregory H. Fox (eds.), *Armed Intervention and Consent* (Cambridge University Press, 2023), 179.

Franck, Thomas M., "The Emerging Right to Democratic Governance," *American Journal of International Law*, Vol. 86 (1992), 46.

——, "Terrorism and the Right of Self-Defence," *American Journal of International Law*, Vol. 95 (2001), 839.

Gaja, Giorgio, "Primary and Secondary Rules in International Law of State Responsibility," *Rivista di diritto internazionale*, Vol. 97, No. 4 (2014), 981.

Giacco, Letizia Lo, "'Intervention by Invitation' and the Construction of the Authority of the *Effective Control* Test in Legal Argumentation," *Zeitschrift für ausländisches öffentliches Recht und Völkerrecht*, Vol. 79, No. 3 (2019), 663.

Gill, Terry D., "Military Intervention at the Invitation of a Government," in Terry D. Gill and Dieter Fleck (eds), *The Handbook of the International Law of Military Operations* (Oxford University Press, 2nd ed., 2015), 252.

Green, James A., *et al.*, "Russia's Attack on Ukraine and the *Jus ad Bellum*," *Journal on the Use of Force and International Law*, Vol. 9, Issue. 1 (2022), 4.

Green, James A., "Questioning the Peremptory Status of the Prohibition of the Use of Force," *Michigan Journal of International Law*, Vol. 32, Issue. 2 (2011), 215.

——, "The 'Additional' Criteria for Collective Self-defence: Request but not Declaration," *Journal on the Use of Force and International Law*, Vol. 4, Issue. 1 (2017), 4.

——, "The Great African War and the Intervention by Uganda and Rwanda in the Democratic Republic of Congo – 1998-2003," in Tom Ruys, Olivier Corten and Alexandra Hofer (eds), *The Use of Force in International Law: A Case-Based Approach* (Oxford University Press, 2018), 575.

Greenwood, Christopher, "The Relationship Between *Jus ad Bellum* and *Jus in Bello*," in Judith Gardam (ed.), *Humanitarian Law* (Ashgate, 1983), 49.

——, "War, Terrorism, and International Law," *Current Legal Problems*, Vol. 56 (2003), 505.

Gurmendi, Alonso, "The Latin American View of Jus ad Bellum," *Just Security* (16 May

2018), at https://www.justsecurity.org/56316/latin-american-view-jus-ad-bellum/.

――, "State Practice regarding Self-Defence against Non-State Actors: An Incomplete Picture," *Opinio Juris* (22 October 2018), at http://opiniojuris.org/2018/10/17/state-practice-regarding-self-defence-against-non-state-actors-an-incomplete-picture/.

――, "Leticia & Pancho: The Alleged Historic Precedents for Unwilling or Unable in Latin America, Explored (Part I, Leticia)," *Opinio Juris* (7 November 2018), at http://opiniojuris.org/2018/11/07/leticia-pancho-the-alleged-historic-precedents-for-unwilling-or-unable-in-latin-america-explored-part-i-leticia/.

Hadzi-Vidanovic, Vidan, "Kenya Invades Somalia Invoking the Right of Self-Defence," *EJIL: Talk!* (18 October 2011), at https://www.ejiltalk.org/kenya-invades-somalia-invoking-the-right-of-self-defence/.

――, "France Intervenes in Mali Invoking both SC Resolution 2085 and the Invitation of the Malian Government – Redundancy or Legal Necessity?," *EJIL: Talk!* (23 January 2013), at https://www.ejiltalk.org/france-intervenes-in-mali-invoking-both-sc-resolution-2085-and-the-invitation-of-the-malian-government-redundancy-or-legal-necessity/.

Hakimi, Monica, "To Condone or Condemn? Regional Enforcement Actions in the Absence of Security Council Authorization," *Vanderbilt Journal of Transnational Law*, Vol. 40 (2007), 643.

Hammady, Omar, "Assessing the Legality of ECOWAS Planned Military Intervention in Niger," *EJIL: Talk!* (6 September 2023), at https://www.ejiltalk.org/assessing-the-legality-of-ecowas-planned-military-intervention-inniger/.

Harrell, Peter E., "Modern-Day 'Guarantee Clauses' And the Legal Authority of Multinational organizations To Authorize the Use of Military Force," *Yale Journal of International Law*, Vol. 33, Issue. 2 (2008), 417.

Hartwig, Matthias, "Who Is the Host? – Invasion by Invitation," *Zeitschrift für ausländisches öffentliches Recht und Völkerrecht*, Vol. 79, No. 3 (2019), 703.

Hasar, Seyfullah, "Turkish Intervention by Invitation in Libya: Intervention in Civil Wars, the Violation of Ineffective Arms Eembargoes and Noncompliance with Domestic Law," *Dicle Üniversitesi Hukuk Fakültesi Dergisi*, Vol. 26, Issue. 45 (2011), 225.

Hathaway, Oona A. Brower, Julia, Liss, Ryan, and Thomas, Tina, "Consent-Based Humanitarian Intervention: Giving Sovereign Responsibility Back to the Sovereign," *Cornell International Law Journal*, Vol. 46, Issue. 3 (2013), 499.

Helai, Mohamed S., "The ECOWAS Intervention in The Gambia – 2016," in Tom Ruys, Olivier Corten and Alexandra Hofer (eds.), *The Use of Force in International Law* (Oxford University Press, 2018), 912.

Heller, Kevin Jon, "The Absence of Practice Supporting the 'Unwilling or Unable' Test,"

Opinio Juris (15 February 2015), at http://opiniojuris.org/2015/02/17/unable-unwilling-test-unstoppable-scholarly-imagination/.

Helmersen, Sondre Torp, "The Prohibition of the Use of Force as Jus Cogens: Explaining Apparent Derogations," *Netherlands International Law Review*, Vol. 61, Issue. 2 (2014), 167.

Hursh, John, "International Humanitarian Law Violations, Legal Responsibility, and US Military Support to the Saudi Coalition in Yemen: A Cautionary Tale," *Journal on the Use of Force and International Law*, Vol. 7, Issue. 1 (2020), 122.

Kajtar, Gabor, "The Use of Force Against ISIL in Iraq and Syria -A Legal Battlefield," *Wisconsin International Law Journal*, Vol. 34, No. 3 (2017), 535.

Khayre, Ahmed Ali M., "Self-Defence, Intervention by Invitation, or Proxy War? The Legality of the 2006 Ethiopian Invasion of Somalia," *African Journal of International and Comparative Law*, Vol. 22, No. 2 (2014), 208.

Kilibarda, Pavle, "Was Russia's Recognition of the Separatist Republics in Ukraine 'Manifestly' Unlawful?," *EJIL: Talk!* (2 March 2022), at https://www.ejiltalk.org/was-russias-recognition-of-the-separatist-republics-in-ukraine-manifestly-unlawful/.

Kioko, Ben, "The right of intervention under the African Union's Constitutive Act: From non-interference to non-intervention," *International Review of the Red Cross*, No. 852 (2003), 807.

Kleczkowska, Agata, "The meaning of treaty authorisation and ad hoc consent for the legality of military assistance on request," *Journal on the Use of Force and International Law*, Vol. 7, No. 2 (2020), 270.

Koh, Harold Hongju, "The Lawfulness of the U. S. Operation Against Osama bin Laden," *Opinio Juris* (19 May 2011) at http://opiniojuris.org/2011/05/19/the-lawfulness-of-the-us-operation-against-osama-bin-laden/.

Kohen, Marcelo G., "The Use of Force by the United States after the end of Cold War, and its impact of International Law," in Max Byers and Georg Nolte (eds), *United States Hegemony and the Foundations of International Law* (Cambridge University Press, 2003), 197.

Kowalczewska, Kaja, and Łubiński, Piotr, "Legality of the Turkish military operations in Syria," *Review of International, European and Comparative Law (PWPM)*, Vol. 20 (2022), 55.

Kowalski, Michał, "Armed Attack, Non-State Actors and a Quest for the Attribution Standard," *Polish Yearbook of International Law*, Vol. XXX (2010), 101.

Kretsmer, David, "UN Extra-Territorial Actions Against Individuals: Bin Laden, Al Awlaki, and Abu Khattalah – 2011 and 2014," in Tom Ruys, Olivier Corten and Alexandra Hofer (eds.), *The Use of Force in International Law* (Oxford University Press, 2018), 760.

Kreß, Claus and Nußberger, Benjamin, "Pro-democratic Intervention in Current International Law: The Case of the Gambia in 2017," *Journal on the Use of Force and International Law*, Vol. 4, Issue. 2 (2017), 239.

Kreß, Claus, "The Fine Line Between Collective Self-Defense and Intervention by Invitation: Reflections on the Use of Force against 'IS' in Syria," *Just Security* (17 February 2015), at https://www.justsecurity.org/20118/claus-kreb-force-isil-syria/.

――, "The State Conduct Element," in Claus Kreß and Stefan Barriga (eds.), *The Crime of Aggression: A Commentary* (Cambridge University Press, 2017), 412.

Kriener, Florian, "Intervention – Excluding *ab initio* a Breach of Art. 2 (4) UNCh or a Preclusion of Wrongfulness?," *Zeitschrift für ausländisches öffentliches Recht und Völkerrecht*, Vol. 79, No. 3 (2019), 643.

Kritsiotis, Dino, "The Legality of the 1993 US Missile Strike on Iraq and the Right of Self-Defence in International Law," *The International and Comparative Law Quarterly*, Vol. 45, No. 1 (1996), 162.

――, "Intervention and the Problematisation of Consent," in Dino Kritsiotis, Olivier Corten and Gregory H. Fox (eds.), *Armed Intervention and Consent* (Cambridge University Press, 2023), 26.

Kunig, Philip, "Prohibition of Intervention," in *Max Planck Encyclopedia of Public International Law* (Oxford University Press, 2008), online version.

Kuwali, Dan, "The end of humanitarian intervention: Evaluation of the African Union's right of intervention," *African Journal on Conflict Resolution*, Vol. 9, No. 1 (2009), 41.

Lamberti Zanardi, Pierluigi, "Indirect Military Aggression," in Antonio Cassese (ed.), *The Current Legal Regulation on the Use of Force* (Martinus Nijhoff, 1986), 111.

Le Mon, Christopher J., "Unilateral Intervention by Invitation in Civil Wars: The Effective Control Test Tested," *International Law and Politics*, Vol. 35 (2003), 741.

Legarwall, Anne, "Threats of and Actual Military Strikes Against Syria – 2013 and 2017," in Tom Ruys, Olivier Corten and Alexandra Hofer (eds.), *The Use of Force in International Law* (Oxford University Press, 2018), 828.

Levitt, Jeremy, "Humanitarian Intervention by Regional Actors in Internal Conflict: The Cases of ECOWAS in Liberia and Sierra Leone," *Temple International and Comparative Law Journal*, Vol. 12, No. 2 (1998), 333.

――, "African Interventionist States and International Law," in Oliver Ferley and Roy May (eds.), *African Interventionist States* (Ashgate Publishing Ltd, 2001), 15.

――, "Pro-Democratic Intervention in Africa," *Wisconsin International Law Journal*, Vol. 24, No. 3 (2006), 785.

Lieblich, Eliav, "Intervention and Consent: Consensual Forcible Interventions in Internal Armed Conflicts as International Agreements," *Boston University International Law Journal*, Vol. 29 (2011), 337.

——, "Why Can't We Agree on When Governments Can Consent to External Intervention? A Theoretical Inquiry," *Journal on the Use of Force and International Law*, Vol. 7, Issue. 1 (2020), 5.

——, "On the Continuous and Concurrent Application of *ad Bellum* and *in Bello* Proportionality," in Claus Kress and Robert Lawless (eds.), *Necessity and Proportionality in International Peace and Security Law* (Oxford University Press, 2021), 41.

Maluwa, Tiyanjana, "The OAU/African Union and International Law: Mapping New Boundaries or Revisiting Old Terrain?," *American Society of International Law Proceedings*, Vol. 98 (2004), 232.

——, "The Contestation of Value- Based Norms: Confirmation or Erosion of International Law?," in Heike Krieger, Georg Nolte and Andreas Zimmermann (eds), *The International Rule of Law: Rise or Decline?* (Oxford University Press, 2019), 311.

Mansou, Affef Ben, "Circumstances Precluding Wrongfulness in the ILC Articles on State Responsibility: Consent," in James Crawford, Alain Pellet and Simon Olleson (eds.), *The Law of International Responsibility* (Oxford University Press, 2010), 439.

Martin, Craig, "Challenging and Refining the 'Unwilling or Unable' Doctrine," *Vanderbilt Journal of Transnational Law*, Vol. 52, No. 2 (2019), 387.

Marxsen, Christian, "Conclusion: Half-Hearted Multilateralisation of a Unilateral Doctrine," in Dino Kritsiotis, Olivier Corten and Gregory H. Fox (eds.), *Armed Intervention and Consent* (Cambridge University Press, 2023), 319.

Miklasová, Julia, "Russia's Recognition of the DPR and LPR as Illegal Acts under International Law," *Völkerrechtsblog* (24 February 2022), at https://voelkerrechtsblog. org/de/russias-recognition-of-the-dpr-and-lpr-as-illegal-acts-under-international-law.

Milanovic, Marko, "What is Russia's Legal Justification for Using Force against Ukraine?," *EJIL: Talk!* (14 February 2022), at https://www.ejiltalk.org/what-is-russias-legal-justification-for-using-force-against-ukraine/.

——, "Recognition," *EJIL: Talk!* (21 February 2022), at https://www.ejiltalk.org/recognition/.

Mullerson, Rein, "Intervention by Invitation," in Lori Fisler Damrosch and David J. Scheffer (eds), *Law and Force in the New International Order* (Westview Press, 1991), 127.

Murphy, Sean D., "Contemporary Practice of the United States Relating to International Law," *American Journal of International Law*, Vol. 93 (1999), 161.

——, "Terrorism and the Concept of 'Armed Attack' in Article 51 of the U. N. Charter," *Harvard Intervational Law Journal*, Vol. 43, No. 1 (2002), 41.

Nasser, Tony, "Do Drone Strikes Violate International Law? Questioning The Legality of

U. S. Drone Strikes and Analyzing The United States' Response to International Reproach Based on The Realism Theory of International Relations," *Southern California Interdisciplinary Law Journal*, Vol. 24 (2015), 289.

Nollkaemper, Andre, "Attribution of Forcible Acts to States: Connections Between the Law on the Use of Force and the Law of State Responsibility," in Niels Blokker and Nico Schrijver (eds.), *The Security Council and the Use of Force. A Need for Change?* (Martinus Nijhoff, 2005), 133.

Nolte, Georg, and Barkholdt, Janina, "The Soviet Intervention in Afghanistan – 1979–1980," in Tom Ruys, Olivier Corten and Alexandra Hofer, *The Use of Forse in International Law; A Case-Based Approach* (Oxford University Press, 2018), 297.

Nolte, Georg, and Randelzhofer, Albrecht, "Article 51," in Bruno Simma et al. (eds.), *The Charter of the United Nations: A Commentary*, Vol. II (Oxford University Press, 3rd ed., 2012), 1397.

Nolte, Georg, "Intervention by Invitation," in *Max Planck Encyclopedia of Public International Law* (Oxford University Press, 2010), online version.

――, "The Resolution of the Institut de Droit International on Military Assistance on Request," *Revue Belge de Droit International*, Vol. 45, Numéro, 1 (2012), 241.

Nowrot, Karsten and Schbacker, Emily, "The Use of Force to Restore Democracy: International Legal Implications of the ECOWAS Intervention in Sierra Leone," *American University International Law Review*, Vol. 14 (1998), 321.

Nußberger, Benjamin, "Military Strikes in Yemen in 2015: Intervention by Invitation and Self-Defence in the Course of Yemen's 'Model Transitional Process'," *Journal on the Use of Force and International Law*, Vol. 4, Issue. 1 (2017), 110.

O'Connell, Mary Ellen, "The Prohibition on the Use of Force," in Nigel D. White and Christian Henderson (eds.), *Research Handbook on International Conflict and Security Law: Jus Ad Bellum, Jus in Bello, and Jus Post Bellum* (E. Elgar, 2013), 89.

――, "The Crisis in Ukraie – 2014," in Tom Ruys, Olivier Corten and Alexandra Hofer (eds.), *The Use of Force in International Law* (Oxford University Press, 2018), 855.

Omorogbe, Eki Yemisi, "Can the African Union deliver peace and security?," *Journal of Conflict and Security Law*, Vol. 16 (2011), 35.

Österdahl, Inger, "Scarcely Reconcilable with the UN Charter," in Anne Peters and Christian Marxsen (eds), *Self-Defence Against Non-State Actors: Impulses From the Max Planck Trialogues on the Law of Peace and War* (Max Planck Institute for Comparative Public Law & International Law (MPIL) Research Paper No. 2017-07), 21.

Paddeu, Federica I., "Military Assistance on Request and General Reasons Against Force: Consent as a Defence to the Prohibition of Force," *Journal on the Use of Force and International Law*, Vol. 7, Issue. 2 (2020), 227.

Page, Rob, "ISIS and the Sectarian Conflict in the Middle East," *House of Commons Library Research Paper 15/16* (2015).

Paust, Jordan J., "Use of Armed Force against Terrorists in Afghanistan, Iraq, and beyond," *Cornell International Law Journal*, Vol. 35, No. 3 (2002), 533.

Peters, Anne, "Humanity as the A and Ω of Sovereignty," *The European Journal of International Law*, Vol. 20, No. 3 (2009), 513.

——, "Membership in the Global Constitutional Community," in Jan Klabbers, Anne Peters and Geir Ulfstein (eds.), *The Constitutionalization of International Law* (Oxford University Press, 2009), 153.

——, "Introduction: Principle and Practice of Armed Intervention and Consent" in Dino Kritsiotis, Olivier Corten and Gregory H. Fox (eds.), *Armed Intervention and Consent* (Cambridge University Press, 2023), 1.

Randelzhofer, Albrecht and Dörr, Oliver, "Article 2 (4)," in Bruno Simma et al. (eds.), *The Charter of the United Nations: A Commentary*, Vol. I (Oxford University Press, 3rd ed., 2012), 200.

Raube, Svenja, "Anticipatory consent to military intervention: analysis in the wake of the coup d'état in Niger in 2023," *Journal on the Use of Force and International Law*, Vol. 10, Issue. 2 (2023), 201.

——, "An International Law Assessment of ECOWAS' Threat to Use Force in Niger," *Just Security* (16 August 2023), at https://www.justsecurity.org/87659/an-international-law-assessment-of-ecowas-threat-to-use-force-in-niger/.

Reinold, Theresa, "State Weakness, Irregular Warfare, and the Right to Self-Defense Post-9/11," *American Journal of International Law*, Vol. 105 (2011), 244.

Reisman, Michael, "Sovereignty and Human Rights in Contemporary International Law," *The American Journal of International Law*, Vol. 84, Issue. 4 (2017), 866.

Rensmann, Thio, "Article 51. Coercion of a representative of a State," in Oliver Dörr and Kirsten Schmalenbach (eds), *Vienna Convention on the Law of Treaties: A Commentary* (Springer, 2nd ed, 2018), 923.

Robins-Early, Nick, "Russia Says Its Airstrikes In Syria Are Perfectly Legal. Are They?," *The World Post* (1 October 2015), at https://www.huffpost.com/entry/russia-airstrikes-syria-international-law_n_560d6448e4b0dd85030b0c08.

Ronzitti, Natalino, "Use of Force, Jus Cogens and State Consent," in Antonio Cassese (ed.), *The Current Legal Regulation of the Use of Force* (Martinus Nijhoff, 1986), 147.

Roth, Brad R., "The illegality of 'pro-democratic' invasion pacts," in Gregory H. Fox and Brad R. Roth (eds.), *Democratic Governance and International Law* (Cambridge University Press, 2000), 328.

Ruys, Tom, and Ferro, Luca, "Weathering the Storm: Legality and Legal Implications of the Saudi-led Military Intervention in Yemen," *International & Comparative Law*

Quarterly, Vol. 65, Issue. 1 (2016), 61.

Ruys, Tom, "Of Arms, Funding and 'Nonlethal Assistance' – Issues Surrounding Third-State Intervention in the Syrian Civil War," *Chinese Journal of International Law*, Vol. 13 (2014), 13.

——, "The Meaning of 'Force' and the Boundaries of the *Jus Ad Bellum*: Are 'Minimal' Uses of Force Excluded From UN Charter Article 2 (4)?," *American Journal of International Law*, Vol. 108, No. 2 (2014), 159.

Sarkin, Jeremy, "The Role of the United Nations, the African Union and Africa's Sub-Regional Organisations in Dealing with Africa's Human Rights Problems: United Nations, African Union and Africa's Sub-Regional Organisations in Dealing with Africa's Human Rights Problems: Connecting Humanitarian Intervention and the Responsibility to Protect," *Journal of African Law*, Vol. 53, Issue. 1 (2009), 1.

Schachter, Oscar, "International Law in Theory and Practice," *Recueil des Cours, Académie de Droit International*, Vol. 178 (1982), 160.

——, "The Right of State to Use Armed Force," *Michigan Law Review*, Vol. 82, No. 5 (1984), 1620.

Schauer, Frederick, "Exceptions," *University of Chicago Law Review*, Vol. 58, Issue. 3 (1991), 871.

Schmalenbach, Kirsten, "Article 52. Coercion of a State by the threat or use of force," in Oliver Dörr and Kirsten Schmalenbach (eds), *Vienna Convention on the Law of Treaties: A Commentary* (Springer, 2nd ed, 2018), 937.

Southall, Roger and Fox, Roddy, "Lesotho's General Election of 1998: Rigged or De Rigeur?," *The Journal of Modern African Studies*, Vol. 37, No. 4 (1999), 669.

Stahn, Carsten, "Terrorist Acts as 'Armed Attack': The Right to Self-Defence, Article 51 (1/2) of the UN Charter, and International Terrorism," *The Fletcher Forum of World Affairs*, Vol. 27, Vol. 2 (2003), 35.

Starski, Paulina, "Silence within the Process of Normative Change and Evolution of the Prohibition on the Use of Force: Normative Volatility and Legislative Responsibility," *Journal on the Use of Force and International Law*, Vol. 4, Issue. 1 (2017), 14.

Stone, Julius, "Burden of Proof and the Judicial Process," *Law Quarterly Review*, Vol. 60 (1944), 262.

Svicevic, Marko, "Collective Self-defence or Regional Enforcement Action: The Legality of SADC Intervention in Cabo Delgado and the Question of Mozambican Consent," *Journal on the Use of Force and International Law*, Vol. 9, Issue. 1 (2022), 138.

Talmon, Stefan, "Recognition of the Libyan National Transitional Council Recognition of the Libyan," *American Society International Law Insights*, Vol. 15, No. 16 (2011), at https://www.asil.org/insights/volume/15/issue/16/recognition-libyan-national-transitional-council.

Ⅱ. 外国語文献 | 333

———, "Recognition of Opposition Groups as the Legitimate Representative of a People," *Chinese Journal of International Law*, Vol. 12 (2013), 219.

Tancredi, Antonello, "A 'Principle-Based' Approach to Intervention by Invitation in Civil Wars," *Zeitschrift für ausländisches öffentliches Recht und Völkerrecht*, Vol. 79, No. 3 (2019), 659.

Trapp, Kimberley N., "Can Non-State Actors Mount an Armed Attack?," in Marc Weller, Alexia Solomou and Jake William Rylatt (eds.), *The Oxford Handbook of the Use of Force in International Law* (Oxford University Press, 2015), 679.

Van Der Vleuten, Anna and Ribeiro Hoffmann, Andrea, "Explaining of Enforcement of Democracy by Regional Organizations: Comparing EU, Mercosur and SADC," *Journal of Common Market Studies*, Vol. 48, Issue. 3 (2010), 737.

Van Steenberghe, Raphael, "The Alleged Prohibition on Intervening in Civil Wars Is Still Alive after the Airstrikes against Islamic State in Iraq: A Response to Dapo Akande and Zachary Vermeer," *EJIL: Talk!* (12 February 2015), at https://www.ejiltalk. org/the-alleged-prohibition-on-intervening-in-civil-wars-is-still-alive-after-the-airstrikes-against-islamic-state-in-iraq-a-response-to-dapo-akande-and-zachary-vermeer/.

Verdebout, Agatha, "The Intervention of the Gulf Cooperation Council in Bahrain – 2011," in Tom Ruys, Olivier Corten and Alexandra Hofer (eds.), *The Use of Force in International Law* (Oxford University Press, 2018), 795.

Vermeer, Zachary, "The Jus ad Bellum and the Airstrikes in Yemen: Double Standards for Decamping Presidents?," *EJIL: Talk!* (30 April 2015), at https://www.ejiltalk. org/the-jus-ad-bellum-and-the-airstrikes-in-yemen-double-standards-for-decamping-presidents/.

Vidmar, Jure, "The Use of Force and Defences in the Law of State Responsibility," *Jean Monnet Working Paper 5/15* (2016).

Visser, Laura, "Russia's Intervention in Syria," *EJIL: Talk!* (25 November 2015), at https://www.ejiltalk.org/russias-intervention-in-syria/.

———, "May the Force Be with You: The Legal Classification of Intervention by Invitation," *Netherlands International Law Review*, Vol. 66, No. 1 (2019), 21.

———, "What's in a Name? The Terminology of Intervention by Invitation," *Zeitschrift für ausländisches öffentliches Recht und Völkerrecht*, Vol. 79, No. 3 (2019), 651.

Wentker, Alexander, "Purpose-Based Regulation of Consent to Non-Forcible Operations," *Zeitschrift für ausländisches öffentliches Recht und Völkerrecht*, Vol. 79, No. 3 (2019), 671.

Wilen, Nina, and Williams, Paul D., "The African Union and Coercive Diplomacy: The Case of Burundi," *Journal of Modern African Studies*, Vol. 56, No. 4 (2018), 673.

Williams, Glanville L., "The Logic of 'Exceptions'," *Cambridge Law Journal*, Vol. 47, Issue.

334 | Ⅱ. 外国語文献

2 (1988), 261.

Williams, Paul D., "The African Union's Peace Operations: A Comparative Analysis," *African Security*, Vol. 2, Issue. 2–3 (2009), 97.

Wippman, David, "Enforcing the Peace: ECOWAS and the Liberian Civil War," in Lori Fisler Damrosch (ed.), *Enforcing Restraint: Collective Intervention in Internal Conflicts* (Council on Foreign Relations Press, 1993), 157.

――, "Treaty-Based Intervention: Who Can Say No?," *The University of Chicago Law Review*, Vol. 62, No. 2 (1995), 607.

――, "Military Intervention, Regional Organizations and Host-State Consent," *Duke Journal of Comparative and International Law*, Vol. 7 (1996), 209.

――, "Pro-Democratic Intervention by Invitation," in Gregory H. Fox and Brad R. Roth (eds), *Democratic Governance and International Law* (Cambridge University Press, 2000), 293.

――, "Pro-Democratic Intervention," in Marc Weller (ed.), *The Oxford Handbook on the Use of Force* (Oxford scholarly authorities on international law, 2015), 797.

Wong, Isabella, "Authority to consent to the use of force in contemporary international law: the Crimean and Yemeni conflicts," *Journal on the Use of Force and International Law*, Vol. 6, No. 1 (2019), 53.

Zamani, Masoud, and Nikouei, Majid, "Intervention by Invitation, Collective Self-defence and the Enigma of Effective Control," *Chinese Journal of International Law*, Vol. 16 (2017), 663.

索　引

【あ】

新しい万民法　14, 17, 310
アドホックな同意（要請）　115, 121, 191, 198,
　　216, 245
アフガニスタン　169, 187, 257, 258
新たな慣習法　21, 85
アラブ首長国連邦　116, 145
アンゴラ　234
安保理決議
　　決議1132　125
　　決議1464　128
　　決議1559　178
　　決議2036　289
　　決議2085　129, 130
　　決議2100　130
　　決議2201　139
　　決議2259　142
　　決議2337　122, 209
安保理の許可　202
安保理の軍事的措置　219
イエメン　139, 152, 157, 238
域外法執行　300
意思の欠如（unwilling）　263, 266, 269
意思または能力の欠如（unwilling or unable）
　　252, 268, 275, 283, 291, 299
イスラエル　2, 178, 260, 265, 273
違法性阻却　36, 58, 68, 79, 158, 215
違法性阻却説　8, 36, 69, 74
イラク　11, 131, 153, 174, 237, 242, 255, 290
イラン　117, 137, 141, 235, 239, 290
ウガンダ　133, 233
ウクライナ　118, 152, 165
英国　11, 96, 120, 122, 125, 152, 165, 256, 261,
　　296
エクアドル　262
エジプト　140, 210, 292
エチオピア　284, 298

援助要請要件　227
オーストラリア　113, 132

【か】

外務大臣　172
慣習法上の武力行使禁止原則　18, 23
間接的軍事援助　30, 80, 218
間接的武力攻撃　222, 246
間接的武力行使　29
ガンビア　120, 147, 150, 167, 209
帰属　224, 302
規範的含意　62, 67
強行規範（*jus cogens*）　3, 16, 22, 39, 60, 69, 78,
　　85, 199, 306
強制　175
拒否権　120
緊急事態に関する法についての国連差別小委員
　　会の Despouy による第 8 報告書　86
クラスター爆弾　155, 159
クリミア　119, 171
グローバル立憲主義　14, 309
軍隊の駐留　70, 182, 194, 198, 217
ケニア　288, 298
行為帰属論　246
合意主義　16
構成要件該当性阻却事由　63
コートジボワール　124, 127, 308
国際機構責任条文　190
　　2006年の国際機構の責任に関する第 4 報告書
　　199
国際社会の共通利益　74
国際法の人間化　2, 14
国内刑法　16, 47, 62, 180
国連憲章
　　第 2 条 4 項　18, 42, 75, 83
　　第39条　84, 219
　　第53条 1 項　203, 220

第103条　44, 203, 220
国連総会決議68／262　120
国連総会第 6 委員会　46, 49
個人基底的立憲主義　14, 310
国家元首　172, 175
国家限定説　272, 300
国家主権　15, 83
国家承認　164
国家責任条文
　第16条　81
　第20条　36
　第20条のコメンタリー　39, 162, 170, 175,
　　186
国家責任条文の起草過程　37
　第 1 読会　40, 45
　第 2 読会　41, 46
　Ago の第 8 報告書　37, 188
　Crawford の第 2 報告書　41
国家対国家的視座　6, 11, 15, 74
国家の安全保障　87
個別的自衛権　223, 244, 267
コモロ　114, 150
コロンビア　262, 266
コンゴ　171, 181, 233, 242
コンゴ・ウガンダ事件判決　30, 62, 181, 187,
　250, 301

【さ】
在外自国民の保護　102, 169, 309
サウジアラビア　116, 140, 147, 157, 159, 238
自衛権　28, 60, 82, 197, 307
シエラレオネ　124, 150, 196, 208
ジェノサイド　39, 79, 109, 134, 148
自決権　72, 76, 83, 96, 146, 156
執行管轄権　29, 300
実効的支配　103, 149, 168
実効的保護　107, 151, 154, 214, 219, 266, 299,
　302
実質的関与　249
実質的な民主主義　108, 156
実体的要件　27, 81, 94, 243, 307
自由・財産に対する罪　63

住居侵入罪　64
集団的自衛権　224, 267, 270
集団防衛条約　244
受認者（fiduciary）としての国家　14, 310
ジュネーブ条約　31, 81, 100
証明責任　61, 67
「条約解釈に関する後の合意及び後の慣行」に
　関する ILC 結論草案　22
条約の解釈　20
条約の修正・改正　21
条約法条約　171, 177
シリア　10, 135, 178, 237, 242, 260, 290, 298
人権　13, 83
身体に対する罪　63
人道的介入　3, 15, 83, 87, 219, 269
人道に対する罪　109, 115, 136, 200, 214, 291
人道法　13, 86, 88, 158
人道法の基本原則　155
人道法の重大な違反　85, 152
ジンバブエ　112, 233, 242
侵略の定義に関する決議　30, 43, 69, 182, 248
侵略の定義に関する決議の起草過程　251
推定的同意　175, 179, 182
スーダン　114, 133, 256, 265
政府承認　103, 107, 136, 152, 167, 291, 298
政府の長　172
生命に対する権利　153, 155
セイロン　182
責任としての主権　84, 108, 268
責任を援用する権利　188
責任を援用する権利の放棄　28, 59
窃盗罪　64
セネガル　114, 121, 209
宣言要件　227
戦争犯罪　108, 115, 136, 200, 214 291
ソマリア　284, 298
ソ連　187, 251

【た】
対抗介入　97, 100, 147, 223, 226, 230
対抗措置　60
対テロ介入　98, 100, 147

対世的義務（*erga omnes*） 9, 75, 85
タリバン政権 169, 259
地域的国際機関 198
地位協定 70, 194, 196, 198
地方当局 171
チャド 123, 152
抽象的国家利益 78, 154, 218
直接的軍事援助 30, 80, 218
沈黙 24
ティノコ事件仲裁判決 103
撤回 193, 214, 217
手続的要件 27, 81, 162, 215, 244, 307
デロゲートできない権利 86
伝統的国際法 12
同意内外区別説 52, 61, 66
同意内在説 52, 56, 66
同意に関する統合説 58
同意の内容 216
同意の法的位置付け 45, 53, 57, 64, 68
同意の法的性質 9, 31, 51, 52, 56
統合説 57
ドネツク人民共和国 164
トルコ 142, 196, 240, 291
トルコとシリア間のアダナ協定 196
トンガ 113

【な】
ナイジェリア 124, 150
ナイジェリアとシエラレオネ間の地位協定 196
内戦 31, 76, 110
内戦不入説 95, 146, 168
内的自決 156
ナミビア 233
ニカラグア基準否定説 251
ニカラグア基準変更説 252
ニカラグア事件判決 19, 43, 166, 177, 226, 248
ニジェール 211
ニュージーランド 113
人間的視座 3, 12, 26, 303, 306
人間的利益 78, 157, 214, 217, 244, 266, 297
人間の安全保障 3, 15, 87

後に生じた慣行 21, 85

【は】
バーレーン 115, 235
パキスタン 183, 279, 297
派遣 249
パターナリズム 65
パレスチナ壁勧告的意見 273
非国際的武力紛争 31, 86
非国家主体許容説 273, 276
非国家主体に対する自衛権 222, 270, 297, 301
必要性・均衡性要件 309
必要性要件 269, 276, 299
フーシ派 140, 238
不干渉原則 97, 166
武器禁輸措置 81
フランス 123, 127, 129, 148, 152, 235, 308
武力攻撃 226, 228, 241, 244, 249, 309
武力行使禁止原則 2, 15
武力行使禁止原則の2元的理解 26, 77, 153, 216, 243, 268, 299, 306
武力行使禁止原則不適用説 7, 42, 72, 75, 158, 195
武力行使禁止原則の保護法益 27, 68, 75, 77, 82, 94, 153, 215
ブルンジ 207
ブルンジ予防・保護ミッション 207
プレアビヘア寺院事件判決 180
米国 137, 174, 183, 255, 256, 258, 264, 279, 286, 295
米国主導の連合軍 132, 237, 290
平和維持活動（PKO） 31, 128
平和への脅威 84, 219
幇助 139
法的信念 23
法律行為 163, 167
法律上の政府 167, 298
保護する責任 3, 15, 78, 84, 87, 108, 155, 204, 219
保護法益 62, 67
ボツワナ 111
ホプキンス事件仲裁判決 103

【ま】

マリ　128, 148, 150, 235, 241
南アフリカ　111
南スーダン　133
民主主義　5, 105, 108, 151, 156
民主的正統性説　5, 10, 105, 150, 168
無差別攻撃　153, 155
黙示的同意　179, 182
目的に基づくアプローチ　101, 149, 154, 156
黙認　246, 263, 266, 269
モンテビデオ条約　164

【や】

友好関係宣言　97, 249
要請　28

【ら】

リビア　142, 240, 292, 295, 298
理由に基づく説明　65
領域割譲・承継条約　80
ルハンスク人民共和国　164
冷戦　31, 95, 171, 177, 187
レソト　111
レバノン　178, 261, 266
ローマ規程のカンパラ改正規定　70
ロシア　10, 118, 137, 148, 151, 164, 240, 290

【1-9】

1 次規則　9, 42, 45, 47, 51, 59, 79
2 次規則　9, 45, 48, 58
9. 11事件　252, 258, 274
1964年の条約法条約草案　21
1986年の英国外交政策文書　96

【a-z】

Abass, Ademola　39
Ago, Robert　37, 45, 179, 188
Assad 政権　10, 136, 152, 291
AU（アフリカ連合）　114, 200, 206, 219
　AU 設立規約　115, 200, 206
　平和・安全保障理事会　200, 207
　平和・安全保障理事会の設立に関する議定書

（PSC 議定書）　200
Bannelier, Karine　50, 59, 72, 182
bin Laden, Osama　257, 260, 281
Byrne, Max　171, 185
Cançado Trindade, Antônio Augusto　17
Christakis, Théodore　50, 59, 72, 101
Corten, Olivier　50, 72, 181, 193, 194
Couzigou, Irene　277
Crawford, James　41, 46, 60
d'Aspremont, Jean　108
de Cara, Jean-Yves　117
de Wet, Erika　185, 192, 230, 278
Deeks, Ashley S.　275
Dinstein, Yoram　203
Dörr, Oliver　7, 42
ECOWAS（西アフリカ諸国経済共同体）　124,
　128, 201, 208, 219
　調停・安全保障理事会　202
　防衛相互援助に関する議定書　201, 208
　紛争予防・管理・解決・平和維持・安全保障
　　メカニズムに関する議定書（Lomé 議定書）
　　120, 202, 208, 210
FGS（ソマリア新連邦政府）　287, 298
Fox, Gregory H.　36, 104, 105
Gaddafi 政権　293
Gaja, Giorgio　58, 190, 199
GCC（湾岸協力会議）　116, 235
GNA（リビア国民合意政府）　295, 298
GNC（リビア国民議会）　293
Gray, Christine　224
Green, James A.　228, 243
Hadi, Abd Rabbuh Mansur　149
Hadi 政権　141
Hafner, Gerhard　44, 98, 106, 172, 186, 191
Harrel, Peter E.　204
Hartwig, Matthias　107
Hasar, Seyfullah　73, 277
Heyns, Christof　173, 183
HOR（リビア代表議会）　293
IDI（万国際法学会）　6
　1975年の「内戦における不介入の原則」に関

する決議　96
2009年の Hafner による最終報告書　176,
　179
2011年の「要請に基づく軍事援助」に関する
　決議　6, 44, 99, 101, 110, 172, 190
ILA（国際法協会）　6
2018年の武力行使委員会の報告書　7, 44,
　106, 171, 176, 186
jus ad bellum　6, 44, 87, 88, 104, 155, 158, 308
jus ad bellum の継続適用説　88, 309
Kolb, Robert　51, 180, 186
Kooijmans　274, 301
Kreß, Claus　277
Kriener, Florian　36
Kuwali, Dan　205
Levitt, Jeremy　106
lex ferenda（在るべき法）　98, 184, 308
Lieblich, Eliav　108, 155, 204, 230
Maliki 政権　132, 149
Nikouei, Majid　104
Nolte, Georg　106, 203
OAU（アフリカ統一機構）　125

Paddeu, Federica I.　40, 67, 71, 75
Pellet, Alain　48, 61
Peters, Anne　109
Radaelli, Chiara　230, 243
Randelzhofer, Albrecht　7, 42
Redaelli, Chiara　109
Roth, Brad. R.　105, 166
Ruys, Tom　73
SADC（南部アフリカ開発共同体）　112, 233
Schwebel　251
Tanca, Antonio　104
TFG（ソマリア暫定連邦政府）　284, 298
Traoré 政権　129, 150
Ushakov　45
Visser, Laura　50, 193, 228, 242, 245
volenti non fit injuria（同意あれば不法なし）
　4
Waldock　13
Williams, Glanville L.　57
Wippman, David　5, 42, 106, 192, 204
Zamani, Masoud　104

著者紹介

村角愛佳 （むらかど　まなか）

神戸大学大学院法学研究科 特命助教。

金沢大学人間社会学域法学類 早期卒業。京都大学大学院法学研究科修士課程および博士後期課程 修了。日本学術振興会特別研究員（DC1）、京都大学大学院法学研究科 特定助教、ドイツ・マックスプランク比較公法・国際法研究所 客員研究員を経て、2024年より現職。

（プリミエ・コレクション 138）

なぜ「同意に基づく武力行使」が正当化されるのか
——理論と実行からの探求　　　　　　　©Manaka MURAKADO 2025

2025 年 2 月 5 日　初版第一刷発行

著　者　　村　角　愛　佳

発行人　　黒　澤　隆　文

京都大学学術出版会

京都市左京区吉田近衛町69番地
京都大学吉田南構内（〒606-8315）
電　話（075）761−6182
ＦＡＸ（075）761−6190
Home page http://www.kyoto-up.or.jp
振　替　01000−8−64677

ISBN978-4-8140-0564-2
Printed in Japan

印刷・製本　亜細亜印刷株式会社
定価はカバーに表示してあります

本書のコピー，スキャン，デジタル化等の無断複製は著作権法上での例外を除き禁じられています。本書を代行業者等の第三者に依頼してスキャンやデジタル化することは，たとえ個人や家庭内での利用でも著作権法違反です。